北京科技大学天津学院资助出版

An Introduction to
Digital Economy and Trade

数字经济与贸易概论

马玉荣 ◎ 编著

首都经济贸易大学出版社
Capital University of Economics and Business Press
·北京·

图书在版编目(CIP)数据

数字经济与贸易概论 / 马玉荣编著. -- 北京：首都经济贸易大学出版社，2022.12

ISBN 978-7-5638-3471-6

Ⅰ.①数… Ⅱ.①马… Ⅲ.①国际贸易—电子商务—概论 Ⅳ.①F724.6

中国版本图书馆 CIP 数据核字(2022)第 248448 号

数字经济与贸易概论
Shuzi Jingji Yu Maoyi Gailun
马玉荣　编著

责任编辑	彭伽佳
封面设计	砚祥志远·激光照排　TEL：010-65976003
出版发行	首都经济贸易大学出版社
地　　址	北京市朝阳区红庙（邮编 100026）
电　　话	(010)65976483　65065761　65071505(传真)
网　　址	http://www.sjmcb.com
E- mail	publish@cueb.edu.cn
经　　销	全国新华书店
照　　排	北京砚祥志远激光照排技术有限公司
印　　刷	唐山玺诚印务有限公司
开　　本	170 毫米×240 毫米　1/16
字　　数	378 千字
印　　张	19.25
版　　次	2022 年 12 月第 1 版　2022 年 12 月第 1 次印刷
书　　号	ISBN 978-7-5638-3471-6
定　　价	48.00 元

图书印装若有质量问题，本社负责调换
版权所有　侵权必究

前言 / Preface

全球正处于新一轮科技革命和产业变革之中,以互联网、大数据、人工智能等为代表的数字技术向经济社会各领域全面渗透,全球已进入以万物互联、数据驱动、软件定义、平台支撑、智能主导为主要特征的数字经济时代。传统意义上的时空因感知、联接、数据、计算技术的发展和应用被不断压缩和虚拟化,智能终端等新型工具大量涌现,数字技术在经济社会发展中的作用已经从提升效率和劳动生产率的辅助角色上升到生产力的中心位置,从而快速演变为基础创新和创造的赋能者。

我国高度重视发展数字经济,习近平总书记多次强调,要"构建以数据为关键要素的数字经济","坚持以供给侧结构性改革为主线,加快发展数字经济","推动实体经济和数字经济融合发展","做大做强数字经济"。党的二十大报告指出,加快建设数字中国,"加快发展数字经济,促进数字经济和实体经济深度融合,打造具有国际竞争力的数字产业集群"。数字经济已经成为世界经济格局角逐的新领域、新赛道,成为牵引我国高质量发展的新动能、新优势。

在党中央、国务院的坚强领导下,我国数字经济蓬勃发展,规模持续扩大,应用不断深化,日益成为拉动经济增长、促进经济高质量发展的关键引擎。但由于数字经济边界不清晰、准确规模难以测算等问题,业界对我国数字经济发展取得的成绩、存在的问题、所处的发展阶段、未来发展潜力等情况难有准确的判断,这不仅影响进一步推动数字经济快速发展,也影响数字经济领域的教育发展和人才培养。

教育、科技、人才是全面建设社会主义现代化国家的基础性、战略性支撑。数字经济的蓬勃发展离不开数字人才的有力支撑,培养一大批博专结合、适应产业趋势的数字人才是产业的内在需求,也是教育工作职责所在。当前,我国数字人才供给与产业发展需求存在较大脱节,主要表现为数字人才严重短缺,数字人才培养滞后于人才市场需求,数字人才与企业一线需求严重脱节,数字人才结构过于单一,数字人才的空间分布不协调。总之,数字人才培养成为制约产业持续发展亟待解决的问题之一。

本书着力廓清数字经济时空全貌,梳理数字经济的历史轨迹和发展趋势,剖析网络经济、信息经济与数字经济,以多维度经济理论俯瞰、认识数字经济,深入数字经济底层透彻把握数据要素,以数字经济为支点,延展至产业数字化、实体经济、可持续发展、低碳发展,结合应用型人才培养目标,将数字经济的理论视角转切入数字贸易、跨境电商和数字营销等实践层面,以人类命运共同体情怀和国际化的视野,关注国际国内政策框架和实践经验。

本书致力于提升数字经济拔尖创新人才培养的水平,为培养具备扎实的经济学理论功底和数理基础、具有经世济民的职业素养、拥有开阔的全球化视野、深刻理解中国国情并通晓数字经贸规则的复合型人才尽绵薄之力。

胡洪强[*]

---

[*] 胡洪强,1984年11月出生,本科就读于中国青年政治学院新闻学专业,研究生就读于天津商业大学工商管理专业,管理学硕士。目前任北京科技大学天津学院经济学院党总支书记,讲师职称,取得注册会计师、注册税务师资格。参与《新媒体时代高校思政课程教学模式探索》《大思政背景下〈形势与政策〉课程教学改革探究》等项目。

目录 / Contents

第一章　绪　论 / 1

　第一节　数字经济的产生与发展 / 1

　　一、数字经济的源起 / 2

　　二、百年大变局和数字浪潮 / 8

　第二节　研究对象和框架体系 / 10

　　一、研究对象 / 10

　　二、研究方法和框架依据 / 11

　　三、以理论创新引领数字经济发展 / 14

第二章　数字经济理论基础 / 15

　第一节　相关理论基础 / 15

　　一、网络经济、信息经济与数字经济概念辨析 / 15

　　二、网络二重性 / 16

　　三、外部性理论 / 17

　　四、索洛经济增长模型 / 18

　　五、垄断竞争理论 / 18

　　六、国际分工理论 / 19

　第二节　数字经济下的理论创新 / 21

　　一、马克思主义政治经济学视角：社会基本矛盾运动原理 / 21

　　二、新制度经济学视角：制度变迁理论 / 23

　第三节　数字经济的内涵与运行机制 / 24

　　一、数字经济的定义 / 24

　　二、数字经济的内涵与特征 / 26

　　三、数字经济的运行机制 / 28

　　四、国际产品价值链和国际产业分工体系的构建 / 31

第四节 数字经济的特性和构成要素 / 31
　一、数字经济的特性 / 31
　二、数字经济的构成要素 / 32
第五节 平台经济 / 34
　一、平台经济 / 34
　二、技术创新提升平台发展质量 / 38
第六节 数字技术下的国际贸易创新 / 40
　一、数字技术在国际贸易实务中的应用 / 40
　二、贸易数字化、绿色化和服务化 / 41
　三、数字贸易：外贸新业态新模式 / 43
　四、绿色可持续是数字贸易的重要主题 / 44
思考题 / 47

第三章　数据要素及其统计测算体系 / 48
第一节 数据的概念及其经济特征 / 48
　一、数据的概念 / 48
　二、数据的经济特征 / 49
第二节 数据要素市场化建设 / 50
　一、数据要素 / 50
　二、数据要素确权 / 51
　三、数据要素计量 / 52
　四、数据要素定价机制 / 53
　五、数据要素交易市场 / 53
　六、数据要素交易监管 / 54
　七、数字产品定价模型 / 55
第三节 数字经济统计测算指标体系 / 57
　一、欧盟数字经济与社会指数（DESI） / 58
　二、美国数字经济评测 / 60
　三、经合组织（OECD）数字经济指标 / 60
　四、中国数字经济统计测算 / 61
思考题 / 69

第四章　数字产业化与产业数字化 / 70
第一节 数字产业化与产业数字化概述 / 70

一、数字产业化 / 70
　　二、产业数字化 / 73
第二节　技术支撑:信息技术是数字经济发展的基础 / 76
　　一、数据:生产要素 / 76
　　二、通信基础设施 / 79
　　三、人工智能 / 81
　　四、区块链、物联网和数字孪生技术 / 84
　　五、云计算 / 86
第三节　推进数字经济与实体经济融合发展 / 88
　　一、融合现状和存在的问题 / 88
　　二、加快数字经济与实体经济融合的建议 / 93
思考题 / 97

第五章　发展数字贸易,建设贸易强国 / 98
第一节　数字贸易理论基础 / 98
　　一、国际贸易的含义及全球贸易发展阶段 / 98
　　二、数字贸易是数字经济的重要组成部分 / 100
　　三、数字贸易的概念 / 101
　　四、数字贸易概念的发展过程 / 103
　　五、数字贸易的特征 / 104
　　六、数字贸易与跨境电商的区别 / 106
第二节　数字贸易的实践与探索 / 107
　　一、全球数字贸易发展及现状 / 107
　　二、中国数字贸易发展及现状 / 114
第三节　共商共促数字贸易发展与合作 / 118
　　一、数字贸易规则已成为经贸谈判的重要议题 / 119
　　二、推进数字贸易相关规则制定,营造良好的制度环境 / 119
　　三、推动全球数字贸易开放、发展与合作 / 121
第四节　推进高水平对外开放,建设贸易强国 / 122
　　一、"一带一路":引领新一轮对外开放 / 122
　　二、自由贸易试验区:新一轮对外开放的推进器 / 123
　　三、口岸:国家对外开放的门户 / 125
思考题 / 130

第六章 制度创新:全球数字贸易规则新框架 / 132

第一节 全球数字贸易规则发展概述 / 132
一、全球贸易规则框架 / 132
二、RCEP 和 CPTPP 数字贸易规则比较 / 139

第二节 数字税及其对跨境数字贸易的影响 / 143
一、OECD/G20 的研究和行动进展 / 144
二、数字税收的国别和区域行动 / 145
三、数字贸易面临的贸易壁垒 / 147
四、数字税对跨境数字贸易的影响及对策建议 / 147

第三节 全球数字贸易中的跨境数据流动规制问题 / 149
一、探索阶段 / 149
二、当前跨境数据流动治理格局 / 151
三、中国跨境数据流动规制体系建设的构想 / 154

第四节 数字贸易的国际治理 / 157
一、数字贸易治理概述 / 157
二、积极参与国际治理 / 160

思考题 / 162

第七章 跨境电商 / 163

第一节 跨境电商发展概述 / 163
一、跨境电商的概念 / 163
二、跨境电子商务企业类型 / 166
三、跨境电商新业态新模式 / 167
四、跨境电商的支付方式 / 172
五、发展跨境电商的意义 / 175
六、我国跨境电商存在的问题及对策 / 177

第二节 跨境进出口试点探索 / 181
一、建设跨境国际枢纽城市,带动进出口 / 182
二、保税区 / 184
三、跨境电商综合试验区 / 185
四、紧抓 RCEP 机遇,布局跨境电商 / 190

思考题 / 194

第八章 丝路电商与"一带一路" / 195

第一节 "一带一路"倡议与"丝路电商" / 195
一、"一带一路"倡议:从观念到建设,从理论到实践 / 196
二、丝路电商推动"一带一路"经贸合作 / 202
三、推动数字领域国际合作走深走实 / 206
四、推进数字领域国际规则构建 / 206

第二节 "一带一路"历史:经济往来与文化交融 / 207
一、"陆上丝绸之路" / 208
二、"海上丝绸之路" / 210
三、"丝绸之路"带来的经济往来与文化交融 / 211
四、从地缘战略角度理解"一带一路" / 214

第三节 丝绸之路经济带沿线城市的中心性分析 / 216
一、研究城市介绍 / 216
二、城市中心性的测度 / 217
三、因子得分系数矩阵 / 220
四、小结 / 223

第四节 世界经济格局对"一带一路"建设的影响 / 223
一、世界经济格局演变的动因 / 224
二、世界经济格局演变的影响 / 225
三、世界经济格局演变给"一带一路"建设带来的机遇 / 226
四、世界经济格局演变中的严峻挑战 / 227
五、高质量建设"一带一路"的战略选择 / 228

思考题 / 232

第九章 数字营销 / 233

第一节 数字营销新零售时代 / 233
一、背景 / 233
二、数字营销的概念 / 236
三、数字营销的发展阶段 / 237
四、传统营销、网络营销与数字营销 / 240

第二节 数字营销的理论基础 / 246
一、市场细分理论和目标市场理论 / 246
二、4P、4C、4R 营销原理 / 248

思考题 / 253

第十章　数字经济与可持续发展 / 254

第一节　数字时代的可持续发展转型 / 254
一、数字化与可持续发展的关系 / 255
二、可持续发展的概念和理论基础 / 256
三、低碳经济与绿色经济等概念辨析 / 259
四、碳税与欧盟碳边境调节机制 / 261
五、绿色贸易与低碳贸易 / 262

第二节　主要国家的相关政策 / 266
一、欧洲国家对低碳经济的倡导 / 266
二、英国低碳政策 / 268
三、美国不确定的政策方向 / 270
四、日本的低碳政策 / 271
五、中国的低碳政策 / 273
六、主要国家的数字经济政策 / 275

第三节　构建世界数字经济共同体 / 281
一、命运共同体 / 281
二、世界数字经济共同体 / 283
三、数字化减排 / 285

思考题 / 287

参考文献 / 288

后　记 / 295

第一章 绪 论

第一节 数字经济的产生与发展

1946年美国宾夕法尼亚大学诞生了世界上第一台通用电子计算机开始,掀开了人类迈向数字时代的大幕,但数字经济作为一种经济形态,事实上早在半导体产业的发展中便已经兴起。如今,数字经济更是在我们的生活中无处不在,类似移动支付等创新型数字经济应用产品已经影响着我们生活的方方面面。数字化浪潮正在席卷全球,我国也正在向着"积极拓展网络经济空间"的目标不断前进,大力发展数字经济已成为全球共识。

数字经济是继农业经济、工业经济之后的主要经济形态。在农业经济时期,经济活动主要围绕农产品的生产、加工、交易和消费而进行。到18世纪60年代,第一次工业革命之后,人类社会进入工业时代,经济活动从完全围绕农产品进行,到围绕农产品和工业品的生产、加工、交易、消费并行。工业时代我们经历了从1.0到4.0的发展过程,工业1.0是蒸汽机时代,工业2.0是电气化时代,工业3.0是信息化时代,工业4.0则是利用信息技术促进产业变革的时代,也就是我们常说的数字经济时代。在数字经济时代,数据成为社会经济活动的主要要素,通过数据的生产、加工、处理、交易和消费,在整个经济活动链条中产生决定性或者基础性的作用。

目前以数字经济为代表的新经济蓬勃发展,正成为创新经济增长方式的强大动能,并不断为全球经济复苏和社会进步注入新的活力。数字经济发展速度快、辐射范围广、影响程度深,正推动生产方式、生活方式和社会治理方式的深刻变革,成为重组全球要素资源、重塑全球经济结构、改变全球竞争格局的关键力量,世界主要国家都在竞相推动数字经济发展。我国数字经济的健康、安全发展,正在为经济全球化带来新动力、新机遇和新亮点。党的十八大以来,党中央高度重视发展数字经济,强调发展数字经济是把握新一轮科技革命和产业变革新机遇的战略选择。在《中华人民共和国国民经济和社会发展第十四个五年规划和2035年远景目标纲要》(简称"十四五"规划)中,我国首次将"数字经济核心产业增加值占GDP(国内生产总值)比重"作为体现创新驱动的指标,提出到 2025 年数字经济核心产业增加值占 GDP 比重将达到 10%。数字技术带来的经济改变是革命性的，党的二十大报告要求：建设现代化产业体系；坚持把发展经济的着力点放在实体经济上，推进新型工业化，加快建设制造强国、质量强国、航天强国、交通强国、网络强国、数字中国；加快发展数字经济，促进数字经济和实体经济深度融合，打造具有国际竞争力的数字产业集群。加快数字经济的高质量发展，对于我国在 2035 年达到中等发达国家水平、到本世纪中叶建成社会主义现代化强国，都具有十分重要的意义。[①]

我们要加强对数字经济、数字贸易的理论研究，一些相关理论创新对经济学来说是革命性的，而不是对传统经济学简单地修修补补。

一、数字经济的源起

数字经济的概念起源于 20 世纪 90 年代，是随着互联网的发展而产生的一种新的经济形态。"数字经济"一词早期散见于以下著述中：李·麦克奈特（Lee W. Mcknight）和约瑟夫·贝利（Joseph P. Bailey）根据 1995 年麻省理工学院举办互联网研讨会发言稿编撰而成的《互联网经济学》；被誉为"数字经济之父"的加拿大商业策略大师唐·泰普斯科特（Don Tapscott）于 1995 年出版的《数字经济》，详细论述了互联网对经济社会的影响；尼古拉斯·尼葛洛庞帝（Nicholas Negroponte）于 1996 年出版的《数字化生存》，曼纽尔·卡斯特（Manuel Castells）于 1996 年至 1998 年连续出版的《网络社会的崛起》《认同的力量》《千年终结》（信息时代三部曲：经济、社会与文化），等等，数字经济的理念迅速流行开来。文献中出现过新经济、网络经济、信息经济、虚拟经济、知识经济、数据经济、智慧经济、智能经济、共享经济、零工经济、数字资本主义等相似概念，其内涵和外延各有侧重。

在我国，数字经济有狭义和广义之分。前者主要指数字产业化，后者则侧重产业数字化。数字经济扩展了资源配置边界，在降低营销、管理和研发成本等方面有积极作用，具有边际成本递减和边际收益递增的特点，是一种依托规模效应实现零边际成本的经济形态。

本书中的数字经济是指以使用数字化的知识和信息作为关键生产要素、以现代信息网络作为重要载体、以信息通信技术的有效使用作为效率提升和经济结构优化的重要推动力的一系列经济活动。

进入 21 世纪，尤其是 2008 年国际金融危机以来，各国纷纷制定数字经济战略，加快发展数字经济已成为世界共识。2015 年 7 月，国务院印发《关于积极

---

① 刘西友：《新治理：数字经济的制度建设与发展未来》，中国科学技术出版社 2022 年版。

推进"互联网+"行动的指导意见》；2016年11月，国务院发布《"十三五"国家战略性新兴产业发展规划》，新增了数字创意产业。我国在信息技术和产业等数字经济上发力，并将数字经济概念上升到国家战略层面，2016年，在杭州举办的G20峰会通过了《二十国集团数字经济发展与合作倡议》；2017年，数字经济的提法出现在政府工作报告中。经过近些年来的发展，我国数字经济已经取得了巨大成就，正不断向纵深领域扩展，当前发展已进入快车道。我国数字经济规模不断扩大，甚至在某些领域处于领先地位，如5G的技术发展和建设。中国信息通信技术自进入5G时代以来，正实现从跟跑、并跑向领跑的转变。在我国新基建全面展开、大规模实施的有力推动下，基础设施的不断完善，促进了我国数字经济的发展。2021年，我国数字经济市场规模已经扩大为45.5万亿元人民币。加快推动数字产业化与产业数字化进程，不断催生新产业、新业态、新模式，以新动能带动新发展，要更为深入地利用好信息技术，对传统产业发展、公共治理、贫困消弭等进行全方位、全角度、全链条的赋能，释放信息技术的精准、放大、叠加、倍增作用，以新方式实现补短板。国际组织在推动数字经济方面也功不可没。联合国、经济合作与发展组织（OECD，简称"经合组织"）、世界银行（WB）、世界经济论坛（WEF）、G20、国家领导人会晤、亚太经合组织（APEC）、全球移动通信协会（GSMA）等国际组织和平台均通过各种措施，大力推动数字经济发展。

  数字经济具有鲜明的时代特征。党的十八大以来，党中央高度重视发展数字经济。以习近平同志为核心的党中央坚持从发展中国特色社会主义、实现中华民族伟大复兴的战略高度，系统部署和全面推进信息化工作，把推动网络发展作为促进社会进步、增进人民福祉的基础性工程，明确了一系列方向性、全局性、根本性、战略性问题，为信息化更好地造福人民提供了行动指南。"十四五"规划纲要提出，到2025年，我国数字经济核心产业增加值占GDP的比重要由2020年的7.8%提升至10%。到2025年，我国数字经济核心产业增加值占GDP的比重将超过10%。到2025年，大数据产业测算规模突破3万亿元，年复合增长率保持在25%左右。创新性强、附加值高、自主可控的现代化大数据产业体系基本形成。"十四五"规划纲要还提出："迎接数字时代，激活数据要素潜能，推进网络强国建设，加快建设数字经济、数字社会、数字政府，以数字化转型整体驱动生产方式、生活方式和治理方式变革。"基于互联网、大数据、云计算、人工智能等信息技术实现跨越式发展的数字经济，正在改变人类的工作和生活模式，不但孕育新的消费模式，而且催生新的生产方式，推动全球产业整合升级；不但引起生产生活方式变革和数字化转型，而且重构生产关系，以前所未有的广度、深度和速度改变国际分工和发展合作关系，分化与重组世界政治经济格局。数字经济健康发展尤其有利于推动构建新发展格局。数字经济制度体系的构建，已跃升为新时代国家治理现代化领域的一个重大命题。

数字经济是未来经济高质量发展的重要方式，也是巩固脱贫攻坚成果的重要手段。据调查，我国数字经济发展呈现快速发展的趋势，例如，2016—2020年，我国数字经济总量呈现增长态势，从623亿元人民币增长至3419亿元人民币，增长了2796亿元人民币。其中，直播带货成为数字经济发展的重要方式，尤其是2020年新冠疫情发生后，直播带货成为拉动我国国民消费的重要方式。2020年，直播电商占GDP的比重达27.8%，年增速高达227.7%。

在知识大爆炸时代，知识作为核心生产要素的地位不仅凸显，而且知识特有的正循环增长效应进一步加速知识社会的进程。如今，加快大数据、云计算、物联网、人工智能和移动网络技术的创新应用，以及新一代信息技术在经济社会领域的日益渗透，以知识和信息为关键生产要素的数字经济蓬勃发展，孕育出新的商业模式和经济范式，推动全球化以数据要素为主要动力，挖掘数字经济发展带动国民经济发展的巨大潜力，已成为各国最重要的任务，中国也不例外。数字经济作为中国经济发展战略，明确提出要重点推动数字经济发展。党的报告指出，要实现数字中国建设，发展与数字经济相关的新兴产业，离不开人工智能、互联网、大数据和实体经济的结合。2017年，中国首次将数字经济纳入两会报告，并制定了促进2019年数字经济增长的又一个目标，由此可见对数字经济的重视。

数据是数字经济时代的核心生产要素，已成为国家基础性、战略性的资源。习近平总书记指出："数据是新的生产要素，是基础性资源和战略性资源，也是重要生产力。因此要构建以数据为关键要素的数字经济。"[①] 数据要素不但催生技术进步和组织变革，而且对其他生产要素具有乘数作用，可以提升全要素生产率。信息技术对经济所产生的高创新性、高带动性、高渗透性和高倍增性，具有在更大范围内组织、动员市场资源，创造大规模协作体系的巨大能力，对经济发展具有放大和叠加作用，是实现经济高质量发展的持久动力。借助颠覆性创新，数字经济催生新产品、新服务、新业态，发挥平台经济、分享经济、开源经济和零工经济等新模式的优势，实现资源的优化配置。2018年，我国数字经济规模达31.3万亿元人民币，占国内生产总值的34.8%[②]（2008年占比仅为15.2%[③]）。2019年，我国数字经济规模达到35.8万亿元人民币，占当年国内生产总值的36.2%，

---

① 2017年12月8日，习近平总书记在中央政治局集体学习"实施国家大数据战略"时指出。
② 据《中国互联网发展报告2019》统计。
③ 2018年，英国、美国、德国数字经济的GDP占比分别为61.2%、60.2%、60.0%，在各国GDP中均占据绝对主导地位。数据来源于中国信息通信研究院2019年10月发布的《全球数字经济新图景（2019）》。

同比提升了 1.4 个百分点①，比 2008 年提升了 21 个百分点（见表 1-1）。受新冠疫情影响，2020 年上半年，全国居民人均消费支出同比实际下降 9.3%②，但数字经济逆势成长，线上消费持续活跃。从 2020 年全年来看，我国数字经济规模达到 39.2 万亿元，占 GDP 的比重达 38.6%，比 2008 年提升了 23.4 个百分点。

表 1-1 我国数字经济规模增长变化表

年度	数字经济增加值（万亿元）	占国内生产总值比重（%）
2005	2.62	14.2
2008	4.81	15.2
2011	9.50	20.3
2014	16.16	26.1
2017	27.17	32.9
2018	31.29	34.8
2019	35.84	36.2
2020	39.20	38.6
2021	45.50	39.8

数据来源：根据公开资料整理

我国数字经济发展拥有市场规模优势、弯道超车优势和政策制度优势，具有巨大的增长潜力和回旋余地。数字经济已经与宏观、中观、微观经济的各部分、各环节紧密结合，是加快建设数字中国的重要支撑，为坚持和完善中国特色社会主义制度、推进国家治理体系和治理能力现代化提供了有力保障；是适应新时代经济发展新变化的必然反映，成为经济发展阶段性特征的必然要求；是新发展阶段自觉践行新发展理念、构建新发展格局的集中体现，明确了全面建设现代化国家新征程上科学谋划经济工作的战略方向；是提升国家核心竞争力的源泉和动力，事关"两个一百年"奋斗目标的顺利实现；是构建人类命运共同体的必然选择，具有全球影响和世界意义。

从微观上看，数据要素的成本递减和网络效应推动企业实现规模经济和范围经济，企业拥有了更强的市场拓展能力，数字经济业务呈几何级数增长。数字经济增强了信息有效性，减少了管理层级，降低了生产、管理和运营成本，提升了产出效率和盈利能力。③ 新兴技术与传统经济融合也有利于精准匹配供给和需

---

① 据中国信息通信研究院发布的《中国数字经济发展白皮书（2020 年）》。
② 宁吉喆："经济稳定恢复 发展呈现新机"，《智慧中国》，2020 年第 8 期，第 13-17 页。
③ 据有关机构测算，数字化转型可使制造业企业、物流服务业、零售业的成本分别降低 17.6%、34.2%和 7.8%，营业收入分别增加 22.6%、33.6%和 33.3%。

求，降低交易成本。

从中观上看，数字经济推动产业创新，深化产业关联，增强产业融合。信息技术基于其自身衍生的计算、连通、规划等能力，深化实体经济生产协同和产业分工，推动传统产业转型升级和新动能培育，促进制造业和服务业向中高端发展。

从宏观上看，数字经济深刻改变传统经济模式与经济体系，通过技术创新提高全要素生产率，成为以国内大循环为主体、国内国际双循环相互促进新发展格局的重要着力点。数字技术、数字经济可以推动各类资源要素快捷流动、各类市场主体加速融合，帮助市场主体重构组织模式，实现跨界发展，打破时空限制，延伸产业链条，畅通国内外经济循环。数字经济作为无国界的全球经济，正在各国持续快速增长，成为缓解全球经济压力、实现经济复苏和增长的重要驱动力量。

数字经济正重塑生产资料，变革生产方式，再造生产关系，不但推动政府和市场互动协同，促进体制、机制和政策融合，在经济、文化等领域产生潜移默化的渗透，对效率提升、经济增长和收入分配等都产生显著影响，也推动研究者对传统经济理论进行反思和重构。数据思维正在改变人们的认知、偏好和效用函数，正在动摇传统经济学的理论根基，成为重塑经济学基础理论的变革性因素。其中，研究和探索符合数字经济运行规律和趋势的制度体系，是数字经济研究领域的重要课题。2021年3月，习近平总书记主持召开中央财经委员会第九次会议时强调，"要健全完善规则制度，加快健全平台经济法律法规，及时弥补规则空白和漏洞"①。围绕数字经济相关制度体系的性质及影响，国内外尚缺乏基于理论创新的较为全面的规律性、系统性认识，研究主题未得到学术界应有的关注，研究的深度有待提升，尚未形成系统的理论和方法论体系，在系统性、创新性提升方面还有很大的研究空间。比如，对数字经济制度的内涵和外延的界定不够清晰，对当前制度体系运行态势的研判和把握不够客观，无法系统解释数字经济制度体系运行的新现象、新实践，存在重宏观轻微观、重局部轻全局、重规范轻实证等倾向。已有研究成果多表现为阐释性研究、报刊评论性文章或政策解读性观点，系统、整体和协同地深入分析、深度研究的文献成果较少。针对数字经济发展质量和效益不够高、核心创新能力不够强、城乡区域之间的发展差距依然较大、数据开放和共享程度仍然较低、数字经济相关政策法规滞后、网络安全治理力度较低等问题，亟须从制度层面进行系统研究，运用系统科学、逻辑连贯的理论予以阐释，进而引导和把握数字经济的理论基础、制度逻辑、基本特征、支撑要素、测评体系、实现途径等。以上既构成研究挑战，也成为本书的研究契机。

---

① 2021年3月15日下午，习近平总书记主持召开中央财经委员会第九次会议，研究促进平台经济健康发展问题以及实现碳达峰、碳中和的基本思路和主要举措。

在数字经济领域，技术和制度都至关重要，缺一不可。其中，制度通过影响技术、资本、劳动力等要素的配置，对数字经济的发展产生深刻影响。一般来说，制度既指要求成员共同遵守的、按一定程序办事的规程，也指在一定历史条件下形成的政治、经济、文化等各方面的体系，涉及集体行动和个人行动的关系。制度建立在风俗习惯、道德观念和意识形态的基础上，规范个人行为，决定人与人之间的关系，包括法律法规等正式制度，也包括风俗习惯等非正式制度。与非正式制度相比，正式制度的内容明确而具体，对数字经济参与主体和经济社会的影响更加直接和深刻。本书研究过程主要涉及正式制度，即在数字经济不同发展阶段用以鼓励、引导和规范其健康运行的正式的规则体系，是为了减少不确定性、降低交易费用、防止机会主义行为等而缔结的正式合约，具有习惯性、预见性、普遍性和禁止性等特点。制度研究有助于理解数字经济的过去和当下的状况，了解现有制度的目标是否实现，是否促进数字经济发展。当前，各国在数字经济领域的竞争日益激烈，越来越表现为制度体系的竞争。2021年10月，习近平总书记在主持中共中央政治局第三十四次集体学习时强调，"数字经济事关国家发展大局，要做好我国数字经济发展顶层设计和体制机制建设"[1]。他指出，"要完善数字经济治理体系，健全法律法规和政策制度，完善体制机制，提高我国数字经济治理体系和治理能力现代化水平"。从新制度经济学视角看，国内外数字经济发展的过程也是不断寻找更低交易费用的经济制度体系的过程。做强做优做大我国的数字经济呼唤数字治理体系尤其是制度体系的创新。制度作为公共产品，为数字经济主体提供激励机制，也约束机会主义行为。数字经济制度通过发挥激励功能和约束功能，对数字经济的发展动力、路径和趋势产生重要影响，成为数字经济发展过程中的推动、协调和保障机制。

另外，我国现阶段数字人才培养的困境是：数字人才严重短缺；数字人才培养滞后于人才市场需求；数字人才与企业一线需求严重脱节；数字人才结构过于单一；数字人才的空间分布不协调。本书致力于透过形态丰富、变化万千的鲜活数字经济实践，运用马克思主义政治经济学、新制度经济学等有关理论探寻数字经济理论和制度层面的认识和规律，从数字经济、数字贸易、数字营销、数字减排等多个角度，研究适应应用型人才培养的发展趋势，不断提升数字经济拔尖创新人才培养的水平，培养具备扎实的经济学理论功底和数理基础、具有经世济民的职业素养、拥有开阔的全球化视野、深刻理解中国国情并通晓数字经贸规则的复合型人才。

---

[1] "习近平主持中央政治局第三十四次集体学习"，http：//www.gov.cn/xinwen/2021-10/19/content_5643653.htm，访问日期：2023年3月21日。

二、百年大变局和数字浪潮

(一) 世界百年未有之大变局

2018 年 6 月,习近平总书记在中央外事工作会议上提出了一个重大论断,即"当前中国处于近代以来最好的发展时期,世界处于百年未有之大变局"。当今世界正经历百年未有之大变局,新一轮科技革命和产业变革深入发展,国际力量对比深刻调整,和平与发展仍然是时代主题,人类命运共同体理念深入人心,同时,国际环境日趋复杂,不稳定性、不确定性明显增加。我们要善于在危机中育先机、于变局中开新局。

2019 年末新冠疫情的暴发对全球经济和贸易带来巨大冲击,经济全球化休克和全球产业链中断风险交织,疫情成为全球政治经济格局重构、百年来未有之大变局演变"加速器"。在贸易摩擦加剧、多国国家债务积累、财富和收入不平等加剧等因素的综合作用下,全球经济脆弱性上升,局部社会危机和经济危机时有发生。2020 年 3 月,因全球石油供过于求、欧佩克石油减产谈判失败、疫情造成的需求锐减等因素引起原油期货价格一度暴跌,金融市场陷入大幅动荡,"流动性危机已现端倪",挤兑和踩踏行为出现,后在多国货币当局放松货币、购买资产后才摆脱连续大跌的局面。"一些大宗商品生产国货币一度暴跌"后,在石油等大宗商品价格回升后才有所回升。这一历程实际上也是经济和金融脆弱性的表现。

(二) 三个维度:新技术革命、全球治理体系变革和大国博弈

影响世界格局的因素很多,有的因素是偶发的,有的因素是基础性的。分析世界格局变化,要把握住基础性因素及其影响。国务院发展研究中心副主任、研究员隆国强认为,影响百年大变局的基础因素中有三个最重要的变量,也是我们理解这个大变局的三个不同维度,主要是新技术革命、全球治理体系变革和大国博弈。①

第一,新一代的信息技术包括大数据、云计算、人工智能、物联网等,技术进步速度更快,带来的影响极其深刻。信息化对人类的影响,对生产方式的影响,对生活方式的影响,对全球分工的影响,可以说无处不在,就像当年的电力革命。信息技术带来对信息的收集、处理和利用的革命性变化,和信息直接相关的所谓的信息产业,是新兴产业的一部分,发展尤其快,就像摩尔定律所说,集

---

① 马玉荣:"百年大变局与'一带一路'——国务院发展研究中心副主任隆国强",《中国发展观察》,2019 年 10 期。

成电路在 18~24 个月性能提升一倍，而价格却下降一半，推动计算机运算能力的快速提高。

信息技术革命不仅催生了数字经济等新兴产业，而且有利于传统产业改造升级，共同形成经济发展的新动能。我们分析所谓的百年大变局的时候，把技术进步作为最基础的因素。信息技术革命确实带来了日新月异的变化，推动整个世界格局加速洗牌。

从历史上看，决定一个国家在全球格局中地位的，是这个国家在新技术革命中能否领先。农业时代，中国人比较好地利用农业技术，使我国长期作为农业文明最繁荣的经济体。现在，最发达的国家主要在欧洲、北美，这是工业革命的结果。工业革命是技术层面上的，在制度层面上则是资本主义。马克思说，资本主义诞生后这一百年创造的财富，比人类有史以来几千年创造的财富都多。正是因为工业革命和生产力的变化，才有资本主义上层建筑的变化以及经济体制的变化。

技术与制度这两种力量共同推动全球分工不断深化，全球分工的这种网络体系，就是我们今天所说的全球生产链、供应链、价值链等。

新冠疫情加速了数字化技术的发展与应用。2020 年，新冠疫情在全球范围内迅速蔓延，为了应对这次公共卫生灾难的冲击，很多国家采取了隔离措施，很多企业都不能够正常地运转。新冠疫情是对全球供应链的冲击，无论是政府层面还是公司层面，都强调以后在考虑参与全球分工的过程中，除了要追求效率和竞争力，也要考虑如何能让自己的产业链更加安全。

第二，当前全球经济体系处在加速变革期。美国提出"公平贸易""对等原则"，各种区域经济合作组织层出不穷，并且成为制定新的国际经济规则的重要平台，世界贸易组织（WTO）改革也提上了日程。中国提出"一带一路"倡议，这是一个全球公共产品，短短几年时间取得了超出预期的成效。全球治理体系加速变革将有力地推动全球格局的变化。

全球治理体系的变化是影响全球格局的制度因素。第二次世界大战（简称"二战"）结束以后，以美国为首的西方国家建立了联合国、国际货币基金组织、世界银行和关税及贸易总协定（GATT）等，逐渐形成当今世界的全球治理体系。成立联合国是当年国联理念的延续，通过国际组织制定国际规则，实现世界和平。经济方面的各种国际组织众多，如国际货币基金组织、世界银行，以及后来演变成世界贸易组织的关税及贸易总协定等。全球经济治理体系机构非常复杂，除了以世界贸易组织为代表的多边贸易体系，还有大量的区域性自由贸易安排，国际规则也越来越复杂。

实际上，全球治理体系并不是僵化的，而是一直在演变。总之，出于多种原因，全球治理体系从理念层面到规则层面，进入了一个大调整时期，这一轮全球化是基于规则的全球化，这个过程会对全球格局产生影响。

第三，大国博弈是影响国际格局变化的直接因素。当今世界格局，特别是政治格局基本上是二战的产物，与二战以前相比变化很大。二战结束后，美苏两大阵营之间的博弈是影响世界格局的重大因素。冷战结束后，世界一度出现了"一超多强"的格局，世界多极化深入发展。中国的经济实力迅速增强，美国将中国定义为"战略竞争对手"。中美两个大国的竞争与合作将是长期的，也将是影响未来世界格局的重要因素。

当前，信息技术的发展日新月异、信息化大潮风起云涌，不断催生新技术、新产业、新业态、新模式，引领社会生产新变革，创造了人类生活新空间，极大地提高了人类认识世界、改造世界的能力，拓展了国家治理新领域。以信息技术为代表的新一轮技术革命称为信息革命，是以百年为跨度的大变局，技术革命发生了前所未有的深刻变化。中国正处在这个数字大潮之中，受到的影响也越来越大。[①]

第二节 研究对象和框架体系

一、研究对象

数字经济属于一门新兴交叉学科。本书研究对象主要是数字经济，以及跨境数字经济，即数字经济国际化最主要的表现形式——数字贸易。

根据国家和教育部规划要求，本书致力于以理论创新加快推动数字经济发展。当前，数字经济发展已经进入了新时代。互联网、物联网是龙头，人工智能、大数据是基础，制造业数字化是主战场，融合变革是核心。可以预见，随着5G网络、数据中心等新基建的加快建设，人工智能、区块链、云计算、大数据、边缘计算、物联网等数字技术的广泛应用和实施，数字经济有望成为我国经济发展的新动能和新增长点。人工智能的发展正掀起一次新的科技浪潮，产业数字化与数字产业化，智能物流、智能金融、智能家居、智能制造、智能交通等让人目不暇接。计算和数据（云计算和大数据）、全球跨境电商崛起成为全球经济新动能，国际国内新形势给高校人才培养提出新挑战，我们迫切需要培养符合未来需

---

① 由《财经》杂志、财经网、《财经》智库主办的"《财经》年会2022：预测与战略"11月27日—28日在北京召开，论坛聚焦"巨变下的共识重建"。马玉荣根据国务院发展研究中心副主任隆国强在第十九届《财经》年会"《财经》年会2022：预测与战略"上的发言整理。

求的人才。我们探索研究数字技术给经济、贸易带来的影响与变革，数字贸易规则制定现状与趋势，以及中国为推进国际数字经济与贸易合作开展的实践和探索。如果我们抓住这个机遇，对大学学科建设和经济金融学科发展将有积极的促进作用。

新冠疫情暴发及其全球蔓延更突显了数字贸易的发展韧性和巨大潜力：2020年服务贸易受到严重冲击，同比下降20.0%，而数字服务贸易仅小幅下降1.9%，占服务贸易的比重提高至62.8%，一年时间提升11.5个百分点，涨幅超过过去10年总和。数字贸易规模快速扩大，重要性持续提升，为产业数字化变革与企业全球化运营带来了前所未有的巨大机遇和全新挑战。

一方面，为推动数字经济时代经济学和管理学及其他相关学科的学术转型，尽快形成中国特色的人文社会科学研究范式，加快构建中国特色哲学社会科学，探索和把握数字经济与贸易发展新趋势和规律，推动中国数字经济与贸易健康发展；另一方面，当前我国正处于数字化转型的重要时期，急需大量基础数字人才、算法人才以及数据分析师，高校在数据人才培养方面也面临诸多挑战。数字经济作为前沿交叉创新学科，不同岗位、不同场景、不同行业对人才有不同要求，教材的设计应当与学院专业背景结合、与能力模型匹配、与产业需求接轨。

二、研究方法和框架依据

一些国内外一流大学已经建立数字经济相关的研究中心（如麻省理工大学、苏黎世大学、清华大学等）。例如，建设"数字经济重点实验室"将为"新文科"提供基础设施和坚强的软硬件保障，浙江大学经济学院欲打造中国数字经济行业的"黄埔军校"，进而打造国内顶尖和国际知名的文科实验室。实验室聚焦于数字经济、数字贸易、数字金融、数字产业、数字财政、数字治理等领域的前沿研究，运用大数据等分析方法，协调校内各学科资源，开放共享平台，把实验室打造成为国内领先并具有国际影响力的数字经济研究基地和产学研合作基地。

我们首先采用归纳和演绎的方法、案例分析方法、宏观微观相结合的方法、大数据分析方法，整理文献对已有研究进展进行系统梳理，总结出数字经济理论体系架构需要回答的两个重要科学问题。一个科学问题是现有经济理论的核心逻辑在数字经济引起的变化中是否适用，另一个科学问题是支撑数字经济核心内涵的数字技术对经济研究方法体系会产生哪些影响。其次，围绕数字经济发展所带来的科学问题，依据"内涵特征——现实表现——核心理论——方法体系"的学理链，我们试图构建一个数字经济理论体系的基本框架。

基于上述理论体系框架，我们界定了数字经济的内涵，并阐明数字经济的三大特征。其一，数字经济的数据支撑特征表现为海量信息呈现、便捷的信息搜索和获取,以及几乎为零的低复制成本,体现为以数据为驱动的经济社会发展模式。其二,融合创新特征表现为数字技术下创新的非线性模式、产品的快速迭代以及组织的去中心化。其三,开放共享特征表现为数字经济的网络化和平台化。通过数字经济的基本特征和现实表现,进一步分析其对传统经济理论中的概念界定、假设前提、研究方法等带来的挑战,总结提炼数字经济理论的具体内容,并根据数字经济核心理论归纳技术变革下的数字经济研究方法体系,如图1-1所示。①

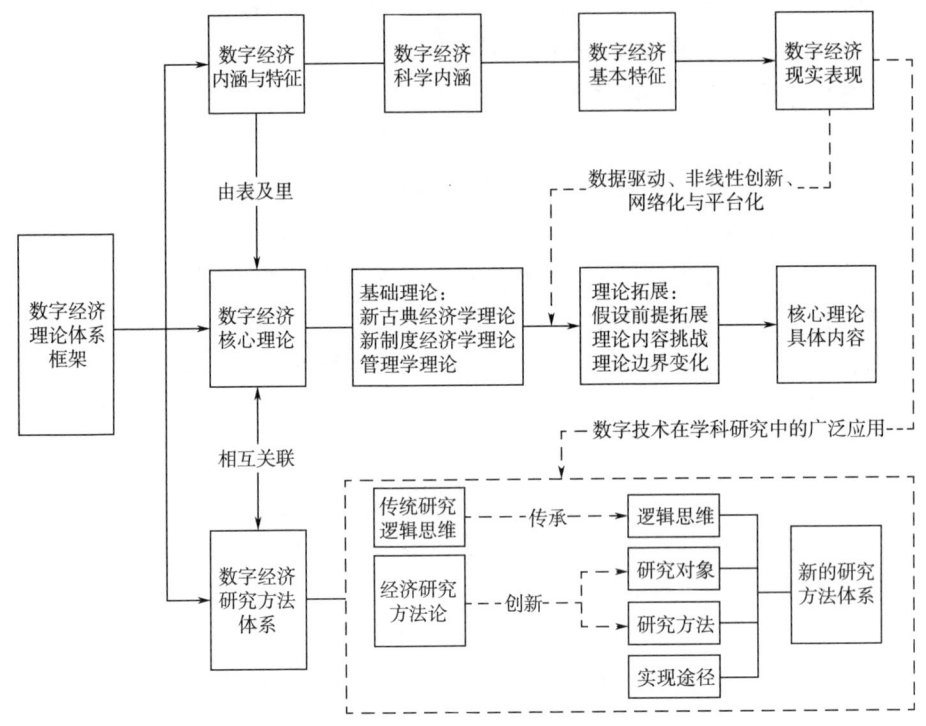

图1-1 数字经济理论体系框架

来源:陈晓红等:"数字经济理论体系与研究展望",《管理世界》,2022年第2期

结合教学中的实践体验,我们对框架体系中的部分理论进行深入探讨。鉴于目前还没有形成统一的数字经济学、数字贸易学理论体系,本书中的研究体系只是一种探索,结合我们的实践,主要涉及宏观层面、中观层面和微观层面。

在宏观层面,我们观察到数字经济对于经济学基本假设与相关原理的冲击,我们尝试研究数字经济对经济增长的影响及统计测量。然而,数字资产正以难以想象的速度在增长,无论规模、范围或种类。在数字经济时代,数据将成为最重

---

① 陈晓红等:"数字经济理论体系与研究展望",《管理世界》,2022年第2期。

要的关键资源，不仅具有排他性，可以多人同时重复利用，而且可以再生与急剧增加，因此，资源的稀缺性有可能不再成为制约经济发展的瓶颈。

在中观层面，即数字经济的产业（组织）理论等。数字经济改变了产业理论的假设条件、产业的组织形式、产业的聚集形态。结合当下形势，我们应加强平台经济的成长模式和规律、数字平台生态系统的研究，对数字经济的产业组织模式、产业生态演进、产业结构升级深入基层实践研究，在总结基层经验的基础上创新理论。① 此外，信息成本下降，信息交互方式的变革优化，推动组织模式向网络化、扁平化、柔性化转变。根据哈佛学派传统的 SCP 理论，市场结构（market structure），即数字经济市场中的不完全竞争；市场行为（market behavior），即数字化企业的策略性行为；市场绩效（market performance），即数字化影响产业绩效；数字化推动产业转型升级与劳动力结构转变。

在微观层面，即平台边际成本。数字经济下的消费者行为理论发生了变化，借助平台新商业模式，数字经济下的交易成本大幅降低，企业管理理论也有大幅变化等。平台经济通过价格撮合、交易保护、个性服务等方式为价值创造流程赋能。

本教材结合实践情况对图 1-2 中的主要理论进行了介绍和探讨。另外，本教材对应课程属于新兴的经济学前沿创新与实践课程，希望通过多年广泛的调研，

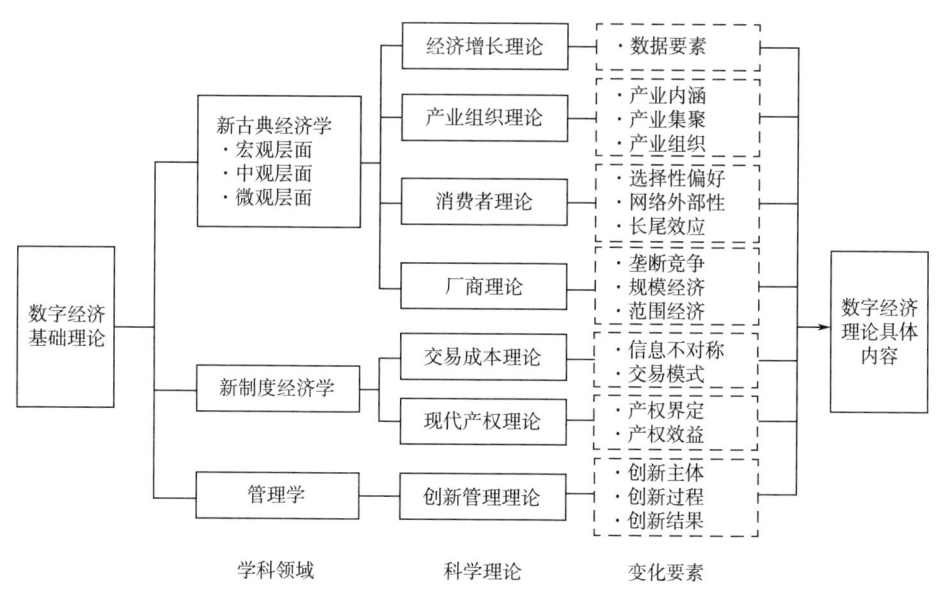

图 1-2　数字经济核心理论演化脉络图

来源：陈晓红等：“数字经济理论体系与研究展望”，《管理世界》，2022 年第 2 期

---

① 欧阳日辉：“加强数字经济发展理论与对策建议”，《中国发展观察》，2022 年第 5 期。

通过无数日夜的辛勤钻研，从实践到理论，再从理论到实践，反复探索和把握数字经济与贸易发展趋势和规律，推动中国数字经济与贸易健康发展，为推动数字经济时代经济学和管理学及其他相关学科的学术转型、尽快形成中国特色的人文社会科学研究范式尽绵薄之力。

三、以理论创新引领数字经济发展

实践没有止境，理论创新也没有止境。在新中国成立特别是改革开放以来长期探索和实践的基础上，经过党的十八大以来在理论和实践上的创新突破，中国共产党成功推进和拓展了中国式现代化。未来五年是全面建设社会主义现代化国家开局起步的关键时期。随着数据成为生产要素，如何培育数据要素市场，提升数据要素的供给能力，构建数据治理体系，充分发挥海量数据和丰富应用场景优势，确保数字经济高质量发展，是中国式现代化建设中的一个重大课题。

数字经济重塑了经济发展的底层逻辑、内在机理和增长范式，我们要加强对数字经济的理论研究。[①] 例如，数字技术加速渗透、集成创新，按照索洛经济增长模型，可以解释为什么它成为未来经济发展的核心引擎。同时，深刻理解数字产业化和产业数字化的重要作用和相互关系，深刻认识数据作为核心资产的价值创造能力，深入研究数据资源作为关键要素的特性，系统研究工业互联网发展的路径与战略，不断提高对数字经济发展的规律性认识。我们要主动对标高标准的国际经贸规则，稳步扩大规则规制、管理标准等制度性开放，深化国内相关领域的改革，要尽可能做到"知其然"，也知其"所以然"。[②]

---

① 马骏等：《数字经济制度创新》，中国发展出版社2022年版。
② 国务院发展研究中心隆国强副主任在2022年6月15日世界工业互联网大会上的讲话。

第二章　数字经济理论基础

数字经济是继农业经济、工业经济之后的主要经济形态，是以数据资源为关键要素，以现代信息网络为主要载体，以信息通信技术融合应用、全要素数字化转型为重要推动力，促进公平与效率更加统一的新经济形态。[①] 本章主要阐述数字经济的理论基础，从网络经济、信息经济到数字经济的发展历程，数字经济的内涵、特征与运行机制，数字经济的特点和构成要素，数字经济模式——平台经济的理论与实践，从马克思主义政治经济学视角分析社会基本矛盾运动原理，从新制度经济学视角分析制度变迁理论，以及数字经济下的新问题和新挑战，如对传统理论的挑战等。

第一节　相关理论基础

一、网络经济、信息经济与数字经济概念辨析

(一) 网络经济

众所周知，知识经济是以电脑、卫星通信、光缆通信和数码技术等为标志的现代信息技术和全球信息网络"爆炸性"发展的必然结果。在知识经济条件下，现实经济运行主要表现为信息化和全球化两大趋势。这两种趋势的出现无不与信息技术和信息网络的发展密切相关。现代信息技术的发展大大提高了人们处理信息的能力和利用信息的效率，加速了科技开发与创新的步伐，加快了科技成果向现实生产力转化的速度，从而使知识在经济增长中的贡献程度空前提高。全球信息网络的出现和发展进一步加快了信息在全球范围内的传递和扩散，使传统的国家、民族界限变得日益模糊，使整个世界变成了一个小小的"地球村"，从而使世界经济发展呈现出明显的全球化趋势。

---

① 国务院：《"十四五"数字经济发展规划》，国发〔2021〕29号，2021年12月12日。

知识经济实质上是一种以现代信息技术为核心的全球网络经济。深化对知识经济的研究和认识，我们不难发现，尽管目前人们对未来经济的描述有多种说法，诸如知识经济、信息经济、后工业经济、新经济、注意力经济等，但它们的基础是相同的，就是计算机与计算机网络，特别是国际互联网络。

网络经济是指建立在计算机网络基础上的生产、分配、交换和消费的经济关系。它以信息为基础，以计算机网络为依托，以生产、分配、交换和消费网络产品为主要内容，以高科技为支持，以知识和技术创新为灵魂。从经济形态上，它是信息经济或知识经济的主要形式，又称数字经济。网络经济是知识经济的一种具体形态，这种新的经济形态正以极快的速度影响着社会经济与人们的生活。与传统经济相比，网络经济具有以下显著的特征：快捷性、高渗透性、自我膨胀性、边际效益递增性、外部经济性、可持续性和直接性。

（二）信息经济

信息经济是全社会信息活动的经济总和，信息是一切比特化的事物，是与物质、能量并列的人类赖以利用的直接生产要素之一，信息活动是为了服务于人类经济社会发展而进行的信息生产、采集、编码、存储、传输、搜索等一切人类行为及支持这些行为的制造、服务和集成。

目前信息经济主要分为5个类型：以信息产业为主的基础型信息经济层、以信息资本投入传统产业形成的融合型信息经济层、体现信息通信技术带来的全要素生产率提高的效率型信息经济层、以新产品新业态形式出现的新生型信息经济层和体现社会正外部效应的福利型信息经济层。

（三）数字经济

数字经济是一个经济系统，在这个系统中，数字技术被广泛使用并由此带来了整个经济环境和经济活动的根本变化。数字经济也是一个信息和商务活动都数字化的全新的社会政治和经济系统，企业、消费者和政府之间通过网络进行的交易迅速增长。数字经济主要研究生产、分销和销售都依赖数字技术的商品和服务。数字经济的商业模式本身运转优良，因为它创建了一个企业和消费者双赢的环境。

二、网络二重性

曼纽尔·卡斯特（Manuel Castells）说，工业经济必须变得信息化与全球化，否则就会崩溃。卡斯特的"信息时代三部曲：经济、社会与文化"第一卷为《网络社会的崛起》（1996），第二卷为《认同的力量》（1997），第三卷为《千年终结》（1998），他尝试将正在浮现的新社会结构概念化为网络社会。全球经济组织的基本单位已经变成网络了,是一个开放而多边的网络,而且是一种面向多重虚拟文化的网络。

网络经济(network economics)是继农业经济、工业经济、后工业经济后的又一种新型的新经济形态,具有绿色、低碳的特点,具有背离传统经济规律的经济特性,如网络效应、正反馈、对传统需求定律的颠覆等。网络经济主要是建立在计算机网络基础上的经济关系,包括生产、交换、分配以及消费。以互联网为主要形式的网络经济本身是低碳的、绿色的。同时,信息技术又大大提高了交易的速度,降低了金融市场的运营成本。网络具有二重性,即网络的社会属性和自然属性,也即实体和虚拟二重性。

周朝民(2003)认为,在网络经济条件下,实体经济与虚拟经济并存,虚拟经济是通过网络虚拟空间从事的经济活动,包括从产品概念、产品创新到产品的生产、制造、销售和最终的消费,都实现了"网络化"。

严明(2005)指出,网络经济是从内容到形式都已经完全虚拟化了的经济新形态。网络虚拟经济社区甚至是网络虚拟经济社会,它是对实体经济生活的网上模拟再现,所创造的货币是完全虚拟的货币,与实体经济的接口也通过实体货币与虚拟网络货币的交换来进行。

碳金融的发展也离不开以计算机、互联网为代表的信息化。当然,金融信息化是金融创新的客观需要,例如,进行有关碳业务的交易所交易撮合电子化、银行碳金融衍生品模型需要计算机的处理运算、银行国外客户交易处理的信息化和全球化等。无纸化使电子银行更加绿色、低碳,可以在更大范围内实现规模经济,也有助于碳金融参与主体实现规模经济,更好地体现网络外部性效应和范围经济效应。

全球网络化使全球金融市场也随之发生变化。互联网以前所未有的速度渗透到每个企业、每个家庭,影响着微观经济主体的思维理念、行为准则、行为模式以及相互联系方式,改变着传统的生产、交换、分配和消费方式。作为现代经济核心的金融业和社会资金运转中枢的银行业,与其他行业有所不同,它是资本密集型服务性行业,所开展的业务一般只涉及资金和信息的流动,几乎不牵涉所谓物资流动的瓶颈问题。

三、外部性理论

外部性是网络经济的一个重要特征,是指经济活动主体对它所处的经济环境的影响。外部性(外部经济效果,externalities)理论是 1890 年由著名经济学家马歇尔(Marshall)在《经济学原理》一书中首先提出的,马歇尔创立了英国"剑桥学派",他是新古典经济学派的代表人物。

西奇威克则在他的《政治经济学原理》一书中认识到，在自由经济中，个人并不总是能够为他所提供的劳务获得适当的报酬，为此，他也被看作"外部性"研究的奠基者之一。后经马歇尔的嫡传弟子庇古（Pigou，1924）加以丰富和发展，在其《福利经济学》一书中，从福利经济学的角度系统全面地研究了外部性问题，扩充了"外部不经济"的概念和内容。

"芝加哥学派"元老奈特（Knight，1924）对庇古的"外部不经济"的某些观点进行了反驳，他认为，产生"外部不经济"的原因是对稀缺资源缺乏产权界定，扩大了"外部性"研究的视野。

1943年，埃利斯（Ellis）和费尔纳（Fellner）将污染问题与"外部不经济"联系起来，也提出"外部不经济"与产权有关。西多夫基（Scitovsky，1954）认为，外部性不等于市场失灵，贝特（Bator，1958）则认为，外部性等同于市场失灵。这就是所谓的"正外部性"和"负外部性"。

四、索洛经济增长模型

索洛的新古典增长理论是现代增长理论的基石。索洛—斯旺模型（Solow-Swan model），又称索洛增长模型（Solow growth model）、新古典经济增长模型、外生经济增长模型（exogenous growth model），是在新古典经济学框架内提出的著名的经济增长模型，是由罗伯特·索洛与特雷弗·斯旺（Trevor Swan）在1956年各自独立提出的经济成长模型。索洛经济增长模型的积极意义是：长期增长率是由劳动力增加和技术进步决定的，前者不仅指劳动力数量的增加，而且包含劳动力素质与技术能力的提高，所以，索洛的长期增长模型打破了一直为人们所奉行的"资本积累是经济增长的最主要的因素"的理论，向人们展示了长期经济增长除了要有资本以外，更重要的是靠技术的进步、教育和训练水平的提高。

五、垄断竞争理论

垄断（monopoly）是一个经济学术语，是指一种市场结构，即一个行业里有且只有一家公司（或卖方）交易产品或者服务。垄断一般分为卖方垄断和买方垄断。竞争（competition）是个体或群体间力图胜过或压倒对方的心理需要和行为活动，即每个参与者不惜牺牲他人利益，最大限度地获得个人利益的行为，目的在于追求富有吸引力的目标。无论是马克思主义的竞争—垄断理论，还是西方经济学的竞争—垄断理论，均可以看出对竞争—垄断理论的认识是有一个过程的，是随着市场经济的发展而不断深化的。[①]

---

① 李帅帅、刘东昌、辛本禄："竞争—垄断理论及其演变"，《当代经济研究》，2005年第11期。

《垄断竞争理论》是美国经济学家爱德华·哈斯丁·张伯伦创作的经济学著作，首次出版于 1933 年。该书摈弃了长期以来以马歇尔为代表的新古典经济学关于把"完全竞争"作为普遍的而把垄断看作个别例外情况的传统假定，认为完全竞争与完全垄断是两种极端情况，提出了一套在经济学教科书中沿用至今的用以说明处在两种极端之间的"垄断竞争"的市场模式，并在其成因比较均衡条件、福利效应等方面运用边际分析的方法完成了微观经济学的革命。

垄断竞争是指许多厂商生产并出售相近但不同质商品的市场现象。垄断竞争是旧经济中常见的一个特征，同时这一特征在新经济时代表现得更为明显。垄断竞争是经济学中比较典型的市场形式之一，并在以下条件下产生：

（1）市场中具有众多的生产者和消费者；

（2）消费者具有明确的偏好，商品和服务是"非同质的"；

（3）自由进出。

六、国际分工理论

(一) 国际分工的概念

世界各国之间的劳动分工是社会分工发展到一定历史阶段，国民经济内部分工超越国家界限而形成的国家之间的分工。其表现形式是各国货物、服务和生产要素的交换。

(二) 亚当·斯密的绝对成本学说

亚当·斯密是资产阶级经济学古典学派的主要奠基人之一，也是国际分工和国际贸易理论的创始者。他生活于英国从手工制造业开始向机器大工业过渡时期，在其 1776 年出版的代表作《国民财富的性质和原因的研究》（*An Inquiry into the Nature and Causes of the Wealth of Nations*）（中译本为《国富论》）中，他提出了国际分工理论。国际分工的基础是有利的自然禀赋或后天的有利生产条件，它们都可以使一国在生产上和对外贸易方面处于比其他国家有利的地位。如果各国都按照各自有利的生产条件进行分工和交换，将会使各国的资源、劳动力和资本得到最有效的利用，将会大大提高劳动生产率和增加物质财富。

(三) 大卫·李嘉图的比较成本学说

大卫·李嘉图是英国工业革命深入发展时期的经济学家和政治活动家，也是古典学派的代表人物。其代表作是 1817 年出版的《政治经济学及赋税原理》。他在该书中提出了按比较优势进行国际分工的理论。

比较成本学说指出，在两国都能生产两种产品的条件下，其中一国在两种产品的生产上都处于优势地位，而另一国处于劣势地位，则处于优势地位的国家应专门生产相对优势最大的那种产品，处于劣势地位的国家则应专门生产相对劣势最小的那种产品，然后参与国际贸易，双方均可以获得利益。

大卫·李嘉图的贸易模式为：优势国家出口优势较大的产品，进口优势较小的产品；劣势国家出口劣势较小的商品，进口劣势较大的商品。即比较优势的国际分工原则是"两优取其最优，两劣取其次劣"。

(四) 赫克歇尔—俄林的要素禀赋学说

俄林是瑞典著名的经济学家和活跃的政治家，擅长于国际贸易理论和政策方面的研究，1977 年获诺贝尔经济学奖。1933 年，他的代表作《地区间贸易和国际贸易》出版。在第一版序言中，俄林提出其致力于解决以下几个问题：①建立一种与价格相互依赖理论一致的国际贸易理论，从而脱离古典的劳动价值论；②证实国际贸易理论仅仅是资源布局理论的一部分，对价格形成在空间位置方面予以充分的考虑；③分析国内、国际生产要素的流动，特别是它们与商品流动之间的关系；④描述国际贸易交换机制。

他提出了赫克歇尔—俄林定理 (Heckscher–Ohlin theorem, H—O 定理)，即：

(1) 两个本来不发生贸易关系的国家，由于资源禀赋的差异产生了国际贸易，并决定了两国的贸易模式；

(2) 国际贸易的原因主要是不同国家拥有的生产要素禀赋和不同商品使用生产要素的比例存在差异。

(五) 马克思的国际分工理论

马克思在《资本论》等著述中，从历史唯物主义的高度对以英国为中心的国际分工做了考察与研究，提出从社会生产方式演变中分析国际分工产生和发展的现象，从而揭示出资本主义国际分工的二重性。马克思的国际分工理论的具体内容为：

(1) 反对抽象地研究国际分工；
(2) 资本主义国际分工来源于社会分工的发展；
(3) 资本主义国际分工初级阶段的形式与形成因素；
(4) 资本主义国际分工的二重性。

(六) 布哈林的国际分工理论

尼古拉·伊凡诺维奇·布哈林被列宁称赞为党的理论家和学识卓越的马克思

主义经济学家。1917年俄国二月革命后，他先后担任莫斯科苏维埃执行委员会和布尔什维克党莫斯科委员会委员、布尔什维克党中央委员，主编《社会民主党人》《斯巴达克》《莫斯科革命军事委员会消息》等报刊。布哈林于1915年撰写1917年出版的《世界经济和帝国主义》中比较系统地论述了国际分工的含义、发展条件以及19世纪末和20世纪初国际分工的格局。

第二次世界大战以后，随着科学技术革命的深入以及国际分工的纵深发展，国际分工学说出现了四大发展趋势。第一，对俄林的分工学说进行检验和深化；第二，加强了对产业内部分工理论的研究；第三，加强了跨国公司内分工理论的研究；第四，出现了国家竞争优势理论，对比较优势的分工理论形成了挑战。

综上所述，数字经济与数字贸易涉及的理论比较多，本节主要介绍上述这些理论。

第二节　数字经济下的理论创新

数字经济以数据资源为要素，以数字驱动为特征，不但扩展了要素供给体系，而且带动了生产方式变革，深刻影响着社会分工协作的组织模式，有效解决了资源稀缺、空间受限、效率低下等问题，深刻改变着数字经济制度体系的基本范畴和基本理论。数字经济下的理论创新包含的内容比较多，本节主要分析马克思社会基本矛盾运动原理对数字经济领域的研究的指导作用。同时，新制度经济学的制度变迁理论等也对数字经济制度体系构建的研究具有一定的解释力。①

一、马克思主义政治经济学视角：社会基本矛盾运动原理

经济制度是生产关系的总和，由社会生产力发展状况所决定，并决定了一国的政治制度和社会意识形态。数字经济制度是由数字经济生产力的发展状况决定的、在社会中占主要地位的生产关系的总和。作为以强制力做保证的正式制度，数字经济制度构建了数字经济系统的基本框架。

矛盾是推动社会历史前进的根本动力。"没有矛盾就没有世界。"② 基本矛盾贯穿于事物发展的全过程，规定着事物发展的基本性质和基本方向。马克思洞察到人类社会的基本矛盾是生产力与生产关系、经济基础和上层建筑之间的矛盾。"社会的物质生产力发展到一定阶段，便同它们一直在其中运动的现存生产关系或财产关系发生矛盾……随着经济基础的变更，全部庞大的上层建筑也或慢或快

---

① 刘西友：《新治理：数字经济的制度建设与发展未来》，中国科学技术出版社2022年版。
② 《马克思恩格斯文集》（第8卷），人民出版社2009年版，第55页。

地发生变革。"① 习近平总书记在纪念马克思诞辰 200 周年大会上的讲话强调："我们要勇于全面深化改革，自觉通过调整生产关系激发社会生产力发展活力，自觉通过完善上层建筑适应经济基础发展要求，让中国特色社会主义更加符合规律地向前发展。"

生产力体现了人和自然的关系，是推动社会进步最活跃、最革命的要素，生产关系体现人和人的关系，两者互相作用和制约。生产力决定生产关系，生产关系反作用于生产力。生产力发展到一定阶段，之前与其适应的生产关系可能不再适应生产力的发展，从而被更适应生产力发展的新的生产关系所取代，生产关系要适应并促进生产力的发展。生产关系的总和构成了经济基础，上层建筑由经济基础决定并反作用于经济基础。当生产关系发生变化时，作为生产关系总和的经济基础也会要求上层的政治、法律制度和意识形态做相应的变化，以巩固和完善经济基础，促进生产力的发展。事实一再告诉我们，马克思、恩格斯关于资本主义社会基本矛盾的分析没有过时。马克思揭示的社会基本矛盾运动原理没有过时，依然决定着社会发展的总体进程和基本趋势，但表现形式已经有了新变化和新特征。生产力、生产关系（经济基础）、上层建筑相互作用、相互制约的矛盾关系也影响、适应和指导数字经济的运行。数字化的知识和信息作为生产要素，与资本、劳动一起，共同推动了数字经济生产力的发展，不但解放和发展了生产力，而且推动了生产关系和经济基础的重构，推动了数字经济制度等上层建筑发生变革，促进数字经济制度体系智能化、全域化、多元化和、精细化水平的提升，推动数字生产力的发展。

技术是建立秩序的重要方式。通信和电报的发明使得"每一单个人可以获知其他一切人的活动情况，并力求使本身的活动与之相适应"。互联网、大数据、人工智能、物联网、区块链等信息技术也具有类似的作用，这一构想在当时的特定时代预见了当前和今后信息技术的图景。信息技术对社会的影响不仅发生在生产力领域，对世界范围的生产关系也产生了深刻影响。比如，美国前总统特朗普的"推特治国"曾经成为推动执政议程、最大化地发挥总统影响力的重要路径；而特朗普推特账号被永久关闭，则从另一角度反映出社交媒体平台巨头们拥有的异于传统权力的政治影响力。基于信息技术所推动的政治化的数字帝国主义倾向初见端倪。

马克思对制度的洞察主要体现在对"生产资料所有制""财产制度""土地制度"等概念的运用上，体现在对经济基础和上层建筑的辩证关系阐释中，是生产力和生产关系互动的反映，主要包括经济制度和政治、法律、意识形态、文化

---

① 《马克思恩格斯文集》（第 8 卷），人民出版社 2009 年版，第 55 页。

等制度。这些制度体系建立在特定时期的生产力发展水平之上,其制度变迁不以人的意志为转移。

二、新制度经济学视角:制度变迁理论

随着制度环境的变化,制度的结构和功能也会随之发生变化,而不是固定不变的。制度变迁也称制度创新,是指新的制度完全或部分替代原有的制度的过程,涉及制度产生、运行、衰减、更替和消亡等阶段。现阶段,我国数字经济的正式制度变迁主要由政府引领和规范。

制度变迁和演化是新制度经济学的重要研究议题。旧制度经济学吸收了德国历史学派、达尔文进化论等的合理内核,指出了制度在经济发展中的重要性,奠定了制度研究的早期基础,其代表人物包括凡勃伦、康芒斯等。新制度经济学主要从交易费用和产权理论视角,研究制度安排和机制设计,科斯、诺斯、威廉姆森、阿尔钦、德姆塞茨等为其代表人物。科斯发现了产权制度和交易费用间的关联,最早运用交易费用开展制度分析,认为制度的产生、运行和变迁都需考虑交易费用因素。康芒斯(1962)认为,制度是集体行动控制个体行动。[①] 总体上看,制度是工作规则的组合[②],也是规则、程序与规范的复合体(诺斯,2000)[③],是影响人类行为的规则和规范,具有一定的模式或框架,因而是一个系统,具有一定的结构和功能。

技术创新对制度变迁和经济增长具有重要作用,甚至起决定作用。诺斯(1981)不认可技术决定论,认为制度不仅决定技术创新,而且促进经济增长,制度的作用在于降低交易费用、保护产权,约束追求主体效用最大化的个人行为,并由此得出结论:西方国家经济增长的决定性因素是制度因素而不是技术因素。合理的制度安排可以促进经济增长质量的提高。[④] 制度经由技术、资本和劳动力等因素推动经济增长,也可能成为这些因素的制约瓶颈。[⑤] 徐永慧(2019)指出,人口红利和资本积累是中国经济增长的主要动力。但杨英杰、郭光敏(2019)却认为,经济高速增长主要得益于要素投入、技术创新、制度创新、发展市场、政府行为和意识形态等方面。大量劳动力转移、固定资本投资、创新与技术变革、社会主义市场经济体制、有效市场与有为政府等因素共同起作用,带

---

① 康芒斯,于树生译:《制度经济学》(上),商务印书馆1962年版。
② 埃莉诺·奥斯特罗姆,余逊达、陈旭东译:《公共事物的治理之道》上海,三联书店2000年版,第82页。
③ 道格拉斯·诺斯:《制度、制度变迁与经济绩效》,上海三联书店1994年版,第3页。
④ 陈丹丹,任保平:"制度变迁与经济增长质量:理论分析与计量检验",《当代财经》,2010年第1期,第17~23页。
⑤ 韩晶,朱洪泉:"经济增长的制度因素分析",《南开经济研究》,2000年第4期,第53~58页。

来了中国经济增长的奇迹。在经济制度安排中，产权保护程度对经济增长的作用最大。① 资源的产权包含所有权、使用权、收入权和转让权四个方面。

新制度经济学长期关注制度变迁过程，强调制度变迁在经济社会发展研究中的关键作用。制度变迁会影响有效需求、要素投入、经济结构和科技创新等。一般来说，制度只能在一段时间内保持稳定，其结构性功能并非一成不变地、永久地充分发挥，节约交易成本和改善绩效是制度变迁的内在动力。拉坦（1991）提出，制度决定着技术创新，诱导技术创新。② 林毅夫（1994）将制度变迁模式分为诱致性制度变迁和强制性制度变迁。③ 前者制度变迁的动力在于激励机制的诱导，后者则在外部压力推动下实施。杨瑞龙（1998）提出"中间扩散型"制度变迁的概念，用以解释地方政府推动制度变迁的进程。④ 长期来看，由于利益冲突、时滞或路径依赖等因素的存在，制度变迁表现出缓慢性和渐进性等特征。

新制度经济学的方法论和理论成果在数字经济研究领域有广阔的应用前景，其交易费用、产权、制度变迁、路径依赖等理论及观点，有助于深化对数字经济实践和理论的解释。然而，目前对数字经济制度体系构建的研究主题还未得到学术界应有的关注，研究深度有待提升，研究逻辑框架不清晰，尚未形成系统的理论与方法论体系，在系统性、创新性和解释力方面还有广阔的研究空间。

第三节 数字经济的内涵与运行机制

一、数字经济的定义

随着云计算、移动互联网、大数据、人工智能等数字技术的快速创新与应用，数字经济正成为全球经济社会发展的重要引擎。近20年来，在认识和理解数字经济的过程中，不同国家和地区、国际组织提供了诸多见解（见表2-1）。

---

① 杨英杰、郭光敏："新中国70年经济发展经验理论研究述评"，《行政管理改革》，2019年第9期。
② 拉坦：《诱致性制度创新理论科斯财产权利与制度变迁》，上海三联书店1991年版，第335页。
③ 林毅夫：《关于制度变迁的经济学理论：诱致性变迁与强制性变迁财产权利与制度变迁》，上海三联书店1994年版，第435页。
④ 杨瑞龙："我国制度变迁方式转换的三阶段论——兼论地方政府的制度创新行为"，《经济研究》，1998年第1期，第5~12页。

表 2-1 数字经济的部分定义

研究机构	定　义
G20 峰会	数字经济是指以使用数字化的知识和信息作为关键生产要素、以现代信息网络作为重要载体、以信息通信技术的有效使用作为效率提升和经济结构优化的重要推动力的一系列经济活动
中国信息化百人会	数字经济是全社会信息活动的经济总和。数字经济是以数字化信息为关键资源，以信息网络为依托，通过信息通信技术与其他领域紧密融合，形成了基础型、融合型、效率型、新生型、福利型五个类型的数字经济
美国商务部	数字经济是一种以信息技术生产行业为基础的经济，该经济中充满了影响着经济方方面面的、数字化的技术性变革。基于信息技术的数字经济，相比以往的经济有更高的长期生产率和总增长率
百度百科	数字经济是一个信息和商务活动都数字化的全新的社会政治和经济系统

总体来看，我们认为，数字经济是以数据资源作为重要生产要素，以现代信息网络为主要载体，以信息通信技术融合应用、全要素数字化转型为重要推动力，促进公平与效率更加统一的新经济形态。

经济合作与发展组织（OECD）在《G20 数字经济测度路线图》中提出的数字经济分层定义框架（参见图 2-1），将数字经济分为核心层、狭义层、广义层和"数字社会"，其中，核心层仅包括基本的 ICT 产品和服务；狭义层包括依赖于核心层中数字产品和服务的相关行业；广义层包括以上两层以及由数字产品和服务所强化的经济活动。中国国内广泛使用的定义是将数字经济分为"数字产业化"和"产业数字化"两部分，前者是指与数字技术直接相关的特定产业部门，后者则指融入数字元素后的新经济、新模式、新业态，即信息通信技术渗透效应带来的"产业数字化"部分。

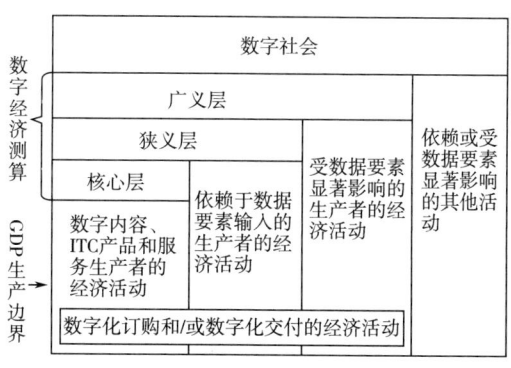

图 2-1 OECD 对数字经济的分层定义

二、数字经济的内涵与特征

(一) 数字经济的内涵

对于数字经济的内涵,可以从要素、载体、技术、系统四个维度进行认识和理解(见图2-2)。

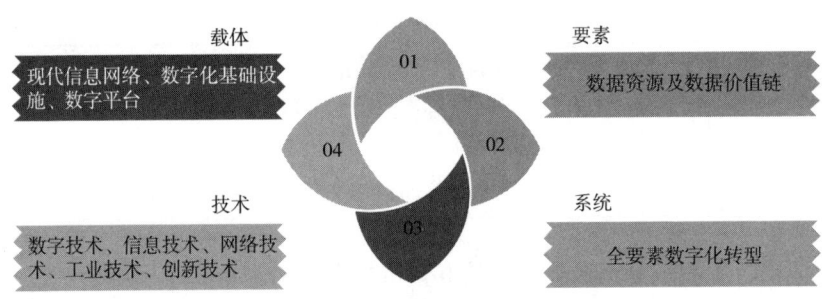

图2-2 数字经济内涵的认识维度
来源:赛迪智库

从要素维度看,数据资源成为驱动数字经济发展的关键要素。在数字经济时代,衡量经济产出的生产函数将数据化的知识和信息纳入其中,成为继土地、资本、人力、技术之外的又一核心生产要素,且其集聚和流通减弱了传统要素有限供给对经济增长的制约。同时,数字经济推动了技术、劳动等其他生产要素的数字化发展,为现代化经济体系注入了新动力。

从载体维度看,现代信息网络、数字化基础设施和数字平台成为数字经济发展的载体。现代信息网络为数据的存储与传输提供了必要条件,而数字化的基础设施加强了人、机、物的互联与融合,并提供了数据源和交互基础。数字平台包括交易平台、创新平台等,支持参与方进行信息交换,并为开发者的创新提供了生态环境。在此基础上,数字化的数据资源通过存储和分析转化为"数字智能",进而通过数字平台实现"数据货币化",并在此基础上循环往复,形成"数据价值链",由此推动数字经济发展壮大(见图2-3)。

从技术维度看,数字技术的创新与融合为数字经济提供了重要推动力。5G、人工智能、量子计算、物联网、区块链、大数据、虚拟现实、超高清视频等信息技术持续突破,并从单点创新向交叉创新转变,促进形成多技术群相互支撑、齐头并进的链式创新,不断从实验室走向大规模应用,为数字产业的蓬勃发展与应用提供了支撑。

从系统维度看,数字经济为整个经济环境和经济活动带来了系统性变化。数

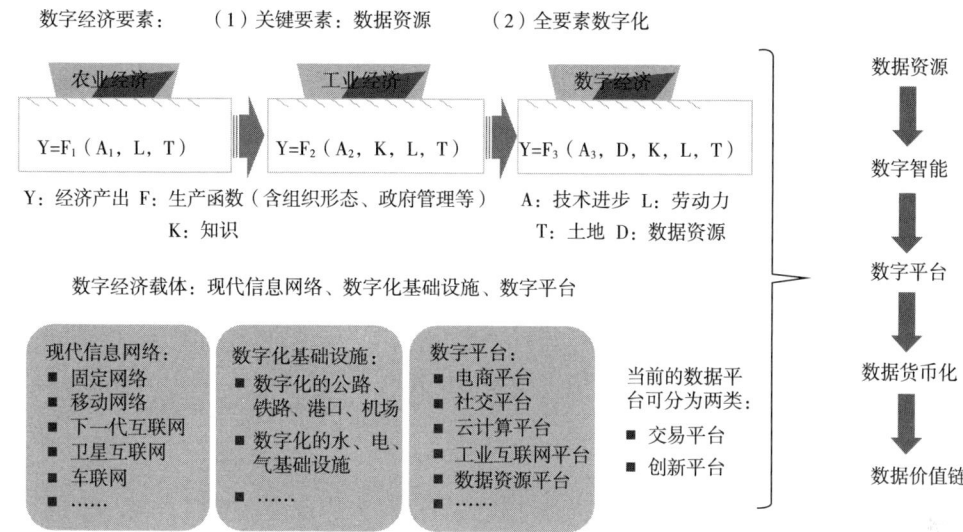

图 2-3 数字经济的要素和载体

来源：赛迪智库

字产业是以数字技术为主要工具进行利润和价值创造的经济活动，重点在于数字技术自身的价值实现。而数字经济相比于数字产业的概念范畴和影响范围更加广阔，是数字技术对整个经济环境和经济活动带来的系统性变化或结果，强调经济的驱动方式，以及数字技术对经济各领域的赋能作用。

数字经济是指一个经济系统，在这个系统中，数字技术被广泛使用，并由此带来了整个经济环境和经济活动的根本变化。数字经济也是一个信息和商务活动都数字化的全新的社会政治和经济系统，企业、消费者和政府之间通过网络进行的交易迅速增长。数字经济主要研究生产、分销和销售都依赖数字技术的商品和服务。数字经济的商业模式本身运转优良，因为它创建了一个企业和消费者双赢的环境。

数字经济的发展给包括竞争战略、组织结构和文化在内的管理实践带来了强大的冲击。随着优秀的网络技术被应用于实践，我们原来的关于时间和空间的观念受到了真正的挑战。企业组织正在努力想办法整合与顾客、供应商、合作伙伴在数据、信息系统、工作流程和工作实务等方面的业务，而他们又都有各自例外的标准、协议、传统、需要、激励和工作流程。

（二）数字经济的基本特征

数字经济受到三大定律的支配。第一个定律是梅特卡夫法则，即网络的价值等于其节点数的平方。网络上联网的计算机越多，每台电脑的价值就越大，"增值"以指数关系不断变大。第二个定律是摩尔定律，即计算机硅芯片的处理能力每 18 个月就翻一翻，而价格则减半数下降。第三个定律是达维多定律，即进入市场的第一代产品能够自动获得 50% 的市场份额，所以任何企业在本产业中必须第一个淘汰自己的产品。实际上，达维多定律体现的是网络经济中的马太效应。这三大定律决定了数字经济具有以下基本特征：

1. 快捷性。首先，互联网突破了传统的国家和地区界限，被网络连为一体，使整个世界紧密联系起来，把地球变成为一个"村落"。其次，互联网突破了时间的约束，使人们的信息传输和经济往来可以在更小的时间跨度上进行。再次，数字经济是一种速度型经济。现代信息网络可用光速传输信息，数字经济以接近于实时的速度收集、处理和应用信息，节奏大大加快了。[①]

2. 高渗透性。迅速发展的信息技术和网络技术具有极高的渗透性功能，使得信息服务业迅速地向第一、第二产业扩张，使三大产业之间界限含糊，出现了第一、第二和第三产业相互融合的趋势。

3. 自我膨胀性。数字经济的价值等于网络节点数的平方，这说明网络产生和带来的效益将随着网络用户的增加而呈指数级增长。在数字经济中，由于人们的心理反应和行为惯性，在一定条件下，优势或劣势一旦出现并达到一定程度，就会导致不断加剧而自行强化，出现"强者更强，弱者更弱"的"赢家通吃"的垄断局面。

4. 边际效益递增性。主要表现为：数字经济边际成本递减；数字经济具有累积增值性。

5. 外部经济性。网络的外部性是指每个用户从使用某产品中得到的效用与用户的总数量有关。用户人数越多，每个用户得到的效用就越高。

6. 可持续性。数字经济在很大程度上能有效杜绝传统工业生产对有形资源、能源的过度消耗所造成的环境污染、生态恶化等危害，实现了社会经济的可持续发展。

三、数字经济的运行机制

（一）微观层面的经济活动

1. 消费者的消费活动及其特征。

（1）消费活动具有网络增值效应，新用户接入某一商品或服务，会自动增加消费网络的节点，数以万亿的网络节点的增加以几何级的速度增值，提升整个

---

① "数字经济是什么", https://www.niuqiuyi.com/ksnews_gaokao/175248.html, 访问日期：2023 年 1 月 1 日。

网络的效用和福利水平。因此，消费活动的网络外部正效应会带来极大的规模效应。

（2）消费需求的异质性特征明显，借助于大数据资源获取能力以及数据挖掘、分析等技术，企业通过海量数据的获取、分析、匹配、行为模拟等技术手段无限逼近消费者的真实需求和消费预测，锁定和掌握隐藏在同质产品消费中的异质性消费需求。与此同时，消费市场中过去被忽略的具有典型"二八定律"的长尾部分的大量异质需求被挖掘，解决了异质性需求与规模经济的矛盾，奠定了模块化企业生产和网络协作型供给的基础，消费者"主权"回归。

（3）消费者行为改变深刻影响了市场结构，这主要表现在：数字化消费模式打破了传统"产品研发—生产—消费—消费者"的单向链条，生产者的价值创造活动围绕消费者开展，消费者对产品及其服务具有定价权、选择权、评价权以及产品生产设计的参与权和主导权，最终形成了产品全价值链活动中的话语权。

2. 生产者的生产活动及其特征。

（1）生产呈现边际收益递增规律，在以信息、数据为投入要素的生产中，边际收益呈现递增规律。其原因在于，数据、信息等生产要素具有非竞争性和非排他性，在既定生产投入基础上，数字产品及其服务的产出数量的增加并不会遭遇边际成本递增，使生产可能性边界向外扩展成为可能。

（2）企业组织形态无边界化和全球网状供给链的构建。消费市场的深刻变化引发生产活动的相应调整。一方面，企业专注于更具核心竞争力的模块化生产，生产活动被进一步分解为更多更细的分工操作，生产迂回程度加深，产业链的细化和增长达到前所未有高度，分工协作更加全球化；另一方面，不同产业价值链环节具有竞争优势的异质企业依靠市场机制进行社会分工和协作，通过网络协同效应创造和共享价值，构成价值网络体系并明确各个企业在其中的定位和发展模式。在这样的过程中，企业组织形态呈现柔性化和无边界化的智慧型创新组织，而设计研发、供应链管理、制造生产等跨领域合作协同实现了全球价值链的重新整合，并构建了良性循环的全球网状供给链条和竞争力格局。

3. 市场结构改变及其作用机制，数字产品或服务的市场均衡价格形成机制面临深刻改变，突出表现在：①数字产品和服务的定价存在困难，这源自其特殊的生产成本结构难以形成自然的需求曲线，以及广泛存在的搭便车行为，市场均衡点的存在及稳定与否具有较大不确定性。②市场结构发生深刻变化，创新性技术及其应用催生出更加专业化、丰富的社会分工体系和运行机制，并促进中间产品和最终消费品细分市场的形成，以及整体市场规模的扩大；新兴信息技术手段消除了信息不对称可能导致的在生产环节因偏离真实需求水平产生的生产偏差，以及在消费领域因大量异质性需求产生的技术性忽视，有助于实现消费者剩余及整个社会帕累托改进；在某些细分差异性产品市场，市场结构可能处于垄断或寡头垄断的状态，并呈现出很强的规模经济和范围经济（这主要得益于模块化技术的成熟一定程度上实现了规模经济和多样化生产之间的矛盾调和）。

（二）中观层面的经济活动及其特征

创新性技术及其应用以及由此引发的一系列新模式、新产业、新业态的出现，促进传统产业与新兴产业广泛融合并推动产业结构转型升级，其影响主要表现在：

首先，新兴产业部门大量涌现。借助于新兴的信息技术手段和数据挖掘分析技术，消费端的创新需求及其结构变化被不断挖掘创造，并通过互联网技术实现供给与需求的快速匹配和对接，促进新产业、新业态、新模式的不断出现。

其次，新兴产业与传统产业广泛深入融合，推动了传统产业转型升级和产业结构优化。现代信息技术向其他领域的快速扩散及其融合应用，通过数字化、信息化的技术创新，重构了企业生产活动的各个环节，能够显著提升劳动生产率和经济生产效率，持续改进企业管理水平和生产服务方式，在这个过程中，数据、知识、技术的产出贡献度不断提升，推动产业结构软化和经济结构服务化，引领产业结构转型升级和优化。

再次，制造体系实现向智能制造转变。这场变革以智能化、数字化技术和现代制造技术为基础技术，以异质性定制消费为起点，通过开放智能制造平台和网络化制造系统，制造生态系统本身的能力和效率成为产品创新、价值创造关键环节，这种个性化、高效灵活的新兴生产范式颠覆了传统生产范式下的工业组织结构、产业竞争范式和全球竞争格局，重塑了数字经济条件下的国家竞争优势。

（三）宏观层面的经济形态演进

新兴颠覆性技术在社会生产各个环节和众多领域的创新应用及其渗透融合，在某一时点会带来全要素生产率质的改变，关键在于社会存量知识不断积累，信息经历由量到质的变革，一系列技术创新浪潮不断涌现，与社会经济规则、结构制度等适应性变革与变迁相得益彰，最终表现为一种智力型、知识型、创新型的全新经济形态。同时，经济社会各领域从工业化向智能化、数字化方向转型，与数字经济生产力相适应的诸如社会认同、文化构建、社会经济规则、政治治理等在内的一系列社会经济规则体系也在发生适应性演进，并逐步建立起与之相适应的一整套社会规则体系，重塑社会经济生活全貌。当然，我们仍应警惕新兴创新技术可能产生的劳动力挤出效应将对劳动力市场带来的巨大冲击。

四、国际产品价值链和国际产业分工体系的构建

生产技术与交易技术的创新及其应用为全球范围内市场规模扩大和经济一体化奠定了技术基础;以互联互通为要义的数字经济借助网络信息技术便利化促进了生产要素(特别是信息、数据、知识等无形资产)的流动,实现了全球范围内资源的配置效率;以产品供应链构建为出发点,企业通过专业化生产分工和创新驱动实现差异化生产和价值链环节锁定,并通过与产品供应链上不同环节的企业协同,构建全球网络化供给和国际分工体系。①

第四节　数字经济的特性和构成要素

当今社会,数据成为关键的生产要素,壮大数字经济生产力也构建了全新的数字经济生产关系。

一、数字经济的特性

数字经济最重要的特性就是长尾效应、规模经济和范围经济等。

(一) 长尾效应

长尾效应的英文名称为 long tail effect。"头"(head)和"尾"(tail)是两个统计学名词。正态曲线中间的突起部分叫"头",两边相对平缓的部分叫"尾"。

长尾理论这一概念是由美国《连线》杂志主编克里斯·安德森(Chris Anderson)在 2004 年 10 月提出,用来描述诸如亚马逊和 Netflix 之类网站的商业和经济模式。② 克里斯·安德森通过研究互联网零售公司的销售数据,发现一种符合统计规律的现象,这种现象像一个横纵坐标上的函数曲线,无限接近于横轴,像一条长长的尾巴,所以称为长尾理论(如图 2-4 所示)。

长尾理论的对立理论是二八定律,

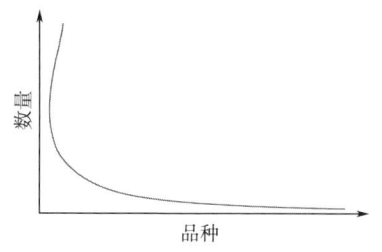

图 2-4　长尾效应图

---

① 李路:"数字经济条件下的经济运行及其规律",《中国电子科学研究院学报》,2018 年第 13 期,第 4 页。

② 陈力丹、霍仟:"互联网传播中的长尾理论与小众传播",《西南民族大学学报(人文社科版)》,2013 年第 34 期,第 148~152 页。

二八定律只看中头部的20%，尾部的80%则不会太多关注，一般体现在传统金融机构中，传统金融机构不看重普通用户，只注重增加与头部VIP客户的用户黏性。长尾理论是范围经济与规模经济的完美结合。

（二）规模经济

规模经济（economies of scale）是指通过扩大生产规模而引起经济效益增加的现象。规模经济反映的是生产要素的集中程度同经济效益之间的关系。规模经济的优越性在于：随着产量的增加，长期平均总成本下降。但这不仅仅意味着生产规模越大越好，因为规模经济追求的是能获取最佳经济效益的生产规模。一旦企业生产规模扩大到超过一定的规模，边际效益却会逐渐下降，甚至趋向于零，乃至变成负值，引发规模不经济现象。

真正意义上的规模经济学起源于美国，它揭示的是大批量生产的经济性规模。其典型代表人物有阿尔弗雷德·马歇尔（Alfred Marshall1）、张伯伦（Chamberin）、罗宾逊（Robinson）和贝恩（Bain）等。马歇尔在《经济学原理》一书中提出，大规模生产的利益在工业上表现得最为清楚。此外，马歇尔还发现了由"大规模"带来的垄断问题，以及垄断对市场价格机制的破坏作用。规模经济与市场垄断之间的矛盾就是著名的"马歇尔冲突（Marshall's dilemma）"。

（三）范围经济

范围经济（economies of scope）是指由厂商的范围而非规模带来的经济，即当同时生产两种产品的费用低于分别生产每种产品所需成本的总和时，所存在的状况就被称为范围经济。只要把两种或更多的产品合并在一起生产比分开来生产的成本要低，就会存在范围经济。

数字经济的范围经济特性有可能让充分竞争与规模经济共存。不喜欢大的企业规模或者高的市场份额，主要还是担心造成"赢者通吃"的局面，但这是传统经济的理念，常出现在石油或者钢铁行业。范围经济意味着一旦平台在一个行业做大，很容易展开跨行业竞争，比如短视频平台做外卖、社交平台做搜索，即便能够做大，也并不一定能够独霸市场，2013年至2020年间，电商市场份额发生了非常大的改变，原先"一家独大"的电商平台失去了超过一半的市场份额，这说明它之前并不拥有市场支配地位。①

二、数字经济的构成要素

数字经济的三大核心要素包含数据、算法、算力三个方面。

---

① 黄益平："数字经济发展与治理"，中国人大网，2023年1月3日。

(一) 数据

数据自古有之,在互联网出现后,因为数码化记录、积累,成为可供计算机快速提取、分析的大数据。近年来,数据被广泛运用于人类社会生产、生活和社会治理,成为并列于资本、劳动和自然资源的新要素。这一新要素的出现对世界政治、经济、文化的影响很大,值得社会各界认真研究。数据要素具备低边际成本、无损耗、易复制等特点,是数字经济深化发展的引擎,而数字技术具备迭代快、扩散快、渗透性强等特点,两者通过加快创新的供给和扩散,优化生产函数中的要素配置,提高生产过程中的技术效率,降低交易成本,从而提高产业竞争优势。

(二) 算力

算力现在最普遍的叫法就是云计算。在国际上最领先的算力是亚马逊的AWS。过去提到云计算,大家可能觉得不是很保密,不是很放心,而现在美国国防部的一些应用都放在AWS上了,所以其保密工作还是非常到位的。中国的云计算当然是阿里领先,现在腾讯也在奋起直追,华为、中国电信紧随其后。目前,国内的云计算一般都是与智慧城市建设等连在一起的。

(三) 算法

算法(algorithm)是指解题方案的准确而完整的描述,是一系列解决问题的清晰指令,算法代表着用系统的方法描述解决问题的策略机制。也就是说,能够对一定规范的输入,在有限时间内获得所要求的输出。如果一个算法有缺陷,或不适合于某个问题,执行这个算法将不会解决这个问题。不同的算法可能用不同的时间、空间或效率来完成同样的任务。一个算法的优劣可以用空间复杂度与时间复杂度来衡量。

目前有两类算法价值最大,第一类算法叫推荐算法。从国际上看,仍是亚马逊领先,它有客户的画像,推荐较精准,现在30%的交易都是靠推荐算法。但是这就产生了一种叫"信息茧房"的现象,即推荐得越多,同性相吸,异性相斥,和你同类的人越来越多,所以推荐算法使人越来越极端。第二类算法叫信用算法。信用算法会收集你的大数据,比如说你各种各样的行为。在美国有个专门的信用分,已经推广了几十年了,如果行为不好就得扣分,人们离开信用分寸步难行。

综上所述,数字经济给我们的生产方式、生活方式与社会治理方式带来了翻天覆地的改变:一是提升了人民群众的生活质量;二是改善了经济活动的普惠性;三是加速创新并孵化了许多新的数字经济业态;四是利用数字技术改造传统产业,达成提质增效的目的。① 据北京大学平台经济创新与治理课题组测算,2012年至2018年间,数字经济部门对GDP增长的贡献达到了74.4%。② 另外,据中国信息通信研究院估计,2021年,我国数字产业化规模为8.35万亿元人民币,占GDP比重为7.3%。产业数字化规模达到37.18万亿元人民币,占GDP比重为32.5%。③ 同年,美国数字经济规模蝉联世界第一,达到15.3万亿美元。中国位居第二,为7.1万亿美元。④

第五节 平台经济

一、平台经济

什么是平台经济?平台经济是一种基于数字技术,由数据驱动、平台支撑、网络协同的经济活动单元所构成的新经济系统。平台经济作为数字经济的重要组成部分,在我们日常衣食住行中扮演着不可或缺的角色,并对国家经济社会发展具有重大影响。比如,美国的苹果、亚马逊、谷歌、脸书等,中国的腾讯、阿里巴巴、百度、京东等,都是巨型平台公司,至于其他各类基于互联网而成立的平台公司,更是数不胜数。可以说,这种数字共享经济平台已经渗透到我们生活的各个方面,也由于这些经济平台所具有的各种优势特征,更是成了当前全球经济的主导力量及最大的发展动力。

欧美的常态化监管相对比较成熟,加强数字经济治理的重点在于规范头部平台的行为,特别是反垄断。自1890年颁布《谢尔曼法》以来,美国反垄断政策的思想大致可以划分为两个阶段,20世纪80年代之前的"结构主义"和之后的"行为主义"。但是中国的数字经济治理框架刚刚开始搭建,需要关注的不仅仅是头部平台的垄断行为,所有数字经济企业的经营行为都需要加以规范。⑤

平台经济的实质是运用现代网络数字技术进行资源配置。与传统的市场及企业的资源配置方式不同,平台经济资源配置效率更高、交易成本更低,可全面提升整个社会的经济效率及福利水平。这就是通常所说的数字红利。比如,以支付

---

① 黄益平:"数字经济发展与治理",中国人大网,2023年1月3日。
② 北京大学平台经济创新与治理课题组:《平台经济:创新、治理与繁荣》,中信出版社2022年版。课题组所计算的"数字经济部门"主要包括信息与通信技术(ICT)制造以及密集使用ICT的制造业和服务业,这个范围与国家统计局和中国信息通信研究院的定义可能有差异。
③ 中国信息通信研究院:《中国数字经济发展报告(2022年)》,2022年7月11日。
④ 中国信息通信研究院:《全球数字经济白皮书(2022年)》,2022年7月29日。
⑤ 黄益平:"数字经济发展与治理",中国人大网,2023年1月3日。

宝及微信支付所催生的中国网络支付方式（商业银行也在采取这种方式），与传统支付方式相比，其效率之高、成本之低、民众使用之便利是以往难以想象的。它全面提升了中国金融业的服务水平，提升了整个社会经济效率及民众的福利水平，也创造了无限的数字红利。[①]

平台经济不仅深入我们经济生活各个方面，也全面影响和冲击着传统产业，改变和重塑我们的行为方式、企业的商业模式、行业及市场的业态，甚至正在改变不少传统产品和服务的性质以及经济资源配置的方式等。目前全球正在掀起一场以平台经济为载体的经济革命。

（一）平台业务拓展促进运营模式创新

2021年，各大电商平台在不断推出新业务应对激烈市场竞争、满足市场更多元需求的同时，也在与时俱进地应对市场发展的新要求，尝试打破原有的壁垒，走向互联互通、开放合作。从全国统计数据来看，专门为居民生活服务提供第三方服务平台的互联网活动，包括互联网销售平台、互联网约车服务平台、互联网旅游出行服务平台、互联网体育平台等。2018年6月到2022年3月，全国范围内发放的网约车平台经营许可证从70张快速增长到267张（见图2-5）。

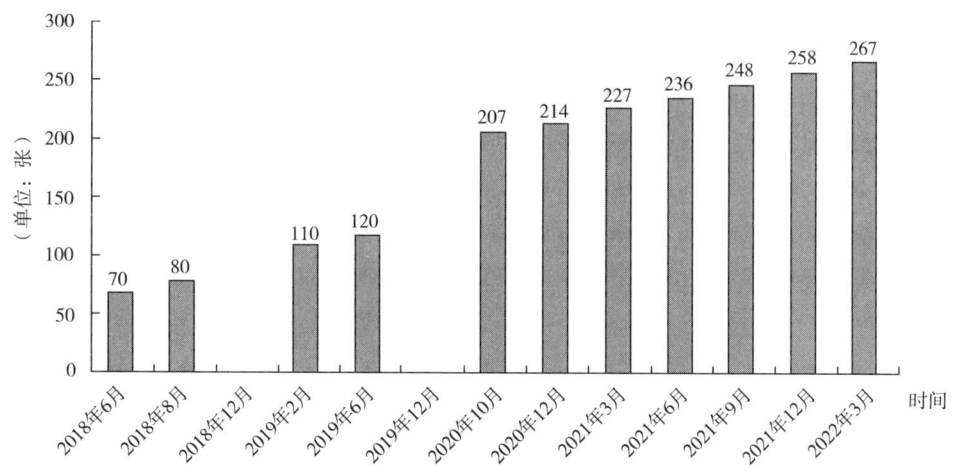

图 2-5　全国网约车平台经营许可证数量

来源：交通运输部

---

① 易宪容："平台经济的基本特征、运作方式及有效治理机制"，《中国党政干部论坛》，2021年第4期。

各大平台纷纷加大开拓新业务的力度，同时大型平台间的"互联互通"取得了实质性进展。各大平台拆掉唯流量论的"围墙花园"，推进互联互通，让数据作为第五大生产要素真正"流动"起来，未来将发生更多跨平台资源调配和协同合作，产生更多新的商业模式，推动电子商务行业走向开放合作和共赢发展。

(二) 平台规则收紧引发市场主体调整

与我们日常生活密切相关的网约车平台方面，我国对网约车平台、车辆和驾驶员实施准入许可监管，同时考虑到出租车管理是地方事权，而且各地人口数量、经济发展、出租车市场等存在较大差异，我国把网约车管理权下放给各地，并要求各地出台本地化的实施细则，如制定车辆的具体标准和营运要求。据不完全统计，对于网约车平台公司，大多数城市要求在当地有经营实体和团队，如注册分公司或子公司；对于车辆，多数地方从轴距、排量、价格、车龄、车长等方面提出了组合型限制性条件，甚至异化为对车辆的高准入门槛；对于驾驶员，除国家要求外，不少地方新附加了本地户籍、居住证等，这进一步压缩了车辆供给。[①]

根据商务部发布的《中国电子商务报告2021》，2020年以来，全球主流跨境电商平台持续加强平台规则建设，引发我国跨境电商出口主体调整。2021年5月，亚马逊对平台规则管理进行了整顿，明确提出：产品一旦被投诉侵权，轻则产品下架，重则店铺关门；不允许同一个卖家在同一个站点开设一家以上的店铺；不得利用小卡片、明信片、奖励等方式换取正面评论；实际产品品牌要与线上品牌介绍一致。在平台新管理规则下，我国在亚马逊平台上的卖家面临着下架产品、关闭店铺等冲击。自2021年5月以来，中国商家受到亚马逊平台规则收紧所带来的负面影响。随着主流跨境电商平台管理规则的逐步严格，我国跨境电商出口合规建设将迎来新挑战。

(三) 电商B2B成为发展热点

近年来，无论是跨境电商B2B平台，还是农村电商B2B平台，随着发展热度升温，交易规模扩大。其中，农村电商B2B是农业产业数字化的核心环节，将成为农村电商转型升级的重要方向。进入后疫情时代，电子商务新模式、新业态逐渐趋于理性增长，电商交易服务增长速度较2021年放缓。根据中国服务外

---

① 马骏、袁东明、马源、高太山、马淑萍、马晓白等：《数字经济制度创新》，中国发展出版社2022年版。

包研究中心测算,2021 年,中国电子商务交易服务营业收入①达 1.39 万亿元人民币,其中 B2B、B2C 和 C2C 平台服务营业收入规模分别为 1 954 亿元、7 739 亿元和 4 167 亿元人民币(见图 2-6)。

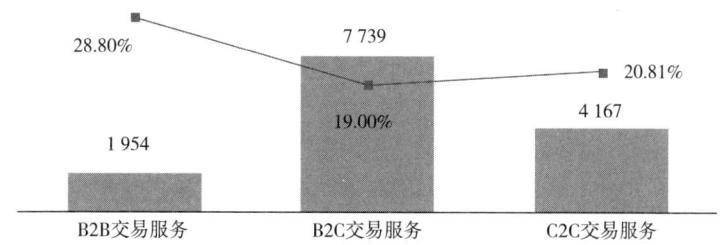

图 2-6　2021 年中国电子商务交易服务营业收入额(单位:亿元人民币)
来源:根据商务部、上市公司财报、易观千帆等数据综合测算

(四)对巨型平台公司的反垄断及监管

加强反垄断和反不正当竞争执法,维护公平竞争市场秩序。2021 年 2 月 7 日,国务院反垄断委员会发布《关于平台经济领域的反垄断指南》,这是第一份关于平台经济反垄断政策的完整框架。② 2021 年 4 月 10 日,国家市场监督管理总局对阿里巴巴就其"二选一"行为做出处罚,这是平台经济领域第一张反垄断罚单。2021 年 11 月 18 日,国家反垄断局正式挂牌,标志着我国反垄断政策特别是平台经济领域反垄断政策走入全新的阶段。

如果平台经济的巨型公司规模越来越大,可能影响中小企业的生存空间,影响各行业的业态。因此,全球范围内正掀起一股对巨型平台公司的反垄断及监管大潮。2020 年中央经济工作会议就把对巨大网络公司的反垄断作为 2021 年经济工作的重要任务。

根据国务院发展研究中心企业所调查,我国网约车市场已有 200 多家持牌企业,全国市场结构呈现出一家独大、少数地方市场则由其他企业主导的局面。为防止大型平台公司滥用市场支配地位,排挤和限制竞争,一方面要加强反垄断执法,重点是强化经营者集中行为的执法查处,尤其是"掐尖式"并购、"杀手型"并购,防范扼杀潜在竞争对手于萌芽状态;同时,加大对大型平台企业滥用

---

①　电子商务交易服务营业收入规模主要是指电子商务交易平台提供交易服务而产生的收入规模,包括平台交易服务费和围绕交易而产生的相关增值服务费,不包括平台自营产品所赚取的差价部分以及其他投资收益。

②　国务院反垄断委员会:《关于平台经济领域反垄断的指南》(国反垄发〔2021〕1 号),2021 年 2 月 7 日。

支配地位、排挤或限制竞争的各类行为的执法力度。另一方面，针对部分地方网约车混战，或者以低于成本扰乱市场秩序的行为，要加快研究引用反不正当竞争法予以查处；同时，还要夯实平台企业主体责任，督促和引导平台企业树立公平竞争意识，主动做出公平竞争承诺，将竞争行为纳入信用考评体系。①

《中国电子商务报告2021》指出，我国市场监管进一步优化。2021年，强化反垄断、深入推进公平竞争政策陆续落地实施，防止资本无序扩张初见成效，平台经济朝向更加合规化发展。"二选一"等不正当竞争监管日趋完善，让更多平台享受到公平竞争带来的市场机会，进一步推动市场多元化竞争。监管部门多次发布直播电商相关管理办法，对主播带货提出更加严格的要求和规范，并对主播偷逃税问题进行打击，营造公平的税收环境，促进行业发展更加规范。政府通过加大社区电商价格监管和反不正当竞争工作力度，推动社区团购向高质量发展方向转变。

（五）加强诚信建设和行业自律

2021年，平台企业不断强化自律，推动形成公平竞争的市场环境。多家互联网及科技企业积极响应政府规范平台经济秩序的号召，发布合规经营承诺书。商务部积极推进《电子商务企业诚信档案评价规范》的实施，推动市场主体参与信用建设，电子商务企业积极开展诚信承诺，建立诚信档案，并通过全国电子商务公共服务平台公示诚信档案信息。所以，相比平台企业野蛮生长的萌芽时期，近年来，平台企业市场秩序和营商环境有了进一步提升。

二、技术创新提升平台发展质量

（一）数字经济基础设施

当前全球数字基础设施正加速从传统IT架构向云基础设施迁移，以云计算为核心的新型数字基础设施是支撑未来经济社会转型的基础，也是电商平台发展必须夯实的重要根基。

当前，我国数字信息基础设施建设稳步推进。以5G为例，根据2022年3月8日十三届全国人大五次会议第二场"部长通道"上工业和信息化部部长肖亚庆公布的数据，我国5G基站总数已超过142.5万座，实际连接的用户超过5亿，更多应用场景不断涌现。未来还要在基站建设上下功夫，2022年底，5G基站数力争突破200万座，同时进一步扩大和丰富应用场景，做好推广和引领示范。

---

① 马骏、袁东明、马源、高太山、马淑萍、马晓白等：《数字经济制度创新》，中国发展出版社2022年版。

数字基础设施要建设好，更要用好，发挥好"数字"作为新型生产要素的巨大潜力，才能更好地激发数字经济"牵引力"，赋能经济高质量发展。从2018年底召开的中央经济工作会议首次将5G、人工智能、工业互联网、物联网定位为新型基础设施；2019年政府工作报告提出"加强新一代信息基础设施建设"；到2020年"新基建"被正式写入政府工作报告，提出"加强新型基础设施建设，发展新一代信息网络，拓展5G应用，建设充电桩，推广新能源汽车，激发新消费需求、助力产业升级"。2021年政府工作报告提出"建设信息网络等新型基础设施"，再到如今强调的"数字信息基础设施"，"新基建"的概念既一脉相承，又伴随着技术的更新更迭而不断拓展和延伸。"数字"的地位和作用越来越重要，也是2022年政府工作报告强调数字信息基础设施的一个重要原因。

过去我们强调网络设施建设，现在我们更加强调数字，实际上就是要拓展5G应用，或者说具体一点，要把以5G为代表的新一代信息技术广泛应用起来。通过强调"数字"这个概念，进一步提升我国产业数字化的程度和信息化的水平。

（二）技术支撑下的新模式、新业态涌现是平台创新的鲜明特征

近年来，各大主流电商企业纷纷加大技术投入力度，加快技术应用创新的步伐。电商领域的技术应用创新，比较突出的有云计算、区块链、机器人、智能终端、智能语音、虚拟现实与仿真技术等，同时电商企业还推动了商业领域的科技综合创新。在未来的电子商务中，云计算将成为一种随时、随地根据需要提供的服务，就像水、电一样，成为公共基础服务设施。

区块链技术是新基建信息基础设施的重要组成部分。区块链不可篡改的特性可以解决传统在线交易、商品贸易中难以解决的商品溯源、交易公证、版权保护以及交易隐私保护等难题。近年来，电商企业积极通过区块链技术与业务场景应用的有效结合实现产品溯源，提升了商品安全性、信息透明性和查询便捷性。

作为数字信息基础设施的"领头羊"，5G的规模应用对促进产业数字化转型、驱动数字经济发展至关重要。如果说将信息通信技术比做一条公路，则可以将3G看成四车道，4G则是四十车道，而5G将是四百车道，极大地拓宽了信息通信发展的道路。

第六节 数字技术下的国际贸易创新

一、数字技术在国际贸易实务中的应用

数字技术在国际贸易领域的创新实践极大地提高了贸易效率,我们可以看到,数字技术正在生产制造、市场营销、跨境通关、物流仓储、金融服务、售后服务等多个贸易环节赋能传统外贸持续发力。

(一)在生产制造环节

基于大数据、人工智能的研发知识体系,能够缩短研发周期,实现产品制造智能化、柔性化,有效提高生产效率和产品质量。打通品牌商与销售渠道的线上连接,实现从需求到交付全流程的精准服务。搭建供应链数字化平台,实现商流、信息流、资金流和物流全链条联动,快速响应消费者的个性化需求。

(二)在市场营销环节

企业利用云展会等进行展示推介、验厂洽谈、线上签约,利用线上促销、工厂产线直播、网络直播带货等营销方式开拓市场。外贸大数据发挥"新引擎"作用,为企业发展智能营销、精准营销提供支撑,不断提升客户开发维护及市场分析的能力。利用具有国际影响力的社交平台、搜索引擎等推广企业产品,直接精准触达境外买家,吸引境外买家达成交易,不断拓宽获客渠道,提高贸易发生率。数字品牌营销发展迅速,通过品牌资产数字化管理系统,企业得以精准评估营销效果。

(三)在跨境通关环节

进出口许可证申领、签发和使用的全流程无纸化持续优化,进一步降低了企业的报关成本。国际贸易单一窗口等数字化平台提高了国际贸易链条各参与方系统间的互操作性,缩短了报关时间,提高了通关效率。利用智能报关机器人和智能审单机器人,自动提取企业发票、箱单、合同和提单等报关单证,实现智能制单、贸易合规智能体检、原产地证书智能审单等,彻底改变了传统手工录入、审核的作业模式,提高了数据采集的效率和准确率,大大提高了贸易便利化水平。

(四)在物流仓储环节

数字技术与物流和供应链深度融合,成为保障物流高效、稳定和安全运行的

利器。智能仓储系统通过无线物联、室内地图技术，将仓内货物、车辆进行连接，实现入库、移库、出库的智能管理。通过 WMS（仓库管理系统），实现库存数据自动采集、系统定向找货和现场可视化管理等，大幅度提升了仓库数字化程度。云仓服务实现业务动态可见、资源使用效率可见、仓间业务互动可见、客户及项目类型可见的全维度运营可视化，能够让客户不碰货品完成从源头到消费者交付的全流程，全面提升物流服务效率和客户体验感。

（五）在金融服务环节

通过区块链技术重构金融生态，建立高度信任机制，实现点对点多方信任关系，加强买卖双方、融资方、政府机构等参与者的连接，既提升了融资机构识别中小企业信用风险的能力，又降低了建立信任关系的成本，有效缓解了企业融资贵问题。供应链金融结合物联网等技术，对接银行等金融机构，实现了电子仓单在线融资，解决了中小企业融资难问题。

（六）在售后服务环节

数字技术为产品设备的智能监控和远程运维提供支撑。通过物联网技术，对安装传感器的产品进行多维度数据采集，做到无论产品身在何处，只要开机运转就能进行实时监控。一旦设备出现异常，做到提前预警、预测性维护，减少因设备故障造成的资源浪费，提高作业效率。通过报修平台、智能客服、大数据派工等智能化服务，实现设备智能诊断、远程运维，不断增强远程端服务能力，提升远程数字化售后的服务质量和服务体验。

二、贸易数字化、绿色化和服务化

（一）贸易数字化

贸易数字化就是利用现代信息通信技术，以数据资源为关键生产要素，推进外贸企业数字化转型，对贸易各环节进行数字化改造，推动传统货物贸易效率提升、价值增长和结构优化。近年来，我国一些地区和部分先行企业围绕贸易数字化开展了积极探索实践，在先行先试的过程中尝到了贸易数字化带来的"甜头"，其赋能外贸发展的巨大作用被广泛关注。一是能够促进外贸降本提质增效。贸易数字化降低了传统贸易链条长、节点多、时间跨度长、涉及部门多的复杂影响，线上线下融合，有效扩大了交易范围，降低了交易成本，提升了交易效率。二是能够有效带动产业转型升级。发挥数据驱动作用，合理调配资源，提高资源配置效率，促进贸易与产业加速融合与互动，为产品创新和价值链升级提供新动力,优化升级传统产业,提高产业竞争力,不断推进产业国际化进程。三是能够有效维护供应链、产业链安全稳定。当前,数字化转型已经成为一个新常态、新动能,贸易数字化促进信息共享,创造安全、互信、共赢的供应链运营环境,增强供应链的弹性、韧性和黏性,为稳定我国际市场份额及保证供应链、产业链安全稳定提供了有力支持。四是能够有效培育贸易竞争新优势。贸易数字化助力产业数字化转型升级,推动实现以货物出口为主,向货物、服务、技术、资本输出相结合转变;推动实现竞争优势由以价格优势为主,向技术、品牌、质量、服务为核心的综合竞争优势转变;推动实现增长动力由要素驱动为主,向创新驱动为主转变,为我国外贸持续健康发展提供了有力保障。

(二) 贸易绿色化

贸易绿色化所迎合的是绿色消费。要体现"绿色",既要注重地球生态环境的保护,促进经济与生态的协调发展,也要实现企业自身利益、消费者和社会利益以及生态环境保护的统一,把绿色理念体现在产品、定价、分销和促销的策划与实施全过程。绿色贸易增加了企业必要的环保投入,同时也可以给企业带来可观的收益。为了保护环境,全世界越来越多的国家对绿色产品实行一定的价格支持政策,有些绿色产品的售价比普通产品高出 50%~200%,这无疑给产品生产者带来了更好的收入。从国际贸易的实践分析,20 世纪 80 年代末以来,经济全球化、国际贸易区域化集团化趋势的深入发展对绿色贸易的盛行起了客观推动作用。经济全球化推动了世界贸易额的增长,也加剧了区域之间的贸易竞争,美欧贸易集团在促进其内部自由贸易区建设的同时,采取非关税壁垒措施,提高区域外竞争对手的市场准入门槛来保护自身利益。

从理论上分析,绿色贸易的提出与西方新制度经济学外部性理论的创立直接相关。1991 年,新制度经济学代表人物罗纳德·科斯提出了外部性与产权理论,解释了经济的外部性——第三方承担成本问题,并因此获得了当年的诺贝尔经济学奖。科斯的理论分析是从环境污染问题开始的,认为环境资源产权不明使经济活动产生的环境成本得不到内化,而解决方法是通过法律手段界定环境的产权,重新分配权利,保障公众福利,我们必须考虑各种社会格局的运行成本(不管它是市场机制还是政府管理机制),以及转成一种新制度的成本,既要避免无人承担的污染成本,又不损害净产值的最大化。科斯理论为环境的经济分析提供了最具系统性的理论框架,使环境与经济有机结合起来。科斯之后的学者继承了以界定环境资源产权解决贸易的环境成本的新思路,但由谁界定这一难题在理论界有两种不同的意见:一种是从政治学现实主义理论出发,主张利用经济实力和市场压力,迫使别国改变环境政策,达到国际贸易的公平竞争的目的;另一种则是从制度经济学的角度，认为国际贸易的内生变量之中应该包括环境，经济全球化会逐渐产生有益于促进环境的国际贸易规则，形成一系列防止过低或过高环境标准导致不公平竞争的制度安排，目前的贸易体制需要制定和补充有关国际贸易的环境规则和标准等内容，从制度上保证贸易的外部性影响趋向于零。

（三）贸易服务化

当前，全球经济服务化已成为大势所趋，在服务经济时代，服务贸易日益成为国际贸易的重要组成部分，服务贸易受到普遍重视。在全球经济不确定性加剧的大背景下，服务贸易显示出较强的韧性，继续保持稳定发展的态势。2018年，世界服务贸易保持7.5%的强劲增长速度，进出口规模达11.5万亿美元。如果按增加值统计，服务贸易占全球贸易的比重超过40%。

我国高度重视服务贸易发展，已经在17个地区开展服务贸易创新发展试点建设，鼓励试点地区在体制机制、发展模式、促进政策等方面开展探索试验，加快推动服务贸易高质量发展。商务部数据显示，2022年1~10月，我国服务贸易继续保持增长。服务进出口总额49 185.5亿元人民币，同比增长17.2%；其中服务出口23 581.5亿元人民币，增长18.1%；进口25 604亿元人民币，增长16.4%；逆差为2 022.6亿元人民币。与2019年同期相比，服务进出口增长51.7%，其中出口增长66.7%，进口增长36.9%。当前，技术和知识密集型服务日益成为全球价值链的核心，服务贸易领域呈现出新特征。一是服务融合化，突出表现为服务业与农业、制造业之间相互渗透融合趋势明显；二是服务外包化，突出表现为全球服务外包市场规模持续较快扩张；三是服务高端化，突出表现为服务业创造的出口增加值显著高于制造业；四是服务数字化，突出表现为数字游戏、数字贸易等数字服务形态不断涌现。

三、数字贸易：外贸新业态新模式

新业态新模式是我国外贸发展的有生力量，也是国际贸易发展的重要趋势。跨境电商正成为外贸新业态新模式的主要力量，其作为数字贸易的重要组成部分，将助推全球数字贸易时代的到来。

我国各地陆续出台了一系列支持政策，云南、安徽、江西、宁夏、辽宁等地明确了加快发展外贸新业态新模式的相关支持政策。比如，云南省印发《云南省人民政府办公厅关于加快发展外贸新业态新模式的实施意见》（以下简称《意见》），推进跨境电商成为外贸新增长点。《意见》提出，完善跨境电商发展支持政策、扎实推进跨境电子商务综合试验区建设、打造链接南亚东南亚跨境电商新生态，包括：加快推广跨境电商企业对企业（B2B）直接出口、跨境电商出口海外仓监管模式，制定配套支持政策；加快中国（昆明）、中国（德宏）、中国（红河）跨境电子商务综合试验区目标任务落实。

商务部报告显示，"十四五"时期，我国数字贸易发展将呈现六大特点：数字贸易规模将持续扩大；数字贸易新业态不断涌现；数字贸易开放水平有序提升；数字贸易规则制度逐步健全；数字企业国际竞争力将明显提升；数字贸易国际规则制定能力增强。到 2025 年，我国可数字化的服务贸易进出口总额预计将超过 4 000 亿美元，占服务贸易总额的比重达到 50% 左右。

四、绿色可持续是数字贸易的重要主题

随着可持续发展理念的不断深化，绿色转型已经从理念变成行动。2020 年 9 月，习近平主席在第 75 届联合国大会上提出，我国力争于 2030 年前实现碳达峰、努力于 2060 年前实现碳中和的目标，大大推动了全球低碳绿色转型。低碳绿色转型是一场广泛、深刻、系统的经济社会变革，正深刻改变着全球能源结构、产业结构以及人们的生产生活方式，也将深刻影响国际服务贸易的方式、规则和格局。在国际贸易领域，一些绿色数字贸易的行为主张和规则呼之欲出，数字贸易将发生深刻的绿色转型。比如，欧盟提出"碳边境调节机制（CBAM）"议案，对部分进口商品征收碳税。可以预见，未来随着绿色转型的不断深化，数字贸易无论是供给侧还是需求侧，都将发生深刻的绿色转型。

绿色可持续发展转型是西方发达国家倡议推动的，但是我们看到，在太阳能、光伏、风电、新能源汽车等领域，我们"后发先至"，取得了一定竞争优势。现在，我国既是世界上最大的新能源生产国、发电国，也是最大的新能源汽车生产国、销售国。从这个角度可以看到，绿色转型将会带来巨大的需求。实际上，绿色转型给我们提供一个"换道超车"的新赛道，如果能把握好这个机遇，我们完全可能后来居上。

在机遇和挑战面前，两种不同的态度可能带来完全不同的结果，一种态度是主动拥抱，另一种态度是被动应付。被动应付转型将会带来一系列问题，让我们陷入恶性循环，拉大与世界先进水平的差距。面对当前绿色可持续发展转型的趋势，只有主动研判、主动拥抱、有序推进，采取切实行动，加速顺应转型，才能赢得新的竞争优势。具体而言，我们要做好顶层设计，促进制造业和服务业在转型中的融合，促进数字贸易和绿色可持续发展的融合与互动；要营造有利于促进转型的营商环境、制度环境、监管环境等；要积极参与国际数字治理、绿色治理，在全球制定新的数字贸易规则、绿色贸易规则进程中贡献中国智慧，发挥中国影响力。这既是中国作为一个大国，为国际社会提供公共产品的责任，也是我们作为新兴大国国际影响力的体现。

在数字贸易发展过程中，诸如数据安全、个人信息安全、个人信息保障等一系列新问题也需要我们审慎研究，认真对待，在绿色可持续发展的转型中，也要避免"运动式"推进减碳，避免过快转型带来的能源安全、金融风险等问题，要防止绿色贸易规则变成一些国家新的贸易壁垒，等等。

 案例

网约车平台：滴滴打车

滴滴全球股份有限公司（DiDi Global Inc.）是全球卓越的移动出行科技平台，在亚太、拉美、非洲等市场提供网约车、出租车召车、代驾、顺风车等多元化出行服务，并开展车服、外卖、货运、金融业务。

滴滴曾经和日本软银集团合作进军日本市场，可不到一个月就被日本政府以违反相关法律禁止运营。一个滴滴打车反映出了网约车平台进行跨境服务时，数字贸易受当地市场条件和政策环境影响的风险。

自2012年成立以来，滴滴平台上有200万出租车司机，已经成为全球最大的移动出租车约车平台。2017年，出租车司机通过滴滴平台共完成11亿次出行订单。截至2018年2月，根据软银的最新财报数据，滴滴日完成订单数量为2500万次，超出优步三分之二。2022年4月16日，滴滴发布了2021年第四季度及全年财报。财报显示，2021年第四季度滴滴总收入为407.8亿元人民币，同比下滑12.7%；归属于普通股股东的净亏损为3.83亿元，同比收窄94.7%。另外，从全年来看，滴滴出行2021年实现总营收1738.27亿元，同比增长22.6%。并且滴滴发布公告称，将于5月23日举行临时股东大会，就公司从纽约证券交易所自愿退市进行投票。

据了解，滴滴当前收入由三部分构成，中国出行业务（中国网约车、出租车、代驾和顺风车等业务）、国际业务（国际出行和外卖等业务）和其他业务（共享单车和电单车、车服、货运、自动驾驶和金融服务等业务）。2018年、2019年、2020年，滴滴调整后息税前利润分别为-2.74亿元、38.44亿元和39.6亿元，2021年一季度就达到了36.18亿元。滴滴已经在15个国家的近4000个城市、县和城镇开展业务。

2018年，共享经济遭受到了最为严重的打击，摩拜"卖身"美团、ofo深陷退押金事件后又陷入金币诱导兑换事件，以及共享经济巨头滴滴自身难保，裁员、亏损。根据滴滴发布的财报，滴滴在2018年一共亏损了109亿元，这109亿元的数目也是滴滴上线以来最大的亏损。那么，滴滴能否转亏为盈？

自20世纪90年代以来发生的信息革命，使得当今经济呈现出一种新的更高

级的形态——平台经济。互联网平台成为生产和交易活动的新的基础设施，这个基础设施不但整合了生产活动、交易活动，甚至重新整合了整个金融体系。互联网平台把市场经济体系的优势推向了极致。网络平台的协作使得信息交换变得非常便捷，最大程度上克服了信息不对称，极大地提高了生产与交易的效率。

新出现的分工协作是基于平台的分工协作。亚当·斯密认为，分工是国民财富增进的源泉，而分工又取决于市场的规模。互联网平台加上高效的物流，使得全国与全球的市场真正地连接在一起。与传统经济不同，平台经济是零边际生产成本与规模报酬递增。Uber、滴滴、Airbnb 这类平台的收入靠交易抽成，其他大部分互联网平台的收入来源大头还是广告。2021 年 6 月 30 日，滴滴正式在美国纽交所挂牌上市，股票代码为"DIDI"，总市值约 700 亿美元，换算成人民币 4 000 多亿元。其背后有 1 300 万人的巨大就业群众，垄断了 90% 的网约车市场，拥有打车需求的广大群众需要优质的服务与满足。2022 年 5 月 23 日，滴滴发布公告称，将推进 ADS 从纽约证交所退市。

2021 年 3 月 29 日，滴滴出行宣布在南非第二大城市开普敦开始司机招募，并于近期开始在当地运营。此前，滴滴已于 3 月 1 日开始在南非主要港口之一伊丽莎白港试运营，正式进入非洲市场。不到 1 个月的运营，已经吸引了超过 2 000 名司机注册，为当地 2 万多用户提供安全、便捷的服务。进入南非是滴滴国际化业务的又一重要里程碑。资料显示，滴滴国际化战略起步于 2018 年，滴滴在海外 14 个国家提供服务，包括澳大利亚、新西兰、日本、巴西、墨西哥、智利、哥伦比亚、秘鲁、哥斯达黎加、巴拿马、俄罗斯、多米尼加和阿根廷。滴滴自成立以来先后接受了日本软银多轮投资，总投资额近百亿，软银俨然成为滴滴重要股东，日本也随之成为滴滴重要的海外拓展区域之一。2018 年，滴滴出行与日本软银联合出资成立出租车叫车服务公司"DiDi Mobility Japan"，双方将利用滴滴的人工智能技术搭建网约车平台，提高日本出租车行业和司机的运营效率。滴滴和软银目前正在认真研究当地市场条件和政策环境，双方将与出租车公司、监管机构和其他利益相关者积极开展沟通。不过，据日经中文网此前消息，DiDi Mobility Japan 在 2020 年 7 月 1 日以后已在滋贺县及青森县等日本全国 11 个县停止服务。据了解，由于滴滴在中国的 App 在日本也可直接使用，凭借这一优势，滴滴将合作对象扩大到了日本各地的出租车企业。不过，由于该项服务主要用户实为日本当地用户，在疫情影响下，随着人们出行受限，导致用户锐减，收入更是难以指望。另一方面，日本当地的法规限制也使得滴滴在日本的经营范围狭小。据了解，日本政府并不打算在大范围内允许非出租车司机提供出行服务并从中获利，因此，以盈利为目的的私家车原则未获得允许提供此项服务。此外，日本当地民众也更习惯用传统的电话预约模式来呼叫出租车。

总的来说，2022年4月，滴滴或许发布退市前最后一份财报，财报中也展现了滴滴去年一年的成绩。滴滴国内出行业务下降，国际业务增长。2021年可以说是滴滴的多事之年，7月份的App下架整顿事件使其企业形象受损，国内出行业务下滑，由此失去的市场份额恐难再夺回来。橙心优选的投资失败又给了滴滴沉重的一击。

(资料来源：中国汽车报网陈艳，2020年8月，新浪财经)

思考题

1. 数字经济对传统经济理论的冲击有哪些？你认为数字经济的理论基础包括哪些？
2. 数字经济从哪些方面能推动供给侧的改革？
3. 数字经济如何改变传统的需求端？
4. 结合产业组织理论，如何避免"垄断"的局面产生？
5. 数字经济时代人类社会经济增长方式发生了哪些变化？
6. 试述数字经济与网络经济、信息经济的关系。
7. 什么是长尾效应？请简单介绍长尾理论。
8. 范围经济与规模经济的区别是什么？

第三章　数据要素及其统计测算体系

农业时代，最活跃的要素是土地；工业时代，最活跃的要素是资本；数字时代，最活跃的要素是数据。数据成为生产要素，将改写生产函数，放大其他生产要素的贡献度并提高总要素生产率。[①] 这其实是为发展中国家提供了一条赶超领先经济的新途径。用好数据资源，以数据流引领技术流、物质流、资金流和人才流，是新时期新形势下推动我国经济社会实现高质量发展、产业转型升级的必选之路，是中国式现代化建设中的一个重大课题。谁能把握和管理好最活跃要素，谁就能更好地推动经济社会发展和人类进步。[②]

第一节　数据的概念及其经济特征

一、数据的概念

2018年5月，欧盟《一般数据保护条例》（*General Data Protection Regulation*，GDPR）生效，这是世界上第一个尝试对数据做出系统性阐释和规范的法律文本，堪称世界上第一部"数据宪法"。GDPR指出，"个人数据"指的是任何已识别或可识别的自然人（数据主体）相关的信息；一个可识别的自然人是一个能够被直接或间接识别的个体，特别是通过诸如姓名、身份编号、地址数据、网上标识或自然人所特有的一项或多项的身体性、生理性、遗传性、精神性、经济性、文化性或社会性身份而识别个体。2019年9月，国际货币基金组织发布了《数据的经济价值及启示：一个综合视角》，指出数据是特征、动作或自然事件的事实表示，可以是定量的，也可以是定性的，而且可以存储在实物（纸张、石碑）或数字介质上。根据我国2021年发布的《中华人民共和国数据安全法》，数据是指任何以电子或其他方式对信息的记录。

[①] 黄益平："数字经济发展与治理"，中国人大网，2023年1月3日。
[②] 陈昌盛："把握数字时代趋势　创新宏观治理模式"，《经济日报》，2020年9月2日。

2020年4月，中共中央、国务院《关于构建更加完善的要素市场化配置的体制机制的意见》首次将"数据"与土地、劳动力、资本、技术等传统要素并列，并强调要加快培育数据要素市场。那么，数据生产要素将如何改写生产函数？

生产函数是指在一定时期内，在技术水平不变的情况下，生产中所使用的各种生产要素的数量与所能生产的最大产量之间的关系。在宏观经济学的增长理论中，在讨论技术进步的时候，生产函数得到了很大的讨论。

假定 X_1, X_2, $\cdots$, X_n 顺次表示某产品生产过程中所使用的 n 种生产要素的投入数量，Q 表示所能生产的最大产量，则生产函数可以写成以下的形式：

$$Q = f(X_1, X_2, \cdots, X_n)$$

该生产函数表示在既定的生产技术水平下生产要素组合 (X_1, X_2, $\cdots$, X_n) 在每一时期所能生产的最大产量为 Q。在经济学分析中，通常只使用劳动（L）和资本（K）这两种生产要素，所以生产函数可以写成：$Q = f(L, K)$。

在西方经济学中，生产要素一般被划分为劳动、土地、资本和企业家才能这四种类型。

二、数据的经济特征

相比传统的生产要素，数据具有外部性、非竞争性和部分排他性三个特征。

（1）数据的外部性。数据资源的可复制使得不同经济主体可同时分享，由此带来数据应用明显的外部性。数据外溢带给他人的经济利益却不能使数据产权主体得到回报，"搭便车"现象难以避免。缺乏足够用户控制权的数据市场可能会导致过度的数据收集和过少的隐私，数据收集者对他们收集的数据为所欲为。因此，需要通过制定和实施相关政策明确数据市场参与者的权利和义务。

（2）数据的非竞争性。土地、资本、劳动力都是竞争性的，不能被许多人同时使用，但相同的数据就像技术一样，可以被许多人使用。当数据被广泛共享时，社会将从数据中受益最大，因为更多的用户将能够使用它来提高效率和创新。政策和私人决定影响着数据的非竞争性在实践中能否实现。在目前的政策下，私营公司没有动机向竞争对手开放数据，这样的数据囤积行为可能会限制市场竞争力和从数据中获得的社会效益。

（3）数据的部分排他性。数据存储在互连的系统上意味着控制对数据的访问需要持续的投资，以防止通过网络攻击丢失数据。一个关键的政策问题是，私人数据收集者和处理者在多大程度上有足够的动机投资于保护他们的数据，特别是在涉及他人的个人数据的情况下。目前正在形成一种共识，即私人声誉影响是不够的，需要采取政策措施来确保敏感数据得到充分的保护。

第二节　数据要素市场化建设

我国"十四五"规划对大数据的发展做出了重要部署。2021 年 12 月 20 日，中国信通院发布的《大数据白皮书》指出，"十四五"规划对于大数据发展的布局，可以概括为突出数据在数字经济中的关键作用、加强数据要素市场规则建设、重视大数据相关基础设施建设。

2022 年 12 月 19 日，中共中央、国务院发布了《关于构建数据基础制度　更好发挥数据要素作用的意见》，提出"数据二十条"，其主体内容主要与数据市场建设相关。"数据二十条"提出要构建符合数据特征、遵循发展规律、彰显创新引领的数据基础制度体系，主要是加快数据产权制度、数据流通交易制度、数据收益分配制度、数据安全治理制度四大类基础制度建设。

当前我国数字经济从数据资源利用的 1.0 阶段迈向数据要素市场化配置与数据资源化利用相融合的 2.0 时代，通过数据要素市场化配置激发数据要素活力，有助于实现经济社会的效率倍增、安全倍增及财富倍增。数据要素市场化建设的基本流程包括要素确权、计量单位、定价机制、交易市场和交易监管五个部分。2022 年初，国务院办公厅发布的《要素市场化配置综合改革试点总体方案》（简称《方案》）为我国数据要素市场化建设指明了方向。但是我国数据要素市场化建设尚处于起步阶段，规模较小，成长相对缓慢，还存在诸多瓶颈和制约。我们亟待培育数据要素市场，提升数据要素的供给能力，构建数据治理体系。数据要素治理体系是指统筹数据要素生产、流通、使用、收益分配过程的一系列政策与制度安排。

一、数据要素

最活跃要素是特定发展方式中生产率提高最快、对经济增长边际贡献最大的要素，是社会资源配置围绕的中心和国家竞争力的要害。数据作为一种全新的生产要素，具有极为重要的作用。数据是数字时代的最活跃要素，是国家的重要战略资源，也是数字经济发展的核心力量。

20 世纪 90 年代开始，数字技术蓬勃发展，数字革命方兴未艾，全球数据呈现爆发增长、海量集聚的特点，数据日益成为重要的战略资源。习近平总书记在 2017 年中共中央政治局第二次集体学习时强调："要构建以数据为关键要素的数字经济。"党的十九届四中全会首次将数据纳入生产要素参与分配。2020 年 4 月，中共中央国务院发布《关于构建更加完善的要素市场化配置体制机制的意见》，首次将数据作为与土地、劳动力、资本、技术并列的生产要素，要求"加快培育数据要素市场"，数据正式成为关键的市场要素，并逐步开启市场化交易过程。这标志着数据要素已与其他要素一起融入了我国经济价值创造体系，成为数字经济时代的基础性资源、战略性资源和重要生产力。数据成为生产要素，对经济发展、国家治理、社会管理、人民生活的影响作用日益凸显。

在数字经济中，数据交易是长期活动而非一次性买卖，否则一次性交易未必能够反映其真实价值，这涉及生产和稳定供给问题，同时也需要有较为固定和开放的使用者，双方才能进行选择和匹配。数据交易所在这个意义上就不同于其他商品或服务的交易所，而是应当起到进一步通过平台化转型开拓新型要素市场的社会功能，即通过降低信息成本带动各类新兴要素，特别是那些尚未充分数字化的要素，形成相关市场，培育相关特定平台企业。

《国家数据资源调查报告（2020）》显示，2019年，我国数据产量总规模为3.9ZB，同比增加29.3%，占全球数据总产量（42ZB）9.3%。根据《数字中国发展报告（2021年）》的数据，2017年至2021年，我国数据产量从2.3ZB增长至6.6ZB，2021年的数据产量在全球的占比为9.9%，位居世界第二。[①] 但据国家工业信息安全发展研究中心的测算，2020年，我国数据要素市场的规模约为545亿元人民币，约为美国的3.1%、日本的17.5%。近年来，国内多地打造数据开放平台或数据交易中心，探索多种数据交易模式，旨在加速培育数据要素市场发展，同时提高数据使用效率。[②]

二、数据要素确权

很多要素市场发展不起来，就是确权存在问题。数据要素市场的核心问题也是确权问题，即明确数据的所有权、使用权、经营权和分配权。数据确权主要解决以下三个问题：一是数据的权利属性，即给予数据何种权利保护；二是数据权利主体，即谁应该享有数据上附着的利益；三是数据权利内容，即明确数据主体享有哪些具体的权能。政府应组织企业、科研机构、行业组织联合开展数据确权的理论研究，建立通用的确权制度，包括建立数据确权基本框架、明确数据权利类型、确定数据权利主体。

"数据二十条"提出了一系列创新性的数据治理思路与制度。其中最值得关注的设计可能是数据产权结构性分置制度，即数据资源持有权、数据加工使用权、数据产品经营权"三权分置"。对公共数据、企业数据和个人数据实行分类

---

① 国家互联网信息办公室：《数字中国发展报告（2021年）》，2022年7月23日。
② 黄益平："数字经济发展与治理"，中国人大网，2023年1月3日。

分级确权授权。①

数据确权最大的难点是它同时具备权益性和资产性，是相互交融的。权益性是指数据的产生方拥有数据的所有权，资产性是指数据的控制方能产生经济效益。比如，互联网企业收集的公民个人信息，其所有权人属于公民个人，但事实上却是由企业拥有和使用，从而造成所有权和使用权的分离。对数据的个体所有者而言，监控企业或其他组织对本人信息的使用情况需要具备时间、专业能力和技术装备等条件，而由此产生的收益却存在不确定性，这使得他们依靠个人力量维护数据权利的积极性和效果都不高。因此，需要出台相应的法律法规，加大对数据拥有者的规制力度，明确规定在数据收集、处理、使用、转让、销售、销毁活动中，由法律法规主动为数据所有权人的权利和收益提供保障，一旦违规，应当接受严厉惩罚。

2021年11月3日，在河南省新乡市大数据产业园国网新乡供电公司独自研发的一份数据分析产品，通过数据要素确权与可信流通平台，基于"数据不动、算法移动"的数据要素可信流通交易模式，以总价100 61.95元人民币卖给河南碳中和生态科技研究院，作为相关研究的数据参照。这标志着全国首笔基于数据要素确权的可信流通交易由此产生，我国数据要素市场化配置改革探索迈出了关键一步。此外，上海数据交易所认为，一个企业合规获取数据，并对数据进行实质性的加工、创造性的劳动，就可被视为有数据收益的权益；清华大学丁津泰教授结合现代密码技术和不可更改的数据库技术，实现了数据的权属声明；用区块链技术记录数据的流转，就能明确数据的所有者，区块链的广泛应用将会为数据所有权的明确提供技术支撑。这些实践案例都为全国范围的数据确权提供了借鉴，为了加快数据确权的进程，我国还应加快开展数据确权服务试点。

三、数据要素计量

要素要能够市场定价，就一定要有比较明确的计量单位和计量方法，数据作为一种新型生产要素，计量单位和方法都不太好确定。

针对计量单位，河南数权科技团队依托北京大学自主可控核心技术，在全球范围内独创了数据要素计量单位——DRs，为数据要素市场的探索与发展提供了坚实基础。

针对计量方法，清华大学经管学院罗玫教授认为，在五种资产的会计计量方法——历史成本法、公允价值法、现金流折现法、重置成本法和可变现净值法中，历史成本法、公允价值法、现金流折现法最有可能应用在数据要素的计量

---

① 黄益平："数字经济发展与治理"，中国人大网，2023年1月3日。

中。但由于会计计量需要平衡可靠性和相关性的特质，数据要素计量方法会长期出现不完美、不准确的状态。根据国内通行的会计可靠性原则，数据要素计量可以类比企业研发费用的会计处理，运用成本法对数据资产进行保守计量。

四、数据要素定价机制

建立数据要素定价机制，能够确保数据交易具有法定的定价依据。目前国内外数据要素市场定价方式主要有以下几种：一是数据交易平台定价。由于数据分类和标准制定不完全，价值决定机制不完善，数据平台依据数据市场供需情况预定价格，再根据市场磨合调整价格，短期性和盲目性比较明显。二是行业自治协议指导价格。一般在产业初始阶段，由于市场发育不成熟，行业自治形成市场规则，包括产品质量和定价规则。显然，这种要素市场自治协议指导价缺乏制度约束，也不符合市场规律，而且企业自治难免走向大企业垄断。长期来看，随着市场走向成熟，行业自治总会被成熟的市场法规制度所取代。四是"独角兽"企业领导价格。在数字经济领先企业逐渐形成行业垄断的趋势下，"独角兽"企业领导价格随之出现，这种价格往往与行业自治价格融合在一起。"独角兽"企业决定市场价格走向，会在一定程度上抑制数据产业竞争效率和数据要素功能的发挥。此外，还有公共数据的政府定价，这主要是由行业主管部门确定数据资产价格。[①] 贵阳大数据交易所将数据质量作为价格的决定性因素，数据质量包括数据品种、时间跨度、数据深度、数据完整性、数据覆盖性和数据时效性6个方面。总体来看，由于数据交易市场的不成熟与数据特有的属性，目前数据要素定价问题仍未能形成一套良好的机制。

2021年12月14日，中国科学院院士姚期智在全球首发数据定价算法，该算法在数据流通、多方协作的过程中可以解决数据要素的经济收益共享与分配的问题。其原理是根据合作博弈理论，可以确立不同的数据对于决策模型的贡献度，贡献大的数据要素更有价值。具体来看，通过经济主体功效函数与决策模型贡献度的耦合，可以对不同数据要素起到的经济价值做合理公平的定量评估，计算得到数据要素在经济活动中产生的经济价值。

基于姚期智院士建立的定价机制，鼓励其他市场主体探索建立成本定价和收益定价、一次定价与长期定价相结合的数据要素流通定价机制。

五、数据要素交易市场

流通是影响数据要素使用效率的一个重要环节。自2020年我国提出"加快

---

① 何玉长：“数据要素定价的困难和探索”，《团结》，2021年第3期，第16~18页。

培育数据要素市场"后,我国数据要素市场进入新一轮发展期,具体表现在新一批数据交易机构分别在广西北部湾、北京、上海等地成立,深圳数据交易所、西部数据交易中心等机构也陆续启动建设。①《方案》也提出要规范培育数据交易市场主体。根据中国信通院发布的《大数据白皮书》(2021年12月),全国共有30多个大数据交易所或交易机构,正在积极探索撮合交易、增值服务等模式。

从各地数据交易机构的实践来看,目前形成了两种最主要的交易模式,也是发展数据交易市场的两种主流思路。一是数据撮合交易模式。这种模式类似于传统的商品集市,在这种交易模式下,数据交易机构以交易粗加工的原始数据为主,不对数据进行任何预处理或深度的信息挖掘分析,经过收集和整合数据资源后便直接出售。二是数据增值服务模式。数据交易机构不是简单地将买方和卖方进行撮合,而是根据不同用户的需求,围绕大数据基础资源进行清洗、分析、建模、可视化等操作,形成定制化的数据产品,然后再提供给需求方。从各地的实践效果来看,大部分数据交易机构经过多次探索之后,选择了提供数据增值服务的交易模式。但这两种模式普遍面临制度体系弱、市场培育难、过程监管难、安全保障难等现实困境。

为了解决这些问题,北京国际大数据交易所首创基于区块链的"数字交易合约"新模式。该模式是数据提供商、应用商和服务商共同达成的数字交易约定,涵盖交易主体、服务报价、交割方式、存证码等信息,是交易连续、真实、可追溯的高可信"动态交易账本";同时还扩展了数据资源的价值实现范围,把算法、算力及综合服务应用也变成了可供交易的数字资产。同时,北京数交所试图引入更多第三方机构提供数据质量管理、数据定价等不同的数据服务。

未来,各地可考虑建立包括数据交易撮合、交易监管、资产定价、争议仲裁在内的全流程数据要素流动平台,营造便于数据要素流通的市场环境,简化数据市场准入机制和备案制度,降低数据领域创业型企业的准入门槛,促进数据要素的流通交易。

六、数据要素交易监管

《方案》专门在"加强数据安全保护"中提出四种制度:一是推动完善数据分级分类安全保护制度,运用技术手段构建数据安全风险防控体系;二是探索完善个人信息授权使用制度;三是探索建立数据安全使用承诺制度,探索制定大数据分析和交易禁止清单,强化事中事后监管;四是探索数据跨境流动管控方式,完善重要数据出境安全管理制度。

---

① 张志伟,张博:"大数据白皮书最新发布 我国数据要素市场将进入新一轮高质量发展期",《证券日报》,2021年12月22日。

同时,《方案》在"建立健全数据流通交易规则"部分,指出要"探索'原始数据不出域、数据可用不可见'的交易范式,在保护个人隐私和确保数据安全的前提下,分级分类、分步有序推动部分领域数据流通应用"。主要关注以下两点:一是交易范式尽量实现原始数据不出域。该交易范式符合当前数据要素确权难的现状,探索推动该交易范式时,可考虑将重点落在基于数据价值的数据服务交易,谨慎推进基于明确数据权属的原始数据交易,而且从国际经验来看,欧美等国也没有将数据权属划归第三方企业或者数据分销商的制度安排。二是分级分类、分步有序推动部分领域数据流通应用,可考虑通过发放数据牌照或许可证来实现。具体来说,相关部门可考虑先划定发放数据牌照的范围,再结合数据信托与公共机构管理,通过发放分级牌照或数据许可证的方式来规范数据共享与使用。由公共机构颁发数据许可证的做法在世界数据保护制度中已有先例。例如,1973 年,瑞典《数据法》就规定设立数据审查委员会(Data Inspection Board),负责立法的实施和个人数据的保护。鉴于数据确权的困难,将数据信托与公共机构管理相结合,做分级数据牌照或数据许可证的制度安排,既可以保护用户对数据的所有权,又能促进数据的分享和使用,推动数据要素市场的培育。

面对数据开放和监管的探索,国务院发展研究中心副主任隆国强认为,多年来的改革开放提供了特别好的经验,就是可以在特定的地区试点先行。例如,北京是服务贸易开放发展示范区,上海自贸区有临港新片区,还有海南自贸港。这些特殊的试验区应该发挥政策优势,在提升监管能力、促进数据跨境安全有序流动方面积极探索,大胆尝试。近些年来,我国不断完善数字贸易、数据流动的规则,例如,制定《数据安全法》,出台《数据出境安全评估办法》等。在隆国强看来,数字贸易、数据流动的规则一定要明确,不能含糊;一定要合理,适合企业发展的需要和遵循数字贸易发展的规律;完善和调整要可预期,给市场主体营造稳定的环境。

七、数字产品定价模型

数字产品是指网络经济中可以被数字化,即编码成一段字节,并可通过数字网络传输的产品。[①] 数字产品具有特殊的成本结构——高固定成本、低边际成本,即一旦第一份数字产品被生产出来,多拷贝一份的边际成本几乎为零。同时还存在外部性和对个人偏好的依赖性,外部性是指一件数字产品的消费者越多,消费者从产品中获得的效用就越大,其口碑就越好;对个人偏好的依赖性是指一件数字产品能给消费者带来的效用多少不仅取决于数字产品本身的价值,而且更

---

① 金丹凤:"网络经济下的数字产品定价策略",《市场周刊·理论研究》,2006 年第 8 期,第 54~55 页。

容易随消费者个人偏好的不同而变化。由于数字产品特殊的成本结构及其不同于传统产品的特征，使得数字产品在定价方式上与传统产品存在较大的差异。以前的边际成本定价法不再适用于数字产品，因为数字产品的边际成本趋于零，所以对数字产品需采用多重定价模式。[①]

（一）免费定价策略

免费定价策略主要基于数字产品的边际成本趋于零这一特点，一般应用于数字产品中工具类的软件产品。这里所指的免费并不是完全意义上的免费，而是有所限制的免费。

免费定价的数字产品一般是在其使用时间、次数或使用功能上有所限制。比如，WinRAR 解压缩软件，免费使用期限往往只有一个月，过了期限就会提醒消费者购买；数字音乐软件，可以免费听低音质音乐，很多高音质音乐则需要付费。供应商通过提供免费产品，可以扩大产品的知名度，锁定消费者，使消费者对公司的产品和服务产生依赖感。当对消费者的锁定普遍现实后，消费者转移到其他类似产品的可能性就非常小，并且可能产生垄断，为供应商带来高额的垄断利润。但是，先免费后收费也可能激发消费者的反感心理，从而转移到其他具有替代性的产品或服务中。

（二）差别定价策略

差别定价策略是指厂商根据数字产品与消费者的差异程度对数字产品采取差别定价的策略，可以通过数字产品的差别和消费者差别来实现。

在数字产品差别化方面，厂商可进行数字产品个性化和定制化，即厂商在不同时期推出不同版本的数字产品，并对其制定不同的价格。这一策略对固定成本极高、边际成本很低的数字产品更加有效。例如，软件生产厂商首先发行低版本软件，一段时间后再发行较高的版本，对于软件需求不太高的消费者就可购买较低的版本，支付较低的价格。这种策略其实是给了消费者一个在时间和价格之间选择的机会，消费者可以根据自己的需要自由选择。

产品差别化定价中一种极其有效的二级差别定价策略是捆绑定价，即厂商将数字产品与服务根据消费者需求进行捆绑销售，包括纯捆绑、不捆绑、混合捆绑三种类型。捆绑定价简单易行，可以更好地推广新型产品或扩大市场份额，带来较大收益。例如，微软的 Office 软件，由 Word、Excel、Access 和 PowerPoint 等捆绑而成，成功的捆绑销售使其取得了全球办公软件市场 90% 的份额；杭州钱塘

[①] 刘枬，郝雪镜，陈俞宏："大数据定价方法的国内外研究综述及对比分析"，《大数据》，2021 年第 6 期。

大数据交易中心和数据堂等借助定制化或半定制化的数据交易模式，将多种互补或相互关联的数据产品进行打包出售，以降低用户支付意愿的分散度，获得更多用户剩余，占有更多市场份额。

产品差别化定价中的另一种极其有效的策略是三级差别定价策略，即群体定价。根据消费者对数字产品的不同偏好把消费者分成不同的组，对不同的组定不同的价格。实现该策略的关键在于怎样实现产品的差异化，并使这种差异化可辨识，也就是使消费者按其消费意愿，把自己归于不同的群体。一般有以下几种方式：一是延迟手段，将信息毫无迟滞地销售给高端客户，推迟销售给低端客户；二是功能歧视，这是最普遍的一种价格歧视的方法，对付费高的用户提供更强的搜索能力，允许高端用户使用功能更强的数据库等；三是出租与出售，对对产品评价高的人出售，同时允许对产品评价低的人共享它的策略，使平摊在每个人身上的价格低于产品的价格；四是情感价值歧视，生产商通过赋予产品不同的文化内涵，以满足不同层次消费者的心理需求。

在消费者差别化方面，数字产品市场中通常存在性能理性型消费者和价格理性型消费者。当市场存在性能高、价格高的产品和性能低、价格低的产品时，性能理性型消费者倾向于选择前者，而价格理性型消费者倾向于选择后者。在这种情况下，可以采取差别定价策略。例如，网上免费的股票报价信息通常都是滞后的报价，如果消费者期望获得实时报价信息，就必须向服务商交纳费用。这种差别定价是基于不同的消费者获取报价的愿望不同而实现的。

(三) 交叉补贴定价策略

交叉补贴定价策略是基于产品互补性产生需求上的相互依赖性，通过以低价吸引消费者购买基础产品，使消费者对与之互补的辅助产品产生极大的需求，然后再以高价售出对应辅助产品的定价方式。例如，我们购买数码相机时，随机配备的存储卡容量一般是 64 兆，消费者要使购买的数码相机产生最大效用，就必须附加购买 128 兆甚至更大容量的存储卡。消费者选择的存储卡通常是生产数码相机的同一厂商产品，所以很容易被厂商锁定，厂商就可以利用这种锁定效应为存储卡制定足够高的价格，并更有利于厂商采用交叉补贴定价方法。

第三节　数字经济统计测算指标体系

数字经济作为拉动经济增长的新动能和促进经济高质量发展的新引擎，其发展水平测算既要兼顾当前发展规模，更要注重测定其未来发展潜力。目前学界和政府部门对数字经济的测度一般分两类，一是直接法，即测算一定区域内数字经济的规模；二是对比法，即基于多个维度的指标，对不同地区间的数字经济发展情况进行对比，得到数字经济发展的相对情况。相比测算数字经济规模，以指数评价各区域数字经济发展水平更为合理。我们主要总结了欧盟、美国商务部、国际电信联盟、世界经济论坛、经济合作与发展（OECD）组织等国际机构以及中国信息通信研究院、赛迪顾问、上海社科院等国内机构发布的十二个有较高相关性的数字经济指标体系（如表3-1所示），为建立我国数字经济发展指标体系提供理论依据。由于网络准备度、ICT发展指数与数字经济关联度较低，中国（苏州）数字经济指数不具备连续性，故暂不做分析。

表3-1 国内外数字经济相关指标体系

区域	发布方	指数名称	一/二/三级指标数	首发年份
国际	欧盟	数字经济与社会指数（DESI）	5/12/31	2014
	美国商务部	数字经济委员会第一份报告	无	2016
	经济合作与发展组织	衡量数字经济	4/38	2014
	世界经济论坛	网络准备度	4/10/53	2002
	国际电信联盟	ICT发展指数（IDI）	3/11	1995
国内	中国信息通信研究院	数字经济竞争力指数	6/21	2017
	赛迪顾问	中国数字经济发展指数	5/34	2017
	上海社科院	全球数字经济竞争力指数	4/12/24	2017
	腾讯	"互联网+"数字经济指数	4/14/135	2017
	财新等	中国数字经济指数	4/18	2017
	紫光旗下新华三	中国城市数字经济指数	4/12/36	2017
	苏州大学等	中国（苏州）数字经济指数	3/8/27	2017

来源：徐清源、单志广、马潮江："国内外数字经济测度指标体系研究综述"，《调研世界》，2018年第11期

一、欧盟数字经济与社会指数（DESI）

欧盟历来重视数字经济的发展与统计，为了进一步量化欧盟成员国在数字领域的整体发展水平，欧盟委员会在出台数字单一市场战略的同时便开始编制并定期发布年度"数字经济与社会指数"（digital economy and society index，DESI）。

DESI 是刻画欧盟各国数字经济发展程度的合成指数，该指数由欧盟根据各国宽带接入、人力资本、互联网应用、数字技术应用和数字化公共服务程度 5 个方面的 31 项二级指标计算得出。该指标的合成方法参照了 OECD《建立复合指数：方法论与用户说明手册》，具有较高的理论水平、科学性和延续性。该指数的优势主要有两点：一是兼顾数字经济对社会的影响，是探析欧盟成员国数字经济和社会发展程度、相互比较、总结发展经验的重要窗口；二是大部分指标数据来源于欧盟家庭 ICT 调查、企业 ICT 调查等专项统计调查，具有充分的研究积累和数据支撑。

表 3-2　欧盟数字经济与社会指数（DESI）指标体系

一级指标	二级指标
网络连接	宽带覆盖率、固定宽带覆盖率、移动宽带覆盖率、宽带价格、迈向千兆社会等
人力资本	进入壁垒、数字技能、软件技能、ICT 专家等
互联网应用	内容（在线新闻浏览、音乐视频）、交流、交易（电子商务、在线购物、网上银行）等
数字技术商业应用	企业电子信息共享、RFID、云计算、大数据、电子商务、跨境电子商务等
数字化公共服务	电子政务用户、预先填写表单、在线服务完成情况、企业数字公共服务、开放数据、用户中心、关键环节等

来源：欧盟委员会：《2020 年数字经济与社会指数》

此外，为了能将欧盟成员国和欧盟作为一个整体与世界主要国家的数字经济发展进行对比，欧盟委员会还特别编制了标准化的 DESI 指数，即国际数字经济与社会指数（international digital economy and society index，I-DESI）作为主要评估指标。I-DESI 与 DESI 结构相同，但由于欧洲以外地区在数据收集和定义上的差异，I-DESI 与 DESI 在具体指标的定义上差异很大。I-DESI 使用了很多国际认可的数据源，如经合组织、联合国、商业化数据提供方（如国际电信联盟、谷歌、TNS Infratest 市场调查公司）以及各国官方统计机构。因此，尽管 I-DESI 与 DESI 描述的现象相同，但不可直接进行对比。

再者，由于欧盟以外各国指标的可用性不尽相同，I-DESI 使用的是分层法。第一层次国家能收集到较丰富的指标数据，共 28 个指标，国家主要包括欧盟 28 个成员国（现有 27 个成员国）以及澳大利亚、加拿大、冰岛、日本、韩国、挪威、瑞士和美国。第二层次国家只有 18 个指标，主要包括巴西、中国、以色列、墨西哥、新西兰、俄罗斯和土耳其。两个层次的指标相互独立且衡量机制不同，不可直接进行对比。

二、美国数字经济评测

2016年，美国商务部数字经济咨询委员会（DEBA）发布的《数字经济委员会第一份报告》中，提议衡量数字化对经济指标（如GDP、生产力水平）的影响、数字化对跨行业的扩展作用，并提出了衡量数字经济的四部分框架：一是各经济领域的数字化程度，如企业、行业和家庭等；二是经济活动中数字化的产出和效果，如搜索成本、消费者剩余和供应链效率等；三是对实际GDP和生产率等经济指标的综合影响；四是监测新出现的数字化领域。该报告首次估算出美国数字经济规模，2016年，美国数字经济规模达到1.2万亿美元，占美国GDP总量（18万亿美元）的6.7%。

2018年，美国商务部提出数字经济估算的三个步骤：一是建立对数字经济的概念性解释；二是在供给—需求框架下，确认哪些货物和服务是和衡量数字经济相关的；三是利用供给—需求框架，识别出生产货物和服务的相关行业，并估算相关经济活动中的产出、增加值、雇佣情况、补贴以及其他因素。

美国商务部现有的对数字经济测度的方式更多是直接法，即通过对美国数字经济范围的界定、分析数字化对经济的影响路径来测算数字经济的规模和影响。但由于美国数字经济发展较早，相关的政策研究已开展将近20年，理论体系相对成熟，依然值得我国参考借鉴。

三、经合组织（OECD）数字经济指标

作为对数字经济研究起步较早的机构，经合组织官方出版物《互联网经济展望》（*Internet Economy Outlook*）[2017年更名为《数字经济展望》（*Digital Economy Outlook*）]、《衡量数字经济——一个新的视角》，对数字经济有长期的跟踪和前瞻的研究。

OECD对数字经济的测度是两种方法兼顾，《衡量数字经济——一个新的视角》主要采用了对比法，构建的数字经济指标体系涵盖了具有国际可比较性的38个指标（见表3-3），但是并未选取固定的样本国家数进行全面的数据采集，也没有汇集成总的指标对世界各国的数字经济发展情况做出对比和评价。但它详细罗列的数字经济的关键领域和采分点可供参考。OECD将数字经济划分为智能化基础设施投资、赋权社会、创新能力、ICT促进经济增长与增加就业岗位4个类别，根据上述四个类别设置若干指标来核算数字经济，并对各指标的定义、内涵和可测性做出明确说明。在设定上述指标体系后，OECD还从经济社会发展和已有核算方案的局限性等角度出发，尝试设计新指标，如改善网络安全和隐私、

儿童信息化、医疗信息化、微观数据统计、通信服务质量测度等，以更全面地反映数字经济发展状况及其影响。

表 3-3　OECD 数字经济指标体系（建议）

一级指标	二级指标
智能化基础设施投资	宽带普及率、移动数据通信、互联网发展、开发更高速度、网络连接价格、ICT 设备及应用、跨境电子商务、网络安全、感知安全和隐私威胁、完善网络安全和隐私证据基础
赋权社会	互联网用户、在线行为、用户复杂性、数字原住民、儿童在线、教育中的 ICT、工作场所中的 ICT、电子商务消费者、内容无边界、电子政府应用、ICT 和健康
创新能力	ICT 与研发、ICT 行业创新、电子商务、发挥微观数据的潜力、ICT 专利、ICT 设计、ICT 商标、知识扩散
ICT 促进经济增长与增加就业岗位	ICT 投资、ICT 商业动态、ICT 附加值、信息产业劳动生产率、测度经济服务质量、电子商务、ICT 人力资本、ICT 工作岗位及 ICT 行业工作岗位、贸易经济与 GVC

在理念层面，OECD 采用直接法，对数字经济进行了前期研究，提出建立新的测量标准应重点关注的六大领域：一是提高对 ICT 投资及其与宏观经济表现之间关系的度量能力；二是定义和度量数字经济的技能需求；三是制定度量安全、隐私和消费者保护的相关指标；四是提高对 ICT 社会目标及数字经济对社会影响力的度量能力；五是通过建立综合性和高质量的数据基础设施来提高度量能力；六是构建一个可将互联网作为数据源使用的统计质量框架。

四、中国数字经济统计测算

（一）中国信息通信研究院数字经济竞争力指数（DECI）

2017 年 7 月，中国信息通信研究院（以下简称"中国信通院"）发布《中国数字经济发展白皮书（2017）》，采用了直接法，对中国数字经济的总量进行了估算，并用对比法提出数字经济指数（DEI），观测全国数字经济发展状况。与其他同类型指数有较大差异的是，DEI 为景气指数，包括先行指数、一致指数和滞后指数三类，可以通过与基期对比，反映不同期的经济景气状态。2021 年发布的《中国数字经济发展白皮书（2021）》根据国家统计局公布的数字经济定义，提出了相关测算框架。2021 年最新发布的《中国城市数字经济发展报告

（2021年）》丰富了数字经济竞争力指数（DECI），从数字创新要素、数字基础设施、核心数字产业、数字融合应用、数字经济需求、数字政策环境6个维度综合反映了城市数字经济发展潜力。

（二）赛迪顾问中国数字经济发展指数（城市）指标体系

2017年11月，赛迪顾问发布《2017中国数字经济指数（DEDI）白皮书》，报告在对数字经济的发展演变和特点进行分析的基础上，通过基础、资源、技术、融合和服务五个一级指标，对全国重点城市的数字经济发展指数进行评价。随着数字经济内涵的演进，赛迪顾问的指标体系也在不断完善（见表3-4），在《2019中国数字经济发展指数白皮书》中，将指标体系调整为基础设施建设、数字产业发展、行业融合应用、政府环境营造4个关键领域；在《2020中国数字经济百强城市白皮书》中，将指标体系调整为基础、环境、技术、产业融合、服务五大关键领域；在《2021中国数字经济城市发展白皮书》中，聚焦数字基础设施建设、数字经济产业、数字化治理、数据价值化四个维度（见表3-5），其中，数字经济产业指标严格按照国家统计局发布的《数字经济及其核心产业统计分类（2021）》，考量五大产业。

表3-4 赛迪顾问数字经济指标体系演进

2017年	2019年	2020年	2021年
基础	基础设施建设	基础	数字基础设施
资源	数字产业发展	环境	数字经济产业（数字产业化、产业数字化）
技术	行业融合应用	技术	
融合	政府环境营造	产业融合	数字化治理
服务	—	服务	数据价值化

来源：赛迪顾问数字经济产业研究中心：《2021中国数字经济城市发展白皮书》

表3-5 2021年赛迪中国数字经济发展指数指标体系

一级指标	二级指标
数字基础设施	数字信息基础设施、数字创新基础设施、数字融合基础设施
数字经济产业	数字产品制造业、数字产品服务业、数字技术应用业、数字要素驱动业、数字化效率提升业
数字化治理	治理体系完善、治理模式创新、治理能力提升
数据价值化	数据准备度、平台就绪度、数据开放水平、数据流通情况、数据应用水平

来源：赛迪顾问数字经济产业研究中心，《2021中国数字经济城市发展白皮书》

（三）上海社科院全球数字经济竞争力指数

《全球数字经济竞争力指数（2017）》于 2017 年 12 月首次发布，该指数主要采用对比法，通过大规模采集和分析全球 120 多个国家的数字经济发展数据，形成了综合性及多维度的评价。该指数构建了由数字设施、数字产业、数字创新和数字治理四个维度构成的全球数字经济竞争力分析模型，其中，数字设施、数字产业和数字创新是一国数字经济竞争力的三大支柱，数字治理则是这一体系健康运行的保障（见表 3-6）。2017 年至 2021 年，上海社科院始终使用这四个维度，只是结合底层数据的可得性和及时性，对下一级指标进行更新和完善。

表 3-6 上海社科院全球数字经济竞争力指数指标体系

一级指标	二级指标	三级指标
数字设施竞争力	网络设施	人均国际互联网带宽 平均每个用户所享受的带宽 世界经济论坛的网络就绪指数
	通信设施	—
	终端设备	—
数字产业竞争力	经济产出	数字产业总量及增速
	国际贸易	数字（跨境）贸易总量
数字创新竞争力	创新产出	专利、期刊、商标数量，技术出口额
	人才投入	智能化、网络化领域的人才储备
	研发投入	研发投入占 GDP 比重
数字治理竞争力	安全保障	网络安全、安全设施、技术支持
	服务管理	公共服务、服务快捷、办事简便
	市场环境	政策环境、法律环境、竞争环境、市场弹性

来源：上海社科院：《全球数字经济竞争力发展报告（2021）》。

相比其他指标体系，竞争力指数强化了治理的作用，在操作层面选取联合国电子政务调查等统计和调查数据作为来源，考察政府服务、数据开放等水平，在数字治理层面的研究具有一定的前瞻性和完备性，对于我国建立数字经济发展指数有一定的参考价值。

(四) 腾讯"互联网+"数字经济指数

2015 年起，腾讯公司联合滴滴出行、美团点评、京东、携程等多家生态伙伴企业，统计了涵盖腾讯旗下十余个核心平台的全样本数据，以及京东的电商数据、滴滴的出行数据、携程的旅游数据等行业数据，构建了中国"互联网+"数字经济指数。该指数采用对比法，下设基础、产业、创新创业、智慧民生四个分指数，共涵盖 14 个一级指标、135 个二级指标，内容涉及社交、新闻、视频、云计算、三次产业的 17 个主要子行业、基于移动互联的创新创业、智慧民生等，直观反映了"互联网+"数字经济在全国 31 个省（自治区、直辖市）、351 个城市的落地情况。2019 年，腾讯发布的《数字中国指数报告（2019）》又将一级指标调整为数字产业、数字文化、数字生活及数字政务四个板块（见图 3-1）。

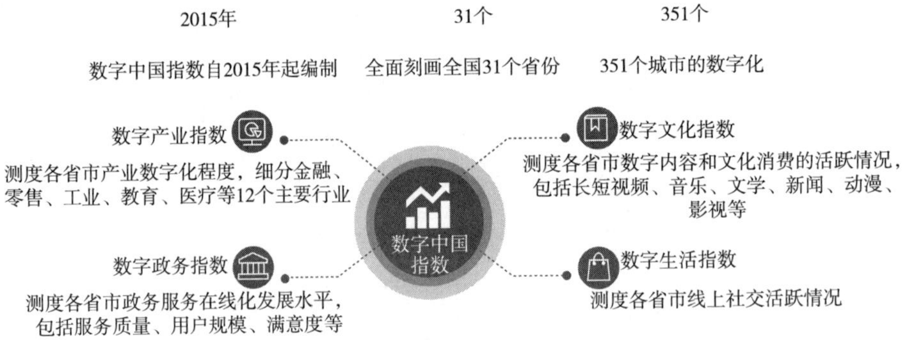

2015年 — 数字中国指数自2015年起编制

31个 — 全面刻画全国31个省份

351个 — 351个城市的数字化

数字产业指数 — 测度各省市产业数字化程度，细分金融、零售、工业、教育、医疗等12个主要行业

数字文化指数 — 测度各省市数字内容和文化消费的活跃情况，包括长短视频、音乐、文学、新闻、动漫、影视等

数字政务指数 — 测度各省市政务服务在线化发展水平，包括服务质量、用户规模、满意度等

数字生活指数 — 测度各省市线上社交活跃情况

图 3-1 腾讯互联网+数字经济指数一级指标

来源：腾讯：《数字中国指数报告（2019）》

互联网企业数据资源丰富，一手数据可以动态更新，这是互联网企业牵头制定指数的核心优势。其缺点在于，数据往往受限于相关企业的市场份额和业务类型，是否能够代表数字经济的整体水平有待商榷，而且对于宏观层面，如信息基础设施、传统制造业的数字化转型等内容几乎没有涉及。

(五) 财新等中国数字经济指数（CDEI）

2017 年 5 月至今，财新智库联合数联铭品（BBD）等机构每个月发布中国数字经济指数（China digital economy index, CDEI）。该指数是新经济系列指数（NEI）的子指数，利用网络大数据挖掘手段度量由信息技术革新驱动的数字经济的增长，力图通过对各类数字经济指数的计算，有效真实地展现数字经济对社会效率的推动作用，准确把握数字经济的发展趋势，为政府、企业和投资者提供重要参考依据。CDEI采用对比法，主要衡量生产能力、融合程度、溢出能力、全社会利用能力四类能力。CDEI作为媒体发起的指标体系，能够反映当下的市场活力和重点领域的发展状况，但是该指标的理论基础有待商榷，不一定能够客观反映我国数字经济的宏观情况（见表3-7）。

表3-7 财新智库等中国数字经济指数指标体系

一级指标	二级指标	三级指标
产业指数	互联网产业	互联网产业的劳动投入、资本投入、创新投入
	大数据产业	大数据产业的劳动投入、资本投入、创新投入
	人工智能产业	人工智能产业的劳动投入、资本投入、创新投入
融合指数	工业互联网	工业互联网领域的劳动投入、资本投入、创新投入
	智慧供应链	智慧供应链领域的劳动投入、资本投入、创新投入
	共享经济	共享经济领域的劳动投入、资本投入、创新投入
	金融科技	金融科技领域的劳动投入、资本投入、创新投入
溢出指数	制造业对数字经济的利用率	制造业中信息产业作为中间投入品的比例 制造业的劳动投入中信息技术相关劳动力占比 制造业的创新投入中信息技术相关专利占比
	制造业占比	制造业的劳动投入分布、资本投入分布、创新投入分布
	其他行业对数字经济的利用率（共8类）	其他行业中信息产业作为中间投入品的比例 其他行业的劳动投入中信息技术相关劳动力占比 其他行业的创新投入中信息技术相关专利占比
	其他行业分别占比（共8类）	各个行业的劳动投入分布、资本投入分布、创新投入分布
基础设施指数	数据资源管理体系	数据采集的基础设施
	互联网基础设施	数据存储和传输的基础设施投入
	数字化生活应用普及程度	在线支付比例、共享经济比例、共享经济规模

来源：财新智库等：《中国数字经济指数（2022.04）》

（六）新华三城市数字经济指数（DEI）

2017年4月，紫光旗下新华三集团首次发布《中国城市数字经济指数白皮书（2017）》，这是首个针对中国城市数字经济发展水平的评估体系。该指数采用对比法，结合当前热门技术应用和城市发展状况，从城市信息基础、城市服务、城市治理、产业融合等角度，评估中国各城市数字经济发展水平，首次评估覆盖了全国40个城市。2021年，新华三联合中国信通院云计算和大数据研究所共同发布《中国城市数字经济指数蓝皮书（2021年）》，将一级指标中的"城市信息基础"更新为"数据及信息化基础设施"（见表3-8）。该指数的特点是与国家和地方的相关政策规划重点相结合，并考察了热点数字化应用情况，关注技术创新在应用层面的实施成效。

表3-8　新华三城市数字经济指数指标体系

一级指标	权重（%）	二级指标	权重（%）	三级指标	权重（%）
数据及信息化基础设施	20	信息基础设施	30	固网宽带应用渗透率	20
				移动网络应用渗透率	20
				城市云平台	30
		数据基础	50	信息安全	30
				城市大数据平台	40
				政务数据共享交换平台	30
		运营基础	20	开放数据平台	30
				运营体制	50
				运营机制	50
城市服务	35	政策规划	15	覆盖民生领域的政策数量	50
				民生领域的数字化政策项目	50
		建设运营	65	教育数字化	10
				医疗数字化	10
				交通服务数字化	10
				民政服务数字化	10
				人社服务数字化	10
				扶贫数字化	10
				营商环境数字化	15
				生活环境数字化	15
				均衡性指标	10
		运营成效	20	示范工程应用	50
				城市服务综合指数	50

续表

一级指标	权重（%）	二级指标	权重（%）	三级指标	权重（%）
城市治理	20	政策规划	15	覆盖治理领域的数量	50
				治理领域数字化项目的数量	50
		建设运营	65	公共安全治理数字化	15
				信用治理数字化	15
				生态环保数字化	15
				市政管理数字化	15
				应急管理数字化	15
				自然资源管理数字化	15
				均衡性指标	10
		运营成效	20	示范工程应用	50
				城市治理综合指数	50
产业融合	25	数字产业化	10	数字产业化驱动产业	30
				数字产业化主体产业	70
		产业数字化	70	农业	12.5
				金融	12.5
				制造业	12.5
				能源	12.5
				生活服务	12.5
				交通物流	12.5
				科教文卫	12.5
				医疗健康	12.5
		运营成效	20	示范工程应用	30
				产业生态	30
				产业融合综合指数	40

来源：新华三集团：《中国城市数字经济指数蓝皮书（2021年）》

案例

贵州：中国第一个大数据综合试验区

为贯彻落实国务院《促进大数据发展行动纲要》，2015年9月，贵州启动全国首个大数据综合试验区建设工作。2016年2月25日，国家发展改革委、工业和信息化部、中央网信办发函批复，同意贵州省建设国家大数据（贵州）综合试验区，这也是首个国家级大数据综合试验区。

贵州清晰地认识到，通过大数据，欠发达地区与发达地区可以实现有机链接，站在同一起跑线上，优势互补，共同发展。在接下来的几年内，贵州做到了坚持战略方向，坚守战略定位，成功把大数据战略推向了纵深。

面对经济落后的困境，贵州在大数据环境的影响下走上了一条从未经历过的道路。2018年8月，贵阳市人民政府出台《关于进一步推动实体经济发展做大做强数字经济的意见》，着力发展数字经济，大力推动数字产业化和产业数字化，加快新旧动能转换，培育高质量发展新动能，推动经济高质量发展。

在数字产业化方面，贵州建设了"贵阳·贵安大数据产业发展集聚区"，培育和引进大数据企业，积极构建大数据产业生态体系，统筹布局大数据产业生态示范基地、数字物流产业示范基地等10个大数据产业聚集区，初步构建起较为完整的大数据产业链条。在一系列政策和措施的影响下，产生了一批数字经济新业态、新技术、新模式。

在产业数字化方面，贵州构筑了数字经济发展新体系，推动大数据与工业深度融合，依托工业云平台，利用"大数据+智能制造"应用技术，为工业企业转型升级提供指导和解决方案，让传统工业脱胎换骨，涅槃重生。大数据与服务业深度融合，利用互联网和大数据支持旅游、商贸、金融、出行等服务行业向平台型、智慧型、共享型融合升级。大数据与农业深度融合，力推大数据、物联网在农村种植养殖、农产品市场和销售中的应用，推进全省农业向更高水平发展。

今天的贵州，承载着全国发展大数据的自信和对未来的展望，从一无所有，到落地生根，再到遍地开花，贵州通过大数据产业完成了它的逆袭，大数据已然成了这个省份的标签。

（资料来源：http://daj.guiyang.gov.cn/index.php/home/news/info.html?id=828&catId=12，龚洁根据资料整理）

专栏

"数据二十条"

2022年12月19日，中共中央　国务院发布《关于构建数据基础制度　更好发挥数据要素作用的意见》（以下简称《意见》）对外公布。《意见》提出20条政策举措（即"数据二十条"），包括建立保障权益、合规使用的数据产权制度，建立合规高效、场内外结合的数据要素流通和交易制度，建立体现效率、促进公平的数据要素收益分配制度，建立安全可控、弹性包容的数据要素治理制度等；初步搭建了我国数据基础制度体系，充分激活数据要素价值，赋能实体经济发展，激活市场主体活力，推动构建新发展格局，促进高质量发展。

信息化百人会成员、中国信息通信研究院院长余晓晖认为，"数据二十条"具有两大鲜明特色：一方面，它是首部从生产要素高度部署数据要素价值释放的国家级专项政策文件；另一方面，它具有独特的政策设计——以基础制度破解数据要素价值释放中的基础性问题。

这使得"数据二十条"既顺应了经济社会数字化发展到深层次后迫切要求从生产要素这一价值源泉处寻求发展新动能的客观规律，也是对当前社会各界苦于没有解决数据基础性问题而无法将海量数据价值全面开发出来这一现实痛点的政策响应，在数据要素价值释放历程中具有里程碑式的重大意义。

（资料来源：https://www.niuqiuyi.com/ksnews_gaokao/175248.html，有删改。）

思考题

1. 数据要素的定义是什么？如何准确给数字产品定价？
2. 数据在数字经济中起到何种作用？
3. 数据成为生产要素，将怎样改写生产函数？如何放大其他生产要素的贡献度并提高总要素生产率？
4. 如何培育数据要素市场、提升数据要素的供给能力、构建数据治理体系？
5. 数字经济统计测算与传统经济统计体系有何共同点和不同点？

第四章　数字产业化与产业数字化

数字经济成为新的动力引擎，线上线下融合经济、平台经济、共享经济等数字经济新产业、新业态、新模式不断涌现，为中国社会发展与产业升级注入了巨大动力。2019年，中国以数字产业化与产业数字化为核心的数字经济规模达到35.8万亿元人民币，占GDP比重为36.2%，同比提升1.4个百分点，对GDP增长的贡献率达67.7%（中国信息通信研究院，2020），数字经济的国民经济增长核心动力地位愈发稳固。根据"十四五"规划，我国数字经济核心产业增加值占GDP的比重要由2020年的7.4%提升至10%，较"十三五"时期提升明显。据此，2021年至2025年，数字经济核心产业比重需要从7.8%提高到10%，年增长率要达到11.57%，是GDP增长速度的2.3倍，这是一个需要努力才能达到的目标。

第一节　数字产业化与产业数字化概述

一、数字产业化

数字产业化，就是通过现代信息技术的市场化应用，推动数字产业形成和发展。科技创新不应止步于实验室里的研究，而是必须将科技创新成果转化为推动经济社会发展的现实动力。数字产业化的目的正是将数字化的知识和信息转化为生产要素，通过信息技术创新和管理创新、商业模式创新的融合，不断催生新产业、新业态、新模式，最终形成数字产业链和产业集群（详见图4-1）。①

（一）数字经济核心产业

数字经济是指以数据资源作为关键生产要素、以现代信息网络作为重要载体、以信息通信技术的有效使用作为效率提升和经济结构优化的重要推动力的一

---

① 华昊："如何理解'加快推进数字产业化、产业数字化'"，《解放军报》，2018年9月22日。

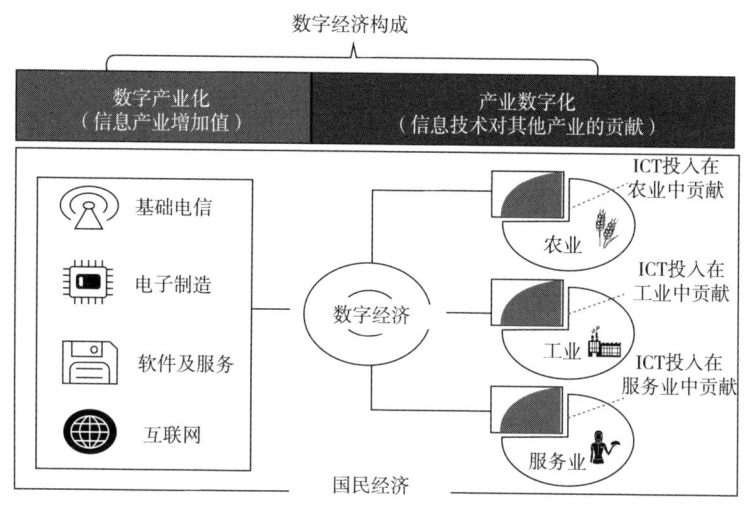

图 4-1　数字产业化与产业数字化

系列经济活动。数字经济核心产业是指为产业数字化发展提供数字技术、产品、服务、基础设施和解决方案，以及完全依赖于数字技术、数据要素的各类经济活动。

2021 年 5 月，国家统计局公布的《数字经济及其核心产业统计分类（2021）》（以下简称《数字经济分类》）将数字经济产业范围确定为："01 数字产品制造业、02 数字产品服务业、03 数字技术应用业、04 数字要素驱动业、05 数字化效率提升业等 5 个大类。"其中，"数字经济核心产业对应的 01-04 大类即数字产业化部分"，主要包括计算机通信和其他电子设备制造业、电信广播电视和卫星传输服务、互联网和相关服务、软件和信息技术服务业等，是数字经济发展的基础；05 大类为产业数字化部分，指应用数字技术和数据资源为传统产业带来的产出增加和效率提升，是数字技术与实体经济的融合。

需进一步说明的是，前 4 大类为数字产业化部分，对应于《国民经济行业分类》中的 26 个大类、68 个中类、126 个小类，是数字经济发展的基础。第 5 大类产业数字化部分，涵盖智慧农业、智能制造、智能交通、智慧物流、数字金融、数字商贸、数字社会、数字政府等数字化应用场景，对应于《国民经济行业分类》中的 91 个大类、431 个中类、1 256 个小类，体现了数字技术已经并将进一步与国民经济各行业产生深度渗透和广泛融合。

数字经济核心产业具有渗透性强、生产率高等特点，是未来数字经济图景中的朝阳产业。近年来，软件和信息服务业持续保持高速增长势头，包括底层芯片、基础软件、应用软件等在内的信息技术，对大数据核心产业给予全链条的技术支撑，推动后者成为信息产业中潜力巨大、发展迅速和最具活力的细分市场。大数据产业催生了很多新产业、新模式。借助大数据产业的迅猛发展，相关产业能够提高关联度，促进产业融合，促进创新链、供应链、产业链和价值链融合共通。全球大数据产业规模持续增长，在人工智能、先进制造、自动驾驶、金融与商业服务、医疗与健康管理、科学研究等领域，以及社会保障、突发事件检测预警、信用评估、城市管理等方面，大数据产业发挥着越来越重要的作用。

数字产业化的目的是将数字化的知识和信息转化为生产要素，通过信息技术创新和管理创新、商业模式创新融合，不断催生新产业、新业态、新模式，最终形成数字产业链和产业集群（见图4-2）。产业数字化就是利用现代信息技术对传统产业进行全方位、全角度、全链条的改造。据中国信息通信研究院《2022数字经济发展报告》测算，2021年，我国数字产业化规模为8.35万亿元人民币，同比名义增长11.9%，占数字经济比重为18.3%，占GDP比重为7.3%，数字产业化发展正经历由量的扩张到质的提升转变。

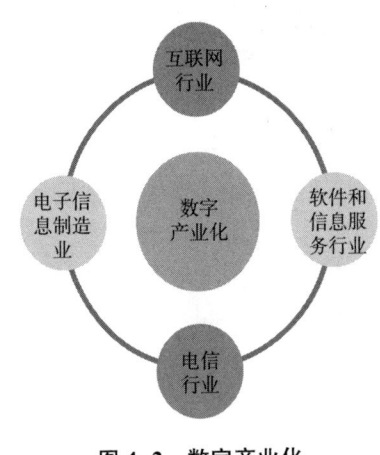

图4-2 数字产业化

(二) 数字经济核心产业的范围

1. 数字产品制造业。数字产品制造业是指支撑数字信息处理的终端设备、相关电子元器件以及高度应用数字化技术的智能设备的制造，属于"数字产业化"部分，包括计算机制造、通信及雷达设备制造、数字媒体设备制造、智能设备制造、电子元器件及设备制造和其他数字产品制造业。

2. 数字产品服务业。数字产品服务业主要有数字产品批发、数字产品租赁、数字产品维修、其他数字产品服务业四大类。

在新冠疫情影响下，服务业尤其是接触型服务业受到了较大冲击。值得注意的是，从2019年的15 024.9亿元人民币下降到2021年的2 112.7亿元人民币，服务贸易逆差大幅缩窄，这其中固然有旅行服务逆差大幅下降的原因，但数字服务贸易加快发展对此做出的贡献也不可忽视。随着数字经济加快发展，我国服务业"出海"的规模和质量不断提升。从一般意义上看，数字经济的发展为服务业"出海"至少提供了两方面帮助：一方面，数字经济改变了传统服务贸易的方式，为服务业企业"走出去"提供了更丰富的路径。数字经济连接海量数据和用户，服务远距离投放所产生的边际成本较低，跨境贸易产生的额外成本较小。特别是研发服务、众包平台等，不仅能够提供跨越时空的服务，还能发挥更好利用全球资源的优势，提供高品质服务。另一方面，数字经济拓展了服务贸易的市场空间，这既包括云办公、远程教育、远程医疗等各类线上服务，也包括以数据为生产要素和服务内容的虚拟服务。由于全球经济发展的不平衡性以及各国文化生活的差异性，数字技术给世界经济带来的效率提升和对生产生活的改善还有巨大空间。

3. 数字技术应用业。数字技术应用业主要有软件开发、电信、广播电视和卫星传输服务、互联网相关服务、信息技术服务、其他数字技术应用业。技术驱动、信息技术成为推动数字经济发展的坚实基础。

数字经济以大数据、云计算、人工智能、区块链、物联网等新技术引领传统经济的数字化转型，连接起经济全球化进程中的生产、交换、分配和消费。美国依托持续领先的创新技术，占据了全球创新链、价值链和产业链的中高端，以及一些产业附加值的最高环节。我国应积极抢占科技竞争和未来发展制高点，突破关键核心技术，不断增强创新能力，才能实现从"中国制造"向"中国创造"转型。

4. 数字要素驱动业。数字要素驱动业主要有互联网平台、互联网批发零售、互联网金融、数字内容与媒体、信息基础设施建设、数据资源与产权交易、其他数字要素驱动业。

二、产业数字化

产业数字化，就是利用现代信息技术对传统产业进行全方位、全角度、全链条的改造。产业结构优化升级是提高我国综合竞争力的关键举措，现代信息技术对经济发展具有独特的放大、叠加、倍增作用。研究成果表明，数字化程度每提高 10%，人均 GDP 就增长 0.5% 至 0.62%。产业数字化以"鼎新"带动"革故"，以增量带动存量，通过推动互联网、大数据、人工智能和实体经济深度融合，提高全要素生产率。①

《数字经济分类》第 5 大类产业数字化部分，是指应用数字技术和数据资源为传统产业带来的产出增加和效率提升，是数字技术与实体经济的融合。该部分涵盖智慧农业、智能制造、智能交通、智慧物流、数字金融、数字商贸、数字社会、数字政府等数字化应用场景，对应于《国民经济行业分类》（GB/T 4754—2017）中的 91 个大类、431 个中类、1 256 个小类，体现了数字技术已经并将进

---

① 华昊："如何理解'加快推进数字产业化、产业数字化'"，《解放军报》，2018 年月 22 日。

一步与国民经济各行业产生深度渗透和广泛融合。

第 5 类数字化效率提升业主要有智慧农业、智能制造、智能交通、智慧物流、智慧金融、数字商贸、数字社会、数字政府、其他数字化效率提升业。随着新型基础设施的完善，数字化、网络化的供应链平台缩短了时空距离，实现了设计商、制造商、供应商、集成商等环节的有机联合，提升了供应链效率，节省了时间，降低了成本。2018 年，服务业、工业、农业中数字经济占行业增加值的比重分别为 35.9%、18.3% 和 7.3%。与第一、第二产业的数字化进程相比，数字经济在第三产业的发展有更好的体现。第一产业进行数字化转型的壁垒较高，数字化转型进展缓慢，严重滞后于第二、第三产业；数字经济的快速发展为第二产业转型升级和提质增效提供了重要途径，但在多数国家，第二产业的数字经济发展速度都有待提升；数字经济在第三产业创新先行，提升了第三产业的可贸易程度，激发了各种新模式、新业态，电子商务、网约车、网络教育、互联网金融、远程医疗、在线娱乐等得到蓬勃发展，提升了整个产业的劳动生产率，但由于"体量"小，当前对经济发展的支撑作用还没有完全显现。与第二产业相比，第三产业的交易费用高、固定资产占比低、技术密集度低，进行数字化转型的难度相对较小，更有利于从业者向数字化技能从业者切换。从第三产业内部看，现代服务业的数字化转型快于传统服务业，前者以金融和科技为代表，后者则以住宿和餐饮为主。①

据中国信息通信研究院测算，2021 年我国产业数字化规模达到 37.2 万亿元人民币，同比名义增长 17.2%，占数字经济比重为 81.7%，占 GDP 比重 32.5%，产业数字化仍是我国数字经济发展的主引擎。各行各业已充分认识到发展数字经济的重要性，工业互联网成为制造业数字化转型的核心方法论，服务业数字化转型持续活跃，农业数字化转型初见成效。2021 年，在产业数字化的推动下，我国钢铁、建材、化工等行业的跨境电商交易规模不断扩大，未来将进一步扩大零部件、机电设备、二手车等工业品在跨境电商 B2B 渠道的交易规模。

数字化转型是增强管理效能、推进治理体系与现代化的重要支撑，提高数字化建设水平，必须尊重数字化发展规律，以新发展理念为引领。我国现在重点关注数字化政府建设，习近平总书记强调"增强数字政府效能"，这同时也是其他行业数字化效率提升的表率。当前，我国已开启全面建设社会主义现代化国家新征程，对政府治理制度化、规范化、科学化提出了更高要求。推进数字政府建设，要运用大数据技术提升国家治理现代化水平，推进政府管理和社会治理模式创新，实现政府决策科学化、社会治理精准化、公共服务高效化。"十四五"规

---

① 刘西平：《新治理：数字经济的制度建设与未来发展》，中国科学技术出版社 2022 年版。

划和 2035 年远景目标纲要对提高数字政府建设水平做出了战略部署，提出了新的更高要求。我们要贯彻创新、协调、绿色、开放、共享的新发展理念，将数字技术广泛应用于政府管理服务，不断提高决策科学性和服务效率，助力提升国家治理体系和治理能力现代化水平。

在《数字经济分类》中，数字产业化和产业数字化形成了互补关系。以制造业为例，数字产品制造业是指支撑数字信息处理的终端设备、相关电子元器件以及高度应用数字化技术的智能设备的制造，属于"数字产业化"部分，包括计算机制造、通信及雷达设备制造、数字媒体设备制造、智能设备制造、电子元器件及设备制造和其他数字产品制造业。智能制造是指利用数字孪生、人工智能、5G、区块链、VR/AR、边缘计算、试验验证、仿真技术等新一代信息技术与先进制造技术深入融合，旨在提高制造业质量和核心竞争力的先进生产方式，属于"产业数字化"部分，主要包括数字化通用专用设备制造、数字化运输设备制造、数字化电气机械器材和仪器仪表制造、其他智能制造。数字产品制造业和智能制造是按照《国民经济行业分类》（GB/T 4754—2017）划分的制造业中数字经济具体表现形态的两个方面，互不交叉，共同构成了制造业中数字经济的全部范围。

一方面，我们要注重协同推进数字产业化与产业数字化，促进新旧动能接续转换。既强调推动数字技术向数字化产业转化，发挥数据资源关键要素的作用，释放数据红利，利用数据要素和数字技术加快平台化、定制化、轻量化服务模式创新，营造繁荣有序的数字产业创新生态；又强调推动数字技术与实体经济深度融合，加快重点行业数字化转型，推进生产、分配、流通、消费各个环节高效贯通，以数字技术促进产业融合发展。实践证明，数字经济支撑实体经济数字化、网络化、智能化跃升，对实现高质量发展具有至关重要的作用。

另一方面，我们还需要注重协同推进扩大需求与优化供给，促进供需高水平动态平衡。既强调从需求侧入手，立足国内超大规模市场优势，支持实体消费场所建设数字化消费新场景，提升场景消费体验，优化数据中心建设布局，适度超前布局 6G、卫星通信网络等数字基础设施建设；又强调从供给侧发力，培育新业态新模式，强调实施产业链强链补链行动，提升产业链关键环节的竞争力，推动数字经济关键产品多元化供给，着力提高产业链、供应链韧性，增强产业体系抗冲击能力，加快互联网、大数据、人工智能与制造业深度融合，实施工业互联网应用示范行动，实施工业大数据推动制造智能行动，实现数据资源、智能平台等资产化、价值化。

基于网络经济、信息经济、数字经济的基本概念、数字经济的理论与实践，以及信息化与数字经济对于中国经济社会的全方位影响，我们在此基础上进一步明晰了如何把握中国以数字产业化与产业数字化为核心的数字经济机遇，应对数字鸿沟带来的挑战；要更为深入地利用好信息技术，对传统产业发展、公共治理、贫困消弭等进行全方位、全角度、全链条的赋能，释放信息技术的精准、放大、叠加、倍增作用，以新方式实现补短板。

第二节 技术支撑：信息技术是数字经济发展的基础

数字经济兴起于20世纪90年代，涵盖数字化、网络化、智能化三个阶段（李长江，2017）。数字经济的概念和内涵变化迅速，英国从投入产出角度理解数字经济，韩国和俄罗斯认为数字经济是一种经济活动，美国、法国与经济合作与发展组织侧重对数字经济的测度，澳大利亚则视其为一种社会进程（田丽，2017）。数字经济不但改变了消费者的购物观念和行为（陈林芬、王重鸣，2005），颠覆了生产模式，改变了市场结构，而且推动产业结构转型升级（付宏、毛蕴诗、宋来胜，2013）。数字经济发展面临千载难逢的历史机遇，离不开技术驱动、产品引领、市场提升、产业兴起、政策倍增等的深度融合和良性互动。

数字经济以大数据、云计算、人工智能、区块链、物联网等新技术引领传统经济的数字化转型，连接起经济全球化进程中的生产、交换、分配和消费。美国依托持续领先的创新技术，占据了全球创新链、价值链和产业链的中高端，以及一些产业附加值的最高环节。积极抢占科技竞争和未来发展制高点，突破关键核心技术，不断增强创新能力，才能从"中国制造"向"中国创造"转型。在通信、芯片设计等数个领域，我国正在冲破美国构筑的高科技垄断壁垒。近年来，推进新型基础设施建设作为落实"十四五"规划和实现2035年目标的战略举措，正成为持续扩大国内需求的工作重点，也是抢占全球科技竞争制高点的基础条件（郑新立等，2021）。

一、数据：生产要素

数据是区别于土地、资本和劳动力的另外一种重要生产要素和无形资产，具有促进经济增长、提高生产效率的作用。数据自然存在于源源不断被创造出来的新的社会财富中，因其"取之不尽，用之不竭"，成为支撑经济社会快速发展的战略资源。数据要素驱动的发展模式正与劳动力、资本驱动的发展模式并行，共同起到提升经济发展质量和效益的作用。

数据是贯穿数字经济活动全部过程的客观物质条件,是数字劳动必须具有的必要条件,属于广义上的劳动资料;数字技术是人的劳动能力的延伸,作为固定资本呈现,融入劳动资料当中。从数字劳动的生产力三要素(劳动资料、劳动对象和劳动者)来看,劳动资料更加具有技术性,数据成为劳动对象,劳动者则更具创新性。劳动资料的数字化(包括数字本身成为劳动资料和传统劳动资料的数字化)成为生产方式变革的起点,深刻影响着劳动过程中活劳动和劳动资料的结合方式。劳动对象的数字化源自劳动资料的数字化,技术推动劳动资料和劳动对象紧密联系、密不可分。以数字化的知识和信息(即数据)作为关键生产资料,是数字劳动区别于其他劳动的根本特征。在商品的生产和流通过程,不但需要经历一定的时间,而且要消耗一定的成本。数据作为关键生产资料,在缩短时间和节约成本两方面都具有重要作用。一方面,数据可以缩短劳动时间、劳动过程的正常中断时间和生产要素的储备时间,并缩短购买时间和售卖时间,从而缩短资本周转的时间,加快资本循环的速度;另一方面,通过减少与劳动力相结合的生产资料的损耗,降低企业的储备和管理成本,可以减少企业采购和售卖过程的匹配成本、搜索成本,从而使相同的资本量可以雇用更多的劳动,创造更多的价值。

流通费用理论对于数字经济中提高流通效率、减少交易成本也具有深刻的现实意义。流通和生产本身一样重要,但数字经济中流通环节的形态和逻辑业已改变,传统的商业组织体系已被颠覆,形成了全新的流通渠道和交易空间。在生产和流通两个领域,数据生产要素推动实现价值增加的途径有多种。数字经济时代,数据从资源转变为具有变现能力的资产,成为区别于土地、资本和劳动的另外一种重要生产要素和无形资产,能够促进经济增长,提高生产效率。数据生产要素具有一定的非竞争性。从土地到资本再到数据,生产要素的竞争属性依次减弱。数据的非竞争性体现为:一是实时、低成本的数据收集具有一定的普遍性;二是数据应用的瞬时性;三是收集、管理和使用特定数据并不妨碍其他主体对数据的利用。

数据存得下、流得动、用得好,数据资源才能转化为数据资产。数字经济加快了数据和信息的获取、流动和交易,信息传递更加直接、通畅,不但提高了快捷性和准确性,而且降低了交易成本,提升了劳动生产率。安全、快速的数据流对数字经济的发展至关重要,在信息技术的支撑下,正确的数据能够在正确的时间,以正确的方式,被传递给正确的机器和人。以海量数据为基础的信息技术带动数据量的爆发式增长,数据规模的增速远超摩尔定律的预测。2022年北京冬奥会开幕式整场内容的数据量巨大,一个节目就含有几个 TB(1TB 等于 1 024GB)的数字内容。随着全球经济社会运行过程中采集、处理和积累的数据迅猛增长，大数据成为与自然资源、人力资源同等重要的战略资源，是驱动新一轮科技变革的新引擎，是推动数字经济发展的新动力。可以说，当前和今后，谁拥有了大数据，谁就掌握了发展的资源和主动权。大数据的广泛运用还有助于颠覆传统思维模式，改造传统生产方式，从而提升生产要素组合效率，激发创新效率，提高宏观调控效率。大数据思维及其应用价值日益显现。在产业互联时代，"大数据+云计算"加速助推数据成为数字经济时代的"蒸汽"与"电力"，工业大数据发展和应用不断向全产业链渗透，大数据技术在生物医药、环境保护、科研教学、工程技术、国土安全等多领域都有深度运用前景。

数字平台的竞争力很大程度上取决于其收集和分析数据的能力，以及如何实现数据的货币化以创造收入。消费者经由数字平台这一媒介，实时产生海量数据，而且年均增速异常快速（见图 4-3）。浩瀚的数据海洋蕴含着巨大的生产力和商机。对消费者个体来说，日常消费等交易行为所形成各项消费支出"数据"即成为有价值的劳动成果。单一数据对消费者来说没有意义，而作为营利性实体的平台企业无偿或低成本获取原始数据后，一旦对其进行深度挖掘和分析，就有望形成数字商品。用户点击平台页面的过程即成为平台企业实现盈利的过程。数字经济中剩余价值的生产已由资本逻辑强加给人类生活的方方面面，在这一过程中，数据和消费者成为价值创造的重要参与者。与传统经济相比，私人劳动向社会劳动的转换有所加速，个人的精神活动正被逐步纳入资本运动的逻辑，私人的娱乐消遣活动不再被排除在社会劳动范畴以外，而是在平台企业营利动机的引导和驱使下，参与到劳动价值转化和交换价值实现中来，从而扩展了市场关系和劳动关系。数字劳动在空间上的非本地化和在时间上的弹性化特征在时空上得到无限延展，扩大了资本获取剩余价值的广度和深度。一方面，部分劳动场所正从工厂转移到网络和手机、电脑等分布式终端，分散在不同地域的劳动力在闲暇时间使用淘宝、京东、美团等平台时，其在线行为实时为平台企业无偿提供数据和信息等生产资料，劳动者的私人劳动就具有了社会劳动的属性。分析个人消费数据和网络行为后而投放量身定制的广告，其受众定位精准、传播范围广泛，具有明确的商业化目的，起到了精准营销的作用。定向广告投放吸引了消费者注意力，提升了广告点击率，增加了商品交易额，促进了剩余价值的创造。另一方面，劳动力在闲暇时间不自觉地、无偿地参与到剩余价值创造过程，其整个生活时间都受到资本支配。由于资本侵占、渗透和控制了劳动者工作时间之外的闲暇生活时间，劳动者数字劳动比传统的劳动更加促进了剩余价值的创造和资本的积累。激发、发挥人们创造力和合作潜力的平台，同时存在着对劳动力的剥削问题，并通过最大化采集劳动力的日常生活行为数据，加大了对劳动力的监控。

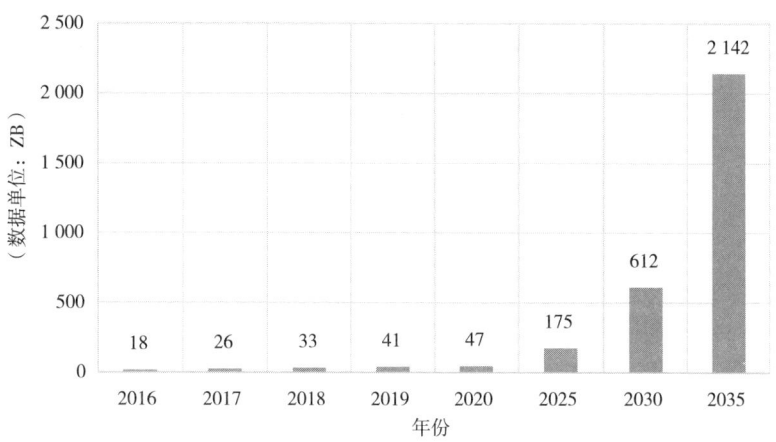

图 4-3 全球每年产生数据量（估算）
来源：中国信息通信研究院

二、通信基础设施

我国大力推进网络强国建设，已经建成世界领先、全球最大的移动通信网络和光纤通信网络，对数字经济运行的支撑作用不断增强。当前，数据中心规模增长迅猛，站点分布结构日益优化，固定宽带覆盖率稳步提升，移动宽带覆盖率和速率均持续增长。近年来，网络基础设施能力不断提升，移动数据流量消费继续高速增长，网络提速效果显著（见表 4-1、表 4-2 和表 4-3）。

表 4-1　2014—2020 年 4G 基站数量及其在移动基站中占比情况

年度	数量（万个）	占比（%）
2014	73.3	21.6
2015	177.1	37.9
2016	263.2	47.1
2017	328.4	53.1
2018	372.4	57.5
2019	544.1	64.7
2020.6	560.2	63.9

来源：中国信息通信研究院

表 4-2　2014—2020 年固定宽带光纤接入端口总数及其占比

年度	数量（亿个）	占比（%）
2014	1.63	40.6
2015	2.69	56.7
2016	5.22	75.6
2017	6.57	84.4
2018	7.80	88.0
2019	8.36	91.3
2020.6	8.58	92.1

来源：中国信息通信研究院

表 4-3　我国手机网民规模及其占比

年度	规模（亿人）	占比（%）
2012	4.2	74.5
2013	5.0	81.0
2014	5.6	85.8
2015	6.2	90.1
2016	7.0	95.0
2017	7.5	97.5
2018	8.2	98.6

来源：德勤中国：《全球人工智能发展白皮书》

我国在半导体集成电路领域取得积极进展，虽然美国的垄断地位短期内难以撼动，但相对实力正朝有利于我国的方向发展。信息与通信技术（Information and Communication Technology，ICT）制造相关领域的技术快速迭代更新。硅基芯片和元器件是信息技术发展的基石，然而，硅基芯片的制造工艺已经接近物理极限，尺寸微缩逼近物理极限，升级难度日益加大，摩尔定律面临失效。同时，晶体管结构创新加速，碳基晶体管运算速度快、存储能力强，推进芯片制造工艺能力升级，有望满足新型半导体芯片发展需求。同时，系统级设计和多质多维封装同步深化，有利于进一步提高芯片集成度。

5G 和 IPv6 等领域的布局加快突进。5G 技术是通信行业的新动力，对整个移动生态系统正产生巨大推动作用，对经济社会发展的影响巨大，已被多个国家提升为国家战略，在全球产生重要影响力。5G 是人工智能、虚拟现实/增强现实、智能家居、智慧医疗、智慧城市、车联网、城市管理、环境监测、智能交通以及工业互联网等数字经济前沿技术的前置性技术，具有超高速、低时延、广链接等特点。截至2021年9月底，5G基站达115.9万个，5G终端连接数达4.5亿户。5G正在重构城市信息基础设施，带动相关设备制造快速兴起，引领互联网内容产业的深度变革，实现消费互联网向产业互联网的关键跨越，这些均有利于扩大内需、带动就业、拉动经济增长，有利于推动实体经济转型和经济高质量发展。同时，我国IPv6的普及也稳步推进。IPv6传输速度更快，响应延迟更低，吞吐量更高。当前，我国IPv6保有量稳步提升，位居全球第一，应用前景广阔。

三、人工智能

受益于算法开源、算力提高和专用硬件的发展，人工智能领域的深度神经网络等技术的应用日新月异，正成为推动人类进入智能时代的重要推力。泛在感知数据和图形处理器等计算平台正推动图像分类、无人驾驶、语音识别、人机对弈、知识问答等人工智能技术不断取得突破；通用人工智能加快起步，向人机协同、自主智能系统突破；局部智能测试、图像识别和人脸识别也在加快追赶人类智能；能力灵巧、更小、能力更强的机器人应用日益广泛，在工业、民用和军事领域的应用前景广阔。全球主要科技企业积极布局大数据、人工智能等技术生态，努力占据相关产业制高点（见图4-4）。

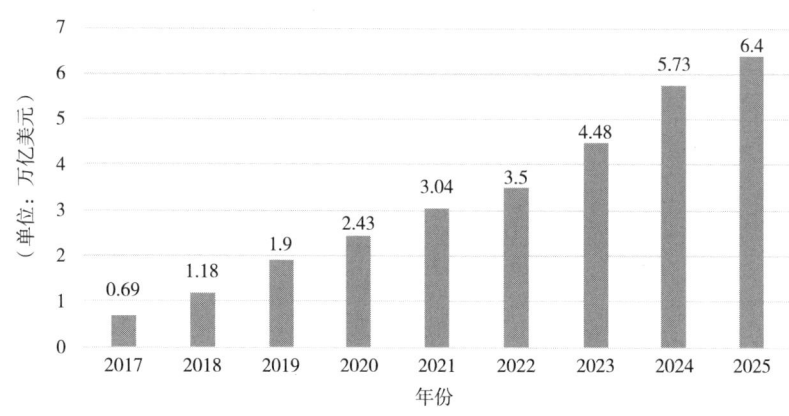

图4-4 全球人工智能市场规模

来源：德勤中国：《全球人工智能发展白皮书》

我国应不断加大对人工智能发展和应用的支持力度，提升人工智能研发强度，拓展应用领域，全方位增强在人工智能领域的国际竞争力。随着智能化成为未来整个信息技术产业的核心，以人工智能为核心的第四次产业革命已经开启。人工智能技术的应用正提升各行业的运转效率，为数字经济的发展注入新动力，对生产力和产业结构产生了深远影响。工业机器人正成为电子信息制造业发展的新兴趋势，具有高灵活性、高生产率、高精度、高质量等特点，减少了对劳动的依赖。全球工业机器人的需求随着工业机器人技术的逐渐成熟而持续增加，应用场景不断拓展。根据国际机器人联合会（IFR）的报告，我国已经成为世界上最大的工业机器人应用市场。2018 年，我国工业机器人应用密度为 140 台/万人，高于世界 99 台/万人的平均水平。

专栏

"人工智能之父"与图灵测试

图灵测试（Turing test）由艾伦·麦席森·图灵提出，是指测试者与被测试者（一个人和一台机器）隔开的情况下，通过一些装置（如键盘）向被测试者随意提问。进行多次测试后，如果机器让平均每个参与者做出超过 30% 的误判，那么这台机器就通过了测试，并被认为具有人类智能。"图灵测试"一词来源于计算机科学和密码学的先驱艾伦·麦席森·图灵写于 1950 年的一篇论文——《计算机器与智能》，其中 30% 是图灵对 2000 年时的机器思考能力的一个预测，我们已远远落后于这个预测。

1931 年，艾伦·图灵（Alan Turing）进入剑桥大学国王学院，毕业后到美国普林斯顿大学攻读博士学位。1936 年，图灵向伦敦权威的数学杂志投一篇论文，题为"论数字计算在决断难题中的应用"。在这篇开创性的论文中，图灵给"可计算性"下了一个严格的数学定义，并提出著名的"图灵机"（Turing machine）的设想。"图灵机"不是一个具体的机器，而是一种思想模型，可制造一种十分简单但运算能力极强的计算装置，用来计算所有能想象得到的可计算函数。"图灵机"与"冯·诺伊曼机"齐名，被永远载入计算机发展史中。1950 年 10 月，图灵又发表另一篇题为"机器能思考吗"的论文，成为划时代之作。也正是这篇文章，为图灵赢得了"人工智能之父"的桂冠。图灵还进一步预测称，到 2000 年，人类应该可以用 10GB 的计算机设备，制造出可以在 5 分钟的问答中骗过 30% 成年人的人工智能。

图灵提出了一种测试机器是不是具备人类智能的方法。即假设有一台电脑，其运算速度非常快、记忆容量和的数目也超过了人脑，而且还为这台电脑编写了许多智能化的程序，并提供了合适种类的大量数据，那么，是否就能说这台机器具有思维能力？

图灵肯定机器是可以思维的，他还对智能问题从行为主义的角度给出了定义，由此提出一个假想，即一个人在不接触对方的情况下，通过一种特殊的方式，和对方进行一系列的问答，如果在相当长时间内，他无法根据这些问题判断对方是人还是计算机，那么，就可以认为这个计算机具有同人相当的智力，即这台计算机是能思维的。这就是著名的"图灵测试"。

（资料来源："人工智能之父"与图灵测试，https：//new.qq.com/rain/a/20220120a01t5e00。作者根据资料自行整理）

 案例

人工智能：无人驾驶领跑智慧城市

人工智能也称机器智能，是计算机科学的组成部分，主要研究程序如何能像人一样思考和决策，是对人类智能的拓展及延伸。2017年，人工智能Alpha Go相继战胜世界顶级围棋选手李世石、柯洁等人后，引起了一场关于人工智能的全民大讨论，人工智能也慢慢走进了人们的视野中。

作为汽车发烧友，提到人工智能首先想到的就是关于汽车方面的AI技术，也就是一直都在热点浪潮的无人驾驶技术。无人驾驶的历史可以追溯到20世纪七八十年代，经过几十年的发展，实现了从里到外的突破。

智能汽车的发展可以分为四个阶段。第一阶段是"高级辅助驾驶系统"阶段，第二阶段为"特定环境的自动驾驶"，第三阶段为"多种环境中的自动驾驶"，第四阶段为"全自动驾驶"。2021年，无人驾驶商业化在诸多生产生活场景获得应用，各行各业也相继发展无人驾技术。百度早在2015年就将其研发的无人驾驶汽车在北京完成了城市路面全自动驾驶测试，这是中国自主研发的无人驾驶汽车首次在城市道路上行驶。继百度之后，阿里巴巴、腾讯等科技巨头公司也随即步入市场。现在去北京、上海、广州等地都能看到无人驾驶的滴滴、公交，成为城市中一道亮眼的风景线。

在无人驾驶带来新的交通出行方式后，共享被认为是未来汽车的发展趋势。而无人驾驶的出租车和货运车，对于车队的运营商来说，其成本大大降低。因为无人驾驶所采用的拼车功能将减少车流量而使道路更为顺畅。包括AI能找到一条最优解，让用户在不堵车的同时还以最快速度到达目的地。站在共享经济的风口，共享汽车注定会受欢迎。共享单车、共享电动车的出现大大方便了人们的出行，那共享汽车不仅可以满足无车居民的出行需求，还给人们带来了切实的便利，如可以提前预订汽车、异地还车等。从利用效率上讲，共享汽车可以全方位地提升使用效率，降低出行成本，同时还能有效减少城市中私家车的持有量，间接缓解交通拥堵情况。当然，共享汽车也存在一些问题。例如，共享汽车主要采用新能源汽车，那么充电将是一个很大的问题。如果大面积扩建充电点，将浪费

大量资源，不修建又将降低新能源汽车使用的便捷性。随着无人驾驶技术的成熟与应用，相信这些问题都会迎刃而解。共享汽车只有以智能化为核心，以便捷为宗旨，才能掌握市场主动权。

普华永道预测，未来汽车产业将发生显著变化，共享汽车的利润会急速猛涨，共享汽车模式将会彻底改变传统汽车模式，而能直接面对终端客户的运营模式将使最先取得网络效应的企业拥有"赢者通吃"的机会。

（资料来源："人工智能：无人驾驶领跑智慧城市"，https：//baike.pcauto.com.cn/59717/96329.html。何一鸣根据资料整理）

四、区块链、物联网和数字孪生技术

区块链具有可追溯、不可更改、公开透明、不可伪造、无须第三方背书等特点，不但有利于提高透明度，促进构建新的信用体系，打破大数据的流通共享壁垒，提高大数据质量，而且显著降低了整个社会经济运行中的交易成本，具有广泛的适用性。借助机器共识、共享账本、智能合约、隐私保护等技术变革，区块链与大数据、人工智能、物联网等深度融合，进一步提高了可用性和安全性。去中心化的记账方案推动了数据和信息充分自由流动，改善了市场参与主体间的信息不对称，减少了市场失灵，提高了资源配置效率；共识机制凸显了数字信用的客观性，有助于化解数字经济中的信任危机；非对称加密和智能合约有效缓解了数据壁垒、泄露、篡改、窃取等问题，为数字经济发展提供了安全保障。区块链技术正加快进入大规模商业化应用阶段，在智慧城市、数字政务、数字货币、供应链、社会公共服务等领域的应用非常广泛（见图4-5）。比如，在新型智慧城市领域，区块链技术可用来探索实现信息基础设备间数据信息的高效交换，提升信息基础设施协同能力；依托区块链技术，数字货币可实现互相转账，即双离线

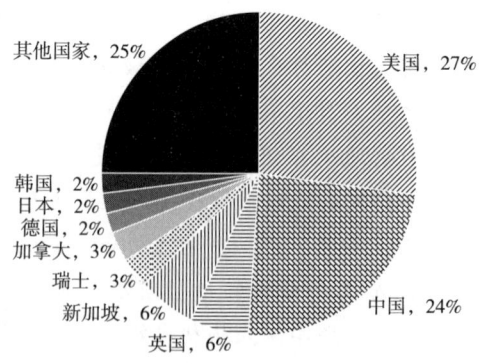

图4-5 全球主要国家地区区块链企业占比情况

来源：中国信息通信研究院

支付。全球最大的社交媒体脸书（Face Book）联合其他多家机构发行天秤币（Libra），成为一次伟大的区块链实践变革，引发各国央行发行数字货币、提升本国货币吸引力的全球竞争。

物联网技术通过传感器、射频设备技术、全球定位系统、红外感应器、激光扫描等各种传感设备，采集声、光、热、电、力学、化学、生物、位置等各种信息，并与互联网、无线专网进行实时信息流的交互传输，实现物与人、物与物的网络识别、连接、管理和控制。中国移动、中国联通、中国电信三大运营商积极发展物联网建设，推动物联网在教育、医疗、交通和环境监测等领域深化应用。中国已建成全球最大的 NB-IoT 网络，海量、广覆盖的低功耗连接条件已经初步具备，为应用规模化发展打下了良好基础。随着家庭居住、个人穿戴、交通出行、医疗健康等领域新一代智能硬件的变革，智能终端已经渗透到社会生产生活的各个领域，联网设备边界正向可穿戴、汽车等一般物品广泛延伸，产品共享化、智能化和应用场景多元化的趋势凸显（见表 4-4 和表 4-5）。近年来，腾讯、百度等互联网巨头正在加速物联网布局，以物联网为代表的信息感知和处理正推动信息产业进一步向纵深发展，依托传感器工业软件和网络通信设备的物联网正加速应用于生产领域。据美国信息技术创新基金会预测，物联网的应用有助于推动生产率提高 25% 以上。

表 4-4 国内移动物联网连接数

年度	物联网连接数（亿）
2017	2.71
2018	6.71
2019	10.30
2020	12.00

来源：中国信息通信研究院

表 4-5 共享出行占居民日常出现占比

年龄段	2017 年占比（%）	2020 年占比（%）
19 岁以下	12.5	85.5
20~29 岁	49.3	90.0
30~39 岁	30.8	88.8
40~49 岁	27.9	82.3
50~59 岁	10.0	88.9
60 岁以上	0.0	46.7

来源：中国信息通信研究院

数字孪生（Digital Twin）是指在互联网和物联网的融合发展极大扩充物理空间与网络空间映射的背景下，充分利用物理模型、传感器更新、运行历史等数据，模拟对象在现实环境中的行为，对产品、制造过程进行虚拟仿真，并完成映射，从而反映模拟对象的全生命周期过程。作为连接物理世界和数字世界的桥梁，通过对承载物理空间规律的数据进行分析建模，并反馈给物理空间，数字孪生极大提升了物理空间的运行效率。创新是持续试错的过程，数字孪生则是通向零成本试错之路，从而极大提升了创新的动力和效率。基于数字孪生的城市理念近年来已成为新型智慧城市建设的重点方向，相关多技术集成创新需求更加旺盛，涉及虚拟现实、新型测绘、深度学习、地理信息、模拟仿真、语义建模、智能控制、协同计算等技术门类，并对边缘计算、物联网、人工智能等技术赋予新的内涵和应用场景。数字孪生城市的建设和运行将重塑现有城市治理结构和治理规则，在城市规划仿真、交通信号仿真、城市建设管理等领域带来新的发展动力和潜力。此外，与数字孪生相比，元宇宙（Metaverse）的概念更为庞大、复杂，预示着人类以数字身份参与数字世界的无限可能和美好愿景。可以判断，元宇宙这一整合多种新技术而产生的新型虚实结合的技术—社会体系，通过提供沉浸式体验，加深了思维的具象化，对数字经济的未来发展方向乃至整个人类的生产生活都将产生深远影响。

五、云计算

算法作为解决一系列问题的清晰指令，是对物理世界运行规则的逻辑化、数字化处理，是数字经济体系的中枢。算法的高速实现是技术专家的恒久追求[①]，正不断取得优化。算法和基于算法所形成的产品提升了数据的反馈性、预测性和有效性，数字经济的发展韧性和强度得益于连接的密度和计算的精度，"数据+算力+算法"构成了数字经济的技术架构体系，主要包括5G技术、互联网、大数据、云计算、边缘计算、移动计算等。这些数字基础设施是多种技术的组合和重构，其中，大数据和云计算技术提高了数据自主分析能力，促进了物联网产业的深度发展；物联网的不断发展则促进了大数据和云计算的广泛应用。大数据、云计算、物联网等技术的融合发展促进了万物互联、人机智联，提高了各产业的数字化、网络化、智能化水平，催生了沉浸式交互模式等全新的应用场景和商业模式。可以说，人、机、物的互联、共融成为网络架构的基本形态。实践中，面对2022年央视春晚红包互动691亿次点击量所激增的服务器处理数据压力，京东云依托云原生数字基础设施和混合多云操作系统云舰，控制超大量计算资源极

---

① 武玉华、周玉坤、李艳俊、高献伟："GF（2M）域椭圆曲线密码算法的高速实现"，《信息安全与通信保密》，2006年第11期，第156~157页。

限变阵，实现 4 小时内完成资源的 16 次秒级精准腾挪，秒级调度近 300 万个容器、超 1 000 万核算力资源，以超高弹性成功登顶云计算领域的"珠穆朗玛峰"，展现了新基建的中国速度。京东云作为更懂产业的云，正深耕社会化数字供应链，做到供给端与需求端的精准和高效匹配。

  信息技术具有颠覆性强、迭代周期短、扩散速度快、技术红利大的特点。根据摩尔定律，在维持最低成本的前提下，以 18～24 个月为一个跨度，集成电路的集成度和性能将提升一倍。信息技术产品的价格将随着技术进步的加快而快速下降，这正诠释了信息技术产业高速增长的动力源泉。数字经济领域的技术创新具有交叉融合的特点，不易被复制。在数字经济背景下，技术演进结合模式创新，深化了劳动分工，推动了资源整合，不但缩短了商业周期，而且催生了新业态。技术创新力度决定了数字经济的韧性和速度。

  人工智能、自动驾驶等新兴领域对云计算提出了急切的需求。应用创新对算法和计算需求的增速远超摩尔定律，应用创新引致的多样化需求成为云计算发展的重要推动力。通过集合和协调众多计算资源，云计算不受时间和空间限制进行分布式计算后，自动、快速、安全地返回计算结果，具有按需服务、资源共享、弹性架构等特点，是大数据提升预测精准性的算法基础。云计算作为传统行业数字化转型的重要支撑，是企业数字化转型的核心基础设施，正逐步向金融、交通、制造、医疗健康等传统行业渗透，可有效解决计算资源利用低效、数据规模激增等问题。云计算还有望打破企业间数据与程序的隔离状态。大数据基础设施向云上迁移的云化趋势降低了大数据技术的学习成本和使用门槛。云计算产业发展强劲，各类生产和市场资源利用云平台得以整合，产业链上下游得到高效对接与协同创新，彰显了规模效应的最大化，企业数字化转型的门槛由此大幅降低。云计算还是实现行政效率提高和治理集约化的重要技术工具，我国的政务云由此发展迅速。部分地方加快搭建商务云平台、开发云平台和政务云平台等服务平台，强化信息基础设施建设，加快研究和推进云计算产业，提供存储、计算等云服务资源。

  与此同时，量子计算和类脑计算方面的进展，关乎一国技术、经济和战略安全，为基础科研、经济发展和国家安全等带来重大机遇。量子计算云平台作为提供量子计算服务的云计算平台，正推动量子计算的产业化，对现有计算技术产生了颠覆性影响。类脑计算彻底变革冯·诺依曼体系架构中计算存储和通信之间的逻辑关系，成为中长期计算技术创新的重要方向。边缘计算将云计算技术创新性应用到边缘基础设施上，帮助用户将计算、转发、智能数据分析等业务下沉至边缘，减轻了云端数据处理压力，降低了响应时延。

第三节　推进数字经济与实体经济融合发展

推进数字经济与实体经济深度融合，不仅是实现我国产业基础高级化与产业链现代化的重要途径，也是我国"十四五"及中长期经济实现高质量发展的必然选择。习近平总书记在2021年10月18日中共中央政治局第三十四次集体学习时强调，要推动数字经济和实体经济融合发展，利用互联网新技术对传统产业进行全方位、全链条的改造，提高全要素生产率，发挥数字技术对经济发展的放大、叠加、倍增作用。《"十四五"数字经济发展规划》也明确提出"到2025年，数字经济迈向全面扩展期，数字经济核心产业增加值占GDP比重达到10%，数字化创新引领发展能力大幅提升，智能化水平明显增强，数字技术与实体经济融合取得显著成效"的总目标。

当前，新一轮科技革命和产业变革深入发展，受内外部多重因素的影响，我国数字经济与实体经济融合发展所面临的形势正在发生深刻变化，一方面，我国数字经济发展的政策环境持续优化，数字技术在生产生活中广泛应用的基础不断夯实，工业互联网、智能车间、智能制造、车联网、平台经济等融合型新产业新模式新业态呈现出日新月异的发展态势，成为驱动产业数字化转型发展的动力引擎。可以说，"十四五"时期加快数字化转型有基础、有潜力。另一方面，当前世界主要国家都把推进数字化转型作为实现创新发展的重要动能，在前沿技术研发和深化应用等方面加快前瞻性布局，我国数字化应用虽然发展很快，但差距依然十分明显，特别是在产业数字化转型中面临诸多困难，总体呈现结构"偏软"的特征。目前，数字经济与实体经济融合发展仍然面临"不全""不深""不能""不便""不愿"等五大难题。

一、融合现状和存在的问题

（一）融合"不全"：数字技术在不同产业、行业和地区覆盖不均衡

数字经济与实体经济融合发展，是要求利用互联网新技术对传统产业进行全方位、全链条的改造。从融合广度来看，存在以下三个不均衡。

1. 三大产业数字化覆盖不均衡。总体上看，近年来，我国产业数字化发展不断提速，数字经济在三次产业中的渗透率均不断提升（见图4-6），但是我国数字经济与实体经济融合呈现出"三、二、一"产业逆向渗透趋势，截至2020

年底，我国一、二、三产业数字化渗透率分别为8.9%、21.0%和40.7%①，第三产业数字化发展较为超前，但一、二产业明显滞后。

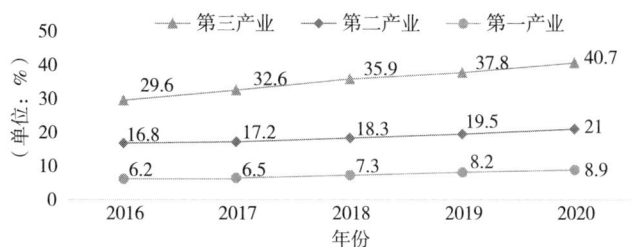

图4-6　2016—2020年数字经济在三次产业中的渗透率

2. 各行业数字化覆盖程度不均衡。为比较数字化在各行业的渗透，我们利用大数据技术抓取各行业数字化企业注册情况，以反映数据化应用的覆盖程度。结果显示（见图4-7），科学研究和技术服务业是数字化渗透最多的行业，其次是文化体育和娱乐业、批发和零售业以及租赁和商务服务业，而农、林、牧、渔业等由于行业生产的自然属性，数字化转型需求相对较弱。从行业数字化发展速度来看，住宿餐饮、卫生和社会工作等行业因新型冠状病毒肺炎疫情冲击，更容易利用数字化进行转型升级，数字化发展速度更快。

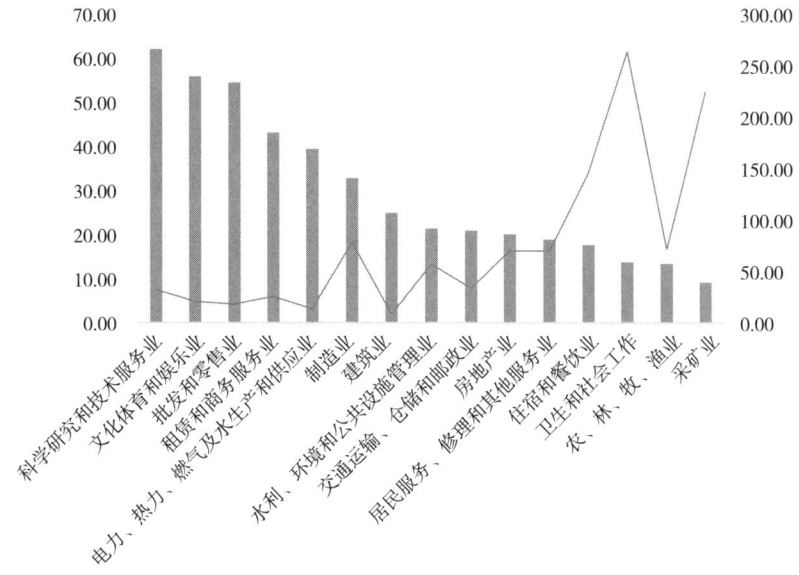

图4-7　近三年各行业新增数字经济企业数量占全部新增企业数量的比重及增速

---

① 中国信息通信研究院：《中国数字经济发展白皮书（2020）》，2020年7月，第13~16页。

3. 各地区产业数字化程度不均衡。产业数字化是实现数字经济和实体经济深度融合发展的重要途径。当前，各地在"十四五"规划中纷纷强调要持续推进数字技术赋能各行各业，加快产业数字化转型。通过对各地数字化企业新增注册数据的分析发现，2021年，上海、海南、福建、北京产业数字化程度位居前列，而贵州、黑龙江、甘肃、云南的产业数字化程度较低，东西部地区间差距十分明显（见图4-8）。从占GDP的比重来看，2019年，上海产业数字化占GDP比重最高，超过40%，福建、浙江、北京、湖北、辽宁等省市产业数字化占GDP比重均超过30%，甘肃、青海、内蒙古等西部省市则较低，数字化发展水平差异也会进一步拉大地区间的发展差距。①

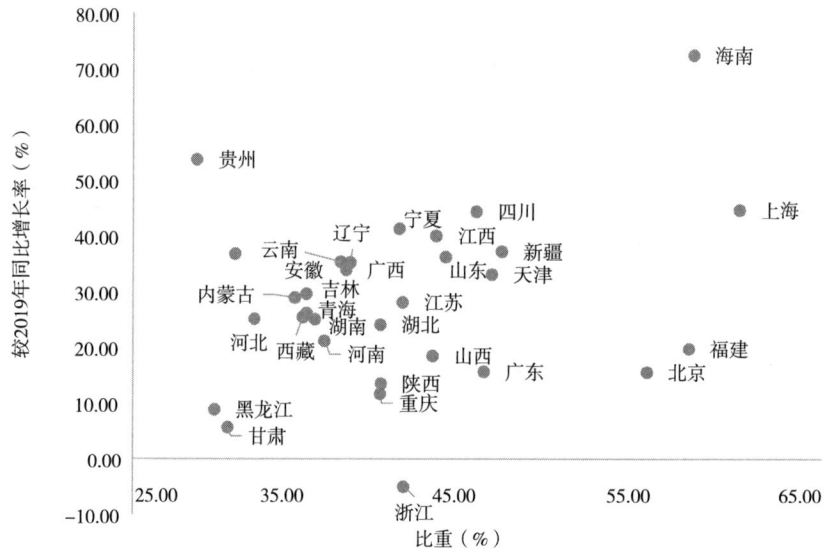

图4-8 近三年各省市新增数字经济企业数量占全部新增企业数量的比重及增速

（二）融合"不深"：数字技术尚未对产品全生命周期和产业链深度赋能

制造业是立国之本、强国之基，也是数字经济与实体经济深度融合的关键所在。2020年，我国制造业数字化渗透率仅为19.5%，不仅低于发达国家33%的平均水平，与制造强国德国（45.3%）差距甚远。② 主要问题在于：

1. 数字技术未深度渗透到产品制造各主要环节。近年来，虽然数字经济蓬勃发展，但大多数企业数字化普及率、核心环节数控化率仍然偏低，数字技术助

---

① 中国信息通信研究院：《中国数字经济发展白皮书（2020）》，2020年7月，第13~16页。
② 中国信息通信研究院：《中国数字经济发展白皮书（2020）》，2020年7月，第13~16页。

推作用并不显著。不管是大型企业还是中小企业，产品制造全生命周期主要环节的数字技术利用率普遍低于50%[①]，特别是中小企业，在生产方面，数字技术利用率不足大型企业的一半。这表明大部分企业对数字技术的应用仅停留在初级层面，难以通过数字技术挖掘生产潜力，核心生产环节数字赋能较弱。

2. 产业链数字化改造升级仍处于探索阶段。工业互联网平台是推动企业大规模数字化、智能化，构建全新产业链和价值链的重要基础设施。我国的工业互联网平台多数由行业领军的龙头企业搭建运营，其功能更多是满足自身需要，还未能将上下游产业链的企业广泛接入，使其无法充分获取工业互联网的便利（见图4-9）。而且由于全产业链数字化生态体系尚未建立，产业链上下游企业"上云"数量有限，无法发挥工业互联网的效益"倍增器"作用。

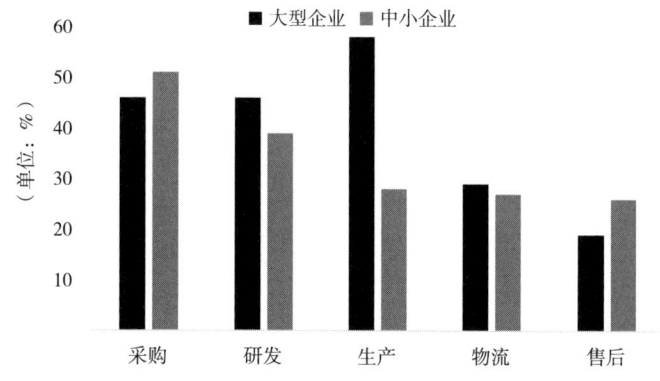

图4-9　产品制造各环节数字技术利用率

（三）"不能"融合：受制于关键核心技术、信息基础设施两个"短板"

我国ICT产业从元器件、整机设备、软件、测试到组装等各个环节仍处于全球价值链的中低端，关键核心技术不能自主、基础设施支撑不足，加上数字化转型的复合型人才短缺，客观上对数字经济与实体经济的融合形成巨大掣肘。

1. 关键核心技术和重要零部件长期受制于人。"前沿技术"是一组充分利用数字化和连通性、结合在一起后能够产生多重倍增效应的新技术。联合国贸发会议前沿技术准备度指数显示，美国、瑞士和英国分居前3位，我国仅居25位。IC insights数据（2021）显示，全球前15名的半导体厂商中，美国有8家，中国仅有台积电和联发科2家，且均在我国台湾地区。由于关键核心技术尚不能自主，在运用新一代信息技术为实体经济发展赋能时，一些产品的关键技术无法破

[①] 京东消费及产业发展研究院：《中小企业数智化发展报告（2021）》，2021年10月29日。

解，而且在一些核心技术外部依赖的情况下，即使利用数字技术，也难以将产业的潜在高附加值激发出来，主要受益方依然为技术来源国，这导致我国先进制造业与数字经济融合的叠加效应和乘数效应大打折扣。

2. 信息基础设施与发达国家相比差距明显。当前我国人工智能、工业互联网、物联网等新型基础设施建设刚起步，系统化、国际性的国家工业互联网平台空缺，作为产业互联网基石的云计算市场仍处于培育期。2020年，我国公有云市场规模为194亿美元，仅占全球的6.5%，我国SaaS市场规模仅占全球的2%，相较于美国，我国SaaS"落后十年，差距十倍"[1]，这些无疑增加了制造业利用数字技术的成本和门槛。

(四)"不便"融合：监管体系与标准规范不完善，融合发展"无据可依"

面对实体经济数字化转型的挑战，我国各行各业的监管转型还刚刚起步，在法规、制度和标准等方面还面临诸多不适应、不配套。

1. 现有部分法律法规不适应数字化发展新要求。数字化转型改变了传统商业逻辑和产业性质，形成跨区域、跨行业、多主体的复杂数字生态系统，现行监管体系的不适应性日益凸显。例如，目前针对诸如数据产权归属、数据安全保护、非法数据交易、数据共享与融合等问题，还没有完善的政策与法律法规，导致数字经济和实体经济融合缺乏政策法规保障。

2. 开放合作的融合标准体系不健全。标准体系不统一将使得数字经济和实体经济融合成为"空中楼阁"。我国目前有数百个工业互联网平台，但由于数据标准、通信标准、技术标准、接口协议等不统一，每个平台都是一个独立的"局域网"，导致产业链上下游企业分散在不同的平台上，设备、物料、部件等虽在形式上实现了"上云"，但难以实现业务互动和数据联通。

(五)"不愿"融合：部分企业数字化转型的积极性和动力不足

在日益激烈的行业竞争背景下，不少企业已开始进行数字化转型的探索，但部分中小企业仍在观望。究其原因，主要在于以下几个方面。

1. 高成本制约中小企业数字化转型升级意愿。数字经济与实体经济融合发展是涉及组织架构、业务流程、经营管理等各方面的系统工程，大多数中小企业由于自身资金有限、生存压力大，对于投资大、周期长、见效慢的数字化转型升级往往"望而却步"。绝大部分企业愿在数字化升级上投入的资金"一般是其设备投入的10%左右"，若超过这个量，企业往往拒绝，一般企业数字化转型失败

---

[1] 阿里云研究院："2025年公有云或将服务中国过半数字经济"，2021年5月28日。

率为80%。中小企业不愿数字化的原因一是没钱,二是没看到改造能帮企业挣到钱。现阶段,我国企数字化转型比例约为25%,低于欧洲的46%和美国的54%,还有很大的增长空间。① 数字化转型是一个漫长的周期,看到效益很可能要到数年之后,这对中小企业来说不可承受。

2. 受限于技术水平和人才储备,中小企业数字化转型动力不足。一方面,中小企业自身技术水平不高,难以满足企业数字化平台的开发、部署、运营和维护需求,目前市场上的数字化升级改造服务大多是提供通用型解决方案,无法满足中小企业个性化、一体化需求。另一方面,大部分中小企业尚未建立数字化人才培养体系,在生产、营销、运营、管理等环节缺乏数字化人才的支撑,导致企业数字化转型的积极性受挫。据统计,2020年末,国内数字化核心技术人才缺口达417万人,目前,适龄的数字化人才供给量难以提升、传统的人才资源体系无法满足现有的需要,数字化领导能力缺失以及员工数字化能力不足都是导致数字化人才供给不足的主要原因。②

二、加快数字经济与实体经济融合的建议

一要强化顶层设计。按照国家《"十四五"数字经济发展规划》的要求,统筹谋划融合发展的策略和路径;尽快出台数字经济与实体经济融合发展的指导性文件,明确融合的总体目标、基本原则、重点任务和保障措施;强化重点领域、重点产业数字化布局,做好不同区域特色产业数字化分类发展指导工作,增强本土产业链供应链竞争力,形成全局带动效应。

二要夯实基础支撑。完善数字基础设施对产业数字化转型有重要的支撑作用,加强对光纤网络、IPv6、5G网络等连接基础设施的投资力度,促进其升级和进行商用转化,积极构建大数据网络中心、智能计算中心和工业互联网平台,提升对实体经济各行业中的海量数据进行采集、存储、处理和分析的能力与算力;发挥新型举国体制优势,聚焦集成电路、基础软件、重大装备等重点领域,加快补齐产业链条上基础零部件、关键基础材料、先进基础工艺等短板;提前布局前沿技术,以超大规模市场支撑前沿技术产业转化,开辟未来产业发展新空间。

三要健全法规标准。完善数据开放共享、数据交易、知识产权保护、隐私保护、安全保障等法律法规;加快数字安全立法,明确界定数据产权归属,对数据的使用权限、应用范围等进行标准化与规范化管理;加强政策和标准引导,持续

---

① 尚前名:"国企搏击数字化大潮",《瞭望》,2022年第6期、第7期。
② 陶林,李岩:"企业数字化转型动因分析及建议",《合作经济与科技》,2022年第4期,第124~125页。

完善数字经济发展的战略举措,加强政策间相互协同、相互配套,推动形成支持发展的长效机制;加快建立融合标准体系,推动数字化共性标准、关键技术标准的制定和推广。

四要推动示范引领。持续推进两化融合创新发展,加强智能制造、工业互联网等试点示范,加快企业"上云用数赋智",推动企业上云、上平台,降低技术和资金壁垒,加快企业数字化转型;面向钢铁、石化、机械等重点行业,制定数字化转型路线图,形成一批可复制、可推广的行业数字化转型系统解决方案;开展智能制造试点示范专项行动,着力培育一批"专精特新"中小企业和制造业单项冠军企业,加大中小企业数字化改造的技术、人才、资金支持力度,引导中小企业加快生产装备数字化升级。

案例 1

电影创作上的突破得益于强大的制造业

这些年,我一直在拍科幻电影,真实感受到国家的发展进步为科幻文艺崛起提供了强大支撑。一方面,经济发展提供了足够大的文化消费市场,我们的市场规模已位居世界前列,为科幻产业带来难得的条件和机遇。另一方面,科技进步为科幻文艺的传播和接受提供了现实依据。比如,观众在大银幕上看到中国航天员身着航天服,在空间站出舱行走,会自然信服而不感到违和。真实世界跟影像世界是有必然联系的,强盛的国家才能托举起强大的科幻产业,这是已经被文艺史、电影史证明了的。

具体到电影创作上,中国电影在很多方面都实现了突破。比如,得益于强大的制造业,尤其是3D打印和数控机床的应用,我们制作的特殊道具精度达到产品级水准,营造了逼真的画面质感。在这方面,我们已经达到世界先进水平。此外,在电影视效层面,我们也实现了质的飞跃。常规的比如浩瀚的太空场景、天崩地裂的场面等制作难题都已得到很好解决,在难度最大的生物视效方面,进步也非常显著。比如《独行月球》中,袋鼠的毛发、肌肉、骨骼和表情,已经做到"乱真"的程度。尤为可贵的是,这些视效都是由中国团队独立完成的,实现了国产化。

的确,道具和视效只是技术层面,属于"细枝末节",可电影就是由无数个细节构成的。尤其是科幻电影,最大难点是让想象世界显得真实可信,如此才能把观众拉进来听你讲故事。这就需要极其丰富和逼真的细节支撑。小到一个杯子、一把椅子,大到城市街景、洪荒宇宙,都要真实可信。比如,我们在《流浪地球》第一部上映后做过观众调查,有观众提出:地下城市怎么解决排水问题?

没有阳光会不会影响人类生活？有的观众眼光犀利，在一个镜头中看出人物背景不能随镜头远近而有所变化，指出这个场景不够真实。还有观众发现白墙的墙角过于干净，没有做旧，缺乏烟火气和生活质感……看到这些反馈后，我真心感到观众太懂行了，这些看似"吹毛求疵"的意见，其实是砥砺电影创作不断精进的金玉良言：好电影一定是在无数细节的推敲修改中打磨出来的。

为了让电影的世界观设定更加科学，细节呈现更加真实，在拍摄这部电影续集时，我们邀请中国科学院多个院所的科学家参与联合攻关。比如电影中有一个"地球停止自转"的假定，这种情况下，我们的时间和历法就变了。科学家通过测算，指出这种情况下一天是60个小时，这样时钟显示的时间就可能是35时20分……在前期构思过程中，我们花费大量时间和精力，以百科全书的方式进行电影世界观设定，分社会科学和自然科学两部分，按照图书馆分类学撰写词条，包括地理环境、天文历法、职业构成、生活习惯等等，涵盖人类生活和空间探索的方方面面，内容达十几万字。

《流浪地球》第一部的成功上映激发了整个团队的荣誉感和创作抱负。这一次，团队在制作上对标国际顶尖制作水准。这种高标准在单场戏上可以达到，但要推及全片、推及场景、人物、情节、视效等各方面，工程量和制作难度就会成倍增加。除此之外，我们还遇到了新问题，就是细节和情节更加丰富后，电影的信息密度大幅提升，容易造成"信息过载"，表现是观众会感到眼花缭乱甚至犯困。这要求我们化繁为简、调好节奏，让观众既能充分融入，又能舒缓有致。

经过这些年的电影创作，我有一个深刻体会：我们需要想象力，更需要把想象力转化为作品的具体方法，即需要建立起符合我们国情的更加强大的电影工业体系——不光是设备和技术，更是流程和标准。有了完备的电影工业体系，很多制作环节就不必重复劳动、反复摸索，电影人就更容易在前人经验基础上创作出各种类型的优秀作品，制作水平和生产效率就会更有保障。这些年我们一直在做一项工作，就是在创作过程中，把电影工业流程和艺术管理经验完整记录下来并进行研究整理，希望能为后来者的电影创作提供经验。我相信，一茬接着一茬干，未来电影人一定会青出于蓝而胜于蓝，中国电影也一定会越来越好。

(资料来源：《人民日报》，2023年1月31日第20版，作者为电影导演郭帆)

案例2

园区制造业数字化转型案例

常州：超级虚拟工厂

常州数字经济产业园建立以头部企业为引擎的数字经济产业集群，让数字经济成为制造业转型发展的重要增长极。园区内有关企业原本有99%的产品出口欧美。受疫情影响，企业不得不尝试出口转内需，但现有产品与国内市场"脱节"。借助"超级虚拟工厂"，一端链接消费互联网头部企业数据，通过对消费者"精准画像"，帮企业定位爆款产品；另一端依托工业云接入供给侧产能数据，为企业链接区内外供应商合作伙伴，实现数字化协同生产。

佛山：数字化转型组合拳

截至2022年7月，佛山33%的规上企业实现了数字化转型。对于90%以上工业企业都是中小微企业的佛山而言，推动制造业数字化转型并非易事，存在"不敢转、不想转、不会转"的情况，要实现转型突破，就必须先实现认知的突破。佛山通过举办制造业数字化智能化转型发展大会、企业家大会，举办市级民营企业家培训班，组织企业家到数字化转型标杆企业、示范工厂现场参观，引导其转变观念。为了破解中小型企业转型的资金难题，佛山设立了一支总规模300亿元、首期100亿元的制造业转型发展基金，推出87个"数字贷"产品，并对数字化转型实施全周期的奖补。强调标杆示范引领，每年遴选认定一批数字化示范工厂、示范车间、标杆项目，为不同行业、不同规模、不同转型阶段的企业提供数字化转型对标样本。

宁波："制造+服务"

宁波发挥龙头企业的研发制造和供应链管理能力，建立产业链协同平台，面向行业内小微企业提供产品研发设计、加工试制、质量检测、电子元件集采等服务，着力解决小微企业研发设计水平不足、样品试制成本高、原材料采购议价能力低等痛点问题。以工业互联网平台建设作为数字经济发展的重要突破口，引领产业数字化变革，积极谋划"1+N+X"工业互联网平台体系，推广企业提升、行业推广、生态培育的新一轮"点线面"模式。"点"上，推进企业关键生产环节的智能化改造；"线"上，以"平台+应用"形式推进细分行业数字化改造；"面"上，以"产业+服务+安全"等要素构筑宁波智能制造发展生态。宁波已形成以 supOS 工业操作系统等为基础的多元化、多层级工业互联网平台矩阵。

宁波以产业大脑为突破，打造赋能企业典型应用场景，构建以"未来工厂"为标杆、以"5G+工业互联网"试点为引领、以智能工厂（数字化车间）为主体的新智造群体，推动数字新技术与制造业融合。同时，宁波抢抓"新基建"政策机遇，不断推进5G、物联网、城市大脑、工业互联网等领域的数字基础设施建设，累计建设5G基站超2万个，实现乡镇以上区域5G网络全覆盖，为制造业数字化转型夯实基础。

画外音

在园区的制造业数字化转型过程中，业务增长驱动是转型的前提，统一编码、统筹产能、协同管理的产能管理平台是数字化的基础，构建以无人工厂为代表的数字化生产体系是制造业数字化转型的必由之路。要打消中小微企业家对制造业数字化转型的顾虑，开展培训和经验交流，提供全流程金融支持，降低转型风险。此外，人才是创新的核心要素，要重视通过产教融合提升人才供给能力，加强制造业数字化人才培训，开展制造业数字化转型的双创活动，增强创新活力，提高创新水平。

（资料来源：国研智库，作者为高宏）

思考题

1. 在数字产业化中可能会出现何种问题？该如何解决？
2. 数字经济对实现共同富裕的作用该如何发挥？
3. 如何防范平台经济出现垄断行为？
4. 与美国相比，我国平台经济领域的竞争程度似乎要高一些。在美国，四家头部平台长期主导一些行业，或许更应该担心垄断问题。为什么美国平台企业跨行业经营的现象相对少一些？主要原因是什么？
5. 如何加快电子商务、物联网、云计算、大数据、新能源等战略性新兴产业的发展和新型市场的培育？

第五章　发展数字贸易，建设贸易强国

数字经济国际化最主要的表现形式就是数字贸易，它是数字经济最主要的组成部分。从全球视野来看，数字经济的发展如火如荼，这主要得益于其强大的发展韧性和抗冲击能力。数字经济的蓬勃发展，不仅使全球生产方式发生变革，深刻地改变着居民的生产和生活方式，而且革命性地改变了国际贸易和跨国投资的合作方式，数字贸易成为极具竞争力的新型贸易形式，其对世界经济的发展将产生深远影响。因此，国际贸易课程的重点也在发生变化，贸易主体呈现异质性、产业化特点，贸易标的覆盖的行业多样化，贸易交付过程中物流、保险不断壮大，贸易支付、贸易融资衍生出更多支撑贸易的金融服务。随着我国制度型开放程度的不断提高，我国对世界经济的贡献度也越来越大。近十年来，中国经济平均增长率为6.6%，对世界经济增长的平均贡献率超过30%。2021年，中国GDP占世界经济总量比重达到18.5%，对外贸易总额6.9万亿美元，稳居世界第二大经济体和第一大贸易国。本章的内容也反映了党的二十大报告提出的推进高水平对外开放、推动货物贸易优化升级、创新服务贸易发展机制、发展数字贸易、加快建设贸易强国的要求。

第一节　数字贸易理论基础

在数字技术的驱动下，数字贸易蓬勃兴起，成为国际贸易发展的新趋势，为全球经济运行注入了新动能。

一、国际贸易的含义及全球贸易发展阶段

(一) 国际贸易

传统的国际贸易主要是指国际货物贸易；国际服务贸易和国际要素流动在战后发展特别迅速，要素的国际流动和重新组合配置是国际经济合作的内容。广义的国际贸易实际上包括货物贸易、服务贸易和国际经济合作的内容，统称为国际经贸。

国际贸易是指世界各国之间商品交换的活动，是国际分工的表现形式，反映了世界各国在经济上的相互依存。从一个国家的角度出发，这种交换活动可以称为对外贸易；对国际和整个世界来说，则可称为国际贸易或者世界贸易。"世界各国之间"并不意味着贸易的主体必然是国家，当前国际贸易最重要的主体是跨国公司。"商品交换活动"中的"商品"范围日益扩大，包括货物、服务与劳动要素。

(二) 国际分工是国际贸易的基础

亚当·斯密（Adam Smith）是资产阶级经济学古典学派的主要奠基人之一，也是国际分工和国际贸易理论的创始者。他生活于英国从手工制造业开始向机器大工业过渡时期，在其代表作《国民财富的性质和原因的研究》（*An Inquiry into the Nature and Causes of the Wealth of Nations*）（中译本为《国富论》）中，他提出了国际分工理论。

最近几年，由于中美贸易战、新冠疫情等原因，全球产业链不断重构。全球产业链重构有变化的内容，也有不变的内容，趋势之一就是全球分工不断地深化，这是全球产业链不变的一个内容，但是它的分工和深化实际上是在加速的。在服务贸易的四种模式里，通过投资开展服务贸易（即商业存在模式）出口的占一半以上，随着技术进步，跨境服务贸易越来越多，即便考虑到一些国家加征关税、限制投资，局部的逆流不是全球化的主流，它也没有改变全球化的趋势。正是因为是这样，全球化的产业分工实际上仍在不断深化。

国际分工是国际贸易的基础，它促进了国内分工的发展，推动了世界市场的扩大，影响了国际贸易格局。

(三) 全球贸易发展阶段

基于 OECD 的研究，全球贸易主要经历的三个阶段分别是：传统贸易阶段、全球价值链贸易（GVCs）和数字化贸易阶段。具体介绍见表 5-1。

表 5-1　全球贸易经历的三个阶段

类型	特征	驱动因素	贸易政策议题
传统贸易	跨国界的生产和消费分离；主要涉及最终产品的贸易	运输成本下降	市场准入
全球价值链贸易（GVCs）	企业能够跨越国界，分割生产过程，并利用区位比较优势；主要涉及重点商品和服务的贸易；全球生产部分转向新兴经济体	运输和协调成本持续减少	贸易投资—服务知识关系，贸易便利化，国内或边境后非关税措施

续表

类型	特征	驱动因素	贸易政策议题
数字化贸易	超链接的新时代；既涉及数字贸易，又涉及传统或GVC贸易，大量小型和低价值的实物商品以及数字服务贸易；改变了某些服务的不可交易性；将商品和服务捆绑在一起	运输和协调成本进一步减少；通过数据传输或分享信息的成本大幅下降；全球数字化趋势	上述议题；数据流动；数字连接；互操作性

来源：OECD Trade Policy Papers No. 205

二、数字贸易是数字经济的重要组成部分

数字贸易是数字经济的重要组成部分，也是发展外向型数字经济的主要载体。伴随着第四次工业革命的持续演进，全球贸易形态和贸易格局正在发生深刻变革。联合国贸易和发展会议（UNCTAD）数据显示，过去十年间，可通过数字形式交付的服务出口额年均增长率约为 7%~8%，全球范围内超过一半的服务贸易实现了数字化。2021 年，全球跨境数字服务贸易规模达 38 610.8 亿美元，同比增长 14.3%，占服务贸易的比重达 63.6%，主导地位日益稳固。①

传统意义上的全球价值链是指为实现商品或服务价值而连接生产、销售、回收处理等过程的全球性跨企业网络组织，涉及从原料的采购和运输、半成品和成品的生产与分销以及最终消费和回收处理的整个过程。在数字经济时代，企业进行活动的市场空间进一步跨越国别区域的种种局限，以信息流为核心的数字价值链出现，通过对数据的组织、收集、综合、分配而实现价值增值。

我国作为全球贸易大国，拥有超大规模的国内市场，内需潜力巨大，数据资源丰富，新型基础设施建设步伐不断加快，发展数字贸易的巨大潜力亟待释放。发展数字贸易既是我国推进供给侧结构性改革和实现新旧动能转换的重要抓手，更是我国扩大对外开放，构建更高水平开放型经济和国内国际双循环相互促进的新发展格局的关键。

据国家工业信息安全发展研究中心测算，2019 年，我国数字贸易进出口规模达到 1.4 万亿元人民币，同比增长 19.0%，占整体服务贸易的比重达 25.6%。贸易顺差约为 1 873.9 亿元人民币，同比增长 46.1%。各细分领域呈现规模逐年扩大、贸易逆差不断收紧、新模式新业态不断涌现的良好发展势头。这主要得益于我国相对扎实的数字基础设施建设、不断提升的数字技术研发能力以及不断进

---

① 根据联合国贸易和发展会议（UNCTAD）口径测算。

发的数字产业活力。2021 年，中国数字服务进出口总值达到 3 596.9 亿美元，同比增长 22.3%，占服务进出口比重达 43.2%。数字服务贸易国际竞争力进一步增强，数字服务净出口规模达 300 亿美元，同比增长 103.2%。[①] 可见，中国数字贸易发展迅速，规模和增速均居世界前列。

2021 年 11 月，商务部《"十四五"对外贸易高质量发展规划》进一步强调大力发展数字贸易，完善数字贸易促进政策，打造数字贸易示范区，制定国家数字服务出口基地支持政策，推动高标准建设国家数字服务出口基地；支持办好数交会、数贸会等数字贸易相关展会；推动数字技术与服务贸易深度融合，发挥新型服务外包创新引领作用，加快传统服务贸易数字化转型。

三、数字贸易的概念

我们首先需要弄清数字贸易的定义、全球跨境数字贸易发展现状以及我国在其中的情况，然后分析数字贸易面临的贸易壁垒和国际治理情况，为后面的数字税对数字贸易影响部分分析做好铺垫。以下循着这个思路依次分析。

目前对数字贸易并没有非常统一的定义，这里列举几种国际组织或主要国家的定义。经济合作与发展组织（OECD）、世界贸易组织（WTO）和联合国贸易和发展会议（UNCTAD）定义的数字贸易是所有数字订购和数字交付的贸易，不再只着眼于货物和服务。

OECD 认为，数字贸易是指数字化赋能使得商品和服务贸易能被数字化或物理交付的贸易。[②] WTO 更多地采用"电子商务"的概念。1998 年，WTO 启动电子商务计划，该计划对电子商务的定义为："通过电子途径生产、分配、营销、销售、交付商品和服务"。UNCTAD 将电子商务定义为通过计算机网络进行的销售和购买。电子商务既涵盖可以数字化交付的有形商品，也涵盖无形（数字的）产品和服务。UNCTAD 将电子商务分为四类，即 B2B（企业到企业）、B2C（企业到消费者）、B2G（企业到政府）、C2C（消费者到消费者）。

美国贸易代表办公室（USTR）在其 2017 年 3 月发布的《国家贸易预测报告》中"数字贸易关键壁垒"部分提出，数字贸易是一个宽泛的概念，不仅囊括消费品在互联网上的销售和在线服务供给，还包括使全球价值链成为可能的数据流，使智能制造成为可能的服务，及无数其他平台和应用程序。[③]

美国国际贸易委员会（USITC）在 2013 年 7 月发布的《美国与全球经济中

---

① 国务院发展研究中心对外经济研究部、中国信息通信研究院：《数字贸易发展与合作报告 2022》，中国发展出版社 2022 年版。

② OECD：The impact of digitalization on trade，https：//www.oecd.org/trade/topics/digital-trade.

③ USTR，National Trade Estimate Report，2017.

的数字贸易》中将"数字贸易"定义为,"通过互联网传输产品和服务的国内商务和国际贸易活动,交易标的包括:音乐、游戏、视频、书籍等数字内容;社交媒体、用户评论网站等数字媒介;搜索引擎;其他产品与服务"。

从目前的数字贸易发展形式上看,其主要还是电子商务。因此,我们倾向于认为数字贸易是数字经济国际化的形态。数字经济驱动贸易主体转型和贸易方式变革,营造贸易数字化良好的环境。

数字贸易是根据数字经济的发展而出现的新型贸易形式,它对于全球经济发展产生了重大影响。到目前为止,还没有具有公信力的国际组织可以明确地对数字贸易的概念及内涵进行定义。所以说,大部分国家依据《关税与贸易总协定》和《服务贸易总协定》来规范数字贸易市场秩序。2013 年,美国国际贸易委员会(USITC)首次提出数字贸易的定义,即数字贸易是一种通过互联网传输产品和服务的国内商务和国际贸易活动。主要有以下四种,一是数字化内容,如电子书籍、网络游戏、音乐视频等;二是社会媒介,如社交网站、购物网站等;三是搜索引擎;四是其他数字化产品和服务,如软件服务、通过计算提供的数据服务。中国目前对数字贸易的概念尚未进行过官方定义,但在 2016 年举办的 G20 杭州峰会中明确了数字经济的概念,即"数字经济是指以使用数字化的知识和信息作为关键生产要素、以现代信息网络作为重要载体、以信息通信技术的有效使用作为效率提升和经济结构优化的重要推动力的一系列经济活动"。

2020 年,发达经济体、发展中经济体和转型经济体的数字贸易出口规模分别为 24 310 亿美元、7 204 亿美元和 412 亿美元,在全球数字贸易出口占比分别为 76.1%、22.6%、1.3%。2020 年,美国数字贸易出口排名全球第一;英国以其优势的金融、保险服务产业排名全球第二;爱尔兰、德国、荷兰、印度、法国分列第三至第七位;中国排名第八。从短期增长来看,转型经济体、发展中经济体、发达经济体在数字贸易出口方面分别同比增长 8.8%、5.5%、3.2%;从长期来看,三者年均增速依次为 4.7%、5.6%和 8.2%。

表 5-2　全球各组织、各国家对数字贸易的定义

美国国际贸易委员会(USITC)	2013 年《美国和全球经济中的数字贸易》首次把数字贸易定义为以互联网为媒介传输产品和服务的商业活动,也包括以互联网为载体和平台传输产品和服务的国际贸易。2014 年,其认为,数字贸易既包括服务,也涉及货物。2018 年 5 月,《数字贸易和美国数字政策》提出了数字贸易包括通过互联网交付的产品和服务,以及智能手机和基于互联网传感器所传递的相关产品
美国贸易代表办公室(USTR)	2017 年,《数字贸易的主要壁垒》指出,数字贸易既包括互联网上的产品销售和线上服务的提供,又包括能够实现全球价值链的数据流、实现智能制造的服务等

续表

G20 杭州峰会	2016 年，G20 杭州峰会提出，数字贸易是以现代信息网络为载体，通过信息通信技术的有效使用实现传统实体货物、数字产品与服务、数字化知识与信息的高效交换，进而推动消费互联网向产业互联网转型并最终实现制造业智能化的新型贸易活动
中国商务部	2019 年，数字服务贸易包括数字技术服务、数字内容服务和其他通过互联网交付的离岸外包服务三类。数字技术服务主要包含软件、通信服务、云计算、大数据、人工智能、区块链、物联网、数据跨境流动等方面，数字内容服务出口主要包含数字传媒、数字娱乐、数字学习、数字出版等方面
中国信息通信研究院	《2019 年数字贸易发展与影响白皮书》中将数字贸易定义为不仅包括基于信息通信技术开展的线上宣传、交易、结算等促成的实物商品贸易（如跨境电子商务），还包括通过信息通信网络（语音和数据网络等）传输的数字服务贸易，如数据、数字产品、数字化服务等贸易

四、数字贸易概念的发展过程

随着云计算、大数据等数字技术的发展，数字贸易的内涵随之不断演进，数字贸易的概念从定义贸易方式的数字化阶段逐步过渡到界定贸易对象、范围及内容阶段。蓝庆新等人将数字贸易概念的演变历程大致划分为三个阶段：

在第一阶段（1998—2012 年），数字贸易的概念尚未被明确提出，数字贸易被表述为电子商务；在第二阶段（2013—2014 年），美国国际贸易委员会（USITC）首次提出"数字贸易"的概念，将其范围界定为数字产品与服务贸易；在第三阶段（2014 年以后），进一步将实体货物纳入数字贸易的范畴，即将实现全球价值链的数据流、实现智能制造的服务以及无数其他相关的平台和应用纳入数字贸易的范围。

在理论研究领域，早期对数字贸易概念的研究多聚焦在贸易方式层面，美国学者韦伯（Weber）最早提出数字贸易是通过互联网等电子化手段传输商品或服务的商业交易活动。数字贸易在中国学界被认为是以互联网为依托、以数字交换技术为工具，为交易双方提供商品交易所需的数字化电子信息，旨在实现以数字化信息为交易标的的一种商业模式。2013 年，USITC 在《美国与全球经济中的数字贸易Ⅰ》中将数字贸易界定为通过互联网络传输产品或服务的国内商务活动与国际商务活动，主要包括数字内容、社交媒介、搜索引擎、其他产品和服务等四大类，该定义得到国内外众多学者的广泛认可。随后，USITC 进一步扩充了对数字产品和服务的解释，于 2017 年将数字贸易的定义修订为各行各业的企业在互联网交付的产品和服务，包括互联网基础设施及网络、云计算服务、数字内容、电子商务、工业应用及通信服务等六种类型的数字产品和服务，如智能手机与互联网传感器等相关产品。

在贸易实践领域，随着近年来全球经济数字化水平的不断提升，数字贸易的内涵更具广义特征，以数据为核心要素的数字化产品及服务在数字贸易领域的覆盖范围进一步扩大。2016 年，G20 杭州峰会通过的《二十国集团数字经济发展与合作倡议》将"数字经济"界定为以数字化的知识和信息作为关键生产要素、以现代信息网络作为重要载体、以信息通信技术的有效使用作为效率提升和经济结构优化的重要推动力的一系列经济活动。马述忠等人认为，数字贸易是以现代信息网络为载体，通过信息通信技术的有效使用，实现传统实体货物、数字产品与服务、数字化知识与信息的高效交换，进而推动消费互联网向产业互联网转型并最终实现制造业智能化的新型贸易活动，是传统贸易在数字经济时代的拓展与延伸。盛斌等人将经济合作与发展组织（OECD）对数字贸易的定义进一步拆解，结合交易方式，引入交易对象，将数字贸易分为数字订购的产品、数字订购的服务、数字交付的服务以及数字交付的信息四种类型，数据成为由数字贸易引入的一种新的国际贸易标的物。数字交付的信息，即指数字贸易平台通过免费向消费者提供服务以换取用户信息，并通过广告投入实现盈利，用户信息的数据流是数字贸易平台获得广告收入资金流的标的物。孙杰则从数字贸易与传统贸易之间的关系出发，认为数字贸易是以作为关键生产要素的数字化知识和信息为核心内容，借助现代信息网络进行传输甚至完成交易的贸易活动，其最终目的是提升传统经济活动的效率并优化经济结构。

五、数字贸易的特征

与传统的国际贸易相比，数字贸易的新特征见图 5-1。2021 年 10 月 15 日，在第 130 届广交会的珠江国际贸易论坛——高水平开放与贸易创新高峰论坛中，国务院发展研究中心副主任隆国强指出，国际贸易的趋势性变化之一是数字化趋势。与此同时，数字化趋势也带来了国际贸易的另一个趋势性变化，即服务化。此外，国际贸易的另一个趋势性变化——绿色化也值得研究。

与传统贸易相比，数字贸易具有以下两个突出特征（见图 5-2）。

一是贸易方式数字化，即由大型科技公司主导的数字平台已成为国际贸易的重要载体，推动传统贸易方式的各类商业场景进一步数字化。电子信息的高速发展减少了贸易中间环节，使数字贸易成本低于传统贸易，极大地提高了贸易效率。也就是说，面向贸易全流程、全产业链的数字化转型，源于数字技术在各领域的广泛应用，及由此催生出的跨境电商、在线广告、数字支付、智慧物流、线上展会、智慧监管等。同时，通过在线交付，促进各类服务贸易特别是文化、娱乐内容、教育、研发等领域实现跨境服务的提供。

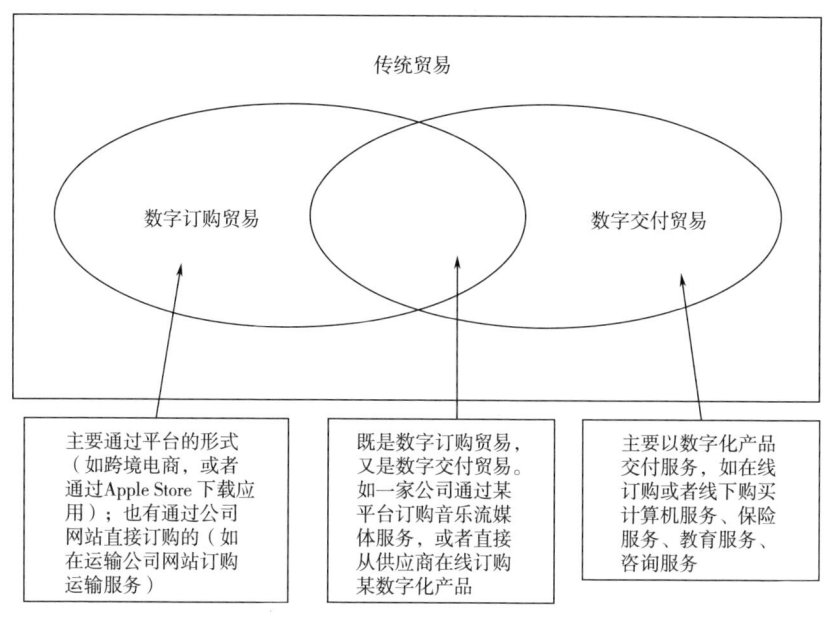

图 5-1 传统贸易与数字贸易的关系及数字贸易的概念图

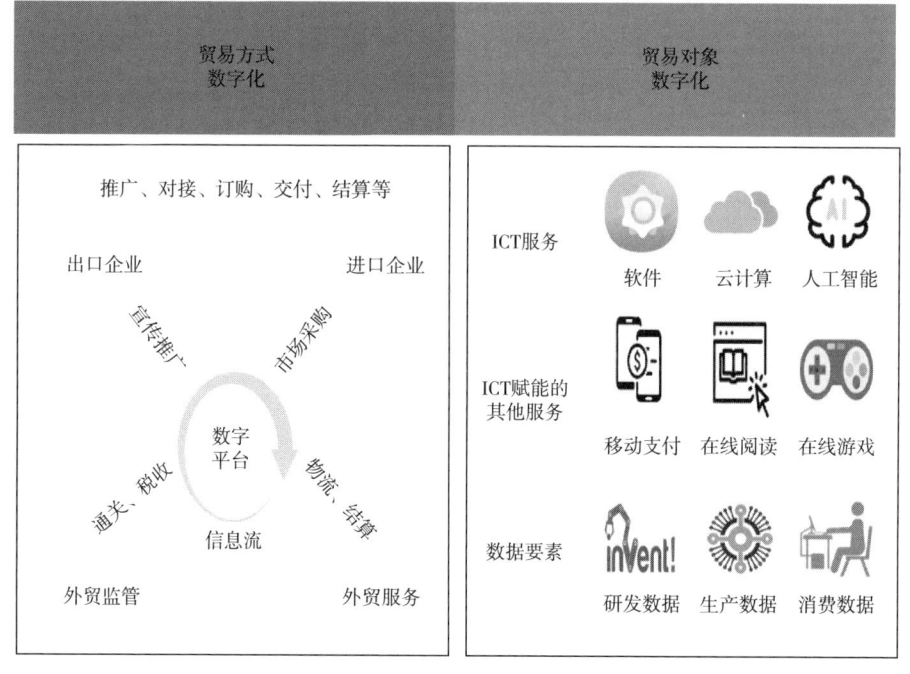

图 5-2 贸易方式数字化和贸易对象数字化

二是贸易对象数字化,即数据要素和服务成为国际贸易中的重要交易对象,大体分为三类:ICT 服务的贸易,包括电信服务、计算机服务、信息服务、软件复制和/或分发的许可证等;ICT 赋能的其他服务贸易,包括数字金融、数字教育、数字医疗、工业互联网等的数字化服务贸易;具有商业价值的数据要素的跨境流动,也就是基于数据要素产生的商品和服务已成为重要的贸易标的物,新型数字商品及服务深化了全球价值链跨越地理空间的经济联系。数字贸易交易的产品多为知识和技术密集型数字产品和服务,具有高新科技、高创新、高专利化的特点。①

六、数字贸易与跨境电商的区别

数字贸易是以数字化平台为载体,通过人工智能、大数据和云计算等数字技术的有效使用实现实体货物、数字产品与服务、数字化知识与信息的精准交换,进而推动消费互联网向产业互联网转型,并最终实现制造业智能化的新型贸易活动,是传统贸易在数字经济时代的拓展、延伸和迭代。作为数字贸易的有机组成部分,跨境电子商务会助推数字贸易阶段的全面到来;作为新型贸易活动,全球数字贸易是跨境电子商务发展的高级形态(见图 5-3)。

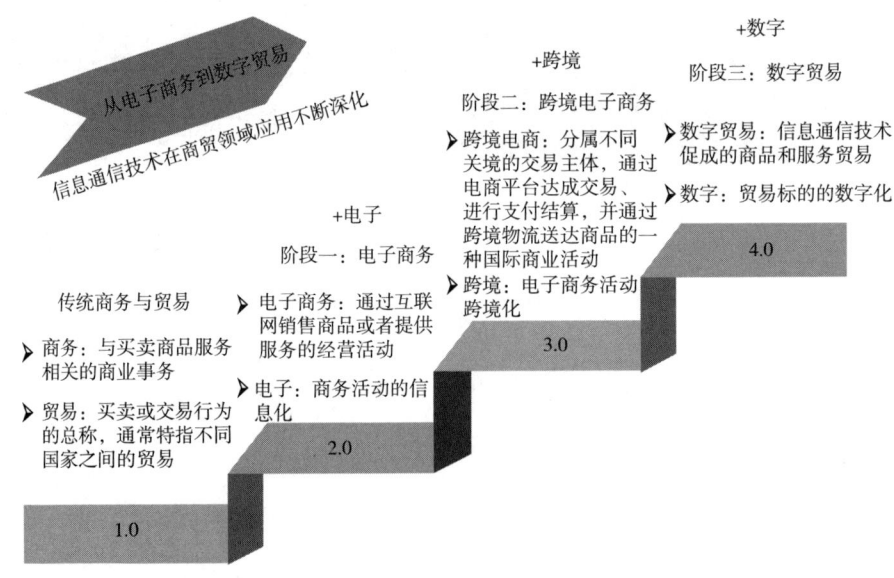

图 5-3 从传统商务到数字贸易

---

① 国务院发展研究中心对外经济研究部、中国信息通信研究院:《数字贸易发展与合作报告 2021》,中国发展出版社 2021 年版。

跨境电商是跨境电子商务的简称，是指分属不同国家或地区的交易主体通过电子商务平台实现商品交易的各项活动，并通过跨境物流实现商品从卖家流向买家以及相关的其他活动内容的新型电子商务应用模式。跨境电商源于电子商务，属于电子商务范畴，是电子商务的一种新型应用模式，既包括海淘代购跨境零售，也包括跨境 B2B 模式等，凡是借助电子商务模式实现跨越关境的商业活动，都归属于跨境电商的范畴。

第二节　数字贸易的实践与探索

新一代信息通信技术快速发展正在深刻改变人类生产生活方式，大力发展数字经济成为全球共识。新冠疫情发生后，越来越多的服务由线下转到线上，服务贸易数字化应用场景显著扩大，进程不断加快；服务贸易持续向智能化、网络化方向升级。新的服务贸易规则更加注重服务业开放和数据自由流动，注重跨境服务和数字贸易的发展空间，注重以负面清单为主的高水平服务贸易自由化，服务贸易高标准、强约束特征进一步凸显。

国际上，主要大国纷纷出台数字贸易国家战略，完善国内立法等数字贸易规则成为国际竞争的新赛道、新领域；全球数字治理体系尚未形成，数字鸿沟和数字贸易失衡加剧，影响全球包容性增长；数字安全问题日益凸显，个人数据泄露、黑客攻击等事件频发，贸易保护主义和逆全球化趋势抬头等也制约着数字贸易的发展。

一、全球数字贸易发展及现状

（一）概述

全球数字经济蓬勃发展，基于数字技术开展的线上研发、设计、生产、交易等活动日益频繁，极大促进了数字服务贸易的发展。2020 年，全球数字服务贸易规模达 3.13 万亿美元，在服务贸易中的占比从 2011 年的 48.1%稳步提升至 2020 年的 62.8%（见图 5-4）。数字服务贸易在新冠疫情面前展现出较强韧性。2020 年，全球数字服务贸易规模虽同比下降 1.9%，但远低于服务贸易（-20.0%）和货物贸易（-7.5%）的降幅（见图 5-5）。[①]

[①] 马骏、袁东明、马源、高太山、马淑萍、马晓白等：《数字经济制度创新》，中国发展出版社 2022 年版。

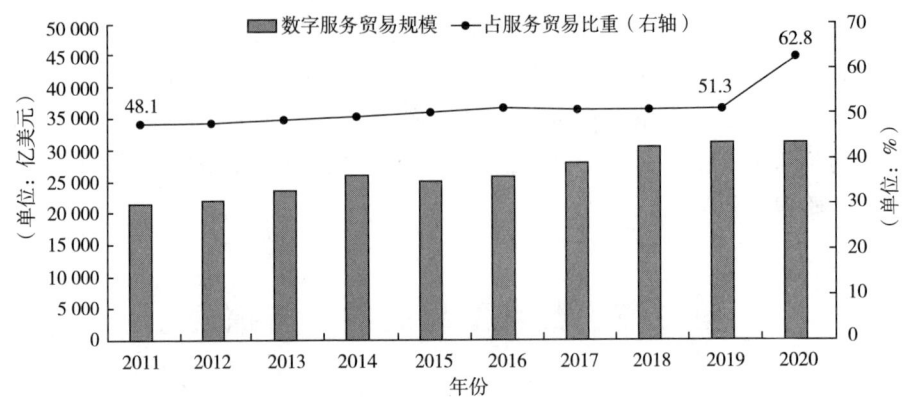

图 5-4 2011—2020 年全球数字服务贸易规模和占比

来源：UNCTAD 数据库和课题组计算

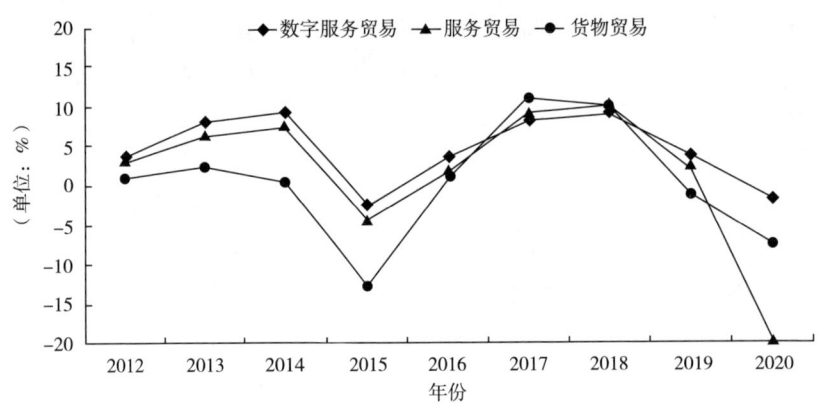

图 5-5 2012—2020 年全球数字服务贸易、服务贸易和货物贸易增速

来源：UNCTAD 基础数据和课题组计算

据国际通信协会统计，2013 年全球有 23 亿人能上网；而《数字 2020：全球概览报告》显示，到 2020 年初，已有 45 亿人使用网络、38 亿人使用社交媒体。在亚洲和太平洋地区，过去十年通信连接的增长快于世界平均水平，移动手机和光纤网络的使用进一步提高了在线连接度。这些都促进了贸易向在线交易转变，原有的实体市场部分转变为电商平台。

与此同时，数字经济的快速发展推动了数字贸易的发展。随着互联网、云计算、大数据、物联网、金融科技与其他新的数字技术发展，并应用于信息的采集、存储、分析和共享过程中，改变了信息共享和社会互动方式，改造了生产、销售模式，同时也诞生了数字经济。伴随着数字技术和数字经济发展，涌现出越来越多的数字化产品，越来越多的服务可在线提供，这些都推动了数字贸易的发展。例如，电子书、数字影像、数字音乐、动漫、电游、软件等数字产品愈发丰富，搜索引擎、社交媒体、卫星定位、远程医疗、远程教育等数字服务更加便捷，这些都丰富和推动了数字贸易发展。

总体来看，数字经济仍呈较快发展之势。据中国信通院《全球数字经济白皮书（2022年）》，一是数字经济为全球经济复苏提供了重要支撑。2021年测算的47个国家数字经济增加值规模为38.1万亿美元，同比名义增长15.6%，占GDP比重为45.0%。产业数字化仍是数字经济发展的主引擎，占数字经济比重为85%。二是发达国家数字经济领先优势明显。2021年，从规模上看，发达国家数字经济规模达到27.6万亿美元，占47个国家总量的72.5%。从占比来看，发达国家数字经济占GDP比重为55.7%，远超发展中国家29.8%的水平。从增速上看，发展中国家数字经济同比名义增长22.3%，高于同期发达国家数字经济增速9.1个百分点。三是中美欧形成全球数字经济发展的三极格局。2021年，从规模上看，美国数字经济蝉联世界第一，达15.3万亿美元；中国位居第二，为7.1万亿美元。从占比上看，德国、英国、美国数字经济占GDP比重均超过65%。从增速上看，全球主要国家数字经济高速增长，挪威数字经济同比增长34.4%，位居全球第一。

（二）统计口径

关于全球数字贸易的规模，从数字贸易的定义出发，主要有两种统计口径的数据，一是电子商务，二是数字服务贸易。

1. 电子商务。据联合国贸发会（UNCTAD）《2021年数字经济报告》的数据，全球电子商务销售额2017年就已达到29万亿美元，相当于GDP的36%，比上年增长13%。跨境电商方面，2017年，全球跨境电商商品销售额达4120亿美元，占到B2C销售的11%，比2015年增长7%。2017年，全球15岁以上的人口中已有1/4的人在网上购物，人数比2016年增长12%。可见，未来，随着电信等基础设施的完善和发展中国家的经济发展以及全球消费习惯的转变，跨境电商仍有很大发展潜力。

从全球电子商务销售的国别结构来看，美国、日本、中国、韩国、英国分别列电子商务销售额前五名，从电子商务销售额占GDP比重看，韩国、日本、美国较高。在全球电子商务销售额排名前十的国家中，我国B2B电子商务销售占比相对较低。

从全球消费者在电子商务中消费的商品/服务结构来看，旅游（包括住宿）、服装等时尚品、电子产品、玩具和DIY等爱好品、食品和个人护理品、电子游戏、数字音乐依次是消费最多的几大品种。①

2. 数字服务贸易②。据 UNCTAD 的数据，2008—2018 年，全球数字交付贸易出口规模从 18 379.9 亿美元增长到 29 314.0 亿美元，增长接近 60%，年均增长约 5.8%，其中，服务贸易出口年均增长 3.8%，占比从 45.66% 增长到 50.15%。

从国别结构来看，发达经济体是数字服务贸易的主体。2018 年，美国和欧盟的数字服务出口在世界数字服务出口中合计占比超过 65%。从服务构成来看，2018 年占比最高的 5 类数字服务贸易分别是工程研发、保险金融、知识产权、计算机、管理咨询，分别在数字服务出口中占 25.8%、21.4%、16.9%、16% 和 13.6%。电信、文化娱乐、信息服务出口分别仅占 3.15%、1.87%、1.28%。③

尽管多方预期全球电子商务和数字服务贸易未来仍将有很大的发展空间，不可忽视的一点是，各国间存在相当大的数字鸿沟，对数字贸易的关注点也不同。2019 年，发达国家 87% 的人能用上互联网，而发展中国家仅有 47%。高收入国家产业数字化水平普遍高于中等收入和低收入国家，且在新一代信息基础设施和技术（5G、人工智能、物联网、VR 等）的准备上投入较早、较多或基础较好。未来数字鸿沟仍将存在甚至扩大，数字贸易竞争优势仍将分化。

(三) 主要经济体数字经济和数字贸易相关战略

近年来，不少国家制定了专门的发展战略来促进数字经济发展（见表 5-3）。新冠疫情暴发后，各国均加快了数字化转型。近年来，随着数字贸易的蓬勃发展，主要经济体均加大了重视程度，将其作为国家发展规划、政策法规制定、对外合作和参与全球规则制定的重点。

表 5-3 主要经济体关于数字贸易发展的政策文件与制度性安排

国家	国内政策/报告	参与的国际协定
美国	《美国和全球经济中的数字贸易》（2013） 《2021 年数字贸易议程》	《美墨加协定》（USMCA） 《美日数字贸易协定》
欧盟	《通用数据保护条例》（GDPR） 《迈向数字贸易战略》（2017）	《欧盟—日本经济伙伴关系协定》 《欧盟—英国贸易与合作协定》 《欧盟—墨西哥贸易协定》（新版）

---

① 依据电子商务、数字旅游和电子媒体行业数字市场展望（Stastista Digital Ooutlook for E-commerce）数据。

② 这里的数字服务是指可通过互联网进行远程交付的产品和服务，不仅包括 ICT 服务产业、数字媒体产业等几乎全部通过数字化手段进行交付的服务，还包括养老、金融、知识产权等可数字交付程度较高的服务。

③ 引自中国信息通信研究院：《数字贸易发展与影响白皮书（2019 年）》。

续表

国家	国内政策/报告	参与的国际协定
英国	《贸易白皮书：我们未来的英国贸易政策》（2017） 《数字贸易和数据》（2021）	《欧盟—英国贸易与合作协定》 《英国—日本全面经济伙伴关系协议》
日本	《通商白皮书》（2018）	《日美数字贸易协定》 《全面与进步跨太平洋伙伴关系协定》（CPTPP） 《区域全面经济伙伴关系协定》（RCEP） 《日本—英国全面经济伙伴关系协议》
新加坡	《数字经济行动框架》（2018）	《数字经济伙伴关系协议》（DEPA） 《新加坡—澳大利亚数字经济协定》（DEA） 《全面与进步跨太平洋伙伴关系协定》（CPTPP） 《区域全面经济伙伴关系协定》（RCEP）
中国	商务部《全面深化服务贸易创新发展试点总体方案》 商务部等20部门《关于推进海南自由贸易港贸易自由化便利化若干措施的通知》等	《区域全面经济伙伴关系协定》（RCEP）

来源：根据各国政府官方网站信息整理

1. 美国：将引领全球数字贸易发展和规则制定作为政策优先方向。在自身发展方面，2013年，美国国际贸易委员会发布了《美国和全球经济中的数字贸易》报告，提出数字贸易概念。2019年，美国国会研究局发布《数字贸易与美国的贸易政策》报告，全面阐述了美国数字贸易政策体系，包括美国内立法和政策推动、别国"贸易壁垒"与规则议题、数字贸易国际政策协调机制等内容。2021年2月，美国贸易代表办公室发布最新《2021年贸易政策议程》，其中提出要制定新的数字标准。在国际规则方面，美国已在多个自贸协定中加入数字贸易相关章节。美国早在2015年就出台了数字贸易议程（"数字十二条"），2016年扩充为"数字二十四条"，包括禁止数字关税、促进互联网免费开放、非歧视原则、跨境数据流动、禁止本地化要求与强制技术转让等基本原则，明确将数字贸易纳入美国对外谈判的核心内容。随后，美国在《跨太平洋伙伴关系协定》（TPP）、《美墨加协定》（USMCA）等自贸安排中均设立了较高标准的电子商务甚至数字贸易章节，与日本专门签署了双边数字贸易协定，在WTO、OECD、G7和G20等国际组织及对话机制中积极推动，力求主导国际数字贸易规则制定，并在印太地区引领构建更加紧密的数字经济合作框架。

2. 欧盟：高度重视内部数字单一市场建设，积极在全球数字贸易技术与规则制定中发挥引领作用。在自身发展方面，2015年5月，欧盟委员会发布《欧洲数字单一市场战略》，启动欧盟内部数字贸易市场一体化进程。2016年，欧洲议会和理事会通过《通用数据保护条例》（GDPR），确立了跨境数据流动领域监管规则。2017年，欧洲议会通过《迈向数字贸易战略》愿景文件，推动欧盟数字贸易规则制定。2020年12月，欧盟委员会向欧洲议会和理事会提交《数字服务法》（DSA）和《数字市场法》（DMA）草案，旨在推动"创造一个更安全、更开放的数字空间"。2021年2月，在欧盟委员会向欧洲议会、欧盟理事会提交的贸易政策审查文件[①]中提出，"支持欧洲的数字议程是欧盟贸易政策的优先事项"，"目标是确保欧盟在数字贸易和技术领域的领先地位"。在国际规则方面，欧盟在与加勒比地区国家、印度尼西亚、英国等国的贸易协定中加入了数字贸易或电子商务相关章节，并在WTO电子商务磋商、OECD内部规则制定中积极发挥引领作用。欧盟在上述政策审查文件中提出，将寻求迅速达成一项雄心勃勃、全面的WTO数字贸易协议，包括与欧盟数据保护框架一致的数据流动规则、高水平消费者保护等条款。

3. 英国：在脱欧背景下寻求建立广泛联系的数字贸易网络。在自身发展方面，2017年3月，英国政府发布《英国数字战略》，对英国脱欧后推进数字转型、打造世界一流的数字经济做出全面部署，涵盖连接战略、数字技能与包容性战略、数字经济战略、数字转型战略、网络空间战略、数字政府战略和数据经济战略等七大战略。2021年6月底，下议院国际贸易委员会发布《数字贸易和数据》报告，阐述了数字贸易战略目标，即"让英国成为数字贸易领域的全球领导者，并通过国际协议网络推动全国生产力、就业增长"。在国际规则方面，英国目前与欧盟、日本等签订了相关贸易协定，并寻求加入《全面与进步跨太平洋伙伴关系协定》（CPTPP）。

4. 日本：重视数字贸易开放，依托区域贸易协定参与构建国际规则。在自身发展方面，2018年，日本经产省在《通商白皮书》中开始探讨数字贸易影响，并积极参与规则制定。菅义伟政府就任以来，高度重视数字贸易发展，强调利用信息技术推动行政改革和社会发展。在国际规则方面，日本积极推动数字贸易开放，政策主张主要体现在《G20大阪数字经济宣言》、《全面与进步跨太平洋伙伴关系协定》（CPTPP）、日美数字贸易协定和《区域全面经济伙伴关系协定》（RCEP）等文本中。其中，日美数字贸易协定是两国就高标准数字贸易开放达成的共识，相关规则有可能作为日本未来参与WTO谈判和其他贸易协定谈判的主要立场。此外，作为日欧经济伙伴关系协定的重要补充，2018年，日欧就相互

---

① 《贸易政策审查——开放、可持续和坚定的贸易政策》。url：https：//trade. ec. europa. eu/doclib/docs/2021/february/tradoc_ 159438. pdf；2021年4月终版：https：//trade. ec. europa. eu/doclib/docs/2021/april/tradoc_ 159541.0270_ EN_ 05. pdf。

认可数据保护的充分性达成一致，进一步提升相互间个人数据流动的自由化、便利化水平。

5. 新加坡：利用灵活高效的自贸协定磋商机制，参与推动数字贸易规则的制定。新加坡作为自由贸易港，在数据流动、数字贸易领域践行高度自由的开放政策，也是 TPP/CPTPP 谈判的主要推动国家之一。2020 年 6 月，新加坡与智利、新西兰签订《数字经济伙伴关系协议》（DEPA），在加强跨境数据流动承诺、扩大隐私制度互操作性及制定新网络安全规范等方面提出进一步要求，以体现数字贸易规则的高标准、谈判机制的灵活性。2020 年 8 月，新加坡和澳大利亚签署《数字经济协定》（SADEA），升级了之前双边自贸协定中的数字贸易安排，签署了包括人工智能、数据创新和数字身份等方面内容的多份谅解备忘录。此外，新加坡还启动了与韩国、英国、越南等国的数字贸易谈判。

（四）服务贸易的发展潜力大

2020 年，突如其来的新冠疫情对全球服务贸易造成很大冲击，在旅行等依赖人员跨境流动的传统服务贸易领域则更为明显。据联合国贸发会的数据，2020 年全年，服务贸易同比下降 15.4%，是 1990 年以来的最大降幅。从另一方面看，疫情之下，多国政府采取防控措施，更多的线下需求转为线上，也加速了服务贸易的数字化进程，突显了数字贸易的韧性。2020 年，全球数字服务贸易增速虽同比下降 1.9%，但受冲击程度显著低于服务贸易（同比下降 20.0%）和货物贸易（同比下降 7.5%）。

我们应当看到服务贸易发展的巨大潜力。近 10 年来，全球服务贸易平均增速是货物贸易增速的两倍，在国际贸易中的占比和地位稳步提升，世界贸易组织预测，未来服务贸易占比还将继续提高，由当前的 22% 提升到 2040 年的 33% 以上。而且服务贸易与数字技术应用结合日益紧密，突破时间、空间和语言的限制，融合实体与虚拟，线上线下同步进行，彰显出服贸产业数字化发展新优势。服务数字化快速推进，为服务贸易发展提供了巨大新动力，跨境电子商务、数字服务贸易、商业存在等数字贸易方式快速发展。

此外，我们还应当看到中国服务贸易发展的巨大潜力。中国服务贸易出口占世界服务贸易出口总额的比例，已经从 2005 年的 3% 增加到了 2020 年的 6%；服务贸易进口占世界服务贸易进口总额的比例，已经从 2005 年的 3.3% 增加到了 2020 年的 8%。中国《"十四五"服务贸易发展规划》顺应了服务贸易日益数字化的趋势，首次将"数字贸易"列入服务贸易发展规划，明确了未来一个时期我国数字服务贸易发展的重点和路径。《中国数字贸易发展报告 2020》预计，"十四五"时期，我国的数字服务贸易规模将进一步扩大，预计到 2025 年，可数字化的服务贸易进出口总额超过 4 000 亿美元，占服务贸易比例为 50% 左右。大力发展数字服务贸易模式已然成为赋能产业新发展、赢得未来数字竞争主动权的关键要素。

（五）数字贸易推动全球服务贸易深刻变革

近年来，数字贸易推动了全球服务贸易深刻变革。

一是拓展了全球服务贸易的发展空间。在全球数字经济持续渗透、数字化转型蓬勃发展的大背景下，基于信息技术开展的线上研发、设计、生产、交易等活动日益频繁，极大地促进了数字贸易的发展，催生了远程医疗、教育、共享平台、协同办公等一些新业态、新模式，为服务贸易结构调整和新型服务贸易发展带来了新的机遇。

二是数字服务贸易在服务贸易中的主导地位逐步显现。近年来，全球数字服务贸易稳步增长，2020 年规模达 3.13 万亿美元，在服务贸易中的占比从 2011 年的 48.1% 提升至 62.8%，2020 年一年就提高了 11.6 个百分点。

三是服务贸易规模排名前十的国家中，发达国家占据 8 席，发展中国家仅有中国和印度。

四是数字贸易将推动全球价值链发生深刻变革。数字贸易降低了全球价值链中的通信、运输、物流、匹配和验证成本，有助于国际分工更加细化专业化、价值链不断延伸。同时，数字服务逐渐渗透进生产经营活动之中，服务要素在投入和产出中的比重不断增长，成为价值链的重要组成部分和影响因素。数字贸易的发展可以带来现有产品的全球价值链重构，复杂价值链也日益收缩，生产贸易过程中冗余环节减少，生产成本降低，全球贸易效率也在不断提高，从而使中国企业参与全球价值链分工的可能性大大增加，为更多企业带来了增值空间。

二、中国数字贸易发展及现状

中国政府高度重视数字贸易开放发展。2019 年国务院发布的《关于推进贸易高质量发展的指导意见》指出，要"深化服务贸易领域改革和开放"，"加快数字贸易发展"。2020 年国务院发布《关于推进对外贸易创新发展的实施意见》，提出要"加快贸易数字化发展"，"发挥自由贸易试验区、自由贸易港制度创新作用"，"不断提升贸易便利化水平"，"促进跨境电商等新业态发展"。《中华人民共和国国民经济和社会发展第十四个五年规划和 2035 年远景目标纲要》再次强调，要"坚持实施更大范围、更宽领域、更深层次对外开放"，"创新发展服务贸易，推进服务贸易创新发展试点开放平台建设，提升贸易数字化水平"。

在国家政策的积极引导下，我国数字贸易快速发展，规模逐渐扩大。近十年，我国数字服务贸易规模基本实现翻番，从 2011 年的 1 648.4 亿美元增加到 2020 年的 2 939.9 亿美元，全球排名第五，年平均增长率达 6.6%，增速在主要国家中位居前列，数字服务贸易占服务贸易的比重从 36.7% 提升至 44.4%。美国凭借数字技术和产业的绝对优势，拥有苹果、谷歌、亚马逊、微软等超大型跨国企业，数字服务贸易规模达 8 607.9 亿美元，位居世界首位。爱尔兰凭借税收政策优势，吸引众多大型互联网企业全球或欧洲总部落户，数字服务贸易规模达 5 095.2 亿美元，全球排名第二。

（一）我国跨境数字贸易的发展背景

我国的跨境数字贸易也是在数字经济发展中产生并与其相互促进的。近年来，我国数字经济蓬勃发展，已成为国民经济的核心增长极之一。根据中国信通院发布的《中国数字经济发展白皮书》中的数据，2005 年到 2021 年，我国数字经济增加值规模由 2.6 万亿元人民币扩张到 45.5 万亿元人民币；数字经济占 GDP 比重从 14.2% 升至 39.8%（如表 5-4 所示），在国民经济中的地位进一步凸显。数字经济持续高速增长，2019 年名义增长 15.6%，高于同期 GDP 名义增速约 7.85 个百分点，成为应对经济下行压力的关键抓手。国际比较发现，我国数字经济规模排全球第二位，仅次于美国；但从数字经济占 GDP 比重这一相对指标看，我国依次低于德国、英国、美国、韩国、日本、爱尔兰、法国、新加坡[1]，在 IMD 世界数字竞争力排名中，我国排在第 22 位。[2]

表 5-4 中国数字经济规模

	2005 年	2008 年	2011 年	2014 年	2017 年	2018 年	2019 年	2020 年	2021 年
数字经济总体规模（增加值口径，万亿元，当年价）	2.6	4.8	9.5	16.2	27.2	31.3	35.8	39.2	45.5
数字经济占 GDP 比重（%）	14.2	15.2	20.3	26.1	32.9	34.8	36.2	38.6	39.8

来源：中国信息通信研究院：《中国数字经济发展白皮书》，2020 年

电子商务在我国发展尤为迅速。2019 年，我国电子商务交易额达 34.81 万亿元人民币，网上零售额 10.63 万亿元人民币。2016 年开始，我国电子商务从超高速增长期进入到相对稳定的发展期，但跨境电子商务继续保持高速增长态势。根

---

[1] 数据引自中国信息通信研究院《全球数字经济新图景（2020 年）》。
[2] 该项数字竞争力排名分析一国在多大程度上采用和开发引领政府实践、企业模式、社会发展的数字技术。排名方法中考虑到了知识、科技、未来准备度三种因素。

据海关总署统计数据，2018 年，中国跨境电子商务进出口商品总额为 1 347 亿元人民币，同比增长 50%。其中进口 785.8 亿元人民币，增长 39.8%；出口 561.2 亿元人民币，增长 67%。2019 年，我国跨境电商进出口商品总额达到 1 862.1 亿元人民币，已是 2015 年的 5 倍（年均增长 49.5%），当年同比增长 38.3%；其中出口为 944 亿元人民币，进口为 918.1 亿元人民币，出口量首次超过进口量。

数字贸易由信息通信技术赋能，以数据流动为关键牵引，是贸易模式的一种革命性变化，催生了新业态、新模式，创新了服务提供方式，也极大地拓展了贸易的广度和深度。数字贸易是数字经济最主要的组成部分，也是数字经济国际化最直观和最主要的表现形式。虽然与美国等发达国家相比仍有差距，但是中国拥有前景广阔的数字市场，数字贸易具有相当大的发展潜力。2020 年举办的第十九届中国互联网大会上发布了《中国互联网发展报告 2020》，报告显示，"至 2019 年底，我国移动互联网用户规模达 13.19 亿人，占全球互联网用户总规模的 32.17%；网络支付交易额高达 2 498 800 亿元。这些互联网用户为我国未来数字贸易发展奠定了坚实基础"。

（二）地方实践

各地抢抓数字经济新机遇，积极探索推进数字贸易发展。不少省市在发展规划中明确将加快数字贸易开放试点探索、建设数字贸易先行区或示范区作为重点任务，并在推进数字化转型、跨境电商创新发展，建设高能级数字贸易平台，优化数字贸易发展生态等方面取得积极成效。

例如，北京市拥有全国规模最大、类型最多、层次最高的数据资源，云集世界 500 强最多的企业总部或区域总部。北京 2020 年发布《北京市关于打造数字贸易试验区实施方案》，率先推动跨境数据流动试点，包括个人信息出境安全评估管理的试点试行工作，积极推动 6 项增值电信业务逐步开放，吸引汇聚数字贸易企业，积极打造"贸易数字化示范区"，数字服务贸易占服务进出口的比重从 35%提高到 50.9%。

上海 2019 年发布《上海市数字贸易发展行动方案（2019—2021 年)》，提出打造上海"数字贸易国际枢纽港"，将云服务、数字内容、数字服务的行业应用、跨境电商作为数字贸易的四大主要领域，将城市数字化转型与贸易数字化发展相结合，建设数字贸易创新创业、交易促进和合作共享中心，汇聚中外跨境电商平台。2016—2020 年，上海数字贸易进出口年均增长高达 9.1%。鉴于跨境数据流动的重要性，中国（上海）自由贸易试验区临港新片区总体方案中明确要求国际互联网数据跨境安全有序流动，试点开展数据跨境流动的安全评估，建立数据保护能力认证、数据流通备份审查、跨境数据流通和交易风险评估等数据安全管理机制。

浙江 2015 年在杭州设立全国首个跨境电子商务综合试验区，"十三五"时期，浙江省跨境电商年均增长 35%，产业集聚、政策优势突显；2020 年印发《浙江省数字贸易先行示范区建设方案》并实施，2020 年，全省数字服务进出口同比增长 27.7%；2021 年 6 月，发布《浙江省数字经济发展"十四五"规划》，全面启动数字化改革，加快打造全球数字贸易中心，预计到 2025 年，数字贸易进出口总额提高到 1 万亿元。

海南以建设自由贸易港为契机，积极发展数字贸易，着力推进海南生态软件园、国家数字服务出口基地建设，大力吸引集聚创新资源和平台企业。而且，海南自由贸易港总体建设方案明确，在确保数据流动安全可控的前提下，扩大数据领域开放，创新安全制度设计，实现数据充分汇聚，培育发展数字经济；允许实体注册、服务设施在海南自由贸易港内的企业面向自由贸易港全域及国际开展在线数据处理与交易处理等业务，并在安全可控的前提下逐步面向全国开展业务。

作为数字贸易的重要组成部分，跨境电商将助推全球数字贸易时代的到来，而贸易数字化程度的加深将进一步推动跨境电商发展壮大。

(三) 新业态新模式：跨境电商为我国外贸发展注入新动能

近年来，国内多地先后开设跨境电子商务综合试验区。2022 年 11 月，国务院决定在廊坊市、沧州市、运城市等 33 个城市和地区设立跨境电子商务综合试验区。经过此次扩围，我国跨境电商综试区达到 165 个，覆盖了 31 个省区市。这些综试区的设立运行不仅有利于区内企业跨境调动资源，适应国际贸易业态更新趋势，从供应链、价值链和资源链上构建跨境电子商务综合服务体系，并有效应对新冠疫情对外贸的冲击，也有利于各综试区探索改善营商环境和创新发展，从而带动我国跨境电商高质量发展。

数字经济、数字技术蓬勃发展，新冠疫情又为数字经济发展提供了新的应用场景，各国消费者线上需求不断增长，而且需求强劲，也给跨境电商提供了增长机会。现在跨境电商已经成为国际贸易发展的重要趋势。2020 年，中国跨境电商进出口规模达 1.62 万亿人民币，增长 25.7%。2021 年，中国跨境电商进出口规模达 1.92 万亿人民币，增长 18.6%，实现连续增长。2020 年，全球贸易是负增长的，而中国跨境电商逆势增长 25.7%，2021 年又在高速增长的基础上继续实现了 18.6% 的增长，占到中国外贸比重的 4.9%，2022 年前 8 个月，中国跨境电商仍然表现出了非常好的增长势头。

跨境电子商务为我国外贸发展注入了新动能。规模上，目前我国是全球电子商务零售额最大的经济体，也是最大的跨境电子商务零售（B2C）出口国。2020

年，我国跨境电子商务进出口总额 1.62 万亿元人民币，同比增长 31.1%，增速显著高于货物进出口增速。趋势上，贸易伙伴不断增加，欧美仍是主要市场，同时又不断加深与"丝路电商"的合作，新增 46 个跨境电商综合实验区。

根据科斯交易成本理论，跨境电商可以降低国际贸易成本，传统外贸竞争效率在我国良好的营商环境下可以有效提升，现阶段跨境电商成为新的外贸增长点。

（四）数字经济推动中国经济高质量发展

数字贸易是新一轮的科技革命，大力发展数字新型贸易模式是赢得未来数字竞争主动权的钥匙。我们要加强核心技术的研发与攻关，推动中国数字经济和数字贸易的高质量发展，夯实数字经济时代的基础设施建设，积极引导企业进行数字化转型，引导人民参与、理解、应用、适应数字经济时代，积极融入全球数字治理体系建设等。

2021 年 9 月 3 日，商务部在中国国际服务贸易交易会（简称"服贸会"）上发布的《中国数字贸易发展报告 2020》显示，我国数字贸易发展潜力巨大，占服务贸易的比重逐年上升。2015 年到 2020 年，我国数字贸易额由 2 000 亿美元增长到 2 947.6 亿美元，增长了 47.4%，占服务贸易的比重从 30.6% 增长到 44.5%。预计到 2025 年，我国可数字化的服务贸易进出口总额将超过 4 000 亿美元，占服务贸易总额的比重达到 50% 左右。

在数字经济时代，数字化赋能下的新业态、新应用正在改变传统服务贸易的形态和路径。随着数字技术与服务贸易的加速融合，数字贸易正日益成为经济高质量发展的新动能。近年来，浙江省深入实施数字经济"一号工程"，加快建设全球数字贸易中心，大力发展跨境电商等新业态、新模式，持续擦亮电子商务这张"金名片"。2021 年，浙江省实现跨境电商进出口额超 3 300 亿元，同比增长 30.7%，居全国第二位。其中，出口超 2 400 亿元，同比增长 39.3%，出口活跃网店已达 17.9 万家。

"十四五"期间，我国将逐步健全数字贸易规则制度，推动规则、制度、管理、标准的开放，积极参与数据安全、数字货币、数字税等国际规则的制定，为全球数字贸易发展贡献一份中国力量。

第三节　共商共促数字贸易发展与合作

在新冠疫情的冲击下，数字贸易展现出了其强大的生命力，成为全球贸易发展的重要组成部分。根据联合国贸易和发展会议（UNCTAD）测算，2020年，我国数字化交付的服务贸易规模达到了 2 947.7 亿美元，逆势增长 8.4%。2021年是"十四五"开局之年和全面建设社会主义现代化国家新征程开启之年，要落实国家发展数字经济战略部署，促进数字经济和数字贸易发展，赋予全球化新内涵，为世界经济发展注入新动力。

一、数字贸易规则已成为经贸谈判的重要议题

数字经济正在深刻改变世界，有喜有忧，数字贸易发展过程中面临着各种挑战。数字化转型和数字贸易的快速发展引发经贸格局变化，影响全球产业链供应链重塑，赋予了全球化新内涵，为世界经济发展注入了新动力。各国为促进数字经济发展、加强知识产权与隐私保护等，不断强化自身监管，对数字贸易开放发展的制度环境与监管协调提出了更高要求。在数字全球化背景下，各国政策调整叠加全球治理博弈，数字贸易规则已成为经贸谈判的重要议题。

2021年，中国国际服务贸易交易会（简称"服贸会"）将主题定为"数字开启未来、服务促进发展"。国务院发展研究中心对外经济研究部与中国信息通信研究院近期联合完成的《数字贸易发展与合作报告2021》也在服贸会"服务贸易开放发展新趋势高峰论坛"上发布。

二、推进数字贸易相关规则制定，营造良好的制度环境

新冠疫情进一步推动数字贸易加快发展，数字贸易在全球经济恢复中发挥了更为重要的作用。相比之下，数字贸易规则的制定相对滞后，多种路径、多个平台并行，数字贸易规则的制定呈碎片化态势，具体表现为多边谈判，如全球电子商务谈判；诸边磋商，如全球服务贸易谈判（TISA）；区域及双边自贸协定中的电子商务章节或数字贸易章节；专门就数字贸易签订双边或区域协定，如美日数字贸易协议、新加坡—新西兰—智利数字经济合作伙伴协定（DEPA）等。未来，加强国际协调磋商，推进数字贸易规则体系构建的重要性、紧迫性将更为突出。

目前存在较大分歧的议题主要有以下五个方面：

一是跨境数据流动。各方高度关注跨境数据流动所蕴藏的巨大发展潜力，但为防范信息泄露风险和网络安全威胁，许多国家不断强化对个人信息与重要数据流出的限制，许多国家明确禁止计算设施的本地化要求，但也允许保留例外条款，对例外的范围诉求各异。如何在促进数据自由有序流动与保护个人隐私及公共利益安全之间取得有效平衡，达成具有广泛国际共识的跨境数据流动规则，成为数字贸易规则制定的关键和难点。

二是电子传输免关税和数字税。随着数字贸易规模的迅速扩大，相应税制改革与协调成为国际规则谈判的焦点之一，主要涉及两大议题：关于电子传输免关税，各国对是否永久性免关税持不同态度，目前仅通过连续更新"暂停对电子传输征收关税"决议保持其法律效力，最近一次为 2019 年 12 月，效力将延长至 2021 年底第十二届贸易部长级会议。关于数字服务税（DST），数字贸易蓬勃兴起带来跨国间税权划分与收益归属的难题，一些国际组织发起并引领国际税收改革研究，如 OECD 的"双支柱"蓝图、联合国的双边协调方案，一些国家实施或准备进行单边性质的数字服务税引发争议甚至贸易摩擦。

三是数字知识产权保护。知识产权保护对于维护数字贸易企业商业秘密、保障企业利益及促进自由贸易至关重要。有关数字知识产权保护争论的焦点集中在源代码保护和数字内容版权等方面，大多数成员方原则上同意"不要求披露与保护知识产权有关的源代码"，分歧主要在于如何确定源代码例外情况的范围等。

四是数字产品的非歧视待遇。非歧视待遇是 WTO 的基本原则之一，但现有开放承诺与《服务贸易总协定》（GATS）规则无法与快速发展的数字化服务明确对应，因此，"数字产品的非歧视待遇"成为数字贸易规则构建的重要内容。目前，发达国家主张"对数字产品及其提供者的待遇不低于其他同类产品的待遇"，大部分发展中国家则持反对态度。

五是平台责任。美国、日本等国为支持本国互联网企业的全球拓展，积极推行网络服务提供者（ISP）"安全港"制度，不增加对互联网中介服务者的额外责任，以降低平台的运营成本，促进依赖用户创作与互动的互联网平台经济发展。其他多数国家则主张，平台应承担公共管理责任与用户权益保护双重义务。

针对上述问题，存在分歧的主要原因有：

第一，数字贸易业态发展快、涉及领域广、内容新、复杂性强，达成共识的难度较大。各成员难以就数字贸易、数字产品、数据流动和电子传输等基础概念达成共识，范围界定也因动态发展而难以明确，规则谈判缺乏必要的前提。不同市场环境下又存在模式差异，大大提升了监管要求与创新难度，加上各方在隐私保护、价值取向上的认知不同，进一步加大了协调难度，多边谈判进展缓慢。

第二，主要经济体核心关注不同，利益分歧难以弥合。发达国家数字经济起步早，企业国际竞争力较强，更强调扩大市场准入和减少贸易壁垒；多数发展中国家面临"数字鸿沟"，在监管能力、产业基础、规则话语权等方面存在较大差距，更关注贸易便利化层面的开放发展以及中小微企业权益保护等议题。

第三，谈判议题相互交织，在任何议题上达成全球共识，都需要多个领域的国内配套改革和国际广泛协调，单项取得突破的难度较大。

三、推动全球数字贸易开放、发展与合作

数字贸易发展是新一轮经济全球化的重要推动力,作为贸易大国,中国要推动数字贸易开放、发展与合作。数字贸易是推动全球经济复苏与增长的重要引擎。数字转型极大地拓展了贸易的广度和深度,在全球经济复苏不及预期背景下,电子商务、数字贸易已成为全球贸易和经济增长的突出亮点。同时,降低跨境壁垒,打破地域边界,加强数字基础设施联通,实现跨境数据自由有序流动和集成开发利用,有利于促进各国产业链、供应链的平稳衔接,并创造出巨大的增值空间,为全球数字经济发展和供应链稳定提供了有力支撑。

数字贸易是打造国际合作竞争新优势的重要途径。通过推动企业供应链管理、监管流程、服务环节的数字化转型,帮助企业降低贸易成本和提高贸易效率、提升国际竞争力;着力推动技术创新突破、产业融合应用、数字治理完善,推动数字产业融入全球数字市场,通过国际市场力量推动本国技术产业的发展;面对数字贸易快速发展带来的监管要求,各国应创新监管方式,为安全有序发展提供保障,对推进国际监管协调合作起到促进作用。

数字贸易为包容性发展创造了有利条件。一是降低了贸易的成本和参与门槛,为中小企业、初创企业参与国际分工提供了新机遇,有助于推动形成了一系列特色的、小众的细分产业市场。二是在全球范围内,加快数字化转型与数字贸易发展,为广大发展中国家和农村地区融入、分享全球化收益提供了渠道,创造了机会。

助力全球新冠疫情的有效防控。2020年以来,联合国相关机构和主要国家发起了多项数字技术抗疫倡议,其落地实施对于推进数字抗疫国际合作平台建设、助力抗疫和复工复产起到了积极作用,对保障各国生产生活物资的跨境稳定供应、共筑应对疫情危机的坚实防线,发挥了积极作用。

加快推进全球数字规则的协调与制定,为全球数字贸易发展提供良好的制度环境。数字贸易在全球范围内呈现快速发展之势,潜力巨大、前景可观,各方对制定数字贸易规则需求迫切。同时,面对数字经济时代全球化发展的新趋势,在数据已成为重要生产要素、数字化转型快速发展的背景下,各方已充分认识到,必须坚持开放包容、平等合作、互利共赢原则,以共商、共建、共享汇聚合力,优化数字贸易发展环境,推动数字化转型,进一步挖掘增长潜力和动能。

加强数字贸易创新发展与开放合作,应从以下几个方面着力:①要加强设施合作,增强数字基础设施联通,加大对最不发达国家和发展中国家的援助力度,积极推进缩小"数字鸿沟";②要加强联合应对疫情磋商,充分发挥数字贸易在抗疫和复工复产中的作用;③要顺应信息化、数字化、智能化发展要求,促进企

业合作与智库合作，分享发展经验与监管实践；④要构建良好的数字贸易发展环境，促进各方共享数字贸易发展机遇；⑤要多种平台路径协同发力，协商共促国际合作机制构建、国际规则制定和国际治理体系完善，确保数据安全利用和数字贸易有序开展，为数字全球化深入持续发展营造良好的制度环境。①

第四节　推进高水平对外开放，建设贸易强国

党的二十大报告提出"推进高水平对外开放"，推动货物贸易优化升级，创新服务贸易发展机制，发展数字贸易，加快建设贸易强国。党的十八大以来，锚定贸易强国建设目标，我国加快推进外贸转动力、调结构，积极培育外贸新业态新模式；提高利用外资和对外投资合作水平，高质量共建"一带一路"。口岸的开放是对外开放的重要载体，本节主要介绍自由贸易试验区、口岸、"一带一路"等在中国高水平对外开放中的作用，"一带一路"倡议理论与实践的详细内容将在第八章介绍。

一、"一带一路"：引领新一轮对外开放

2023年是中国改革开放45周年，改革开放实际上是一个渐进式开放的过程，在不同的阶段，开放的目标和重点都有所不同。

（一）第一个阶段

20世纪80年代，从建立经济特区开始到邓小平南方谈话之间，这是开放的探索阶段。在此阶段，中国通过建设经济特区、经济技术开发区，使沿海地区率先开放，空间上渐进式推进。在内容上，主要是以引进出口型加工制造业外资为主，发展加工贸易。与别的发展中国家不同，中国不是引进资源开采或引进市场寻求型外商投资，而是通过设计一系列政策措施，把引资和增强制造业出口竞争力密切结合在一起，引进的主要是出口型的外资。②

（二）第二个阶段

以1992年邓小平南方谈话为标志到2001年中国加入世界贸易组织（WTO），

---

① 马玉荣："数字贸易推动全球服务贸易深刻变革——国务院发展研究中心外经部部长张琦"，《中国发展观察》，2021年第17期。

② 马玉荣："'一带一路'引领新一轮对外开放——专访国务院发展研究中心副主任、研究员隆国强"，《中国发展观察》，2018年第12期。

这一阶段是开放不断深化的过程。空间上，从沿海向沿江、沿边、内陆推进；内容上，引资的规模越来越大，开放的领域越来越宽，出口的竞争力越来越强，引资在整体上又上了一个大的台阶。

（三）第三个阶段

从 2001 年加入 WTO 到 2013 年，改革开放进入了制度性（或规则性）开放阶段。中国加入 WTO，承诺要遵守世贸组织规则。为了兑现入世承诺，我国修改了 2 300 多部法律，修订或废除了几十万个政府红头文件，使涉外经济政策与体制符合世贸组织规则的要求。这个过程本身就是一个改革的过程，极大地促进了市场化改革。中国加入 WTO 以后，出口迅猛增长，2013 年变成世界最大的货物出口国；吸收外资也跨上了新台阶，成为最具吸引力的跨境投资东道国之一。2000 年，我国提出"走出去"战略，当时中国的对外投资额很少，2003 年以后，对外投资迅猛增长。此外，中国开始主动构造自贸区（FTA）这样的区域合作机制，中国—东盟自贸区是中国构建的第一个自由贸易区，截至目前，我国共商签了十余个自贸区。

（四）第四个阶段

2013 年以后，中国进入大国开放的新阶段。经过 30 多年的快速增长，中国经济规模迅速壮大，变成世界第二大经济体、第一大货物贸易国、第三大引资国、第二大对外投资国（2016 年）、第二大服务贸易国、第一大制造业大国，全球影响力大幅增加。此时，"一带一路"倡议在引领新一轮对外开放中发挥了重要作用，中国除了要实现竞争力升级，还面临许多新矛盾，尤其是作为一个新兴大国，如何处理与国际社会的关系，营造一个良好的外部环境。

"一带一路"倡议是"丝绸之路经济带"和"21 世纪海上丝绸之路"的简称，是中国国家主席习近平 2013 年提出的区域合作发展倡议，有助于促进沿线各国的经济繁荣和区域经济合作，加强不同文明交流互鉴，促进世界和平发展。

二、自由贸易试验区：新一轮对外开放的推进器

自由贸易试验区（以下简称"自贸试验区"）是新一轮对外开放的推进器。"十三五"期间，中国新设 17 个自贸试验区，总数达 21 个，共 67 个片区，形成了覆盖东西南北中的改革开放创新格局，推动外商投资管理实现历史性变革。

例如，中国（辽宁）自由贸易试验区［China（Liaoning）Pilot Free Trade Zone］（简称"辽宁自由贸易区"或"辽宁自贸区"），是中国中央政府设立的第三批 7 个自由贸易试验区的其中之一。2017 年 3 月 15 日，国务院正式批复

《中国（辽宁）自由贸易试验区总体方案》，同年4月10日，中国（辽宁）自贸试验区大连片区正式挂牌成立，范围119.89平方公里，涵盖三个片区：大连片区59.96平方公里（含大连保税区1.25平方公里、大连出口加工区2.95平方公里、大连大窑湾保税港区6.88平方公里），沈阳片区29.97平方公里，营口片区29.96平方公里。《中国（辽宁）自由贸易试验区总体方案》中的123项改革试点任务总结推出首批25项改革创新经验，在全省范围内复制推广。在对外贸易方面，日本是大连最大的贸易市场，韩国是大连第三大贸易市场。在此背景下，选择辽宁省唯一的国家级新区、大连自贸试验区的管辖区——金普新区作为"中日韩自贸协定示范区"有着天然的优势。围绕中日韩自贸协定的谈判内容，在经贸合作、投资协定、技术合作等领域开展政策先行先试或制定特殊政策，可以充分发挥政策创新红利，激发"虹吸效应"，带动辽宁高水平对外开放，引领全省经济高质量发展。

（一）完善政府治理，提升行政效率

提升行政效率关键是对接企业发展需求，着力解决企业发展的痛点、堵点。海南通过"放管服"改革，简化审批流程，优化审批服务，极大地提升了企业运营效率。其中商事登记"全省通办"制度打破了登记注册地域管辖限制，压缩企业开办时间，统一商事登记的标准、流程和尺度，实现了商事登记"自主申报、自动审核、全省通办、电子签名、电子档案"等5大创新。企业开办时间在海南被压缩至3个工作日，优于美、英、韩等国家，市场主体可以"一照一码走天下"，企业登记"一次也不用跑"。另外，外国人工作许可审批时限压缩1/2；口岸整体通关时间压缩1/3。

辽宁自贸试验区三项创新成果入选国家第五批改革试点经验，在全国范围复制推广，它们分别是中国（辽宁）自由贸易试验区沈阳片区优化涉税事项办理程序、大连片区进境粮食检疫全流程监管、营口片区集装箱风险分级管理制度。

（二）贸易便利化

贸易便利化有助于缩短通关时间，助力外贸企业正常运行。国务院发布的自由贸易试验区第六批改革试点经验中涉及贸易便利化领域的包括"融资租赁+汽车出口"业务创新、飞机行业内加工贸易保税货物便捷调拨监管模式、跨境电商零售进口退货中心仓模式、进出口商品智慧申报导航服务、冰鲜水产品两段准入监管模式、货物贸易"一保多用"管理模式、边检行政许可网上办理7项。

全面提升通关效率，为企业节省了时间成本和运营成本。营口片区不断完善发展以多式联运业务为主体的"东南沿海—营口—欧洲"集装箱公铁水多式联运物流主通道，建设多式联运海关监管中心，加快了中国—中东欧"16+1"经贸合作示范区各项任务落地，吸引了计划年运量 2 000 万吨中俄粮食走廊、贸能港（营口）进口商品交易中心、汉吉斯（营口）国际冷链枢纽、相益食品 300 万吨玉米特强粉深加工等优势项目落户。

作为中国东北最大的对外开放口岸，大连片区始终把优化跨境贸易营商环境作为自贸试验区建设的重要抓手。围绕港口经济和投资贸易便利化这一重点领域，大连片区积极组织口岸部门集体发力，向纵深探索改革，向"系统集成"转换，形成了更多可复制、可推广的贸易便利化创新举措。

（三）实施负面清单制度

实施负面清单制度能够更好地理清政府与市场的边界，有利于发挥市场在资源配置中的决定性作用。我国自贸区外资准入负面清单条文数已从 2013 版的 190 条缩减到 2021 年版的 27 条，9 年减少了近 9 成，目前仅次于条文数最少的美国。

目前，我国在三个片区建立了权责清单制度和行政审批管理目录制度，外商投资企业实施准入前国民待遇加负面清单管理，实行外国投资者主体资格认证减免新模式，境外投资者在自由贸易试验区内创办企业时间平均缩减 30 天。作为辽宁自由贸易试验区业务创新的成果之一，2019 年初，经过实践验证的"保税混油、离岸直供"业务在大连片区启动，预计经过一段时间的运营，保税混油业务将辐射日本、韩国及远东地区。这项业务打通了从原料进口到成品燃油供船的全链条流程，极大提升了贸易便利化水平。

三、口岸：国家对外开放的门户

口岸是国家对外开放的门户，是国际货物运输的枢纽。目前，我国经国务院批准的对外开放口岸有 314 个，其中航空口岸 82 个，陆路口岸 103 个，水运口岸 129 个，水运口岸中海运口岸有 76 个。从数据上能看出，我国各类口岸齐全，这也是中国发展对外贸易的一大优势。

（一）口岸的概念

口岸有广义和狭义之分，广义的口岸在中国对外开放中发挥着重要的引领作用，例如，东北三省的大连、沈阳、长春、哈尔滨的口岸。狭义的口岸在沿边经济发展中发挥着积极的推动作用，尤其是陆路口岸，必然成为沿边经济发展的引擎。

口岸原意是指国家指定的对外通商的沿海港口。现在口岸已不仅是经济贸易往来（即通商）的商埠，是由国家指定对外往来的门户，也是国际货物运输的枢纽。口岸按开放程度可分为一类口岸和二类口岸；按出入境的交通运输方式，可将口岸分为港口口岸、陆地口岸和航空口岸。

(二) 利用口岸功能发展口岸经济

口岸是一种开放平台，属于开放基础设施。经过实地调研，我们认为，作为中国重要的老工业基地之一，近年来，东北在汽车领域频频释放利好，东北三省的汽车口岸尤其亮眼。其中，黑龙江绥芬河铁路口岸于 2017 年 6 月 16 日获批，大连新港于 2004 年 5 月 21 日成为可以整车进口的口岸，2018 年 10 月，吉林长春成为东北三省开放的第三处整车进口口岸。这有利于东北地区形成完整的汽车产业链条，加快汽车产业转型升级的步伐，将带动装备制造迈向中高端，培育东北三省外贸新增长点，促进消费升级。

2009 年 4 月 21 日，黑龙江绥芬河综合保税区经国务院批准设立。黑龙江省发改委印发《黑龙江绥芬河——东宁重点开发开放试验区建设总体规划》，规划提出：依托绥芬河、东宁、抚远、同江、黑河等边境城市，建设五个边境口岸枢纽；加强绥东试验区与俄、蒙、韩、日、朝等"一带一路"沿线国家经贸往来，建设以装卸、分拨、仓储、加工、物流、金融等功能为主体的临空服务配套区等。

相比之下，吉林省是外经贸小省，经济外向度不足 10%。吉林省与俄罗斯拥有 241 公里的边界线，珲春口岸是吉林省唯一的对俄口岸，2013 年珲春—马哈林诺铁路恢复国际联运，吉林省延边口岸探索建设与发展战略。延边州口岸包括珲春公路口岸、圈河公路口岸、珲春铁路口岸、沙坨子口岸、图们口岸、图们铁路口岸、开山屯口岸、三合口岸、南坪口岸、古城里口岸、延吉航空口岸。[①] 随着沿边州对外开放步伐的加快，以及《中国图们江区域合作开发规划纲要——以长吉图为开发开放先导区》的实施，口岸在地方经济发展中的地位显得更加重要。

(三) 口岸经济是开放型经济的重要组成部分

口岸是对外开放的重要载体，其功能已不仅限于进出口货物和进出境人员通行，口岸经济正在向工业、贸易、旅游、金融、信息、文化、高科技领域多层次发展。

口岸经济是以口岸为载体，以进出口贸易和加工贸易为基础，通过人力流、资金流、物质流、信息流带动贸易、加工、仓储、经济技术合作、电子商务、旅游购物、商贸金融、交通及服务行业、基础设施建设等经济活动发展的整体功能

---

① 衣保中等：《东北沿边地区开发开放战略研究》，社会科学文献出版社 2017 年版。

经济系统。随着改革开放的深入，口岸数量不断增多，基础设施条件及口岸的功能不断完善，主要口岸经济迅速发展，形成了依托口岸、边贸支撑的外向型口岸经济特色。

通过边境口岸，在经贸合作、边境自由贸易区、经济合作区、综合保税区、互设贸易区、旅游资源利用与开发等多方面开展合作。

(四) 中国推进高水平对外开放，对口岸工作提出了新要求

目前，沿边州口岸的综合运行能力、开放程度和辐射广度还不能适应地方经济发展的需要，由于没有出海口，口岸辐射半径有限，口岸基础设施建设薄弱，口岸利用率不高，通而不畅，口岸服务专业化程度不高，口岸物流规模小，空中航线单一，运营能力弱，口岸所处的国际环境存在不稳定因素，需要"外引内联"，积极推进口岸信息化建设工程。

1. 各口岸发展状况不平衡，一些口岸边贸规模不断扩大，在过货量、客运量上比其他口岸发展快，口岸经济极大地带动了区域经济的发展；另一些口岸则发展迟缓，甚至处于关闭状态。有的边境城市和边境经济合作区缺乏国内腹地的支撑，与毗邻国家的合作也难以有效推进，陷入"孤岛经济"状态。[1]

2. 口岸所处地理位置和基础设施条件不同，影响了口岸的通行能力、整体通关效率。对比研究东北三省的口岸可以看出，地理位置优越、区位优势良好是口岸生存和发展的关键，如满洲里、黑河、绥芬河、珲春是规模大、运行良好的口岸，具有支撑口岸经济发展的交通条件和人口数量。但逊克、同江、虎林口岸规模较小，没有区位优势和便利的交通、人口稀少，物流成本难以降低，经济落后，形不成具有规模的市场和边贸，口岸经济难以对地方经济的发展产生强大的带动作用。[2]

3. 沿海沿边和内陆地区加强口岸通关方面的合作，以进一步提高口岸通行效率，降低企业通关成本，提升企业在国际上的竞争力。以抚远口岸为例，抚远县地处黑龙江、乌苏里江交汇的三角地带，1993年8月正式开关，属于水运口岸，是对俄出口型口岸，是"中国鲟鳇鱼之乡""中国大马哈鱼之乡"。限制抚远口岸发展的主要问题是，抚远口岸对俄贸易和旅游只能在明水期进行，口岸处于"半年闲"状态。

4. 地区政治局势的稳定性等一些不确定因素对口岸的不利影响。边境口岸对邻国依赖性强，需要双方积极互动，仅凭单方面的热情和努力难以改善一个口岸的运行状况。例如，珲春毗邻东北亚最具冲突潜质、最不确定的朝鲜半岛，地

---

[1] 衣保中等：《东北沿边地区开发开放战略研究》，社会科学文献出版社2017年版。
[2] 姜毅等：《中俄边境口岸研究》，中国社会科学出版社2018年版。

区政治局势的走向、敏感的朝核问题在很大程度上直接波及珲春，妨碍其进一步开展对外经济活动，这些都是未知因素。

5. 优化营商环境，提高口岸信息化水平，提升跨境贸易便利化水平。借助现代物流理念和云计算、大数据、物联网、移动应用等现代科技手段，整合港口、口岸、东北及环渤海区域关键物流节点综合信息资源，优化物流及供应链运作流程，推进"智慧港口"和"智慧口岸"建设，构建现代物流和电子商务综合服务平台。例如，借鉴上海自贸区跨境贸易便利化措施，辽宁省口岸办、辽宁省电子口岸与商务发展促进中心、大连市口岸办、辽宁电子口岸有限责任公司、大连口岸物流网有限公司等攻坚克难，优流程、减单证、降成本的同时，注重进出口企业的参与性、获得感。

6. 一些口岸功能仅停留在中转站、物流转运通道，对地方经济的拉动作用不明显。一些口岸经营困难，所在县、市投入大、收益小，甚至需要地方财政补贴，口岸经济尚处于雏形状态，产业升级不理想，亟待延伸口岸功能，做大做强口岸经济。

专栏

服贸会：数字贸易的国际交流合作平台

2022年8月31日至9月5日，第十届中国国际服务贸易交易会（简称"服贸会"）于北京会议中心和首钢园区举办。作为当前中国最具国际影响力的三大展会品牌之一，服贸会是全球唯一专门针对服务贸易的国家级、国际性综合交易会，与广交会、进博会共同构成中国对外开放的三大国际合作平台。本届服贸会以"服务合作促发展，绿色创新迎未来"为主题，围绕数字贸易技术、产业、发展、合作等议题，通过打造数字贸易技术与产业交流合作平台，积极引领数字经贸领域的国际合作，推动构建数字贸易全球合作的新格局，促进全球经济的创新发展，为世界经济复苏注入动能。

见证中国服务贸易快速发展，服贸会成为中国扩大对外开放、促进国际合作的新名片。2012年至2019年的六届"京交会"，再到2020年之后的"服贸会"，见证了中国服务贸易十年来的腾跃变迁。十年来，中国服务贸易进出口保持快速增长势头，年均增长6.1%，高出全球增速3.1个百分点，到2021年，中国服务贸易进出口总额达到52 982.7亿元，连续8年稳居世界第二位。服贸会的规模也在不断扩大。相较于往年的京交会，从2020年服贸会开始，展览展示面积与举办活动规模逐渐扩大，参展参会的国家和地区、境外企业数量逐年递增。2022年服贸会进一步发挥对外开放重要展会平台作用，更加聚焦服务贸易开放合作、绿色发展、数字化进程等前沿领域，举办论坛会议推介洽谈等活动200余场，汇聚政产学研各领域精英，为服务贸易开放发展贡献智慧和力量。

聚焦前沿技术迭代革新，服贸会展现中国新经济业态蓬勃发展的旺盛活力。近年来，新一轮科技革命和产业变革孕育兴起，数字技术广泛渗入生产、流通、消费各个环节，大大提高了服务的可贸易性。服务贸易的内涵不断丰富、外延进一步拓展。服贸会自创办以来，已成为各国企业展示和传播服务贸易发展新业态、新模式、新理念的一个重要平台。2021年服贸会以"数字开启未来、服务促进发展"为主题，首次设置了数字服务专题展区，同时还举办了数字贸易高峰论坛和相关的专业会议，全面展示数字化、智能化新技术、新模式、新业态、新成果。2022年服贸会电信、计算机和信息服务专题展将启用首钢园10号馆和11号馆，整体规模比去年扩大近一倍，达到17 150平方米，布局通信和数字技术、元宇宙应用两大主题馆，设置通信基础设施、云计算大数据、集成电路和工业互联网、元宇宙内容制作、元宇宙场景应用、元宇宙发布六大专区，为服务贸易的发展注入新的动力和活力。

顺应数字化发展新趋势，服贸会为推动创新经济发展、扩大服务贸易注入新动能。本届服贸会紧扣当前数字经济发展新趋势，发布多项应用于全球服务贸易的新产品、新技术，丰富的应用场景涵盖了医疗健康、乡村振兴、电商、碳减排等多领域，对拓展数字经济领域的国际合作，推动大数据、云计算、物联网、智能展示、远程医疗等领域的发展具有非常积极的意义，同时为推动传统产业数字化升级和数字产业化创新提供了机会，形成开放经济高质量升级发展新动力。此外，AR、VR等沉浸式体验技术的不断升级，让服务贸易数字化解决方案得以生动呈现。可以说，服贸会既体现了服务贸易的新潮流、新业态，也展现了中国服务贸易的新面貌。

此外，服贸会提供了数字贸易的国际交流合作平台，加强内外联通、共享服务贸易市场机遇。服贸会自创办以来，已成为各国企业展示和传播服务贸易发展新业态、新模式、新理念的重要平台。当下，数字技术广泛渗入生产、流通、消费各个环节，大大提高了服务的可贸易性。服贸会依托数字技术，在大数据、互联网、人工智能等领域发布了一批新应用、新成果、新方案。通过服贸会，中国广纳世界企业和资源，深入推进服务领域国际合作，展现了新时代中国进一步改革开放和维护经济全球化成果的决心，切实为推动全球经济复苏和构建人类命运共同体贡献中国力量和智慧。未来，中外还将继续在数字领域展开紧密合作，促进各国在健康防疫、线上需求、人工智能、金融科技、检验检测等新兴服务业的共同发展，为全球数字经济增长打造新的动力。

（资料来源：刘典、白宇：《光明日报》，2022年8月31日）

思考题

一、单选题

1. 以下属于传统支付方式的是（　　）。
   A. 储值卡　　　　　　　　B. 票据
   C. 虚拟卡　　　　　　　　D. 电子现金

2. （　　）是指消费者、商家和金融机构三者之间通过网络进行的货币支付或资金流转。
   A. 网络交易　　　　　　　B. 电子支付
   C. 即时支付　　　　　　　D. 即时金融

3. 下列不属于电子支付与传统支付的区别的是（　　）。
   A. 电子支付是采用先进的技术，通过数字流转来完成信息传输，而传统的支付方式则是通过现金的流转、票据的转让等物理实体的流转来完成款项支付的
   B. 电子支付的工作环境是基于一个开放的系统平台之中，而传统支付则是在较为封闭的系统中运作
   C. 电子支付使用的是最先进的通信手段，如 Internet、Extranet，而传统支付使用的是传统的通信媒介
   D. 电子支付的支付费用是传统支付的支付费用几十倍，甚至几百倍

4. 移动支付中所使用的移动设备不包括（　　）。
   A. 手机　　　　　　　　　B. 笔记本电脑
   C. 固定电话和小灵通　　　D. PDA

5. 下列支付工具中，安全性最差的是（　　）。
   A. 电子现金　　　　　　　B. 储值卡
   C. 电子钱包　　　　　　　D. 信用卡

6. 校园卡属于（　　）的电子支付方式。
   A. 移动支付　　　　　　　B. 网上支付
   C. 固定电话支付　　　　　D. 自动柜员机支付

7. 牡丹卡是（　　）发行的信用卡。
   A. 建设银行　　　　　　　B. 招商银行
   C. 工商银行　　　　　　　D. 交通银行

8. 具有不可重复性特点，只能支付一次的电子支付工具是（　　）。
   A. 电子现金　　　　　　　B. 储值卡

  C. 电子支票   D. 信用卡

9. 商业机构发售的购物卡不属于（　　）。

  A. 虚拟卡   B. 储值卡

  C. 预付卡   D. 智能卡

10. 1995 年全球第一家办理网络支付和交易业务的网上银行是（　　）。

  A. 中国人民银行   B. 中国招商银行

  C. 美联储   D. 美国安全第一网络银行

二、多选题

1. 电子支付系统的功能包括（　　）。

  A. 采用数字签名等技术保证对业务的不可否认性

  B. 使用私有密钥加密法和公开密钥加密法进行信息加密与解密

  C. 采用信息摘要算法以确认信息的完整性

  D. 采用双签字技术来处理交易中多边支付的问题

2. 电子支付方式包括（　　）。

  A. 网上支付   B. 移动支付

  C. 固定电话支付   D. 销售网点终端支付

3. 属于第三方网上支付账户支付模式的是（　　）。

  A. 支付宝   B. 贝宝

  C. 易支付   D. 百付通

4. 网上银行又被称为 3A 银行，其 3A 包括（　　）。

  A. anyperson   B. anywhere

  C. anytime   D. anyway

5. 网上银行的功能一般包括（　　）。

  A. 银行业务项目   B. 信息发布

  C. 商务服务   D. 企业管理

三、名词解释

1. 电子支付和网上支付
2. 数字金融和数字货币
3. 对外贸易和国际贸易
4. 数字贸易和数字服务贸易

第六章　制度创新：全球数字贸易规则新框架

当今世界，数字经济与数字贸易的发展给我们提供了一个新的视角和探索增长的路径。世界数字贸易亟待一个全球性的贸易框架来规范，需要与之相适应的统一、公平、透明、高效、一致的新的全球贸易规则。党的二十大报告提出，要推进高水平对外开放，稳步扩大规则、规制、管理、标准等制度型开放。作为制度型开放的重要成果，《区域全面经济伙伴关系协定》（RCEP）已经生效实施，中国也已正式提出申请加入《全面与进步跨太平洋伙伴关系协定》（CPTPP）和《数字经济伙伴关系协定》（DEPA），促进数字贸易自由便利安全发展，缩小"数字鸿沟"，积极参与国际规则制定，共同营造良好的制度环境，推动全球数字治理体系向开放、包容、普惠、公平、共赢的方向发展。①

第一节　全球数字贸易规则发展概述

一、全球贸易规则框架

近年来，全球旧的体系、规则、价值观和经济形态正在动摇和演化，数字经济与数字贸易的发展正在重塑国家竞争格局。新的体系、规则和经济形态在形成新动力的同时，也加剧了主要大国间的规则竞争与博弈。

（一）关税的定义、特点和作用

关税是指一国海关根据该国法律规定，对通过其关境的进出口货物征收的一种税收。关税在各国一般属于国家最高行政单位指定税率的高级税种，对于对外贸易发达的国家而言，关税往往是国家税收乃至国家财政的主要收入。政府对进出口商品都可征收关税，但进口关税最重要，是主要的贸易措施。关税具有强制性、无偿性和预定性。

---

① 隆国强：《数字贸易发展与合作报告2022》，中国发展出版社2022年版。

关税的作用主要是：一是维护国家主权和经济利益；二是保护和促进本国工农业生产的发展；三是调节国民经济和对外贸易；四是筹集国家财政收入。

数字经济与数字贸易驱动全球经济发展，作为面向 21 世纪全球经贸新议题的数字贸易，在国际经贸谈判中被越来越多地被提及。

(二) 世界贸易组织 (WTO) 框架下中有关数字贸易及电子商务的相关规则

近些年，WTO 主要成员国围绕数字贸易、电子商务等相关议题提出了多份议案。2013 年，WTO 部长级会议授权秘书处研究数字贸易问题，其中的重要工作是关注如何更新或澄清现有的承诺，包括《服务贸易总协定》(GATS)、《与贸易有关的知识产权协议》(TRIPS) 和《技术性贸易壁垒协议》(TBT) 等。尽管世界贸易组织 (WTO) 没有关于数字贸易的综合性协定，但 WTO 的某些协定已涵盖了数字贸易的一些方面。例如，2017 年底，WTO 成员在布宜诺斯艾利斯第 11 届部长会议的最后时刻达成协议，延长电子商务关税禁令，并禁止成员根据 WTO《与贸易有关的知识产权协议》提起非侵权案件，成员方共同发布了《电子商务联合声明》，重申电子商务的重要性及其为包容性贸易和发展所创造的机会。这份声明呼应了之前世界电子贸易平台 (EWTP) 宣布的"赋能电子商务"主题。对此，服务行业联盟 (CSI) 表示赞赏，并称之为"制定电子商务和数字贸易多边规则的重大里程碑"，规则中的条款将确保数据的自由流通，并禁止所有部门的数据本地化。

(三)《跨太平洋伙伴关系协定》(TPP) 中有关数字贸易的重点内容

在新的国际贸易规则体系中，如在"3T"(TISA、TPP、TTIP) 等新规则体系中已经发生了重大变化。TPP 强调"自由"，尽管特朗普政府已经明确从 TPP 框架中退出，但 TPP 强调的关于新贸易规则调整涉及降低数据流动的壁垒，倡导推进数字贸易自由化仍是美国一贯秉承的原则，并可能在未来国际贸易规则中产生影响。其重点内容主要有：一是坚持互联网应保持自由开放；二是对数字产品禁收关税；三是确保贸易伙伴不会采取进一步的保护性措施，如不能将缔约方数字产品置于竞争劣势地位，不能对跨境信息流建立歧视和保护主义壁垒，禁止强迫本国公司在计算服务中采取本地化策略，禁止要求公司向本国个人转让技术、生产流程或专有信息等。

(四)《跨大西洋贸易与投资伙伴协议》(TTIP) 中有关数字贸易的重点内容

就数字贸易以及电子商务领域而言，TTIP 谈判的主要目标是，创设一个有约束力的框架来促进跨大西洋的数字贸易，同时也可以作为促进经济增长和发展的全球化标准。

欧盟强调"公平"。2015 年 6 月，欧盟推出"数字单一市场战略"，该战略提到为实现成员国数字贸易跨境消费的规则公平，欧盟委员会将修改立法提案，确保国内市场交易方不因强制性国家消费者合同法律的差异，或产品在标签之类的具体规则上的差异而阻止跨境交易。

在数据隐私和数据跨境流动问题上，美国和欧盟适用的是截然不同的法律制度。2014 年 1 月 16 日，美国国会推出的《2014 年国会两党贸易优先法案》要求贸易谈判方确保政府允许跨境数据流动，不得要求数据本地存储或处理，禁止对数字贸易设置与贸易有关的障碍。而欧盟则明确表示，任何协定都不能影响"对个人数据传播和处理过程中的隐私保护，以及对个人记录和账户的机密性保护"，这恰好呼应了 WTO《服务贸易总协定》（GATS）中的相关规定。2018 年 5 月，欧盟《通用数据保护条例》在欧盟全体成员国正式生效。这一新条例被认为是"世界史上最严格的个人数据保护条例"。《通用数据保护条例》以欧盟法规的形式确定了个人数据保护的原则和监管方式，以取代欧盟 1995 年出台的《数据保护指令》，具有更强的法律效力。

（五）《国际服务贸易协定》（TISA）中有关数字贸易的重点内容

国际服务贸易协定（TISA）期望建立电子商务、计算机相关服务、跨境数据转移等新兴领域的管制规则，强调制定适当的条款来支持通过"电子渠道"所进行的服务贸易，引导数字贸易和跨境数据流的发展。TISA 中的《多边服务业协议》体现的新动向包括：范围广泛的综合协议，不预先排除任何部门或模式，包括金融、快递、传播、电信、电子商务、运输、物联网、数码贸易、移动通信网络、互联网等所有服务业领域；增加外 GATS 的附加规则，拟将国民待遇由 GATS 中选择性的承诺变为横向普适性的承诺，并包含锁定开放现状和"棘轮条款"，自动将新出现的服务部门锁定在自由化范围内；建立一些新兴领域的管制规则，如国际海运、电信服务、电子商务、计算机相关报务、跨境数据转移、运输和快递。特别是关注网络在服务业的应用趋势，强调制定适当条款支持通过"电子渠道"所进行的服务贸易。

与 TPP 的规定类似，TISA 中关于数字贸易或电子商务的章节或附件涉及处理跨境数据流动网络的自由访问和使用、在线消费者保护、可互通性等方面的贸易壁垒问题。然而，TISA 谈判存在两个障碍，欧盟不愿提出一项数据流动的建议，也不愿承诺 TISA 的非歧视义务涵盖"新服务"（其中许多可能是数字化服务）。

(六)《数字经济伙伴关系协定》(DEPA)

《数字经济伙伴关系协定》(Digital Economy Partnership Agreement,DEPA)由新西兰、新加坡、智利于2019年5月发起、2020年6月签署,是全球首份数字经济区域协定,旨在针对海量的数字贸易,在协定国之间建立一个体现数字经济发展趋势的规则框架。除传统的知识产权等议题外,DEPA还加入了人工智能、数字创新、科技金融等前沿问题,是区域内探索数字贸易规制的重要力量。DEPA建立了新的国际规则和最佳实践,以支持和促进数字贸易的发展。DEPA对所有希望加入的国家开放,其目的是为任何地方的政府提供模块化的解决方案。DEPA中包含的各种模块可以被单独"拾取"并放置到其正在进行的贸易协定谈判中,成为附加的"纯数字"贸易安排的基础;或被放置于其他区域或全球数字倡议中,以促进相似的方法在国际数字贸易规则中传播,并更好地匹配参与国的舒适水平。DEPA的覆盖范围包括促进商业和贸易便利化、数据问题以及商业和消费者信任等这些大多都建立在CPTPP中已经包含的条款,如电子商务条款之上。①

(七)美国等国推动数字贸易战略新动向与重大举措

近年来,美国为促进数字贸易发展,采取了一系列新举措。作为世界数字贸易发展领导者的美国,为了巩固和扩大自身在数字贸易领域的竞争优势和地位,强化数字贸易作为经济增长极的作用,开拓数字贸易新市场,引领世界数字贸易的发展,一直在推动和主导数字贸易规则谈判。

第一,在多边谈判框架下,初步形成数字贸易规制。在多边谈判框架下,数字贸易规制主要体现在两个方面:一是美国在1997年颁布的《全球电子商务纲要》中就表明了追求电子商务全球自由化的立场。1998年5月,时任美国总统克林顿亲赴世界贸易组织(WTO)部长级会议,敦促各国支持美国关于电子商务永久免税的建议。二是2008年11月,亚太经合组织(APEC)提出《数字繁荣的行动清单》并明确六大行动关键领域:基础设施、投资、创新、智力资本、信息流、整合。

第二,在双边谈判框架下,进一步强化多边数字贸易规制的落实。在双边谈判框架下,2012年,美国与韩国签署的《美国与韩国自由贸易协定》中明确规定,应在负面清单基础上对数字产品给予非歧视待遇,尽力避免对电子信息的跨境流动设置不必要的障碍。美国在自由贸易协定中专设电子商务一章,旨在对数字传输的内容产品提供自由贸易的待遇。

第三,在区域和次多边谈判框架下,积极推进数字贸易新规制的构建。在数

---

① 戴艺晗:"WTO数字贸易政策与区域主义多边化进程",《经济与管理科学》,2021年11月。它是2020年度国家社科基金重大项目"中国特色自由贸易港国际法治研究"(20&ZD205)的阶段性研究成果。

字贸易中，亚洲拥有最大的增长潜力，而欧盟是美国最大的数字贸易伙伴，美国高度重视亚洲和欧盟的数字贸易市场。美国以 TPP、TTIP、TISA 为抓手，三位一体推进数字贸易规则谈判，推动区域和次多边数字贸易国际规则的构建，为主导和推动全球多边数字贸易规则奠定坚实基础。

与此同时，美国也在积极推动跨境电子商务的发展。2015 年，美国发布了跨境电子商务发展十年规划，其发展目标是：到 2025 年，使跨境电子商务规模达到整个国际贸易额的 70%。同年，美国在亚太经合组织（APEC）第二次高官会上提出，通过数字经济促进包容性增长的提案（2015/SOM2/028），提到将"便利数字贸易促进包容性增长"作为下一代贸易与投资议题，并特别提到在 APEC 下建立一个便利数字贸易的框架。

当然，美国发展数字贸易仍面临着众多的潜在挑战与风险：一是数字贸易本地化措施阻碍了数字贸易市场开放，本地化措施对美国国际数字贸易市场的拓展构成了潜在威胁。二是分歧的数据隐私保护措施。目前，已经有超过 60 个国家采取了数字本地化做法，其目的包括对隐私的担忧、对国家安全的担忧或者发展经济的考虑，具体做法一般是要求在境内设立数据中心或者要求数据存储在境内。三是非中性的审查措施，构成数字贸易市场准入壁垒。美国特朗普政府已经着手建立面向数字贸易政策和挑战的新架构。为了实现国会确定的数字贸易谈判目标，美国从 2016 年开始建立专门针对数字贸易的组织架构。2016 年 7 月，美国贸易代表办公室（USTR）内部建立了数字贸易工作组，以快速识别数字贸易壁垒，制定相应政策规则。该工作组由 USTR 代表罗伯特·霍利曼（Robert Holleyman）直接领导，其工作人员来自 USTR 内部的电子商务、电信、服务、知识产权、创新和工业竞争力领域。成立两年来，该工作组已经开展了多项卓有成效的工作，包括为《2017 年外国贸易壁垒评估报告》识别出最新的数字贸易障碍，制定在国际上推广数字贸易规则的战略，推动 USITC 对主要国外市场上的数字贸易壁垒开展调查和评估。此外，美国商务部从 2016 年开始，在主要贸易伙伴国家派驻数字贸易参赞，帮助美国企业解决相关问题，并采取相应对策。

总之，2013 年以来，不仅美国，中国、俄罗斯、印度、巴西、澳大利亚等国也纷纷就数字贸易制定了本地化政策措施（见表 6-1）。

表 6-1　部分国家相关数据本地化政策措施

年份	国家	内容
2013	巴西	要求谷歌、脸书等公司在境内建立数据中心
2014	尼日利亚	《尼日利亚信息和通信技术内容开发指导方针》规定了施行采购限制、信息和通信技术硬件的当地内容含量要求、当地发展计划的建立、对跨境数据流的限制

续表

年份	国家	内容
2015	印度	新的《国家电信机器对机器蓝图》要求：印度所有物联网网关和应用程序服务器所服务的客户必须位于印度
2015	印度尼西亚	强制在智能手机制造中使用本地内容，以及强制数据存储本地化
2014	俄罗斯	俄罗斯议会通过了一项数据保留和数据挖掘的法案，规定所有互联网公司都要在俄罗斯境内的服务器中存储用户数据，时长至少应达到6个月
2015	俄罗斯	要求数据运营商确保所有对俄罗斯公民个人数据的收集和使用都必须使用位于俄罗斯境内的数据库
2015	韩国	《信息通信网络的促进利用与信息保护法》规定，政府可以要求信息通信服务提供商或用户采取必要手段防止任何有关工业、经济、科学、技术等的重要信息通过网络流向国外
2012	澳大利亚	《个人信息电子健康记录控制法》要求医疗信息存储必须本地化
2017	俄罗斯	包括微信在内的多个通信社交类软件在俄罗斯被禁，原因包括没有将用户数据保留在俄罗斯境内
2022	中国	2017年6月1日起实行的《网络安全法》第37条是关于关键信息基础设施数据储存本地化规定的补充。第37条规定，"应当按照国家网信部门会同国务院有关部门制定的办法进行安全评估"。然而，目前的《个人信息和重要数据出境安全评估办法（征求意见稿）》（以下简称《办法》）并不只关注数据本地化义务与关键信息基础设施运营者进行个人信息及重要数据出境传输所应进行的安全评估的要求。《办法》在进一步扩大所有网络运营者的义务范围的同时，还进一步创设了补充数据本地化要求的新义务，形成了一个大范围实施个人信息和重要数据储存本地化与个人信息及重要数据出境传输规范化的法律框架。2022年7月出台的《数据出境安全评估办法》，明确了开展数据出境安全评估的四种情形，分别从数据类型、数据处理者、数据数量等方面划定开展出境安全评估的标准线

来源：根据公开信息整理

规则博弈是当前大国博弈的重要内容，赢得数字贸易规则制定的主导权，也就赢得了未来发展的主动权。我国在数字贸易规则制定中与国际主流趋势存在明显差异。2019年1月，包括中国在内的76个WTO成员发布联合声明，正式启动电子商务谈判。根据各方的提案，谈判主要围绕六类问题展开，具体见表6-2。[①]

[①] 陈红娜："国际数字贸易规则谈判前景与中国面临的挑战"，《新经济导刊》，2021年第1期。

表 6-2　全球电子商务谈判的六类问题

	议题内容	涵盖问题	谈判总体进展
A	贸易便利化	作为推动贸易便利化和市场包容性的关键议题，对于发展中国家的电子商务发展至关重要。如电子签名、电子支付、电子合同、无纸贸易、通关、关税等	进展较快
B	贸易自由化	包括跨境数据流动、数字内容不歧视、互联网和数据访问	争议最大
C	信任	消费者保护、隐私保护和商业信任（源代码等）	除隐私和源代码外，其他较具共识
D	交叉议题	透明度、网络安全、能力建设、合作、国内监管以及各种法律问题	处于初级阶段
E	电信	更新电信附件	各方持相对开放态度
F	市场准入	服务和货物（ITA）市场准入	逐步推进

全球数字贸易"联盟化"趋势加速，中国有被边缘化的风险。由于多边框架内的谈判尚处于初始阶段，政策诉求的差异和寻求规则制定主导权的愿望加速了"志同道合"国家间构建制度联盟的趋势。

在跨境数据流动这一单项议题上，美欧日都通过各自主导的专门框架和相互间的制度安排，构建起将我国排除在外的数据流动圈。例如，欧盟通过《通用数据保护条例》（GDPR）的充分性认证，与日本等 12 个国家构建跨境数据流动安排，与美国的"隐私盾"协议虽然在 2020 年 8 月被裁定无效，但尚可通过标准合同条款等特殊保障措施确保数据的流动性。美日也分别通过《美墨加协议》（USMCA）实现了与部分贸易伙伴间的数据流动。甚至俄罗斯也通过其主导的"充分性决定"规则和欧盟"第 108 号公约"，建立了自身的"数据盟友"。[①]

2020 年 6 月，美国在 APEC 事务级别磋商中提出，将 APEC 跨境隐私规则体系（CBPR）独立于 APEC 框架外。此举一方面是为了保留巴西等非 APEC 成员加入的可能，扩大其主导规则的国际影响力；另一方面是要在排除我国的情况下推进数字规则的制定（见图 6-1）。

一系列复杂的情况加大了各个国家和地区在监管上的难度，其中一个重要内容就是保护个人隐私与促进跨境数据流动之间的平衡问题。

---

① 陈红娜："国际数字贸易规则谈判前景与中国面临的挑战"，《新经济导刊》，2021 年第 1 期。

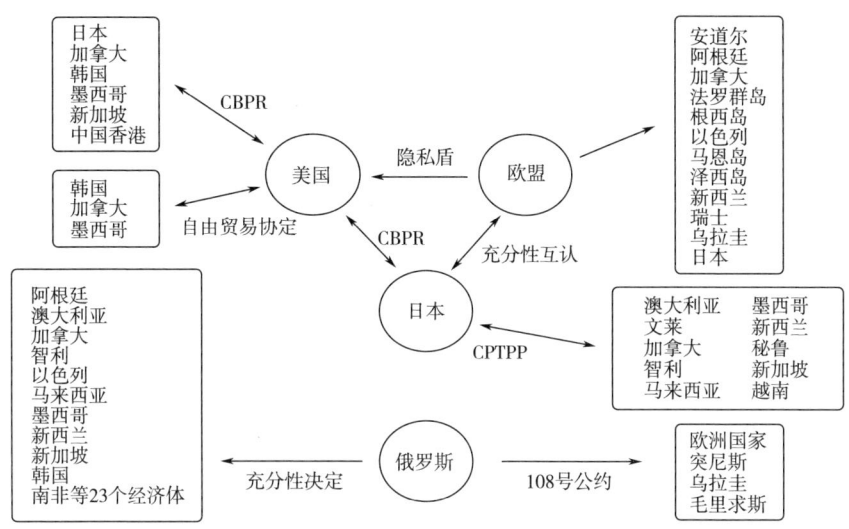

图 6-1　全球跨境数据流动圈

数字贸易的发展势不可挡，对其带来的挑战也没有简单的解决方案。对此，各国应积极采取行动，妥善处理分歧，共同为数字贸易的发展打造适宜的制度环境。①

二、RCEP 和 CPTPP 数字贸易规则比较

（一）RCEP

2022 年 1 月 1 日，世界上最大的区域经济合作协议——《区域全面经济伙伴关系协定》（RCEP）对包括中国在内的十国开始生效。RCEP 主要是东亚区域国家间（"10+6"）达成的自由贸易协定，正式生效方包括文莱、柬埔寨、老挝、新加坡、泰国、越南等 6 个东盟成员国和中国、日本、新西兰、澳大利亚等 4 个非东盟成员国。协定生效后，区域内 90% 以上的货物贸易最终将实现零关税。RCEP 是全球最大的自贸协定，所覆盖的人口、GDP 和贸易均占全球的 1/3 左右，RCEP 正式运行后将成为世界上人口最多、经济体量最大、贸易额最大、吸引外资最多、经济增速最快、最具发展潜力的自由贸易区。

RCEP 对中国企业以及中国民众的实质利好是全方位的：RCEP 实施后，将推动我国与东盟、日韩澳新之间 90% 以上的商品实现零关税，这里有 RCEP 生效之日起立即生效的，也有十年内逐步过渡的。伴随关税门槛以及非关税壁垒的降低，必将给企业和民众带来更多开放的红利和实惠。RCEP 落地生效，将首次在

---

① 陈红娜："为数字贸易发展提供良好制度环境"，《经济日报》，2019 年 5 月 15 日。

中国与日本这两个世界第二和第三大经济体之间形成了自贸关系，中日双方将在机械装备、电子信息以及化工产品等诸多领域相互降低或减免关税，中日之间的零关税产品比例将达八成以上。

RCEP生效之后，在RCEP区域内（东盟+中日韩澳新）企业生产产品中源自RCEP区域内的价值成分累积达到40%就可以享受减免关税待遇，而且企业还可以自主声明，这有利于企业将以更低的成本进口先进技术、重要设备，及进口设计研发、节能环保等生产性服务，更好满足产业结构转型升级和市场消费升级的需求。RCEP在商务人员及家属的工作居住等方面将放宽要求，这也有助于在东盟及中日韩澳新15国之间形成大市场，特别是对中国来说，在大幅降低关税和非关税壁垒之后，区域内贸易潜力将更大，由此带来货物、资金、人员、技术流动更加自由的红利。

2021年是中国—东盟建立对话关系30周年，也是中方宣布将中国—东盟关系提升为全面战略伙伴关系的开局之年。出于现实的要求，也是以创新引领合作的要求，中方提出启动中国—东盟自由贸易区3.0版建设，主要涉及两方面的内容：一是数字经济，二是绿色经济。在数字经济方面，中国与东盟国家在数字经济领域互补性强，合作潜力巨大。近年来，双方数字经济方面的合作日益活跃，企业合作需求十分旺盛。2020年是中国—东盟数字经济合作年，双方积极拓展在电子商务、科技创新、5G网络、智慧城市等领域的合作，同时促进"一带一路"倡议与《东盟互联互通总体规划2025》对接，依据《东盟互联互通总体规划2025》战略目标促进市场紧密融合，提升数字互联互通，包括支持落实《东盟信息通信技术总体规划2020》等。

（二）CPTPP

《全面与进步跨太平洋伙伴关系协定》于2018年3月8日由日本等11国在智利首都举行签字仪式，同年12月30日正式生效。CPTPP是一个高标准的区域贸易协定，其前身是由时任美国总统奥巴马主导的《跨太平洋伙伴关系协定》（Trans-Pacific Partnership Agreement，TPP）。2017年11月，日本和越南共同宣布除美国外的11国将签署《全面与进步跨太平洋伙伴关系协定》（*Comprehensive and Progressive Agreement for Trans-Pacific Partnership*，CPTPP）。签署CPTPP的国家有日本、加拿大、澳大利亚、智利、新西兰、新加坡、文莱、马来西亚、越南、墨西哥和秘鲁，该协议签署国覆盖4.98亿人口，GDP总和占全球经济总量的13%。

CPTPP涵盖的内容更多。RCEP包含了二十个章节，而CPTPP包含了三十个章节。RCEP、CPTPP都是基于WTO多边贸易体系规则，如知识产权方面也都是在 TRIPs 基础之上，但是相比 CPTPP，RCEP 标准略低一些，也未纳入国企、环保和劳工等议题。

CPTPP 涵盖的国别不同。CPTPP 虽然只有 11 个国家，但是涵盖了北美的墨西哥和加拿大，南美的智利和秘鲁。而 RCEP 不包括南美和北美的这四个国家，所以，要跨越太平洋，就要申请加入 CPTPP。

最后，CPTPP 的门槛更高一些。尽管知识产权、电子商务、金融投资等内容 RCEP 里面也都有，但是 CPTPP 的规则标准更高，要求也更严格。为了促进高水平对外开放，我国还是需要加入 CPTPP。CPTPP 的前身是《跨太平洋伙伴关系协定》（TPP），尽管 CPTPP 是 TPP 的"降维版"，但也保留了 95% 的条款，然而难度降低了不少，是开放透明、互利共赢的区域自贸安排，也是目前世界最高标准的自贸协定。

（三）RCEP 和 CPTPP 数字贸易规则对比

与 CPTPP 相比，2020 年 11 月 16 日签署的《区域全面经济伙伴关系协定》（RCEP）门槛要更低一些，更加适合于发展中国家，且 CPTPP 有 7 个成员方和 RCEP 是重叠的。RECP 的成员方中包括中国，并且是以中国作为主要的成员方，RCEP 的签署将有利于推动我国经济高质量发展。从地缘政治角度来说，如果中国在加入 RCEP 后能再加入 CPTPP，对于中国实现冲破美国对中国的围堵与包围是一个非常大的突破，对于整个东亚整合和崛起的推动作用巨大。如果中国加入 CPTPP，等于又和加拿大、秘鲁、智利、墨西哥间接签订了贸易协定，如果英国能加入 CPTPP，那么中国也等于和英国签订了贸易协定。

当然，CPTPP 在很多方面要求比 RCEP 更高（见表 6-3），如 RCEP 对实施零关税的贸易货物数整体超过 90%，而 CPTPP 规定的货物数为 95%，并且在标准和规则上要求更高。按照 CPTPP 条款的规定，成员国之间相互出口产品，只有其生产费用总和在该产品价格中占比达到一定比率，才能享受零关税优惠。如果新加坡出口到日本的纺织品中，中国的原材料或创造的附加值超过某个比率，该产品就不享受零关税。这种排他性贸易政策将导致成员国以外的生产链受到打压。加入 CPTPP 意味着将倒逼中国国内改革走向深入，对目前一些不符合国际惯例的部分进行深入改革，并在政府采购、补贴、国企运行等很多方面与国际通行规则接轨。显然，CPTPP 的高标准对中国现有规则来说是一种挑战，例如，原本扎根在中国广东、福建的鞋帽服装企业，纷纷将工厂迁往越南。对于 CPTPP 带来的冲击，我国应在保持战略定力的同时调整思路，积极应对。

表 6-3　RCEP 与 CPTPP 中关于数字贸易关键议题的对应条款

数字贸易关键议题	RCEP 中对应条款	CPTPP 中对应条款
数字产品或服务的税收	海关关税（第 12.12 条）	电子传输关税（第 14.3 条）
个人信息保护	线上个人信息保护（第 12.8 条）	个人信息保护（第 14.1、14.8 条）
线上消费者保护	线上消费者保护（第 12.7 条）	线上消费者保护（第 14.7 条）
跨境数据流动	通过电子方式跨境传输信息（第 12.15 条）	通过电子方式跨境传输信息（第 14.11 条）
数据及相关设施的本地化	计算设施的位置（第 12.14 条）	计算设施的位置（第 14.13 条）
数字知识产权	无	源代码保护（第 14.17 条）
市场准入	无	数字产品和服务的非歧视待遇（第 14.4 条）
跨境电商便利化	电子认证和电子签名（第 12.6 条）	电子认证和电子签名（第 14.6 条）
	无纸化贸易（第 12.5 条）	无纸交易（第 14.9 条）

（四）国际规则已成为国际经济秩序重构的重要内容

总的来看，未来国际贸易格局的变化、利益的分配将更多取决于系统性规则与制度的构建。具体到数字贸易，其涉及的规则领域日益广泛，有些规则是与数字贸易直接相关的，有些则与数字治理环境密不可分，议题范围持续拓展、内容日益复杂。已经开展的数字贸易规则磋商与谈判主要集中于贸易便利化、市场准入、关税与数字税、数据跨境流动、知识产权保护、可信赖的互联网环境和数字营商环境等议题。

在贸易便利化方面，随着贸易方式和贸易对象的数字化转型持续深化，以"即时性、小规模、大批次、无纸化"为特征的跨境电商迅速发展，对贸易便利化的要求显著提升，相关的规则谈判主要涉及支持使用电子认证、电子签名、电子合同、电子支付、电子发票等。

在市场准入方面，数字贸易所涉商品或服务的市场准入取决于成员方在《服务贸易总协定》（GATS）和区域及双边贸易协定中做出的承诺。目前，数字产品非歧视待遇、服务市场准入承诺等被重点关注。

在关税与数字税方面，各国趋于强化管辖权要求，对税收利益分配表现出更高的期待。虽然这方面的国际协调尚未达成共识，但一些国家选择开征数字服务税，并将其作为缓解税收损失的重要手段，一度引发贸易摩擦，是当前各方关注与争议的焦点。

在数据跨境流动方面，数据已经成为新的生产要素和可交易的重要资产，经济领域诸多方面的发展也催生出巨大的数据跨境流动需求。与此同时，数据的跨境流动也对隐私与商业秘密保护、网络安全等提出了更高要求。如何促进数据跨境便捷、安全、有序流动，成为当前数字贸易规则谈判的核心议题。

在数字知识产权保护方面，如何确定保护与监管的边界，是规则建设的重要议题，主要涉及数字内容版权的保护等。

在打造公平竞争的市场环境方面，规则谈判既包括对电信通道、互联网、大型互联网平台等数字基础设施的公平使用，也包含平台责任、打击市场垄断、建立包容性的技术创新环境等内容。未来，制定数字基础设施的技术标准等也会成为国际合作的重要内容。

各国对多边谈判、对世界贸易组织现有规则的修订抱有期待，但由于数字经济发展水平和竞争力不同，对构建数字贸易国际规则体系的目标诉求各异、利益复杂交织，谈判进展较为缓慢。在多边谈判难以取得突破性进展的情况下，各方参与规则制定的路径选择也呈现出多元化趋势。部分国家转而通过在区域及双边贸易协定中设立专门的电子商务章节，将数字贸易议题纳入规则制定范畴，其影响力不断提升，已经成为推进和引领全球数字贸易规则制定的重要平台。同时，一些国家以专门商签数字贸易协定的方式，就数字贸易做出制度性安排。此外，一些政府间对话平台或专业性组织在专项领域的规则和技术标准规范上具有影响力，对构建数字贸易国际规则体系发挥着重要作用。

数字贸易极大地改变了全球化的发展方式，拓展了国际贸易的影响范围，已成为各国发展的重点，围绕数字贸易及跨境数据流动的规则谈判也已成为重构国际经济秩序的重要内容。目前，我国参与规则谈判的水平和自身的制度准备尚显不足，被边缘化的风险不断加大，亟须妥善应对。[1]

第二节　数字税及其对跨境数字贸易的影响

近年来，数字经济冲击了一些传统商业，一些数字企业通过避税港、无形资产转让定价等方式避税，实际税负远低于传统产业，对东道国的税收贡献与其收益不对称。另一方面，数字鸿沟仍在扩大，数字寡头的规模仍在膨胀，也引起了一些不满。在这样的背景下，近年来，除了经合组织开展了一系列对数字经济税

---

[1] 张琦、陈红娜、罗雨泽："关注数字贸易国际规则构建与走向"，《经济日报》，2022年1月20日。

收的研究和行动外，一些国家也开征了数字服务税，以应对上述问题。本节将对这些数字税（一些国家称为"数字服务税"）框架或制度进展进行介绍。数字税作为近年来新兴的税种，虽然在国际协调层面尚未完全定型，但一些国家已经开始单边征收。在这种情况下，研究其对蓬勃发展的跨境数字贸易将形成什么样的影响，对从贸易角度考量我国在数字税方面的政策选择具有现实意义。

一、OECD/G20 的研究和行动进展

（一）近年来 OECD 关于数字经济税收的研究和行动进展

2015 年，OECD 发布税基侵蚀和利润转移（Base Erosion and Profit Shifting, BEPS）第一项行动计划《关于数字经济面临的税收挑战的报告》。其中指出，经济的数字化不仅加剧了税基侵蚀风险，而且带来了更广泛的税收挑战。

2017 年，欧盟开始讨论数字税计划。与此同时，国际层面的协调也在提速。

G20 要求 OECD 数字经济工作小组在 2018 年 4 月前就工作进展提交一份《中期报告》，期待尽快出台一套完整的国际共识的税收规则。

2018 年 3 月，OECD 发布了《中期报告》。该报告总结出数字经济影响价值创造过程的三个主要因素，即跨辖区没有实质的规模、高度依赖无形资产、数据和用户参与的重要性。包容性框架成员国的意见分为三组：第一组成员国认为数字化业务特征导致价值创造地与利润征税地不匹配，但问题仅限于一些业务，可以考虑针对性修订税收规则而非整体改革现行国际税收规则来解决问题；第二组成员国认为持续经济数字化转型及全球化正在挑战现存营业利润国际征税分配规则的有效性，这些挑战涉及范围广泛，应重新设计税收规则；第三组成员国认为 BEPS 一揽子措施已基本解决双重不征税问题，现有国际税收规则无须进行重大改革。

2019 年 1 月，OECD 发布了关于应对数字化经济征税问题工作的政策简报，表示 BEPS 包容性框架的所有成员国将在两个支柱下研究四项解决方案。

2019 年 5 月底，OECD 发布了《工作计划——制定应对经济数字化带来的税收挑战的共识解决方案（工作计划）》。

2020 年 1 月 31 日，OECD 发布了《OECD/G20 税基侵蚀和利润转移（BEPS）包容性框架关于解决经济数字化带来的税收挑战的双支柱声明》。

2020 年 10 月，OECD 又公布了支柱一和支柱二的蓝图。

（二）OECD/G20 的 BEPS 包容性框架关于解决经济数字化带来的税收挑战的双支柱声明的内容

2020 年 1 月 31 日，OECD 发布了《OECD/G20 税基侵蚀和利润转移

（BEPS）包容性框架关于解决经济数字化带来的税收挑战的双支柱声明》。声明中提到，支柱一将成为谈判基础，对支柱一下建议的征税权重新分配所达成的任何共识，必须提高税收确定性，包含高效、有约束力的争端预防和解决机制。在设计解决方案时，包容性框架（IF）还需要最小化复杂度。2019 年 12 月 3 日，美国财政部给 OECD 秘书长古里亚（Gurria）发信，强调美国支持多边解决，但建议支柱一以"安全港"为基础执行。这之后，包容性框架的许多成员方表示，如果按安全港基础会出现很多困难。IF 成员方强调，最终决定应在考虑到协商一致的解决途径后再做出。

二、数字税收的国别和区域行动

（一）欧盟的数字税收计划

欧盟在 2018 年 G20 财长和央行行长会议后，提出了拟对数字经济征税的新措施，包括针对数字经济公司的税收总体规划及对数字经济活动某些收入的临时税收。欧盟在《数字税收：委员会建议在欧盟确保所有企业缴纳公平税收的新措施》报告中指出，国际企业税收规则已经有 100 多年的历史，这些规则一直是为实体业务设计的，如注册地原则，意味着一家公司应该身处一个国家或地区并在那里缴税。近年来，欧盟成员国对谷歌、亚马逊等数字经济公司开展调查，发现其利用较为激进的税务筹划手段来避税，使其实际纳税接近零。数字经济运作方式加剧了现有的税基侵蚀和利润转移问题。这些避税行为使欧盟成员国每年损失 500 亿~700 亿欧元税收。除了加重企业间的税负和不公平竞争，也加重了国家间的不公平竞争，加重了欧盟成员国的财政压力。一些成员国采取单边行动，或设置对跨国数字公司的税收优惠，不利于欧盟统一市场，也需要协调一致的数字税收行动。欧盟目前正在推动"单一数字市场"战略，实行数字经济税收，可以形成有利于数字公司（尤其是欧盟的）稳步发展的环境。为此，欧盟拟出台针对数字经济公司的税收总体规划，认为只要数字经济公司满足以下条件之一，就需要纳税。一是数字经济平台在某一欧盟成员国的年收入要超过 700 万欧元；二是数字经济平台在某一欧盟成员国的一个纳税年度内拥有超过 10 万名用户；三是数字经济平台在某一欧盟成员国内的一个纳税年度内和该平台用户之间缔结超过 3000 份数字服务商务合同。

在国际层面，欧盟希望进一步推动国际税收工作。在 2018 年 G20 财长和央行行长会议前，欧盟表达了对 OECD 的 BEPS 的支持，认为目前的国际税收规则无法对没有物理存在的公司征税，这在数字经济时代已成为欧洲和全球各国共同的问题，欧盟支持 OECD 致力于定义物理存在和数字存在。在那次 G20 公告发布后，美国财政部回应，表示坚决反对任何国家单独对数字经济征税，这体现了数字经济税方面的争议。2019年3月，经过一年多的讨论，由于爱尔兰、瑞典、丹麦几个成员国的坚决反对，欧盟统一征收数字服务税的解决方案被拒绝，只能回到通过OECD进行国际协调层面的努力上。

(二) 国家实践

1. 意大利。2013年底，意大利成为欧盟第一个颁布法律，限制互联网企业转移利润的国家。它要求所有在意大利经营的公司都必须在本地有注册机构的公司购买互联网广告，而不得从哪些设在避税天堂的企业购买广告。该法令与欧盟倡导的企业可自由跨国交易原则相悖，欧盟对此有过干预。

2. 法国。2019年7月11日，法国参议院通过数字税法案，7月24日马克龙签署，7月25日公布。依据该法案，法国数字税主要针对三类数字服务商——定向网络广告商、以广告位目的的用户数据销售商、网络中介平台。该法案的核心是对网站服务提供者的数字广告及跨境数据流动的交易行为征税。该法案豁免了从事直接销售的网络平台、通信与支付平台及网上金融服务平台的缴税义务。

3. 英国。2019年7月11日，英国公布了新版的《数字服务税（DST）立法草案征求意见稿》。按征求意见稿，英国数字税的征税对象为社交媒体平台、搜索引擎或针对英国用户的网上商城。若上述服务提供商全球年收入超过5亿英镑，且来自英国用户的收入超过2 500万英镑，就将被征收数字税，税率为2%。同时，英国将豁免对金融、支付服务提供者的缴税义务。

4. 美国。美国坚决反对欧盟的数字税提议。美国总统特朗普曾经在推特上表示，如果法国征收数字税，那么美国将对法国采取实质性报复措施，包括启用301条款对法国葡萄酒加征关税。2019年10月，美法两国财政部长磋商数字服务税国际解决方案后，法国承诺将数字税的分期缴纳推迟到2020年12月，美国同意在此期间暂停对法国的制裁，两国计划朝着制定国际税收全球共同框架的共同目标迈进。

5. 亚洲国家。针对电商冲击实体门店并使税收减少、形成不公平竞争的问题，东南亚一些国家通过扩大货劳税征税对象、对提供进口服务的电商开征货劳税的方式应对。例如，新加坡从2020年1月1日起对外国供应的数字服务征收货劳税，规定这些供应商须从该日起进行货劳税纳税人登记。所有跨境B2C和B2B模式提供的数字服务均需缴纳货劳税（GST），税率为7%。马来西亚从2020年1月1日起对外国数字服务供应商征收6%的数字服务税。越南2019年实行的新税法计划从2020年7月1日起对外国电商征收增值税。

三、数字贸易面临的贸易壁垒

对于数字贸易面临的多种贸易壁垒，各国有不同的看法。美国贸易代表办公室（USTR）发布的 2017 年国家贸易预测（National Trade Estimate，NTE）中将数字贸易壁垒分为四类：

一是数据本地化障碍。包括特定司法权中不必要的数据存储要求，或计算机设备本地化要求和对跨境数据流的彻底禁止。

二是技术壁垒。包括要求达到繁重而无必要的安全标准，以及披露加密算法或其他专有源代码。

三是针对网络服务的壁垒。包括对新业务模式不适当的应用旧管制体系，和对网络平台用户产生内容和活动的非 IP 相关义务的不合理负担。

四是其他壁垒。包括围绕电子认证和签名、网络域名、数字产品、电子支付平台的问题和其他歧视性操作。

四、数字税对跨境数字贸易的影响及对策建议

（一）数字税对跨境数字贸易的影响

数字税可能通过以下途径影响跨境数字贸易。

1. 提高跨境数字贸易的纳税成本。从目前多国单独开征数字服务税的模式可以看出，数字服务税的开征无疑将使得跨境数字贸易的税收负担和纳税成本略有提高。

2. 缺乏协调的数字服务税体系可能增加贸易摩擦，进而影响跨境数字贸易的开展和准入。由于数字服务税国际博弈直接关系到主要经济体数字企业和数字经济的发展，预计这种博弈还将持续一段时间。单边碎片化和缺乏协调的数字服务税体系可能因开征国的数字税制对国际互联网企业的不公平性或者说歧视性，遭到国际互联网巨头实际所属母国（目前主要是美国）的反对，引起其母国与东道国之间的贸易摩擦，严重时可能还会影响未来跨境数字贸易的开展或准入。这点从美法或美欧之间的数字税博弈和与之相伴的贸易摩擦已可看出端倪。

3. 在多个国家开始征收数字服务税的单边行动后，可能产生一些贸易转移效应。数字服务税的确会在某种程度上构成一种贸易壁垒。正如一国的贸易保障措施会造成原本与其之间的贸易转向第三国，形成贸易转移一样，数字服务税同样会产生类似的贸易转移效应。例如，在单边开征数字服务税的国家，有相关经营业务的数字企业缴纳数字服务税后，如果不通过价格转嫁给下游，则企业息税后利润会降低；如果转嫁给下游，则下游企业成本上升。最后，相关的数字企业

及其下游企业都需要在综合权衡利润变化后，再决定是否继续开发该国市场，或者进一步转嫁给消费者，又或者更侧重于开发其他未开征数字服务税的有潜力的市场，而尚未进入该国市场的数字企业也会对是否投资于该国市场有所权衡，最终结果都是造成贸易转移。

例如，法国数字服务税法案通过后，亚马逊法国网站于 2019 年 8 月宣布将销售佣金费率提高 3%。英国开征数字服务税后，苹果提高了对苹果应用商店中软件开发方的收费，亚马逊、谷歌先后提高了对第三方卖家和广告购买方的收费。这其中一部分收费或许会转嫁给最终消费者，但另一部分也可能由下游企业承担，继而影响其利润以及与其他竞争者的竞争格局（其中一部分可能未受数字服务税影响）。市场格局的变化可能使部分下游企业原有市场因此被替代和挤占，而其他未开征数字服务税的市场则可能因此吸引走部分同类数字贸易，最终从供需两端影响数字贸易的转移。

（二）相关政策建议

通过以上分析，笔者提出以下建议。

1. 积极参与数字税方面的国际治理。为了避免因数字服务税单边行动而诱发较大贸易摩擦，我国应积极参与数字税方面的国际治理。在参与数字税方面的国际治理中，应坚持的原则不妨回顾 G20 曾在数字经济发展方面的一些原则主张，或许对最终达成多方共识有所裨益。

2016 年，G20 峰会上提出的《二十国集团数字经济发展与合作倡议》中曾指出七项促进数字经济发展与合作的共同原则：创新、伙伴关系、协同、灵活、包容、开放和有利的商业环境、促进经济增长信任和安全的信息流动。需要看到，未来数字经济发展对促进全球经济发展和发展中国家生产力提升、就业增长和消费者福利提升，仍将具有重要意义。与此同时，克服数字经济中平台垄断、税收流失等影响社会福利的问题，仍需要加强治理。从这样的大背景出发，数字服务税多边方案的协调和朝着共同目标努力，仍然需要坚持促进创新、灵活、包容、开放、协同、伙伴关系、促进经济增长和信任这些原则。这些原则的坚持有利于主要数字服务消费国和生产提供国、数字服务贸易净出口国和净进口国之间的沟通协商，也意味着需要在统一方案制定中充分吸纳和权衡各类数字企业、消费者、政府各方之间的"伙伴关系"和社会福祉。

相比于数据跨境流动、源代码保护等方面的核心分歧，数字税可能还属于我国与欧盟等国较容易达成共识的领域。贸易向数字化方向发展已是大势所趋。而世贸组织下的电子商务谈判如果按照发达经济体所希望的向高标准方向努力，对中国等发展中国家来说，除非在网络管理方面实现较大突破，是很有挑战甚至可能前功尽弃的；而如果按照中低标准，不纠结于数据自由流动等方面的高标准要求，则可能相对容易达成，但这显然并非强势国家所希冀的。不可否认的是，在区域贸易协定中，电子商务方面的协定已不罕见了。无论数字贸易的国际治理未来如何，对数字税的国际治理，中国不妨积极参与，并使具体方案向中国可接受的程度努力。

2. 从更长远的角度考察数字税和数字贸易、数字经济发展之间的关系。农业社会的主要生产要素是人力和土地，税制中有户税、地税等。工业社会的主要生产要素有资本、人力等，税制中相应地有了所得和利得税、货劳税。信息社会，数字经济得到前所未有的发展，数据成为新的生产要素，但各国税制中也就只有少数国家开始专门对这一新的要素收入或所得征税的情形。从历史的角度看，数字税成为税制面向未来的发展方向并非仅是偶然，及早研究已经开征数字服务税或有方案准备开征的国家或地区的数字服务税制度，并综合考虑数字经济下已有税制的调整适应（包括征管方面）及与新数字服务税的结合，很有必要。

3. 在数字税的相关治理中，需关注并综合平衡国内各利益相关方的意见。数字税的制定和协调过程中，需要综合考虑各相关利益方的相关程度及税收承担能力，这样有助于得到各方都更容易接受的方案。

第三节　全球数字贸易中的跨境数据流动规制问题

社会发展的现实需求促进了数字贸易的繁荣，数字贸易的发展推动了全球数字价值链的产生与演进。在经济全球化背景下，数据能否跨境自由流动，直接影响着数字价值链相关市场主体的商业效率。基于 OECD 的服务贸易数据，陈寰琦就各国在跨境数据自由流动方面的立场进行了分析，梳理了跨境数据自由流动所引发的冲突和矛盾，发现分歧点在于国家安全及个人隐私问题，数据的跨境自由流动对数字贸易产生了积极的促进作用，在保险和部分商业服务领域尤其显著。数据的自由流动与数字贸易发展水平高度相关，引发诸多正当的政策关切（如国家安全、本国数字市场利益保护、公共道德和个人隐私保护等）。

一、探索阶段

目前，全球跨境数据流动规则体系建设仍处于探索阶段，数字经济大国主要依靠区域性贸易协定进行具体机制的协调。2016 年以来，在逆全球化浪潮背景下，各国的保护性博弈阻碍了数字贸易潜能的释放，各国的制度差异与利益博弈共同造就了当前的跨境数据流动规制格局。由于跨境数据流动规制存在冲突，全球数字贸易也因此面临诸多问题。

首先，跨境数据流动规制中强调数据安全、限制数据流动的保护主义倾向阻碍了数字贸易的发展。数据作为当今数字贸易的基础战略资源和重要生产力，对促进全球经济发展具有重大作用，已成为全球大国利益博弈的核心场域。美国布鲁金斯学会的相关研究显示，2009—2018 年，数据跨境流动对全球经济增长的贡献度高达 10.1%，其中，2014 年数据跨境流动对全球经济增长的价值贡献超过 2.8 万亿美元，预计 2025 年有望突破 11 万亿美元。而联合国贸易和发展会议（UNCTAD）统计数据显示，2015—2017 年，全球电子商务市场规模从 25 万亿美元提升到 29 万亿美元，增长约 16%，数字技术的高度发展显著降低了贸易成本。根据世界贸易组织（WTO）的相关报告，2030 年，世界贸易将因数字技术的高度运用而增长 34%。高山行等通过对力拓、联合利华、壳牌、中国工商银行、波音、沃尔沃等处于制造、零售、金融等不同行业企业跨境应用数据实践的案例分析，发现依靠分布在各个国家的网点，企业可以获得来自用户、公开资源、传感器等丰富数据，而这些数据在交互、物流、信息推送等方面的运用可以产生成本降低、绩效提高、流程改善等效果。若采取过于严格的跨境数据流动规制，可能会使本国相关企业难以参与国际化竞争，增加基础设施建设费用，限制业务的正常开展，进而增加企业的成本，对经济发展产生负面影响。

其次，国际社会在跨境数据流动规制方面并没有就数据权利保护或数据自由流动的政策偏重原则达成共识，也对数字贸易的繁荣产生了阻碍。以双边协议和多边协议为基础的国际跨境数据流动规制路径在国力较量中呈现出不同特征，可将其划分为三个阶段：第一阶段是 2004 年到 2012 年，通过亚太经济合作组织（APEC）隐私框架、跨境隐私规则体系（Cross-Border Privacy Rules，CBPR），形成了美国范式主导下的国际规则建设路径；第二阶段是 2013 年到 2016 年，为美国、欧盟路径的第一次融合，由于美国、欧盟跨境数据规制的立法差异，自 2000 年双方达成《安全港协议》到 2016 年达成《欧美隐私盾牌》协议，美国、欧盟通过调整规制对象和数据主体权力内容，逐步建立了数据跨境流动机制；第三阶段是 2017 年至今，为美国、欧盟路径的第二次融合，美国、欧盟两种传统规制模式的融合延伸为跨境数据流动的规制方式提供了新的逻辑行为路径。

总而言之，跨境数据流动规制已成为现阶段影响数字贸易价值流动的关键因素，而数据主权和数据安全的保护成为全球跨境数据流动规制演变的核心影响因素，以美国、欧盟为主导的两种跨境数据流动规制对全球数据治理体系产生了较大的影响。张茉楠认为，数字主权视角下全球跨境数据流动政策存在三大趋势，即跨境数据流动与数字服务贸易呈现"有限性特征"、对涉及国家安全利益的数据采取"灵活化"对策、围绕数据主权与长臂管辖权博弈呈现"加剧化态势"。

基于数字价值链构成的利益网络，全球主要经济体以数据资源的流动性为抓手，通过规则博弈提升本国在全球数字价值链中的自主地位及市场利益，也影响着全球数字贸易的发展。

二、当前跨境数据流动治理格局

目前，在全球层面基本形成了以欧盟、美国两大规制体系为主体，辅以其他国家规制体系的跨境数据流动治理格局，如何在更大范围内维护数据有序流动和国家数据安全之间的平衡，成为当前多边数字贸易体制改革的重要议题。

（一）主权力量博弈下全球数据流动治理导向差异

跨境数据流动的规制类型受制于规制目标之间的平衡、参与主体之间的竞争以及规制本身的发展规律。美国和欧盟在价值理念和规制模式方面存在根本性差异，导致双方在数字化企业竞争、公民隐私保护、跨境数据管辖权及数字服务税等问题上产生了难以弥合的分歧。欧盟坚持以数据保护为主导的跨境数据流动规制体系，强调实现区域内数据自由流动与数据本地化，在市场层面引导形成企业行业数据开放透明的高质量数据市场，在个人层面实施对隐私充分尊重和保护的跨境数据流动治理导向，进而保护区域内产业及市场，提升对数字贸易的控制力，在实现数字化单一市场战略的同时，致力于引领全球高标准数据保护体系建设。美国倾向于利用数据获取优势来释放其技术优势与商业优势，将数据作为战略资源，依托跨境数据自由流动模式实现其数字市场的规模扩张。为减少跨境数据规制差异带来的矛盾，美国、欧盟分别于2000年和2016年签订了《安全港协议》和《欧美隐私盾牌》协议，就跨境数据流动治理达成了一定共识。

在亚太地区，日本的大数据相关立法参考了欧盟模式，但在跨境数据流动治理方面也提倡美国的跨境数据自由流动模式；新加坡采取了与欧盟类似的跨境数据传输标准，并禁止向数据保护水平低于新加坡的国家或地区转移数据。中国通过《网络安全法》等法律及相应的国家标准，在数据本地化存储、数据跨境流动、个人信息保护等方面进行了跨境数据流动规制体系的先期建设，同时也对数据自由流动原则的基础性地位给予了一定程度的认可。

总体而言，在全球跨境数据流动治理格局中，大部分技术优势国家都致力于在市场层面建立一个开放、自由的跨境数据流动模式，以增强市场力量，提升在全球跨境数据流动规制的话语权，抢占数字经济时代跨境贸易的优势地位。市场力量较弱的国家则选择强化跨境数据流动规制，优先确保国家安全。那些处于全球数字价值链顶端的数字经济发达经济体掌握着尖端数字技术、核心数据以及核心网络，跨境数据自由流动能够推动形成以这些经济体为最终服务对象的数字经济国际分工格局，可能导致数字经济后发经济体在数字经济和数字贸易发展上与数字经济先发经济体的差距进一步拉大。综上所述，数字经济先发经济体主导的双边与区域一体化协定在数字贸易规则领域有着鲜明的选择性导向，着重凸显自身利益，无法代表世界各国在数字贸易领域的共同利益。

（二）保护主义博弈激发规制负面效应

由于保护主义规制对数字贸易的限制，各国之间跨境数据流动治理的平衡被不断打破，限制数据自由流动或强制获取数据都可能引发数字贸易壁垒，平衡被破坏后所产生的负面效应阻碍了全球数字贸易的协同发展。一方面，美国、欧盟等数字经济先发经济体之间因数据流动不畅而导致的市场割裂现象持续蔓延；另一方面，数字经济先发经济体与后发经济体之间的"数字鸿沟"不断加深。例如，2020年7月，欧盟法院以美国的监控计划不利于数据保护为由，裁定欧盟与美国签署的《欧美隐私盾牌》协议无效，美国从欧盟自由获取数据的通道被切断；2020年10月，爱尔兰隐私监管机构出台规定，禁止脸书（Facebook）将欧洲用户的数据转移至美国；2020年12月，欧盟出台《数字服务法案》和《数字市场法案》，要求对数字平台治理问题和竞争问题进行严格监管，旨在重新规范欧盟的数字市场秩序，创造公平有序的竞争环境。美国、欧盟之间的一系列摩擦事件加剧了全球跨境数据流动治理规则的竞争，经济发展潜力大、拥有庞大数据量的亚太地区成为新的竞争场域。例如，美国、墨西哥、日本、加拿大、新加坡、韩国、澳大利亚和菲律宾都申请加入APEC构建的CBPR体系；2019年2月，《欧日经济伙伴关系协定》正式生效，对促进欧日双边跨境数据自由流动产生了积极作用。日本于2008年与东盟签订《东盟—日本全面经济伙伴关系协定》后，通过向东盟输入数字基础设施、数字信息技术，积极开拓亚洲数字贸易市场；2019年9月，美国与日本达成《美日数字贸易协定》，确保双方企业在遵守个人信息保护的法律框架的同时，通过跨境数据流动促进数字贸易发展；《美国—墨西哥—加拿大协定》禁止美国、墨西哥和加拿大的数据本地化保护，实现三方跨境数据流动；2020年11月，由中国、日本、韩国、澳大利亚、新西兰和东盟10国共同正式签署的《区域全面经济伙伴关系协定》明确限制成员国政府对数字贸易施加各种限制，包括数据本地化（存储）要求等，其中第12章第15条申明，"不得阻止基于商业行为而进行的数据跨境传输"。作为超大型自由贸易协定，《区域全面经济伙伴关系协定》将有助于降低数字贸易成本，推动形成数字贸易规范，巩固多边贸易体系。

此外，随着中国数字技术的进步带动了数字经济的高速发展，中美两国在数字贸易领域的摩擦也日益增加。例如，2020年8月，时任美国总统特朗普签署行政命令，禁止美国个人和企业与字节跳动及腾讯进行任何交易；同年9月，美国商务部称美国公司将被禁止与微信和Tik Tok进行商业交易，同时禁止美国公司通过微信"以在美国境内转移资金或处理付款为目的"提供服务；同时，美国外交关系委员会发布《美国和盟国创建数字贸易区对抗中俄互联网愿景报告》，呼吁在美国与其盟友间建立一个开放的互联网治理体系，针对中国形成国际统一战线，抑制中国数字贸易的发展；2021年1月，时任美国总统特朗普签署行政命令，禁止与包括支付宝、微信支付在内的8款中国应用软件进行交易。美国采取交易禁令等限制市场准入的干预措施，主要是防止中国数字企业迈向数字价值链上游并进军美国本土数字市场。作为数字技术最先进、数字经济最发达的市场主体，全球范围内数据流通自由度的提升对美国的国家安全影响较小，凭借数字市场方面的先发优势，美国历来追求促进数字贸易领域内的贸易开放性及其自由化发展，力推跨境数据自由流动和数据存储非强制当地化，甚至采用长臂管辖的方式维持获取其他国家数据的能力。与此同时，对涉及本国利益的关键数据则大力保护，拒绝实行同等程度的数据开放，因此，在中国数字企业走向海外之初，美国就以侵犯国家安全、公民隐私等理由进行封杀。为维系对全球数据市场流动性的主导权，美国采取了一系列数据保护主义行为，这对形成一个协同多方、公正有效的全球数据跨境流动规制体系带来了挑战，也给全球数字贸易的发展带来了负面效应。

(三) 数字价值链与数字生态系统跨主权效应引领数字贸易演进方向

主权力量与市场力量共同构成了数字贸易发展的内在动力，在主权力量之间的博弈短期内无法改善全球数字贸易体系局限性的情况下，由商业价值驱动的市场力量成为数字贸易发展的前沿探索者。在具体实践中，大型科技公司已成为跨境数字贸易的重要行为体，它通过数字平台把持庞大的用户基数，构建完整的经济生态，发展高水平的数据处理技术，这些优势成为其对多种市场进行渗透的基础。与传统农业经济和工业经济不同，数字经济得以发展的基础是信息技术和海量数据。随着信息技术与经济社会的交汇融合，人类能够通过数据的资源化、资产化与资本化释放出巨大价值。大型科技公司引导一系列新模式、新业态的出现，推动国家内部和国家之间数字贸易的发展。

由市场平台推动的区域数字贸易网络已成为政策研究领域重点关注的问题，世界经济论坛（WEF）在《推动亚洲数字贸易发展》报告中使用"数字生态系统"的概念来描述由数字贸易中相互关联的要素所组成的跨国平台网络，本书将其进行延伸，认为数字生态系统是由一众具备支付功能、融合现实商业场景的数字平台组成的综合系统，企业和个体用户通过这些作为全球跨境数据流动重要载体的系统，可以在单一渠道完成广泛的商业交易，数字贸易网络中价值流动的规模与频率是数字生态系统活力的集中体现。数字生态系统已成为主要数字企业（如亚马逊、阿里巴巴）以及提供数字赋能支持企业（如 Uber、滴滴）的核心商业模式。以全球市场价值排名前 20 的企业为例，在 2009 年的排名中，有 7 家企业来自石油、天然气和采矿等传统能源产业，从事技术和消费服务业的企业只有 3 家，而在 2019 年的排名中，传统能源产业企业只有 2 家，数据技术产业相关企业增至 7 家，其中亚马逊、阿里巴巴、脸书和腾讯等 4 家企业在 2009 年没有进入全球前 100 名。私人部门所主导的数字生态系统是当前区域性跨境数据流动体系建设的主要探索者，而这些数字生态系统产生的跨越主权边界的外溢效应，将对全球经贸体系带来重大影响。

三、中国跨境数据流动规制体系建设的构想

数据自由流动与数据安全之间的冲突并不会自然消解，面对当前国际数字贸易的发展形势，中国选择了数据安全优先的政策，同时也面临来自外部和内部的多重挑战。《中华人民共和国数据安全法》首次提出数据安全自由流动原则，将数据自由流动作为基础性原则，将数据安全流动作为限制性原则，以平衡对外开放和国家安全的双重目标，为国际数字贸易实践提供了审慎包容、鼓励合作的"中国方案"。

（一）基于网络空间命运共同体的理念，构建跨境数据流动规制体系

人类命运共同体理念对全球数字贸易发展及跨境数据流动规制体系建设具有很强的指导意义。在国际数字贸易博弈的背景下，建立基于网络空间命运共同体理念的跨境数据流动规制体系，是打造具有国际吸引力的数字生态体系的核心思路。全球数字贸易发展的首要议题是共同发展，网络空间命运共同体理念高度契合当前国际数字贸易多利益攸关方开展协同的现实。建设多边机制是解决贸易保护主义下全球数字贸易结构性问题的可靠路径，全球跨境数据流动规制体系的发展与健全需要各国在追求本国利益时兼顾他国合理关切，在谋求本国发展中促进各国共同发展。对主权平等原则的尊重可以有效对冲主权国家对核心利益在跨境数据流动中暴露的威胁，继而推动国际数字贸易的务实发展和良性转型。

首先，在战略层面，网络空间命运共同体在数字贸易领域运用的核心逻辑是将传统国际法以及在联合国框架下被证明行之有效的多边主义引入国际数字贸易的治理实践中，从而确保技术与治理能力存在显著差异的国家在包括跨境数据流动规制等核心问题上，能够在尊重主权平等和利益对等原则下，实质性地参与到贸易体系的建设与完善过程中，同时避免出现在核心利益与数字经济福利之间进

行"二选一"的抉择。从实践上来说，可依托 WTO、《区域全面经济伙伴关系协定》、《中欧双边投资协定》等国际组织或合作机制，通过合理的制度设计来管控与高水平跨境数据自由流动相伴的潜在安全风险。其次，在制度层面，基于网络空间命运共同体理念，加快制定针对跨境数据流动的国内制度，主动参与国际制度的协商与议定，在国内外形成具有约束力的制度框架。在此过程中，应特别注意为多元化的跨境数据流动治理机制提供空间，为国内外企业提供多种合规化渠道，调动并发挥多主体治理的协同效能。最后，在政策层面，网络空间命运共同体概念同样涵盖私营机构、民间组织等非政府组织，这不仅因为其已经在事实上成为跨境数据流动的主要参与者，也是因为主权力量与市场力量可以在数字贸易领域通过某种形式的融合，满足跨境数据流动在频率和范围上快速变化的需求；应积极发挥企业、行业协会、民间机构的作用，鼓励推动形成第三方监督和市场规范，主动利用相关国际组织扩大已有经验的影响力，加速形成政府间及企业间的规制互认。

（二）保护数据自主权，建立数据安全与产业利益联结机制

建立基于数据自主权的数据安全与产业利益联结机制，才能适应数字生态体系建设的制度特点。发展国际数字贸易的立足点在于坚持数据自主权，着力点在于增加本国产业利益，关键点在于国际多方共赢，必须将各国企业的利益实现与用户权益得到保护及他国数据自主权受到尊重联结在一起，同时企业也可由此减少合规成本，最大化数据价值。可以在国际、国内层面建立数据安全与产业利益的联结机制，实现对数据跨境流动中损害数据自主权情形的利益制衡，推动形成多方共同保护国家数字自主权的局面。

（三）构建数字价值双循环政策体系，夯实全球数字价值链竞争基础

构建数字价值双循环政策体系，夯实全球数字空间价值链竞争的基础是中国提升在全球数字价值链中竞争力的演进方向。为推进更高水平的对外开放，中国应发挥数字经济比较优势，立足发展新格局，构建数据价值双循环，全面夯实全球数字价值链竞争的基础。

首先，在实业方面，依托制度红利与市场红利，培育掌握先进生产要素的制造业市场主体。数字贸易改变了市场价值的来源和分配机制，在更大程度上强化了科技先发国的优势。面对高水平国际数字平台的先进技术、头部效应和标准制定优势，中国应进一步探索主权力量与市场力量的联动路径，帮助制造业继续冲击全球价值链的中高端部分，有效提升技术能力，创新经济增长路径。一方面，政府应牵头加快数字基础设施建设；另一方面，需要跨行业合作，在国际价值链

体系中深耕细分市场，利用高水平数字平台在细分市场中不断培养"新晋冠军"，鼓励具有数字技术优势的大型科技公司和传统行业龙头企业合作，利用高水平数字平台衍生的数据要素与渠道优势，帮助传统行业在全球价值链中不断攀升。

其次，在金融方面，数字货币平台是全球数字价值链中的重要金融支持因素。主权力量与市场力量联动作用的有序释放需要平台作为载体，大型科技公司主导的数字平台对全社会的资源调动能力有限，公共部门主导的数字货币平台是理想载体，有望成为协调主权力量、市场力量及数字平台关系的有效载体。在数字贸易的带动下，各国的法定数字货币与数字金融体系出现了较大发展，基于主权力量与市场力量的联动作用进行数字货币体系的建设，可以打通数字价值网络，于内通过聚合作用释放数据要素潜力，于外通过正向外溢效应增强国际社会的多边发展，对数字经济时代中国构建新发展格局起到推动作用。

（四）拓宽国际数据联通渠道，打通国内数据流通"关节"

拓宽国际数据联通渠道、打通国内数据流通"关节"是中国跨境数据流动规制体系打开融通渠道并提供持久效力的重要举措。在世界贸易体系区域化趋势凸显的背景下，加强区域合作成为拓宽本国经济渠道、促进国际交流的重要方式。加快推动更高质量的区域经贸协议谈判进程既符合区域经贸协议不断超越全球性经贸协议的时代需求，也有利于在全球层面追求最小公约数，在区域层面追求最大同心圆，为全球数字贸易合作奠定基础。在全球价值链时代正在潜移默化重构国际经贸竞争格局之时，应本着互利共赢的原则，进一步加强多边经贸合作，积极参与数字领域国际规则和标准的制定。如通过"数字丝绸之路"进行数字价值链延伸，在新型基础设施建设、数字技术与互联网等领域与"一带一路"沿线国家和地区开展广泛合作。在总体的数字贸易发展路径选择上，合理兼顾审慎性和包容性，完善跨境数据流动制度体系，保障立法的全面性和灵活性；构建跨境数据流动治理的统一监管架构，提升治理体系的统筹性和协同性；完善跨境数据流动安全评估体系，平衡金融市场的开放性和安全性。

与此同时，也要注意协调国内数字贸易相关政策，减少政策层面"信息割据"情形的发生，首先，增进各数字经济试验区的政策协同性与信息流通效率，提升政策探索效率。其次，积极利用现代信息技术，构建适应数字贸易发展的高水平政策体系，统筹完善监管政策、财税政策、金融政策、法律制度等方面政策，构建数字贸易发展的防波堤和推进器。再次，通过推动政府公共数据的有序开放与共享，实现畅通数字基础设施建设、增加数字贸易金融服务创新、降低数字贸易准入壁垒等目标。最后，建立数据资源产权、交易流通、跨境传输和安全保护等基础制度和标准规范，推动数据资源的开发利用。①

第四节 数字贸易的国际治理

数字贸易的国际治理目前仍然处在进展缓慢的多边谈判和碎片化的区域贸易协定并行推进过程中。世界贸易组织虽然 1998 年就通过了《关于全球电子商务的宣言》，但此后多年对电子商务议题只有讨论，没多少实质进展。2001 年，多哈部长级会议将电子商务工作计划纳入了《多哈部长宣言》："我们注意到总理事会及相关机构自 1998 年以来的工作，同意执行《电子商务工作计划》……创造并维持有利于电子商务未来发展的环境是非常重要的……宣布在第五届部长级会议之前各成员保持现状，不对电子交易征收关税。"② 2003 年坎昆部长级会议声明中，对电子商务议题只是提到"同意继续审查工作计划中的议题，指导世贸总理事会汇报进展，不对电子传输征收关税"。2005 年香港部长级会议后的宣言中也几乎没有新内容。2013 年巴厘岛部长级会议对电子商务的讨论只新提及移动通信的发展、机密资料保护、隐私保护等，延长电子交易免征关税。2015 年内罗毕部长级会议依然几乎无新进展，只将电子交易免征关税延长到 2017 年。多年来停滞不前的状态导致实际上跨境电子商务的贸易治理仍停留在依靠世贸组织原有《服务贸易总协定》《信息技术协定》《与贸易有关的知识产权协定》等的协调上。而沿袭这些旧有协定已经不足以适应电子商务带来的贸易业态的变化，满足定义电子商品和服务、划分数字服务、促进相应领域市场开放、对数据跨境流动及消费者个人信息保护等方面的协调规制的需要。

值得一提的是，2016 年 11 月，中国向 WTO 提交了电子商务议题谈判文本，主要强调通过澄清税收政策（包括出口退税和退货的税收政策等）、简化通关检验检疫程序等措施，创造良好的政策环境，促进跨境电子商务的发展；提升跨境电子商务基础设施和技术条件，促进数字证书及电子签名和电子认证互认，以促进跨境电子商务发展，促进跨境电子商务政策透明度，并提出谈判中应继续暂停对电子交易征收关税。

一、数字贸易治理概述

面对电子商务领域日益增长的治理需求，越来越多的区域贸易协定（RTA）

---

① 刘典："全球数字贸易的格局演进、发展趋势与中国应对"，《学术论坛》，2021 年第 6 期。
② 参考 WTO, DOHA WTO MINISTERIAL 2001: MINISTERIAL DECLARATION, https：//www.wto.org/english/thewto_e/minist_e/min01_e/mindecl_e.htm, 2001. 本段参考了各年部长级会议的宣言。

包含了电子商务条款，或者单设了电子商务或数字贸易章节。截至 2017 年 5 月，向 WTO 通报并生效的 RTA 共有 275 个，其中 75 个包含电子商务条款，占比为 27.3%。区域性数字贸易规则虽可部分填补多边规则的空白，但也可能导致监管冲突，对全球数字贸易发展不利。

在多方呼吁下，2017 年 12 月，电子商务谈判终被纳入 WTO 工作议程。2019 年 1 月，包括中国在内的 76 个 WTO 成员方在达沃斯举行的电子商务非正式部长级会议上签署了《关于电子商务的联合声明》，确认有意在世贸组织现有协定和框架基础上，启动与贸易有关的电子商务议题诸边谈判。2019 年 5 月，电子商务谈判启动。到 2019 年 10 月，美欧日中等成员方提交了电子商务世贸原则方面的提案。到 2020 年 12 月，已有 86 个成员方加入到电子商务谈判中，占世界贸易的 90%。

从各方提案和一些对谈判的研究来看，目前各国在一些问题上争议较少，例如，禁止未经请求发送的商业电子信息、确保电子合同的有效性（除了一些特殊种类合同外，如广播服务合同、房地产转让合同）、保护在线消费者不受欺诈性商业行为所害、认可电子签名和认证。但是在电子商务关税、互联网税收、数据流动、数据本地化、隐私保护、源代码和开放网络连接问题上分歧较大。以下简要介绍这些分歧之处。

（一）对电子商务关税和网络税收的分歧

在关税方面，美国、欧盟和多数发达成员方主张对电子交易征收零关税，我国在公开声明中支持到下一届世界贸易组织部长级会议为止，对电子交易征收零关税。其他发展中国家有的赞同，如巴西；有的则反对，如印度尼西亚。印度尼西亚不仅对大额进口商品（离岸价超过 1500 美元的商品）征收进口关税，而且曾在 2018 年通过法案，对电子无形商品（包括电子书、软件等）开征关税，目的就是增加税收。

网络税收方面的分歧则更明显。全球已有 20 多个国家已经实施或考虑开征数字税。欧盟多次表示，如果经合组织的数字税方案还不能达成一致，将单独开征数字税。美国则反对开征网络税收。2020 年 6 月，美国贸易委员会还对其他一些开征和有意开征数字税的一些国家发起 301 调查，大有贸易战之势。

（二）在跨境数据流动、数据本地化、源代码转让、网络安全方面的分歧

美国认为跨境数据流动日益成为国际贸易的血脉，贸易规则应以最经济、技术最高效的方式实现跨境流动，只受合理的消费者数据保护措施限制。为了达到这个效果，美国主张贸易规则应确保消费者和企业可不受随意性和歧视性限制的

跨境传输数据；应禁止数据本地化，贸易规则应保证企业不被要求在其服务的辖区建立单独的、资本密集的数字基础设施，以为其客户服务；应禁止网络拦截，贸易规则应确保网络接入，确保政府不随意拦截或过滤网络内容或要求网络中介这样做；应保护源代码，不应以市场准入为条件要求公司分享其源代码、商业秘密和算法，贸易规则应确保政府不设置此类强制要求；禁止强制技术转让和歧视性技术要求。网络安全方面，美国认为尽管网络安全威胁会削弱对数字贸易的信心，但过于宽泛的网络安全保护会使数字经济窒息，贸易规则应确保政府能采用基于风险的方法来减小那些限制和扭曲贸易的威胁。

日本认为，限制数据流动将使发展中国家和发达国家的中小企业参加全球价值链更为困难。为了促进数字市场的健康发展，WTO应考虑在成员方间就确保数据自由流动原则达成协议。在数据和计算机设施本地化方面，日本认为，企业对计算机设施地理布置做战略性决定时，会考虑操作成本和效率以及对冲各种风险，政府强制要求服务器置于其境内会阻止企业进入该国市场。因此，WTO应为促成成员方就不对服务器等设施本地化施加强制性要求达成协议。在网络安全方面，日本提案强调自由和开放的网络，认为应确保政府不随意干预和进入任何特定网站或服务，不对任何特定服务的提供（包括境内和跨境）施加不公平的限制。此外，日本还提出应对政府获取私人或行业数据设置清晰的程序（包括法规），以保护消费者数据和商业秘密。

欧盟在2019年提交的《与电子商务有关的世贸规则和承诺建议》中亮明了其对跨境数据流动和源代码传输方面的看法，认为在数据流动方面，成员方应确保跨境数据流动，以促进数字经济下贸易的发展。跨境数据流动不应因以下因素受限：①成员方要求在其境内使用计算机设备或网络元素用于处理，包括强制使用其境内许可的计算设备和网络元件；②要求数据位于其境内存储或处理；③禁止在其他成员方境内存储或处理数据；④使数据跨境转让视是否在成员国境内使用计算机设备或网络元件而定，或依据数据或计算设备本地化要求而定。在源代码传输和获取方面，欧盟提议，成员方不应要求传输、获取由其他成员方法人或自然人拥有的软件的源代码，除了一些例外情况。此外，欧盟也提出应开放网络接入。

总体来看，美国、日本、加拿大、欧盟等发达经济体成员实际上是支持跨境数据自由流动、反对数据本地化和源代码转让要求的，并希望世界贸易组织下的电子商务谈判最终能就这些议题达成较高水平的协议。而发展中成员则更多强调网络安全和国家安全是前提，为此可能采取限制跨境数据流动的措施，或将计算设施本地化、披露或转让源代码作为在本地开展业务的前提条件，美欧日等发达经济体的跨境数据自由流动要求、反对数据本地化，以及要求开放网络等对其很有挑战。

(三) 欧美之间对消费者隐私保护方面的观点差异

欧盟在个人数据和隐私保护方面认为，保护个人数据和隐私是成员方的基本权力，在这方面采用高标准将有助于数字经济中建立信任，促进数字贸易的发展。成员方可以采用其认为合适的预防措施，包括对个人数据跨境转让制定规则来确保个人数据和隐私保护。实际上，欧盟坚持推广其在《通用数据保护条例》（GDPR）中设定的个人信息保护标准；而美国认为，应以亚太经合组织的《隐私框架》为个人信息保护的国际指南。GDPR 标准比后者高不少，也反映出欧美在个人信息保护标准方面分歧明显。其他国家，如日本、加拿大、新西兰基本支持美国的主张。

除了以上差异外，还有一些需要关注的内容。例如，欧盟提案中提到了有关政府获取私人和行业数据需有合法程序、有关公共交通、自然灾害的公共数据需公开可获取、数字贸易相关服务（包括电信业）的市场开放①、知识产权保护等方面的建议。日本、美国提案中也都提到了知识产权保护、电信市场竞争保护方面的内容。美国提案中还提到了贸易便利化以及对跨境数字贸易免除关税和税收更为合理方面的内容。

在 2020 年 12 月世界贸易组织电子商务谈判成员方发布的联合声明中，提到最近的谈判进展：参与方已基于成员方提案拟出统一谈判文本，在多方面的小组讨论中取得较好的谈判进展，包括电子签名认证、无纸化贸易、电子传输的关税、开放政府数据、开放网络准入、消费者保护、源代码等。但对达成高标准协定至关重要的数据流动方面，讨论仍在继续。

二、积极参与国际治理

数字贸易国际治理的推进将有利于跨境数字贸易的发展。与此同时，涉及数据安全方面的考虑和技术优势决定了各国之间有所差异。我国需要从自身出发，平衡好发展与安全需要，以期在参与国际治理时赢得更多主动权。从目前数字贸易国际治理中常讨论的话题来看，在电子签名认证、无纸化贸易、消费者保护方面共识较多。在数字贸易关税方面，倾向于不课征关税的国家仍占大多数，考虑到数字贸易对于推动融入全球产业链和价值链的作用，在促进生产柔性化、个性化的同时促进中小企业发展的作用，我国中期内可以仍延续零关税政策。在数字服务税方面，需综合判断数字税国际治理格局的动态变化，谨慎而行。在开放政

---

① 在欧盟刚公布的中欧投资协定要点中，电信业市场准入方面实际已部分体现了这方面的进展。

府数据、开放源代码等方面，则需综合考虑安全与长远发展需要。在个人信息保护方面，我国需要在研究他国或区域性的信息保护标准基础上，形成自己的保护标准和在数字贸易议题谈判中更倾向的标准特征。近来我国相关监管部门已经在个人信息保护方面做出了努力，未来个人信息保护的标准化有利于相关监管完善和参与数字贸易国际治理。

数字经济与数字贸易治理须避免碎片化，尽快积极推进达成全球统一、透明、公平的规则框架，同时也要减少数字贸易保护主义，避免导致更大的"数字鸿沟"和"数字贸易失衡"。要探讨建立公平透明的全球数字贸易税收监管模式；加大全球数字基础设施投资，实现全球数字价值链的包容性增长；要兼顾开放与安全之间的平衡，尊重主体的数字主权，对国家关键数字基础设施予以有效的安全评估，分阶段、分层次地推动全球数字经济和数字贸易治理。

案例

DEPA 与全球数字经济主导权之争

数据流通在全球经济活动中发挥着重要作用。与世界经济中的中美欧三大板块一样，全球数字经济也是中美欧三家起着主导作用。中美欧三家对数字经济的主导权之争可能会持续相当长时间。从现在的势头看，其他国家难以参与竞争。

与数字经济的快速发展相比，全球数字经济规则的制定明显落后于时代。在全球数字经济规则的竞争中，"联盟化"趋势取代了"全球化"，各主要成员利用自己的实力和优势，组建自己的数字经济技术共同体。当前比较成型的有"美国—墨西哥—加拿大"和"英国—日本—亚太"两个数字经济共同体，中国基本上自成一体。

海量数据流转于三大数字经济共同体之间，在数字经济共同体中，数据跨境自由流动意味着贸易互惠、市场开放、资源互补、创新共享、科研互信。数据加速流动将带来商品、服务、资本、人才等所有生产要素的联盟化。非联盟的科技企业将付出数倍成本在强监管、强治理区域内来开展业务运营，并面临巨大的法律风险。

为避免全球数字经济的分裂局面，世界贸易组织（WTO）和亚太经合组织（APEC）一直在努力。2017 年，APEC 领导人通过了《APEC 互联网与数字经济路线图》（AIDER），希望促进成员经济体之间的技术和政策交流，弥合 APEC 地区的数字鸿沟。

跨境数据使用的规模正在迅速扩大，涉及领域众多。但当前的中美贸易摩擦和全方位博弈让 APEC 的努力蒙上了阴影。据外媒报道，2021 年 8 月，美国已向

APEC 成员提出了修改有关个人数据规则的方案，即 APEC 成员就企业跨境转移数据缔结跨境隐私保护（CBPR）体系，将 CBPR 体系独立于 APEC 框架外。美方给出的理由是让巴西等非 APEC 成员也有加入的可能，不过其目的更可能是将本为 APEC 成员的中国排除在外。这可能加速世界在互联网层面的进一步分裂。

CBPR 体系包括美日澳等九个国家和地区。简单来说，CBPR 促进个人数据跨境流动的基本逻辑是，如果位于不同国家的不同公司统一承诺并遵循 APEC 隐私框架提出的九大个人信息保护原则，则个人数据在这些公司之间流动就应该不受阻碍。由于这些公司都通过同一套原则来保护个人信息，参与 CBPR 的国家就不得再以保护个人信息为由，阻碍个人信息的跨境流动。各方对于这一体系的利用还处于起步阶段。在中美脱钩的大背景下，美国选择此时将 CBPR 体系独立于 APEC 之外，其目的非常明显。

为推进这一"路线图"，太平洋经济合作理事会（PECC）的"APEC 后 2020 课题组"建议 APEC 优先推动 2030 年在亚太地区建立统一的"亚太数字市场"，得到了亚太地区各个次区域和不同的利益攸关者的共同支持。PECC 的相关调查表明，针对这些关键问题，大家强烈希望挖掘潜力来合作，并共同行动。在人工智能、机器人、区块链等关键问题上，地区的政策相关者还是希望 APEC 能应对和列出共同的优先领域。换句话说，APEC 不仅应该继续作为传统上孵化器的角色，更应该加强应对这些快速发展的新技术。

（资料来源：外交部太平洋经济合作委员会研究室主任杨泽瑞，《社会科学》Ⅰ辑；赛迪顾问数字经济产业研究中心刘浩然，《瞭望》）

思考题

1. 结合世界经济新形势，介绍中国数字贸易发展的机遇与挑战。
2. （跨境）电商如何促进经贸企业转型？
3. 结合中国外贸企业进出口数据，介绍数字贸易产生的经济效益情况。
4. 简单介绍全球数字贸易发展的新问题与新趋势。
5. 简单介绍大数据在数字贸易中的应用情况。
6. 全球数字贸易规则与中国实践情况如何？

第七章 跨境电商

跨境电商是数字经济与实体经济有效融合的重要载体。跨境电商作为一种贸易新业态、新模式,是国际贸易与互联网技术相结合的产物,是"互联网+外贸"的典型代表。

第一节 跨境电商发展概述

近年来,跨境电子商务作为新兴业态在全球范围内异军突起,市场交易规模高速增长,已成为全球跨境贸易的主要方式之一。在"跨境交易"与"电子商务"双引擎的拉动下,跨境电子商务以开放、多维、立体的多边经贸合作模式拓宽了企业进入国际市场的路径,其小批量、多批次的"碎片化"特点有效适应了国际贸易的发展。[①]

一、跨境电商的概念

跨境电子商务,即跨境电商,其快速发展不仅促进了国际贸易的发展,而且在一定程度上改变了国际贸易的方式。

(一) 跨境的概念

所谓跨境,就是交易主体分属于不同"关境",包括进出口,借助互联网达成交易,进行支付结算,并采用快件、包裹等方式,通过国际物流将商品送达消费者手中的交易过程,是一种国际商业活动。

基于互联网的发展,一种新型的贸易模式——跨境电商进入了企业和消费者的视野。最近几年,以阿里巴巴、京东商城、苏宁易购等为代表的电子商务企业发展迅猛,商品交易总额屡创新高,电子商务技术和交易模式在各个领域的应用

---

① 马述忠、陈奥杰:"跨境电商:B2B 抑或 B2C——基于销售渠道视角",《国际贸易问题》,2017年第3期。

逐步拓展和深化。现阶段电子商务在线交易正与传统实体经济全面深度融合，进入了爆发性增长和发展时期，对经济生活及个人购物行为等的影响不断增大。不同于传统贸易模式，跨境电商通过贸易平台进行交易，具有全球性、无纸化、即时性等特点。

（二）跨境电子商务

跨境电子商务是指分属不同关境的交易主体，通过电子商务平台达成交易、进行电子支付结算，并通过跨境电商物流及异地仓储送达商品，从而完成交易的一种国际商业活动。

跨境电子商务是基于网络发展起来的，网络空间相对于物理空间来说是一个新空间，是一个由网址和密码组成的虚拟但客观存在的世界。网络空间独特的价值标准和行为模式深刻地影响着跨境电子商务，使其不同于传统的交易方式而呈现出自己的特点。

（三）跨境电商与数字贸易、数字经济的关系

前面章节我们介绍了数字经济、数字贸易，那么，跨境电商与它们是什么关系呢？下面以时间为轴，梳理数字经济、跨境电商与数字贸易的发展历程与演变轨迹（如图7-1所示）。虽然三者有着千丝万缕的联系，也具有一定的交集，但是数字经济、跨境电商与数字贸易并非同一概念，也具有不同的范畴。①

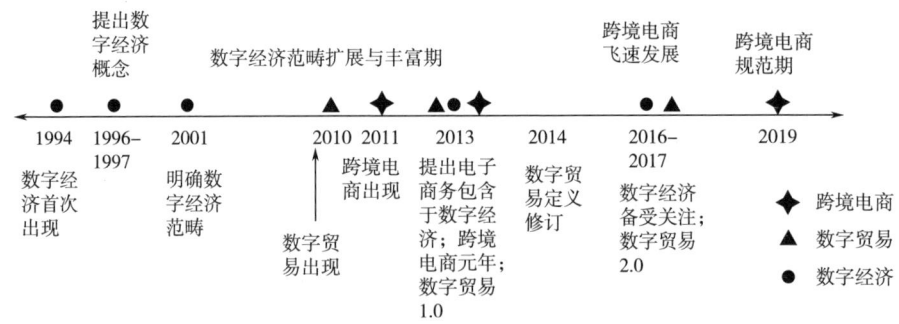

图7-1　数字经济、跨境电商与数字贸易演进轨迹

2013年被称为中国跨境电商元年，该年界定的数字经济定义也提到电子商务范式，认为电子商务是数字经济的表现方式之一。跨境电商与数字贸易都是在数字经济发展与壮大的情境下出现的，体现了数字经济、跨境电商与数字贸易的

---

① 张夏恒、李豆豆："数字经济、跨境电商与数字贸易耦合发展研究"，《理论探讨》，2020年第1期。

一脉相承。跨境电商与数字贸易都源于数字经济，但又不完全等同于数字经济，三者之间也有一些显著的不同（见图 7-2）。

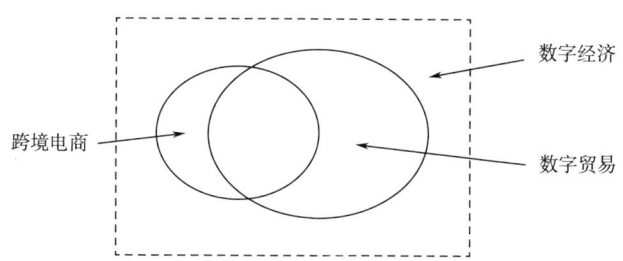

图 7-2 数字经济、跨境电商与数字贸易的内涵逻辑

数字贸易的兴起源于数字经济，其早期的表现形式主要为电子商务，是全球化和数字经济发展到一定阶段的产物，也可以视为一种对跨境电商的数字化拓展。从广义上来看，数字贸易与跨境电商并没有本质上的区别，两者一脉相承，具有诸多相同特点和属性。但是在现实应用中，跨境电商通常主要指基于互联网而进行的跨境货物贸易以及相关服务，其核心仍然在于"货物流动"；而数字贸易更侧重于数字化交付内容及服务的跨境流动，核心在于"数据流动"。①

（四）跨境电商的特征和分类

跨国电子商务具有如下特征（基于网络空间的分析）：全球性（global forum）、无形性（intangible）、匿名性（anonymous）、即时性（instantaneously）、无纸化（paperless）、快速演进（rapidly evolving）。

按照交易类型的不同，我们可以将跨境电商模式分为：B2B、B2C、C2C。我国跨境电子商务主要分为企业对企业（即 B2B）和企业对消费者（即 B2C）的贸易模式（见表 7-1）。

表 7-1 中国跨境出口电商平台模式汇总分析表

平台模式	代表公司	运营方式	优势	劣势
B2B 平台	阿里巴巴国际站	线上平台+线下交易结合	产品丰富，提供供求信息和询盘、支付等服务	物流、通关按传统方式，效率低，费时长
C2C 平台	阿里巴巴全球速卖通	代购平台	产品丰富，用户流量大，商户进入门槛低	供应链控制弱，可能有假仿货，物流较慢

---

① "数字贸易战略比较与分析——以美国、欧盟、中国为例"，https://www.eduse.cn/index.php/2021/03/08/digitaltradecontrast/，访问日期：2023 年 1 月 1 日.

续表

平台模式	代表公司	运营方式	优势	劣势
综合型 B2C 平台	大龙网	国内供应商搭建跨境电商平台	供应链的控制力强，品质有保障，资金足，物流快	前期招商慢，资金需求大，产品种类有限
垂直型 B2C 平台	米兰网	特定商品供应商垂直自营平台	供应链控制力强，品牌真货，物流快	资金需求大，限于特定产品，用户流量受限

B2B 模式下，企业运用电子商务以广告和信息发布为主，成交和通关流程基本在线下完成，本质上仍属于传统贸易，已纳入海关一般贸易统计。

B2C 模式是 Business-to-Customer 的缩写，指的是直接面向消费者销售产品和服务的商业零售模式。B2C 模式一般以网络零售业为主，主要借助于互联网开展在线销售活动。B2C 模式下，我国企业直接面对国外消费者，以销售个人消费品为主，物流方面主要采用航空小包、邮寄、快递等方式，其报关主体是邮政或快递公司，目前大多未纳入海关登记。

C2C 模式实际上是电子商务的专业用语，是个人与个人之间的电子商务。比如，一个消费者有一台电脑，通过网络进行交易，把它出售给另外一个消费者，此种交易类型就称为 C2C 电子商务。

按照经营主体的不同，可以将跨境电商模式分为平台型、自营型、混合型（平台+自营）三种。平台型模式，即邀请国内外商家入驻的模式来进行运营的。不同于平台型跨境电商企业，自营型跨境电商企业更类似于传统的零售企业，只是将商品交易场所从线下转移到了线上。

二、跨境电子商务企业的类型

一般我国跨境电商企业共 4 种类型，分别为跨境电子商务企业、跨境电子商务平台企业、支付企业、物流企业，企业可以根据实际情况选择。

（一）跨境电子商务企业

跨境电子商务企业进口模式是指境外向境内消费者销售跨境电子商务零售进口商品的境外注册企业（不包括在海关特殊监管区域或保税物流中心内注册的企业），或者境外注册企业所委托的境内代理企业，由其在海关办理注册登记，承担如实申报责任，依法接受相关部门监管，并承担民事责任。跨境电子商务企业出口模式是指境内向境外消费者销售跨境电子商务零售出口商品的企业（见图 7-3）。跨境电子商务企业为商品的货权所有人。

(二) 跨境电子商务平台企业

跨境电子商务平台企业是指在境内取得市场主体资格，为交易双方（消费者和跨境电子商务企业）提供网页空间、虚拟经营场所、交易规则、信息发布等服务，设立供交易双方独立开展交易活动的信息网络系统的经营者。

(三) 支付企业

支付企业是指在境内取得市场主体资格，接受跨境电子商务平台企业或跨境电子商务企业境内代理人委托为其提供跨境电子商务进口支付服务的银行、非银行支付机构以及银联等。

(四) 物流企业

物流企业是指在境内取得市场主体资格，接受跨境电子商务平台企业、跨境电子商务企业或其代理人委托为其提供跨境电子商务进出口物流服务的企业。对于仅开展跨境电商 B2B 出口业务的物流企业，跨境电商类型应选"物流企业（仅 B2B）"。

我国跨境电商商品流模式优化见图 7-3。跨境电商平台获得境外消费者需求信息，并将需求信息进行整理和归纳，形成生产指令，发送到供应商，由供应商准备原材料，并将原材料运输给制造商，由制造商对原材料进行加工、组装，形成最终产品，产品运输到分销商，再由分销商发货给零售商，最后零售商利用跨境物流平台将产品配送给境外消费者。

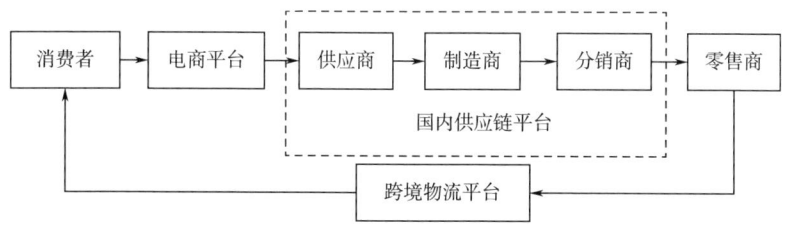

图 7-3　我国跨境电商商品流模式优化

三、跨境电商新业态新模式

(一) 跨境电商改变传统贸易方式

跨境电商改变了传统贸易方式，数字技术与传统外贸融合培育出新业态，为传统外贸转型升级提供了新机遇。跨境电商已经成为我国企业开展国际贸易的重要手段，成为当前我国外贸稳增长、调结构的推动力量（杨坚争等，2014）。据海关统计，2021年，我国货物贸易进出口总值39.1万亿元人民币，比2020年增长21.4%。其中，出口21.73万亿元人民币，增长21.2%；进口17.37万亿元人民币，增长21.5%。与2019年相比，我国外贸进出口、出口、进口分别增长23.9%、26.1%、21.2%。网经社电子商务研究中心发布的《2021年度中国跨境电商市场数据报告》显示，2021年，中国跨境电商市场规模14.2万亿元人民币，较2020年的12.5万亿元人民币同比增长13.6%。2017—2020年，市场规模（增速）分别为8.06万亿元人民币（20.29%）、9万亿元人民币（11.66%）、10.5万亿元人民币（16.66%）、12.5万亿元人民币（19.04%）（见图7-4）。在传统竞争优势削弱的背景下，跨境电商作为一种贸易新业态新模式，日渐成为我国外贸新的增长点，对于推动形成全面开放新格局具有重要意义。

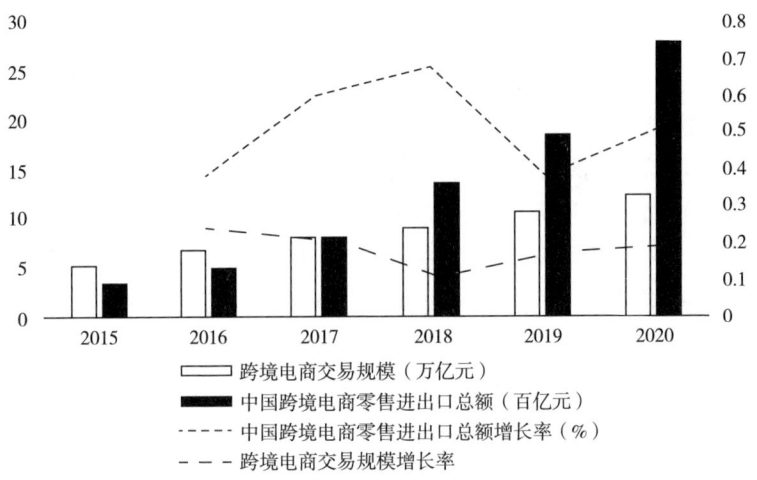

图7-4　2015—2020年我国跨境电商交易规模和进出口总额

注：以上数据来源于国家商务部和《中国跨境电商市场数据报告》

虽然我国跨境电商起步晚，时间短，存在诸多问题与矛盾，但出口跨境电商作为近年来多项政策的受益者，且伴随着"一带一路"以及"互联网+"的发展趋势，成功实现快速发展。近年来，国家和地方层面密集出台促进跨境电商等新业态新模式发展的政策措施。以2021年为例，国务院办公厅印发了《关于加快发展外贸新业态新模式的意见》，进一步完善跨境电商发展支持政策。跨境电子商务对企业出口监管试点自2021年7月1日起向全国海关复制推广。

(二) 我国跨境电商总体运行平稳

我国跨境电商规模迅速扩大，海关统计调查显示，2021年，我国跨境电商进出口规模约1.92万亿元人民币，同比增长18.6%，占进出口总额的4.9%。其中，出口约 1.39 万亿元人民币，增长 28.3%；进口约 0.53 万亿元人民币，下降 0.9%（见图 7-5）。①

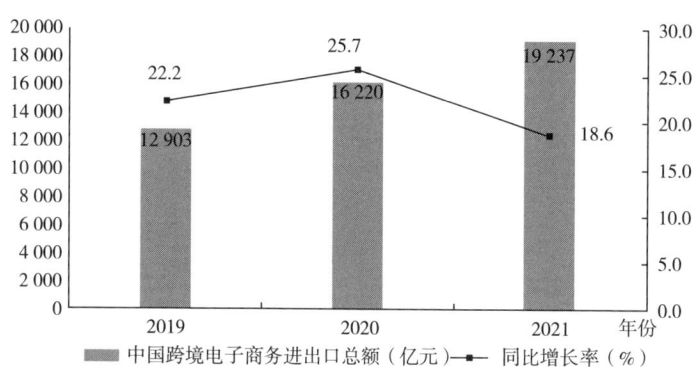

图 7-5　2019—2021 年中国跨境电子商务进出口总额
来源：海关总署

商务大数据监测显示，2022 年前三季度，从原产地看，原产自日本、美国和韩国的商品跨境进口额位居前三位，占整体跨境网络零售进口额的 29.2%（见图 7-6）；从进口品类看，化妆品、粮油食品和服装鞋帽针织纺织品进口额位居前三位，占整体跨境网络零售进口额的 73.1%。

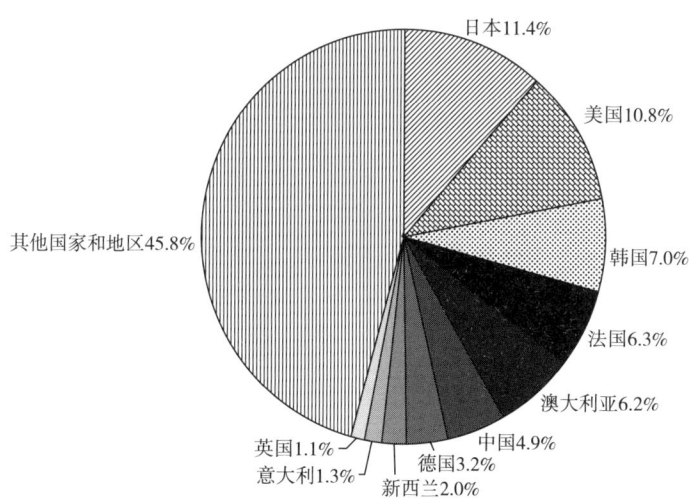

图 7-6　2022 年前三季度跨境网络零售进口原产国和地区交易额占比
来源：商务大数据

---

① 中华人民共和国海关总署："2021 年跨境电商进出口情况"，http：www.customs.gov.cn/customs/302249/zfxxgk/2799825/302274/jcyjfxwz39/index，html，访问日期：2022 年 4 月 24 日。

面对复杂多变的全球经济形势和新冠疫情的影响,我国电子商务服务业仍保持平稳发展态势。2021年,电子商务服务业营收规模达到6.40万亿元人民币,同比增长17.43%(见图7-7)。其中,电子商务交易平台服务营收达1.39万亿元人民币,同比增长20.84%;支撑服务领域中的电子支付、电商物流、信息技术服务等业务营收规模达2.41万亿元人民币,同比增长15.29%;衍生服务领域业务营收规模达2.60万亿元人民币,同比增长17.65%。

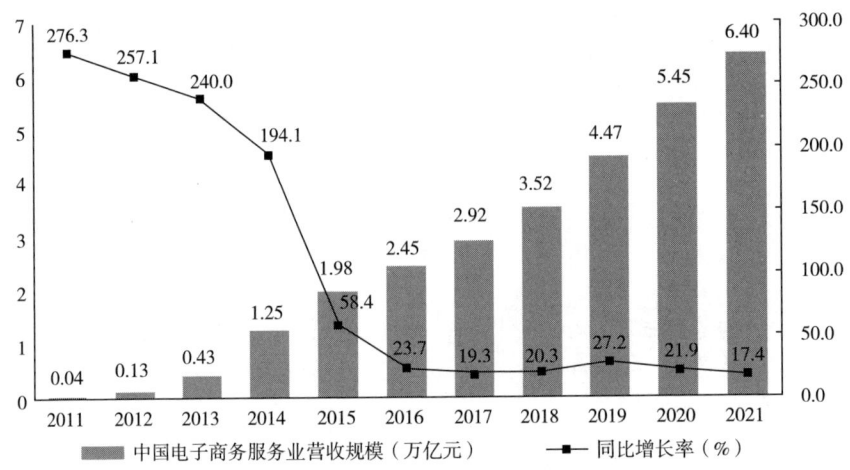

图7-7　2011—2021年中国电子商务服务业营收规模

来源:根据商务部、上市公司财报、易观千帆等数据综合测算

2022年7月14日,商务部新闻发言人称,我国还将持续壮大跨境电商、海外仓、市场采购、外贸综合服务、保税维修和再制造等新业态新模式,加快培育数字贸易、绿色贸易及相关市场主体。2022年9月27日,商务部发布《关于印发支持外贸稳定发展若干政策措施的通知》(以下简称《通知》),《通知》提到,开放是中国的基本国策,进出口有力支撑稳增长、稳就业,要大力稳定外贸。《通知》从六个方面提出支持外贸稳定发展的政策措施,其中第五条重点提到进一步发挥跨境电商稳外贸的作用。我国将出台进一步支持跨境电商海外仓发展的政策措施,研究年内启动服务贸易创新发展引导基金二期,进一步带动社会资本,并统筹利用外经贸发展专项资金等现有资金渠道,共同支持跨境电商、海外仓等外贸新业态发展;在依法合规、风险可控的前提下,进一步加强出口信用保险对海外仓建设和运营的支持力度;优化海关备案流程,加强中欧班列运输组织,支持海外仓出口货物运输;加快出台便利跨境电商出口退换货的税收政策。

(三) 地方积极发展跨境电商

当前,各地发展跨境电商的热情高涨,跨境电商成为稳外贸的重要举措之一,包括江苏、山东、广东、江西、云南等不少地方已专门出台促进外贸新业态新模式发展的政策措施,跨境电商是其中的重要内容。

自 2015 年 3 月 7 日以来,国务院已经分 7 批、先后在 165 个城市和地区设立跨境电子商务综合试验区,并在跨境电子商务交易、支付、物流、通关、退税、结汇等环节的技术标准、业务流程、监管模式和信息化建设等方面先行先试。目前,这 165 个跨境电商综合实验区已经实现了在全国 31 个省份的全覆盖,其中山东、江苏、浙江、广东 4 个省份实现了地市级全覆盖,这体现了我国促进国内国际双循环、推进贸易高质量发展的决心。[①]

例如,近年来,广州市抢抓数字经济风口,以直播电商、跨境电商等新业态新模式为切入点,在产业政策、园区打造、主体培育、配套建设、综合保障等方面全线出击,营造出良好的电商发展氛围。发展数字经济,政策先行,广州市、区两级先后出台 20 余项支持琶洲试验区高质量发展的政策文件,鼓励支持发展电子商务、直播电商、跨境电商、社交电商,以及与电商相关的人工智能、大数据和云计算等细分产业,构建行之有效的产业集聚发展模式,打造立足湾区、引领全国、辐射全球的电子商务总部集聚区,吸引一大批知名电商企业落地琶洲建设总部大厦,带动相关领域总部企业、产业链企业进驻,"头部企业+上下游服务+数字技术+人才+产业金融"的产业生态集群已逐渐完备。截至 2022 年 6 月底,琶洲试验区落户电子商务企业超 6 200 家。2021 年,实现主营业务收入 3 668.5 亿元,同比增长 23%。

又如,珲春市位于中俄朝三国交界处,近年来大力发展跨境电商。在珲春综合保税区外仓,一辆辆满载着生活用品、服装、电子产品的大货车缓缓驶入,在经过查验后,这些商品将陆续发往欧洲。统计数据显示,这个边境小城跨境电商进出口贸易额从 2018 年的 4 000 多万元增长到 2021 年的 21.5 亿元。2022 年 1 月至 11 月,这一数字达到 27.5 亿元,同比增长 52.7%,出口业务爆发式增长。为了发展跨境电商,珲春积极开辟物流通道。2020 年 10 月 21 日,珲春开通了跨境电商国际公路运输系统,大大缩短了运输时间。大包专线、区外备货仓、海外仓等设施和服务的开通提升了海外消费者购物体验。同时,珲春研发上线跨境电商保税出口及退货业务系统平台,实现跨境电商出口退货商品单独运回与批量运回申报,有效破解了跨境电商出口商品"退货难"问题。在珲春综合保税区附近,

---

[①] 常河山:"紧抓 RCEP 机遇 小步快跑布局跨境电商——专访张周平",《现代物流报》,2022 年 9 月 7 日。

珲春东北亚跨境电商产业园已经落成，集商品展销、创业孵化、金融结算、仓储物流等多功能于一体，已有百余家电商企业入驻。

四、跨境电商的支付方式

（一）信用卡支付

信用卡是由商业银行或信用卡公司对信用合格的用户发行的信用证明，其形式是一张正面印有发卡银行名称、有效期、号码、持卡人姓名等内容，背面有磁条、签名条的卡片。使用信用卡支付与收款的基本流程如图7-8所示。

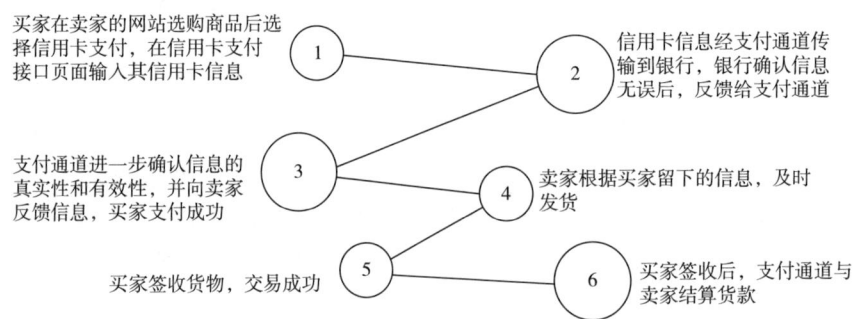

图7-8 信用卡支付与收款的基本流程

第1步：买家在卖家的网站选购商品后选择信用卡支付，在信用卡支付接口页面输入其信用卡信息；

第2步：信用卡信息经支付通道传输到银行，银行确认信息无误后，反馈给支付通道；

第3步：支付通道进一步确认信息的真实性和有效性，并向卖家反馈信息，买家支付成功；

第4步：卖家根据买家留下的信息，及时发货；

第5步：买家签收货物，交易成功；

第6步：买家签收后，支付通道与卖家结算货款。

以我国跨境电子商务收汇支付为例，境外消费者通过浏览电商平台挑选到自己中意的产品后进行下单，完成付款后，境内商家再通过国际快递发货。如果选择商业银行来完成线下支付，需要境外消费者去银行柜台，通过传统的国际结算方式（比如汇款、托收和信用证）来完成支付。托收方式基于商业信用，适用于交易金额大、信誉良好的老客户之间；信用证方式是传统的国际贸易活动结算方式，基于银行信用，银行收费较高，手续烦琐，适用于传统大额货物进出口。上述两种方式极少使用，一般使用汇款方式，且使用电汇。消费者根据商家的要求去银行柜台购汇，填写电汇申请书，委托本地银行将订单金额汇给商家指定账户，对汇款金额和汇款人身份是没有限制的，与托收和信用证相比，操作更简单，结算速度快很多。①

国际信用卡收款是一种在线支付方式，是通过国际信用卡进行支付。到目前为止，信用卡品牌主要 Visa、Mastercard、AmericaExpress、Jcb、DinersClub 这五大品牌，其中 Visa 与 Mastercard 的客户更多。目前，我国基于亚马逊等跨境电商平台的 B2C 零售，信用卡支付仍是主流的支付渠道。以现有五大国际信用卡组织，包括 VISA 卡、万事达卡（Master）、美国运通（American Express）、大来卡（Diners Club）以及日本国际信用卡（JCB）的无卡业务为例，一般利用卡有效期以及账户信息验证安全性较低。国际信用卡收款方式的优缺点及适用范围如表 7-2 所示。②

表 7-2　国际信用卡收款的优点、缺点和适用范围

优点	方便快捷，简单实时，安全可靠。信用卡是欧美最流行的支付方式，用户群非常庞大，口碑较好，账号不易冻结，拒付率较低
缺点	需预存保证金才能进行收款，且收款费用高，需要支付开户费和年服务费，门槛较高，同时存在黑卡的可能性
适用范围	国际信用卡可用于大多数跨境电商平台支付。交易规模一般为 1 000 美元以下的小额收款，主要适用于网店零售

（二）专业汇款公司

跨境资金转移还可通过专业汇款公司，像西联汇款（western union）、速汇金（moneygram）等是全球比较大的国际汇款公司。其中，西联汇款是世界上领先的特快汇款公司，它拥有全球最大最先进的电子汇兑金融网络，代理网点遍布全球近 200 个国家和地区。目前，中国农业银行、中国光大银行、中国邮政储蓄银行、中国建设银行等多家银行都与它合作。与普通国际汇款相比，专业汇款公司有比较明显的优势，首先，它们不要求收款人预先开立银行账户，1 万美元以下业务不需要提供外汇监管部门的审批文件，收款人无须支付任何汇款手续费，由汇款人负担，手续费均低于银行普通国际汇款费用；其次，专业汇款公司有全球安全电子系统，保证每笔汇款安全达到收款人手里；最后，专业汇款公司汇款速度很快，10 分钟之内就可以汇到。跨境电商支付使用这种方式时，是商家先收

---

① 袁静、李锋："我国跨境电子商务支付及风险研究"，《内蒙古煤炭经济》，2017 年 23 期。
② 张宏博："论第三方支付对于跨境电商 B2C 回款的适用性"，《国际商务财会》，2018 年第 9 期。

钱后发货，对商家最有利。①

(三) 第三方支付

随着 B2C、C2C、F2C 模式的迅速发展，跨境电商第三方支付方式应运而生，如阿里巴巴的 Secure Payment、Payoneer、WebMoney、Paypal 等众多在线支付方式层出不穷，与传统的线下支付方式相比，第三方支付不受时空限制，更加灵活便捷，具有手续费低、快速到账等优点，它所提供的跨境支付服务可能较传统的支付方式更好。

当前，我国第三方跨境支付呈现业务多元化。据中国人民银行资料显示，截至 2021 年底，我国共发放 9 批总计 271 张《支付业务许可证》，其中注销牌照 47 张，现存 224 张牌照。随着交易清算成本占交易费收入的比重不断提升，我国第三方跨境收款服务向退税管理、索赔服务、跨境收单、VAT 付款、跨境物流等领域延伸。② 作为阿里巴巴旗下的第三方支付平台——支付宝无疑是速卖通的主要支付方式之一，与国内支付宝不同，支付宝国际账户 alipay account 虽然也是第三方平台，但这一平台由国内卖家建立，并且只用于跨境交易，功能与国内支付宝类似，也具备收退款、提现等功能，与之不同的是，这是一种美元与人民币同存的双币种账户。国际支付宝里的美金结汇方法是：买家通过国际支付宝（Escrow）完成交易结算，将需支付的款项直接汇入卖家的国内账户或银行卡中，卖家收款时可以自由选择货币币种。第三方汇付业务流程如图 7-9 所示。

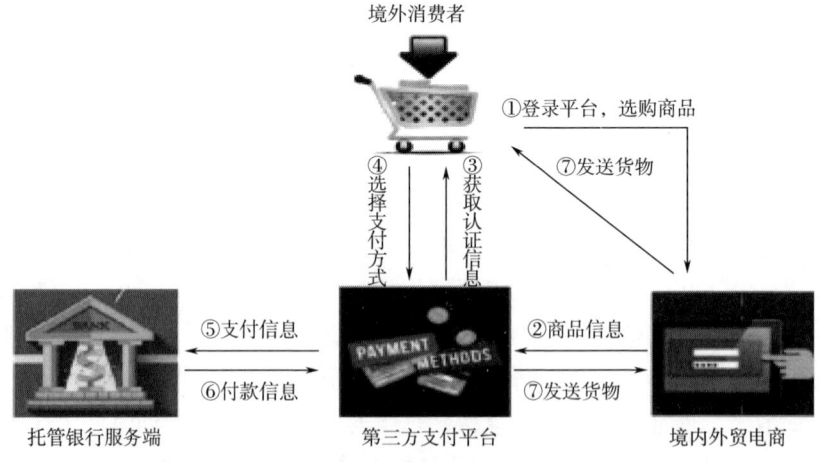

图 7-9　第三方汇付业务流程图

---

① 袁静、李锋："我国跨境电子商务支付及风险研究"，《内蒙古煤炭经济》，2017 年 23 期。
② 盛秋平：《中国电子商务报告 2021》，中国商务出版社 2021 年版。

如图 7-10 所示，深受欧美客户欢迎的 Paypal，除了开展互联网支付、移动支付、信用支付、线下支付等核心业务外，它还为消费者提供便捷、安全的支付选择，以及为客户提供更多的延伸服务，如跨境商业服务解决方案、代收代付、跨境电商、资金归集、咨询服务、O2O 服务等。这种一体化解决方案包含所有主要的信用卡和借记卡，银行转账和 PayPal 余额。

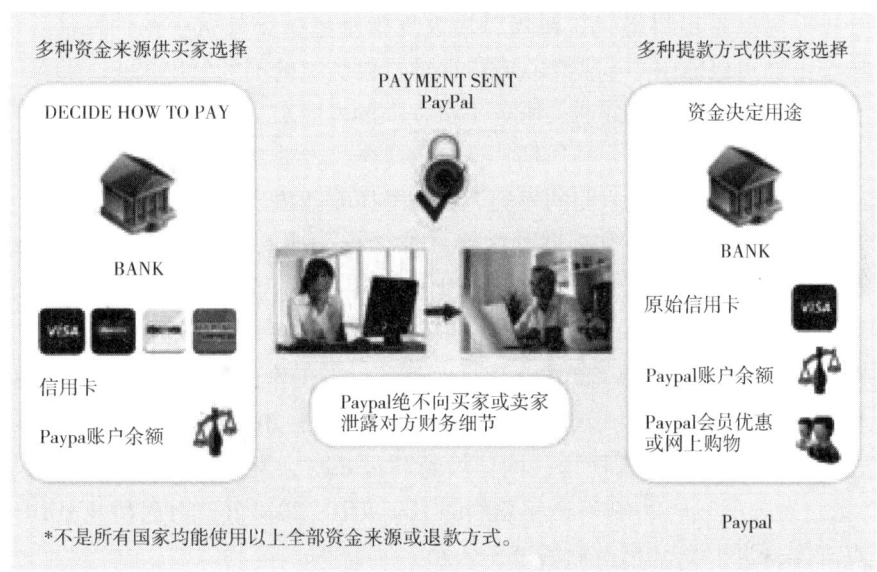

图 7-10　PayPal 的闭环系统如何运作

此外，随着数字技术、互联网金融的迅猛发展，我国跨境电商支付业务逐步发展，支付业务功能逐步完善。例如，数字人民币开始应用到跨境电商领域。通过银行与跨境电商进口企业的共同协作，2021 年 5 月，数字人民币在海南首次应用到跨境电商进口支付场景并成功落地，实现了从消费者到平台间的结算闭环，使跨境电商支付过程的经济性、安全性更强。

五、发展跨境电商的意义

作为数字贸易的主要组成部分，跨境电商在拉动消费提升，畅通外贸产业链、供应链等方面发挥了重要作用，是发展最快的一种国际贸易业态。在新冠疫情的影响下，跨境电商进一步加速发展。2022 年，中国的跨境电商继续保持迅速增长势头，不仅对发达经济体的出口保持稳定，对新兴市场的出口也实现了快速提升。2022 年以来，中国对东盟的跨境电商出口增长了 98.5%。

第一，跨境电子商务为我国外贸发展注入新动能。规模上，目前，我国是全球电子商务零售额最大的经济体，也是最大的跨境电子商务零售（B2C）出口国。2020 年，我国跨境电子商务进出口总额为 1.69 万亿元人民币，同比增长 31.1%，增速显著高于货物进出口增速。趋势上，我国贸易伙伴不断增加，欧美仍是最主要市场，同时不断加深与"丝路电商"的合作等。①

跨境电商的发展对我国出口贸易带来了积极影响。跨境出口电商可以降低进出口成本，尤其是出口退免税政策，极大地推动了中小外贸企业的发展。一方面，跨境电商可以使中小企业建立直接面向国外买家的国际营销渠道，降低交易成本。另一方面，跨境电商通关服务平台提供的专业服务可以代替传统贸易中贸易、金融、外语等专业人才的作用，使过去复杂、专业甚至带有某种神秘色彩的国际贸易变得简化。跨境电商的发展为我国外贸企业提供了巨大的商机和市场。

第二，跨境电子商务综合试验区对产业发展与监管创新起到积极的推动作用。截至 2022 年 12 月，中国已累计建设 165 个跨境电商综合实验区。例如，北京依托国家跨境电商综合试验区建设，积极探索推进跨境电商销售医药产品、免税保税政策相衔接、跨境电商 B2B 出口监管等试点工作，推动跨境电商产业集聚化、规模化、体系化发展。北京市商务局数据显示，2020 年，北京市跨境电商零售进口额超过 37 亿元人民币，同比增长超过 85%，其中，网购保税进口额超过 27 亿元人民币，是 2019 年全年总额的 100 余倍。2020 年 7 月启动 B2B 出口监管试点工作，当年 B2B 出口额超过 3 亿元。

第三，促进就业。2021 年，跨境电商相关企业新增 1 万家，占新增企业总数的近三分之一，带动了中小微企业的成长和就业。2022 年，我国跨境电商继续保持迅速增长势头，不仅对发达经济体的出口保持稳定，对新兴市场的出口也实现了快速提升。2022 年以来，中国对东盟的跨境电商出口增长了 98.5%。② 据中国支付清算协会报告显示，2021 年，人民币跨境支付系统处理业务 334.16 万笔，金额为 79.6 万亿元人民币，同比分别增长 51.55% 和 75.83%，日均处理业务 1.34 万笔，金额达 3 184 亿元人民币，是电子支付行业的重要增长点。

第四，跨境电商已成为支持"外循环"的重要引擎，跨境电商的发展带动了整个产业链条发生变化，以跨境电商为代表的贸易数字化转型将给贸易及产业带来深远的影响。同时，海外跨境电商市场发展空间依然巨大，市场前景备受关注，这也吸引了巨头纷纷押注跨境电商赛道。例如，微软宣布进军跨境电商，推出首个跨境电商平台"Buy with Microsoft"，主要集中在家居用品、3C、服装鞋帽、电子配件、园艺工具等领域；拼多多跨境电商平台 Temu 已在海外

---

① 马玉荣：" 张琦：数字贸易推动全球服务贸易深刻变革"，《中国发展观察》，2021 年第 17 期。
② 曹莉、王乾筝："中国—东盟跨境电商合作：机遇与挑战"，《中国远洋海运》，2022 年第 9 期。

上线等。

第五，随着我国跨境支付政策的逐渐完善，支付机构的发展也走向规范。近年来，我国为有效解决跨境电商支付环境的多重问题，发布了一系列关于跨境电商支付的监管政策。例如，2018年4月13日，中国海关总署发布《关于规范跨境电子商务支付企业登记管理的公告》，指出跨境电子商务支付企业在向海关办理注册登记或信息登记手续时，需要提交中国银保监会颁发的《金融许可证》复印件，非银行支付机构提交中国银行颁发的《支付业务许可证》复印件。相关监管政策实行以来，部分跨境电商支付机构由于缺乏相关证件而遭到惩罚。据央行官网数据显示，截至2018年上半年，央行各分行、支行公布跨境电商支付的第三方支付机构罚单超过30张，已注销28张各类型业务第三方支付牌照；针对支付机构罚款金累计超过了4 600万元。[1]

总之，发展跨境电商意义重大，可有力推动经济转型、促进就业、拉动消费、创造新的经济增长点，具有巨大的产业发展潜力。事实证明，国家政策不断扶持出口跨境电商，有利于带动我国制造业、电子支付、物流、信息服务等产业的发展，进一步优化我国的产业结构，加速产业结构的转型升级。中国作为世界第二大经济体，为世界经济的发展做出了巨大贡献。上海合作组织（简称"上合组织"）副秘书长索海尔·汗表示，上合组织自2001年成立以来，不断推进成员国在各领域的合作，地区和全球影响力持续增强。中国在发展电商方面具有非常大的潜力，跨境电商能够进一步促进市场的开放度以及包容度，上合组织希望能够通过分享实践，加强成员国之间的合作，尤其是在电商和数字经济方面的合作，努力向中国看齐。

六、我国跨境电商存在的问题及对策

尽管跨境电商得到了快速发展，但在短时间内，跨境电商行业仍存在诸多问题。虽然我国在数字贸易方面取得了一定的成绩，但是相比于美国、欧盟、日本等国家和地区还是存在较大的差距，面临着一系列的问题和挑战。

一是我国数字贸易水平较低，综合竞争力较弱。我国数字经济与贸易整体发展尚处于起步阶段，在各方面各领域的发展不均衡，企业数量多规模小，产品质量有待提高，服务水平有待改善，这些缺点都制约着我国数字贸易产业整体竞争力的提高。

二是跨境物流的成本较高。虽然我国跨境电商发展迅速，但跨境物流发展相对滞后，跨境物流体系还不够完善，在跨境电商的交易流程中配送货周期过

---

[1] 梁其钰："我国跨境电子商务支付面临的风险与防范机制"，《对外经贸实务》，2018年第11期。

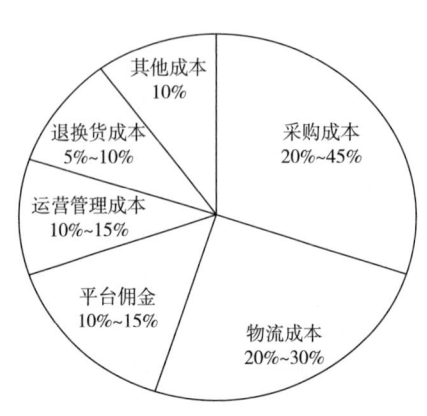

图 7-11　我国跨境电商成本构成

注：图中数据来源于前瞻产业研究院

长、空运导致物流价格较高等弊端，严重影响着国外用户的消费体验（见图 7-11）。[①]

如今我国出口跨境电商物流普遍采用的模式仍是平邮小包模式，对于时效性要求比较高的成熟市场来说，一般采用国际商业快递的方式。对企业来说，物流成本一般占总成本的 20%~30%，但我国的出口跨境电商物流成本更高，因为它涉及的环节比较多，这些环节无形中增加了我国出口跨境电商物流的成本，而出口跨境本身就因为距离问题，需要更长的时间送到客户手中，如果发生退换货的问题，由于我国出口跨境电商物流环节多，也会带来物流成本过高、手续繁忙等问题。

三是跨境物流存在电子支付安全问题。跨境电商通常使用电子支付的方式支付货款，但电子支付的安全问题也是企业在交易过程中遇到较为严重的问题之一。依靠第三方支付平台进行货款支付相对来说较为便捷，但由于很多平台未获得国家许可，用户的资金得不到保障，导致跨境电商的发展受到严重阻碍。

四是管理体系不够完善，通关手续不够简化。通关是跨境电商面临的一个共同难题，跨境货物流动并不自由。我国跨境电商的发展相对来说还处在初始阶段，该行业的发展水平与当地的经济水平具有必然的联系。我国经济发展地区差异明显，主要集中在东南沿海地区，而西部地区经济发展较为缓慢，跨境电商企业多集中在经济发展迅速的东南沿海地区，在这种不平衡的发展趋势下，各个地区、各个城市之间的经济发展差距和生活水平被不断拉大。

五是合规化发展问题凸显。在产品走出国门的过程中，知识产权对于跨境电商经营者的重要性不言而喻。在跨境电商发展的过程中，交易涉及的跨境往往不受地域、国界限制，交易对象也不限于境外的单一国家或地区，商品的流转可能会经过两个甚至多个国家。即便跨境电商经营者在其本国就所销售的产品享有合法的知识产权，也无法确保其在产品所销售到的国家拥有合法的知识产权。这种跨境电商的无界性和知识产权保护的地域性特征之间的矛盾，是很多跨境电商领

---

① 米岩：" 我国跨境电商发展模式优化机制研究——基于供应链视角"，《商业经济研究》，2022 年 5 月 1 日。

域知识产权纠纷产生的根本原因。海关总署发布的《2021 年中国海关知识产权保护状况》显示，2021 年全年，海关共查扣跨境电商侵权嫌疑货物 1.78 万批、199.57 万件，扣留批次和数量在非货运渠道执法的占比分别由 2020 年的 11.69% 和 9.93% 提升到 2021 年的 23.25% 和 18.11%。从海关查获的案件来看，目前侵权货物仍以侵犯商标权为主，同时随着互联网新业态的发展，跨境电商渠道已逐步成为全国海关执法的重点。

六是人才缺乏或者说劳动力成本高。行业的快速发展与人才供应不足之间的矛盾，例如，仓储打造需要 IT 技术和供应链管理人才，除非是美国等这样的发达国家，一些新兴国家的物流仓储并不发达，很难招到相应的人才；而哪怕是在发达国家，其本身劳动力成本就非常高，无论哪个方面都会增加海外仓的运作成本。

七是跨境电商相关法律仍不健全。虽然我国对跨境电商的发展提供了政策支持，但在法律层面上还是未能跟上跨境电商发展的步伐。传统贸易法已经无法适用于新的跨境电商模式，如检疫、海关监管及电子支付的相关处理方法等。

对于存在的上述问题，建议可以考虑以下对策：

（1）大力发展数字经济和数字贸易。抓住发展数字经济的机遇，加强科技创新，落实科技强国、人才强国战略，加强能够为数字经济时代创造新场景的颠覆性数字技术创新，进一步扩大开放，扩大企业规模，积极融入全球市场，通过数据要素的全球流动整合全球市场，优化资源配置，提高企业国际竞争力。

（2）在出口跨境电商发展早期，随着更多的资源进入出口电商，导致价格战不可避免地兴起。目前，出口电商行业已经进入品牌竞争时代。行业竞争已经升级，要求跨境电商打造好品牌，增强用户黏性，才能将利润维持在合理水平。简单粗暴的价格竞争无法持续帮助企业确立领先地位，形成良好的竞争力壁垒。现在中国卖家选择品牌化经营的数量越来越多，这些中国卖家希望通过对产品实现品牌化，提高产品质量，加强产品服务，提高国外消费者对中国制造产品的评价，而品牌化也是我国外贸出口企业转型升级的必由之路。

（3）降低跨境电商的物流成本，促进配套产业发展，实现跨境电商协调发展。跨境物流效率低下，是由于不合适的海关审核程序，影响运输速度。现阶段我国出口跨境电商物流问题解决方法可以采用海外仓。一方面，通过海外仓可以有效降低运输成本，提高时间效率，做到本地发货、本地退换货，而且它可以解决物流信息化问题，让客户随时查询到货物的物流信息，形成公开、透明的信息局面。同时，通过计算机和互联网，卖家可以远程控制海外仓的管理模式和货物储存，使之实现分拣、包装、配送等一系列的服务；另一方面，简化运输流程，可以大大提高买方企业的消费体验，吸引新的消费企业，巩固双方的合作关系

(见图7-12、图7-13、图7-14和图7-15)。①

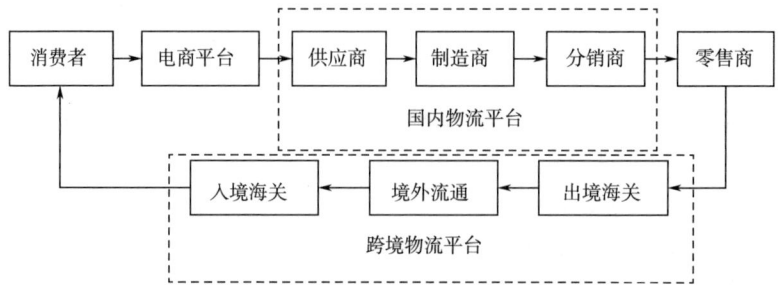

图7-12 我国跨境电商物流模式优化

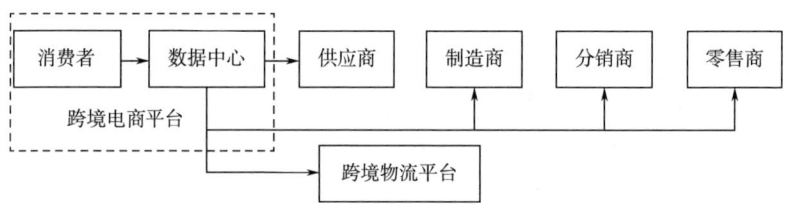

图7-13 我国跨境电商信息流模式优化

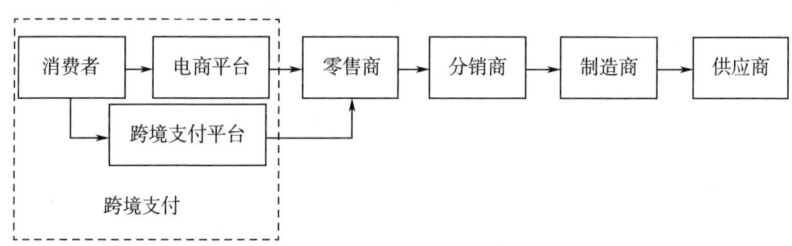

图7-14 我国跨境电商资金流模式优化

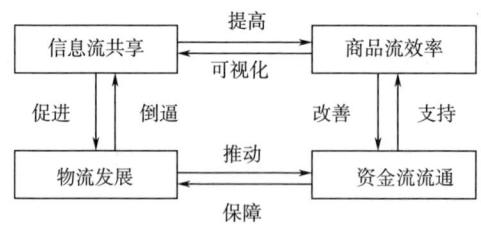

图7-15 我国跨境电商协同发展模式

---

① 米岩:"我国跨境电商发展模式优化机制研究——基于供应链视角",《商业经济研究》,2022年5月1日。

（4）保障跨境电商网络的安全性。要保证跨境电商的安全快速发展，应加强对跨境电商的管理，建立全面的电子商务管理系统，从而使电子支付体系得到完善。随着科学技术的不断进步，指纹验证、身份鉴别以及面部识别技术已经得到了广泛应用，买家和卖家可以利用这些技术更好地为企业服务。

（5）加强人才培养。该行业的人才需要具备电商运营能力，熟悉本国法律政策和目标国的法律政策，有较高的外语水平等，属于复合型人才。我国应注重对对口专业的人才培养，各大高校可以同企业进行合作，采用校企共同培养的方式，培养学生的平台操作能力、营销能力以及物流调配管理能力。例如，2021年电子商务相关从业人数达超6 700万人，为我国电子商务产业的高速发展贡献了巨大的力量。《"十四五"电子商务发展规划》明确提出，要"梯度发展电子商务人才市场"，通过完善电子商务人才培养体系，强化"政、产、学、研、用、培"六位一体人才培养模式，建立多元联动的电子商务人才培养机制，培养高质量的电子商务人才，到2025年，实现电子商务相关从业人数达7 000万人，为"十四五"时期电子商务产业高质量发展保驾护航。高校是电子商务人才培养的主力军，据统计，2021年，全国开设电子商务专业的本科院校有632所。全国职业院校中，有1 476所开设电子商务专业，有126所开设网络营销与直播电商专业，有74所开设移动商务专业，有98所开设商务数据分析与应用专业，有321所开设跨境电商专业，有30所开设农村电商专业。这些电子商务专门人才的培养将为我国电子商务"十四五"高质量发展提供有力支撑。

（6）完善跨境电商相关的法律法规。要根据跨境电商的发展制定配套的法律法规，结合跨境电商特点进行海关监管模式和通关方式的改革，同时构建电子商务发展的检疫及退税制度，从根本上解决电商进出口中所产生的税费困扰，保证网络交易双方的安全性，从而更好地进行网络贸易，维护企业和消费者的利益。

第二节　跨境进出口试点探索

跨境电商、市场采购等新业态新模式是我国外贸发展的有生力量，也是国际贸易发展的重要趋势。新冠疫情发生以来，我国跨境电商发挥在线营销、在线交易、无接触交付等优势，积极培育参与国际合作和竞争的新优势，进出口规模持续快速增长。2019年，我国跨境电商零售进出口额达到了1 862.1亿元人民币，是2015年的5倍，年均增速49.5%。根据海关总署数据，2020年，我国跨境电商进出口增速达到 31.1%。2021 年，我国跨境电商进出口 1.98 万亿元人民币，增长 15%；其中出口 1.44 万亿元人民币，增长 24.5%。B2B 出口试点全面铺开，"中欧班列""集拼转口"等新模式融合发展。为助力跨境电商出口企业更好开拓国际市场，2021 年下半年，跨境电商 B2B 出口监管试点在全国海关正式复制推广，配套政策不断完善。与此同时，"上合示范区—明斯克"、"义新欧"、"苏新欧"、合肥至德国汉堡、威廉港等跨境电商专列先后开通并常态化开行，实现了"中欧班列"与跨境电商模式的融合。

一、建设跨境国际枢纽城市，带动进出口

2020 年 1 月 17 日，商务部等 6 部委联合印发《关于扩大跨境电商零售进口试点的通知》，将 50 个城市（地区）和海南全岛纳入跨境电商零售进口试点范围。本次扩大试点后，跨境电商零售进口试点范围将从 37 个城市扩大至海南全岛和其他 86 个城市（地区），覆盖 31 个省、自治区、直辖市。

2021 年 3 月 18 日，商务部等 6 部委又联合印发《关于扩大跨境电商零售进口试点、严格落实监管要求的通知》，将跨境电商零售进口试点扩大至所有自贸试验区、跨境电商综试区、综合保税区、进口贸易促进创新示范区、保税物流中心（B 型）所在城市。

2021 年 7 月 9 日，国务院办公厅印发《关于加快发展外贸新业态新模式的意见》，提出完善跨境电商发展支持政策，到 2025 年，跨境电商政策体系进一步完善，发展环境进一步优化，发展水平进一步提升；扎实推进跨境电子商务综合试验区建设，2025 年，综试区建设取得显著成效，建成一批要素集聚、主体多元、服务专业的跨境电商线下产业园区，形成各具特色的发展格局，成为引领跨境电商发展的创新集群。

海关统计数据显示，2021 年，我国综合保税区、自由贸易试验区、海南自由贸易港进出口分别增长了 24.3%、26.4% 和 57.7%，呈现出蓬勃发展的态势。在新兴贸易业态方面，我国跨境电商、市场采购规模迅速扩大；我国跨境电商进出口规模达到 1.98 万亿元，增长 15%，市场采购出口增长 32.1%。从品类来看，2021 年，我国跨境电商进口额排名前十的品类合计占跨境电商进口总额的 20.21%，其中，革、毛皮及制品，箱包，肠线制品，鞋帽伞等，羽毛品，人造花，人发品等实现了较快增长；我国跨境电商出口额排名前十的品类合计占跨境电商出口总额的 57.03%，同时，出口额排名前十的品类都实现了成倍增长（见表 7-3 和表 7-4）。[①]

---

① 商务部：《中国电子商务报告 2021》，中国商务出版社 2022 年版。

表 7-3 2021 年中国跨境电商进口额排名前十的品类占比及增速

商品品类	占比（%）	同比增长（%）
化学工业及其相关工业的产品	9.99	13.09
食品；饮料、酒及醋；烟草及制品	6.37	-9.14
机电、音像设备及其零件、附件	0.78	-8.05
杂项制品	0.67	-11.48
光学、医疗等仪器；钟表；乐器	0.45	8.63
活动物；动物产品	0.43	6.59
纺织原料及纺织制品	0.42	-7.13
革、毛皮及制品；箱包；肠线制品	0.40	20.72
鞋帽伞等；羽毛品；人造花；人发品	0.38	14.76
动、植物油、脂、蜡；精制食用油脂	0.32	5

数据来源：《中国电子商务报告（2021）》

表 7-4 2021 年中国跨境电商出口额排名前十的品类占比及增速

商品品类	占比（%）	同比增长（%）
特殊交易品及未分类商品	11.61	86.27
杂项制品	11.17	458.05
纺织原料及纺织制品	8.77	216.01
机电、音像设备及其零件、附件	8.36	399.68
贱金属及其制品	5.10	454.11
塑料及其制品；橡胶及其制品	4.04	334.26
矿物材料制品；陶瓷品；玻璃及制品	2.83	264.48
鞋帽伞等；羽毛品；人造花；人发品	2.22	348.36
革、毛皮及制品；箱包；肠线制品	1.85	325.93
光学、医疗等仪器；钟表；乐器	1.07	246.58

数据来源：《中国电子商务报告（2021）》

从贸易伙伴来看，2021 年，我国跨境电商出口额排名前十的国家（地区）分别为：美国、马来西亚、英国、韩国、日本、加拿大、新加坡、荷兰、菲律宾、澳大利亚，占跨境电商出口总额的 34.46%；我国跨境电商进口额排名前十的国家和地区分别为：中国香港、韩国、日本、美国、澳大利亚、荷兰、德国、新西兰、法国、英国，占跨境电商进口总额的 18.95%。[①]

从区域来看，东部沿海地区仍是跨境电商发展的集聚区。2021 年，我国跨境电商进出口总额排名前五的省份为：广东、山东、福建、浙江、河南，占跨境电商进出口总额的 40.63%。其中，广东的总额远超过其他省市，占比为 28.21%。[②] 从 105 个跨境电商综合试验区来看，2021 年，我国跨境电商进出口总额排名前五的城市为：深圳、广州、东莞、佛山、福州。

二、保税区

保税区是层级较低的海关特殊监管区域，属于开放的软件设施，自由贸易试验区也属于海关特殊监管区域，但开放程度更高，边境经济合作区及境外经贸合作区是从促进合作入手的开放方式。例如，东北地区以中国（辽宁）自由贸易试验区和中国（黑龙江）自贸区等建设为契机，以沿边强市重镇为核心，推动东北沿边开放体系构建，将进一步促进东北沿海沿边全方位对外开放，全面提升对外开放的层次和水平，实现东北的再次振兴。

目前，海关特殊监管区域主要有保税区、出口加工区、保税物流园区、跨境工业园区、保税港和综合保税区（见表 7-5）。

表 7-5 海关特殊监管区的对比

分类特点	视同出境	出口退税	主要功能	海关规章
保税区	是	离境退税	国际贸易、仓储物流、保税加工	65 号署令
出口加工区	是	入区退税	保税加工（2009 年 1 月起，出口加工区全面拓展保税物流功能）	389 号国令
保税物流园区	是	入区退税	国际贸易、仓储物流	134 号署令
跨境工业园区	是	入区退税	国际贸易、仓储物流、保税加工	160 号署令
保税港区	是	入区退税	国际贸易、仓储物流、保税加工	164 号署令
综合保税区	是	入区退税	国际贸易、仓储物流、保税加工	191 号署令
自贸区	是	入区退税	国际贸易、仓储物流、保税加工、金融、服务贸易、航运等	国务院有关总体方案

---

① 数据来源：商务大数据。
② 数据来源：商务大数据。

1997年是中国保税区发展的重要时间节点,《保税区海关监管法》(海关总署令第65号)正式出台,明确"一线放开、二线管住"的管理理念和管理模式。保税区的政策优势吸引了大量加工贸易企业入驻,加工贸易在保税区内蓬勃发展。出口加工区建设是在20世纪90年代后,中国加工贸易迅猛发展的历史背景下产生和发展的。2000年4月,国务院批准设立大连、珲春、天津、北京天竺、烟台、威海、昆山、苏州工业园、上海松江、杭州、厦门杏林、深圳、广州、武汉、成都出口加工区。出口加工区简化了通关程序,加快了通关速度,以及实施加工贸易便利化的监管政策等,进一步降低了企业的进出口成本。保税物流园区是为了在政策上有所突破,解决保税区加工贸易的深加工结转问题。2003年12月,国家批准成立外高桥保税物流园区,实行"入区退税"的政策。2013年9月,国家批准在上海外高桥保税区、上海外高桥保税物流园区、洋山保税港区和上海浦东机场综合保税区等四个海关特殊监管区域基础上建立自贸试验区,实行负面清单管理模式,根据国内外形势持续推动特殊经济区制度升级。

保税区是海关监管的特定区域,设立保税区须经国务院批准。保税区与中华人民共和国境内的其他地区之间应当设置符合海关监管要求的隔离设施。保税区是中国改革开放过程中出现的新生事物,是中国借鉴国际上通行自由贸易区的做法,并在结合中国国情的基础上形成的经济开放区域。在此区域内,从境外运入的货物就其关税和其他关税而言被视作境外,免于海关监管,并给予该区域特殊的关税和优惠政策。中国建设和发展保税区的根本目的是要形成良好的投资环境,利用保税区内海关保税的独特条件发展对外经济。

从境外进入保税区的货物,其进口关税和进口环节税,除法律、法规另有规定外,按照有关规定办理。例如,区内生产性的基础设施建设项目所需的机器、设备和其他基建物资,予以免税。

目前中国的保税区主要有:上海浦东新区的外高桥保税区、天津港保税区、深圳沙头保税区、深圳福田保税区、大连保税区、广州保税区、张家港保税区、海口保税区、厦门象屿保税区、福州保税区、宁波保税区、青岛保税区、汕头保税区、深圳盐田港保税区、珠海保税区等。

三、跨境电商综合试验区

(一)跨境电商综合试验区扩容

目前,我国正大力发展跨境电商,扎实推进跨境电商综合试验区建设,积极鼓励各业务环节探索创新,培育壮大一批跨境电商龙头企业、海外仓领军企业和优秀产业园区,打造跨境电商产业链和生态圈。据中国政府网2022年11月24

日消息,《国务院关于同意在廊坊等 33 个城市和地区设立跨境电子商务综合试验区的批复》(以下简称《批复》)发布,国务院同意在廊坊市、沧州市、运城市等 33 个城市和地区设立跨境电子商务综合试验区,名称分别为中国(城市或地区名)跨境电子商务综合试验区。自 2015 年 3 月设立首个杭州跨境电子商务综合试验区,7 年时间里 7 次扩围,国务院分别在 2015 年 3 月份、2016 年 1 月份、2018 年 7 月份、2019 年 12 月份、2020 年 4 月份、2022 年 1 月份,分 6 批在杭州、宁波、天津等 132 个城市开展了跨境电子商务综合试验区建设(前两批 13 个跨境电商综合试验区对比情况见表 7-6)。《批复》要求复制推广前六批综合试验区的成熟经验和做法,发挥跨境电子商务助力传统产业转型升级、促进产业数字化发展的积极作用,推动外贸优化升级,加快建设贸易强国。

表 7-6　13 个跨境电商综合试验区对比

综试区	核心	建设目标	综试区网站建设
杭州	六体系两平台	服务与大数据中心	网站条目清晰,信息量大,图片、文字、视频相结合
天津	三大平台	跨境电商仓储物流集散中心	未建设官方网站
上海	线上交易、线上监管、线上服务、线下支撑的规则体系	全球跨境电商四大中心	未建设官方网站
重庆	依托两大市场	传统支柱产业的转型升级	未建设官方网站
合肥	集水陆空铁及跨境电商于一体的立体化对外开放承载体系	电商聚集区和产业示范区	主页面简洁,包括提供的服务、示范区图片及资讯
郑州	通关一体的跨境电子商务新型监管服务模式	海外仓和电商企业扶持	未建设官方网站
广州	"关、检、汇、税、商、物、融"一体化	全国跨境电子商务中心城市	未建设官方网站
成都	一都一府三中心	跨境电商西部中心	未建设官方网站
大连	五大工程	引领东北、辐射东北亚、面向全球	首页以大连图片呈现,只设置主菜单,简洁干练
宁波	三大平台四大功能五大体系	从进口向出口的转变	首页以图片轮播形式展示综试区建设目标、核心等,网站建设完备服务具体
青岛	两平台六体系四合一	电商交易体系和运行机制	首页图片、资讯交互存在,信息量大

续表

综试区	核心	建设目标	综试区网站建设
深圳	"信息互换、监管互认、执法互助"的跨境电子商务通关服务平台	电商交易、金融中心和物流枢纽	未建设官方网站
苏州	综合服务体系	全国性B2B进出口重要载体	未建设官方网站

(二) 跨境电商综合试验区探索带动创新

自2017年商务部等14部委联合发函指出要复制推广跨境电商综合试验区(简称"综试区")成熟经验做法以来,各综试区积极学习先进地区的经验,并取得积极成效。目前,前五批跨境电商综合试验区已经基本完成了"六体系两平台"的搭建,内陆地区综试区结合自身产业和区位优势,探索特色发展道路,东部沿海地区综试区以探索新模式新业态为主,综试区之间相互学习复制,逐步形成"陆海内外联动、东西双向互济"的开放格局。根据中国电子商务报告(2021)总结,具体有以下五个方面:[①]

一是对接模式,加快通关便利化建设。2021年,武汉海关根据跨境电商进口商品品种多、型号杂的特点,指导企业运用"提前申报""两步申报"等模式高效备货,企业只需完成概要申报就可以先行提货,大幅提升了通关效率。

二是优化升级,推进数字化改革。2021年,天津启动跨境电商综合服务平台提升改造工作,建设跨境电商企业服务平台,在为企业提供一站式申报服务的基础上,将报关代理、银行金融、第三方支付、物流仓储快递、人才培训、知识产权、信用评估等专业机构纳入服务平台,打造跨境电子商务全程数字化服务。

三是多方协作,创新监管方式。2021年,青岛推动政府管理和海关监管合作模式创新,借助独具特色的"区关港"联席会议制度,与地方海关充分联动,按照部门权责分工,针对搭建跨境电商公共服务平台、一仓多册货物"混合"管理、跨境电商产品退货入区、开辟跨境电商通关绿色通道等问题,逐个攻破,为跨境电商产业快速发展提供制度基础。

四是积极探索,推动模式创新。2021年,无锡江阴综保区将保税仓直播与进口商品O2O展示、体验和销售相融合,创新跨境进口"新零售"模式。2021年,宁波综试区首创"易跨保"金融服务方案,全链条破解跨境电商发展问题。

---

① 商务部:《中国电子商务报告2021》,中国商务出版社2022年版。

五是多式联动，探索物流新通道。2021年，青岛依托对日韩的区位优势发展海运跨境电商，在全国率先设立了海运快件监管中心，定期班轮"夕发朝至"；青岛首发"中欧班列（齐鲁号）跨境电商专列"，创新"中欧班列+跨境电商"物流模式。2021年以来，西安陆续推出中欧班列"长安号"和中俄班列等跨境物流线路；相关物流线路创新性地采用由"散"到"集"、"先报关、后装箱"的模式，解决了此前"一票查验耽误一柜"的常见问题。

（三）积极发挥跨境电商的作用

为发挥跨境电商助力传统产业转型升级、促进产业数字化发展的积极作用，2022年上半年，我国跨境电商进出口交易额同比增长28.6%。其中，跨境电商综合试验区带动作用明显。

跨境电商企业有积极性，地方有积极性，国家层面也高度重视，为了把跨境电商的潜力发挥得更好，商务部在新一轮外贸措施里又采取以下几项措施。

第一项措施，扩大跨境电商综合试验区的范围。比如，浙江杭州是第一个跨境电商综试区所在地，七年来培育电商卖家4.9万家，海外注册商标超过2 000个，领军企业价值超过1亿美元以上的有23家，跨境电商进出口额超过1 000亿元人民币。2022年11月，国务院批复同意再新设33个跨境电子商务综合试验区。①

第二项措施，出台支持跨境电商政策。海外仓是跨境电商B2B2C的重要节点，对跨境电商发展意义重大。商务部已经会同相关部门提出了8条支持海外仓发展的政策措施，包括利用外经贸发展专项资金和服务贸易创新发展引导基金等支持海外仓建设，优化跨境电商出口海外仓监管模式备案。

第三项措施，培育跨境电商的市场主体。2022年前8个月，商务部已经组织了各个跨境电商综合试验区举办资源对接推介会、论坛、沙龙、培训活动，场次超过了1 000场，培训跨境电商专业人才超过6万人次。商务部还发布了跨境电商领域内的相关标准41项，其中，国家标准就有11项。商务部还会继续指导各个跨境电商综合试验区培育一批重点企业和知名品牌，把跨境电商的优势和潜力充分挖掘出来。

近年来，跨境电商已经成为国际贸易发展的重要趋势。数据显示，2020年，中国跨境电商进出口规模1.62万亿元人民币，增长25.7%。2021年，中国跨境电商进出口规模达1.92万亿元人民币，增长18.6%，实现连续增长。

增设跨境电子商务综合试验区对外贸优化升级的作用有：首先，跨境电商有

---

① 王受文出席国务院政策例行吹风会介绍支持外贸稳定发展有关情况，国新办新闻发布，2022年9月27日。

助于带动传统外贸企业转型，增强我国外贸企业竞争力。对于依赖线下渠道进行销售、拓展海外市场的外贸企业而言，部分地区受疫情影响，线下活动不便，而跨境电商可以使其通过线上方式拓展市场，扩大销售规模。叠加国家政策的支持也有助于相关企业降低经营成本，这对保外贸主体、保订单具有重大意义。其次，跨境电商有助于中国企业树立自己的产品形象，提升我国外贸的综合发展质量。

（四）杭州：中国第一个跨境电商综合试验区

杭州在古代就是中国城市的典范，当下亦是如此。2015年3月7日，这一天的杭州有些"激动"，国务院正式批复，同意设立中国（杭州）跨境电子商务综合试验区。2020年，杭州跨境电商进出口总额突破千亿元关口。目前，杭州B2B平台中国卖家达16万以上，B2C平台全球用户达6亿以上，天猫国际和考拉海购两者占全国跨境电商零售进口份额一半以上，跨境零售活跃网店数超过2.2万家。杭州已成为全国跨境电商产业当之无愧的高地。这是中国第一个跨境电子商务综合试验区，也是国内跨境电商改革的第一步，中国电子商务之都再一次走在了改革最前沿。

在成为试验区之前，杭州就有着浓厚的电商氛围，积累了大量的经验。浙江省拥有阿里巴巴、京东全球购项目公司等电商大企业，其跨境电商进出口总额占全国总额的20%，且杭州拥有47万家网络经营主体，电子商务交易额排在全国所有城市的首位。在这里，汇集了大量的电商人才、电商企业以及电商园区。2012年8月，包括杭州在内的5个城市成为跨境电商首批试点城市。[①]

国务院下发的《国务院关于同意设立中国（杭州）跨境电子商务综合试验区的批复》（国函〔2015〕44号）批复，杭州初步拟订了发展目标：经过3~5年的改革试验，把跨境电子商务综合试验区建设成以"线上集成+跨境贸易+综合服务"为主要特征的全国跨境电子商务创业创新中心、服务中心和大数据中心。作为中国第一个跨境电商综合试验区，杭州综试区有什么独特之处呢？

简单概括，杭州综试区的独特之处在于"六体系、两平台"的核心试验内容，"六体系"分别指信息共享体系、电商信用体系、金融服务体系、统计监测体系、智能物流体系以及风险防控体系；"两平台"则为线上"单一窗口"平台和线下"综合园区"平台，旨在破解跨境电商发展的深层次矛盾和体制难题，顺应跨境电商发展新趋势。

在"六体系"中，杭州综试区建立了跨境电商信用数据库等多个信息共享、

---

① http://www.china-hzgec.gov.cn/detail/article/2017_4/10_26/1509625117178_1.shtml。

统计监测的平台，以及金融、物流等商务性质的服务。例如，电子商务企业和物流企业对接，为电商企业提供全程信息化、可视化、可控化的物流追踪服务。再如，通过信息共享体系，市场经济活动中的企业主体只需与综试区对接，综试区再将信息共享给海关、国检、国税、外管等政府部门。

在"两平台"中，综试区融合了线上和线下两种不同的方式。信息时代，效率便意味着一切。2015 年 6 月 1 日，综试区"单一平台"上线测试运行。随着"单一平台"建设不断深入，"一次申报、一次放行、全程无纸化"的目标正日益接近，效率稳步提升，在线收汇、在线统计、在线投保、风险预警、信用赋能等"六体系"功能进一步完善。至于线下综合园区，综试区也取得了长足的发展，线下园区经过几年的深耕，产业集群优势彰显，多层串联，推动发展，构建起了整体竞争力，仅下城园区跨境电商产业链相关企业就已经扩张到 513 家。

依托于"六体系、两平台"的杭州综试区正在探索一条发展跨境电商的快车道。2016 年，杭州实现跨境电商进出口总额 81.12 亿美元，其中跨境电商出口 60.6 亿美元，拉动全市外贸出口增长 15.2 个百分点。1~8 月，杭州实现跨境电商交易额 63.32 亿美元，同比增长 24.77%，其中出口 44.01 亿美元，杭州跨境电商出口占比杭州出口总额的 14.66%，比去年提高了 1.46 个百分点。

杭州综试区不仅带动了当地跨境电商企业蓬勃发展，而且为全国各个综试区起到了模范作用。2016 年 1 月 6 日，国务院常务会议决定向其他 12 个跨境电商综试区推广跨境电商"杭州经验"；2017 年 9 月 20 日，国务院常务会议又决定将"六体系、两平台"等成熟经验在全国复制推广。可见，杭州综试区的成就已得到国务院的认可。

杭州凭借自己的电商软实力获得了今天的成就，或许杭州不应满足于"中国电子商务之都"，应继续加大力度发展杭州综试区，为新形势下全球跨境电商的发展贡献"杭州力量"。

四、紧抓 RCEP 机遇，布局跨境电商

作为制度型开放的重要成果，《区域全面经济伙伴关系协定》（RCEP）自签署之日起就备受全球，特别是为 RCEP 区域内东盟国家的广泛关注。

（一）区域电子商务规则不断完善，营造良好环境

2022 年 1 月 1 日，RCEP 对文莱、柬埔寨、老挝、新加坡、泰国和越南等 6 个东盟成员国以及中国、日本、新西兰和澳大利亚共 10 国正式生效，标志着全球人口最多、经贸规模最大、最具发展潜力的自由贸易区正式落地。其中，在电子商务章节中列出了鼓励缔约方通过电子方式改善贸易管理与程序的条款；要求

缔约方为电子商务创造有利环境，保护电子商务用户的个人信息，为在线消费者提供保护。随着区域电子商务国际规则的持续落地，未来我国跨境电子商务将迎来新一轮增长。

（二）对区域内贸易投资的促进作用

海关统计数据显示，2021年，我国对RCEP其他14个成员进出口12.07万亿元，增长18.1%，占我国外贸总值的30.9%。其中，出口5.64万亿元，增长16.8%；进口6.43万亿元，增长19.2%。2022年1~11月，我国与RCEP其他成员进出口总额11.8万亿元，同比增长7.9%，占我国外贸进出口总额的30.7%。其中，我国向RCEP其他成员出口额达6.0万亿元，同比增长17.7%，超过全国出口总体增速5.8个百分点。随着协定的深入实施，其对区域内贸易投资的促进作用将持续显现。

（三）区域内跨境电商发展活跃

RCEP包含15个成员，总人口22.7亿，是当前全球跨境电商发展最活跃、增长率最高的市场区域。2020年，区域内跨境电子商务总规模达2 850亿美元，与2016年总量相比（862亿美元），年平均增长率高达34.8%。从贸易规模、企业发展、市场多元化等角度综合评估区域内跨境电商的发展情况后，阿里研究院提供的RCEP国家跨境B2B总指数显示，2019—2021年，RCEP国家跨境B2B呈现稳步上升的发展趋势，并在3年内实现翻倍增长，年平均增长达34.4%。

（四）中国与东盟国家数字经济领域互补性强，合作潜力大

近年来，中国与东盟国家数字经济合作日益活跃，企业合作需求十分旺盛。2020年是中国—东盟数字经济合作年，拓展在电子商务、科技创新、5G网络、智慧城市等领域的合作。2022年11月，在第五届中国国际进口博览会上，国际贸易中心（ITC）、浙江大学国际联合商学院、阿里研究院联合发布了《RCEP与东盟国家跨境电商发展机遇研究报告》（以下简称《报告》）。《报告》显示，在新冠疫情的影响下，RCEP区域跨境电商仍呈现逆势高速增长，RCEP与东盟国家跨境中小企业正借力跨境电商平台大力拓展全球市场，数字化有望加速红利释放。

同时，促进"一带一路"倡议与《东盟互联互通总体规划2025》对接，依据《东盟互联互通总体规划2025》战略目标促进市场紧密融合，提升数字互联互通，包括支持落实《东盟信息通信技术总体规划2020》等。从全球电商交易额来看，2021年，电子商务零售额达到4.9万亿美元，同比增速为17%，是全

球贸易增速的两倍。2020年，亚太地区跨境电商市场的规模达到4 500亿美元，占全球跨境电商市场的53.6%，领先全球。中国与东盟的贡献功不可没。①

从长远来看，由于国际经济环境存在很大的不确定性，中国发展的外部环境依然严峻，需要加强与周边国家的投资和贸易合作，建立一个以地区生产网络为依托的全球产业链、供应链，这有助于实现中国企业继续保持较高的国际竞争优势，也有利于中国国内经济的稳定和高质量发展。

总之，在RCEP这样一个大的框架下，中国和东盟之间在投资和贸易方面会更加开放、更加便利。加上中方已先后申请加入CPTPP和《数字经济伙伴关系协定》（DEPA），中国将进一步融入世界高标准自贸区，更好地对接"一带一路"，优化中国对外经贸合作结构，"从外到内"促进双循环发展。

案例1

海南跨境电商实现人民币支付

2021年5月18日，记者从中国工商银行海南省分行获悉，数字人民币在海南跨境进口电商企业——国免（海南）科技有限公司使用并完成支付，这是数字人民币在海南首次应用到跨境进口电商支付场景并成功落地。

据了解，此项目由中国工商银行海南省分行提供数字人民币支付接口和运营服务，由海航集团新生支付有限公司提供技术支撑及商户配套服务。

新生支付数字人民币项目负责人刘小利介绍，相较于一般电商平台而言，跨境进口电商在实名认证基础上进一步做到了订购人和支付人一致性校验，符合海关监管要求。对消费者来讲，在下单最后支付阶段选择"数字人民币支付"即可，实现了从消费者到平台间的结算闭环，使整个支付过程经济性、安全性更强。

（据新华社海口2021年5月18日电，记者张鑫超，来源：人民日报海外网）

案例2

电子商务绿色发展优秀案例

企业是电子商务绿色发展的主体。2019年，商务部电子商务司发布《电子商务绿色发展倡议书》，号召广大电子商务企业共同探索并实践电子商务绿色发展道路，满足人民群众日益增长的优美生态环境需要。倡议发布一年以来，重点

---

① 曹莉、王乾筝："中国东盟跨境电商合作：机遇与挑战"，《中国远洋海运》，2022年第9期。

电子商务企业踊跃响应倡议，认真履行企业社会责任，克服困难阻力、创新实践举措，涌现出一批好经验、好做法。

一、完善管理体系

为推动企业绿色发展，苏宁提出"12345"发展规划，"一个战略目标"：聚焦生态文明，聚力绿色发展；"两个基本原则"：绿色低碳，降本增效；"三个发展方向"：减量、绿色、提效；"四个核心模块"：仓储，分拨，运输，配送；"五个主要举措"：循环包装，直发包装，回收体系，单元化运输，自动化装备，确实将绿色环保理念融入企业发展的顶层设计。同时，苏宁先后制定《苏宁物流集团绿色网点评价指引》《苏宁物流集团绿色分拨评价指引》《苏宁物流集团包装耗材绿色采购规范》等一系列规章制度，并建立"局部试点—区域推广—全面铺开"的拓展机制，建立奖惩机制，规范和保障绿色理念和绿色举措的可落地执行。

二、应用绿色包装

京东通过发挥自身的平台优势，整合资源，联合多家检测机构、上下游伙伴企业签署合作协议，成立电商物流行业包装标准联盟，着力提升包装循环化、减量化水平。一是试点循环快递箱"青流箱"。青流箱由可复用材料制成，箱体正常情况下可循环使用20次以上，破损后还可以"回炉重造"。目前，青流箱已在北京、上海、广州等30余个城市进行常态化使用。二是推动直发包装应用。京东物流通过入仓优惠政策，激励上游品牌商企业推行直发包装。目前，宝洁、联合利华等品牌商的上千个商品已实现出厂原包装可直发。三是持续包装减量。京东基于大数据不断优化纸箱材质，每年可减少使用20万吨以上纸浆。此外，京东对封箱胶带进行"瘦身"，宽度降低15%，每年可减少使用胶带数亿米。此外还通过新材料升级，降低缓冲包装的厚度，气柱袋厚度降低35%，充气袋厚度降低25%，每年减少使用聚乙烯PE数千吨。

三、创新包装设计

设计之初，小米就考虑到包装材料对于整个环境和社会的影响，避免过度包装造成浪费。通过长时间在包装工艺、包装技术方面的积累，小米推出环保包装方法"一纸盒"（one paper box），只需要使用一张卡纸或瓦楞纸板折叠成一个包装盒，内部不需要多余的辅料来支撑，甚至不需要使用胶水，组装过程更加节省劳力。根据计算，"一纸盒"的设计最高能降低原传统包装成本的40%，还能避免过度包装给地球带来的浪费。"一纸盒"包装方法也获得了行业和国际上的认可，斩获日本优良设计奖 Best 100 和德国 iF 设计奖。

四、促进绿色消费

美团发挥平台双向连接商户与消费者优势，多种方式倡导绿色发展理念。对消费者，美团将每个月最后一天设置为"美团外卖环保日"，利用 App 端内资源、微博、微信等渠道与环保组织合作倡导绿色消费等理念，迄今上线 33 期，并在植树节、地球日、六五环境日等重要节点开展宣传倡导行动，已触达超过 10 亿人次。此外，还发起"青山盒作社"系列线下活动，让公众体验餐盒再造变成新的塑料制品，线下参与用户超过 18 万人次。对平台商家，美团通过商家后台等渠道向商家推送避免过度包装、使用环境友好型餐盒等可持续发展理念，多次联合商家共同发起垃圾分类环保倡议。此外，还正与相关研究机构共同制定《外卖可持续商户指南》，从食材供应、外卖包装、能效管理、后端处理等维度提升商户可持续运营水平。

五、探索包装回收

针对短期内无法被取消或替代的外卖塑料包装制品，阿里本地生活积极探索其循环利用路径，基于平台数据和用户宣导在订单量高的商圈、办公楼等开展回收试点活动。饿了么在上海成功落地首个专注于外卖垃圾分类回收闭环的链路。在历时两个月的试点中，共收集塑料餐盒 421 公斤，经过一系列清洗和深处理等后端步骤，获得了循环再生外卖塑料颗粒 350 公斤，把这些颗粒再造升级制成 21 个多肉小花盆，俨然完成了一场外卖塑料的华丽"变身"。

（资料来源：商务部官网）

思考题

1. 什么是跨境？什么是跨境电商？
2. 中国跨境电商综合试验区进展情况如何？请举例说明。
3. 跨境电商综合试验区与自由贸易试验区的区别和联系有哪些？
4. 跨境电商的实践操作流程有哪些？如何在网上开店？
3. 如何抓住"一带一路"契机打造服务贸易强国？

第八章 丝路电商与"一带一路"

"一带一路"这一重大合作倡议已由点到面、由理念转化为行动、由愿景转变为现实,逐步成为全球最受欢迎的国际公共产品之一。"一带一路"是指丝绸之路经济带和21世纪海上丝绸之路。与2013年提出"一带一路"倡议时相比,随着百年未有之大变局与世纪疫情交织,人类正处在大发展大变革大调整时期,全球形势错综复杂,世界经济格局演化的复杂性带来新型全球化波折前进。

党的十九大提出以"一带一路"为重点构建全面开放新格局。"一带一路"不是一个实体和机制,而是合作发展的理念和倡议。通过加强政策沟通、设施联通、贸易畅通、资金融通、民心相通,积极发展与沿线国家的经济合作伙伴关系,打造国际区域经济合作网络,统筹中国全方位对外开放,推动经济全球化更加深入发展。党的二十大报告指出,构建人类命运共同体是世界各国人民前途所在。中国要积极参与全球治理体系改革和建设,践行共商共建共享的全球治理观,坚持真正的多边主义,推进国际关系民主化,推动全球治理朝着更加公正合理的方向发展。建设贸易强国,推进高水平对外开放,推动共建"一带一路"高质量发展,把"一带一路"建设成为和平之路、繁荣之路、开放之路、绿色之路、创新之路、文明之路。

第一节 "一带一路"倡议与"丝路电商"

2023年是共建"一带一路"倡议提出十周年。近年来,跨境电商成为中国与"一带一路"沿线国家和地区合作中快速成长的新业态新模式。2020年新冠疫情全球大流行助推了跨境电商的发展,同时也提出了诸多挑战。丝路电商在共建"一带一路"中取得了新突破,我国与五大洲、23个国家和地区建立了双边电商的合作机制,共同加强规划对接、产业促进、能力建设等合作,其中,中国—东盟在跨境电商领域的务实合作和良好表现为数字时代高质量共建"一带一路"提供了很多经验做法和参考样板。[①]

[①] 曹莉、王乾筝:"中国—东盟跨境电商合作:机遇与挑战",《中国远洋海运》,2022年第9期。

一、"一带一路"倡议：从观念到建设，从理论到实践

当前，全球形势错综复杂，在此背景下，中国提出了"人类命运共同体"理念，为全球治理贡献了中国的智慧和力量。"一带一路"倡议是对这一理念的回应，它以构建人类命运共同体作为最终目标，根植于以"以人为本"为核心的科学世界观及其决定的科学发展观。"一带一路"建设将助力人类命运共同体理念落地，"共商、共建、共享"三原则与构建人类价值共同体、人类责任共同体以及人类利益共同体之间存在内在的逻辑关系。"一带一路"建设是从观念到行动的转化。

(一) "一带一路"倡议提出以来的10年历程[①]

2013年，中国国家主席习近平在访问哈萨克斯坦和印度尼西亚时提出共同建设"丝绸之路经济带"与"21世纪海上丝绸之路"。"一带一路"是"丝绸之路经济带"和"21世纪海上丝绸之路"的简称。同年11月，中共中央十八届三中全会通过了《关于全面深化改革若干重大问题的决定》，把推进丝绸之路经济带和海上丝绸之路的建设，作为推动全方位开放新格局的新方案。以此为起点，"一带一路"揭开了国际合作的新纪元。

2015年，"一带一路"倡议从观念转变为行动。2015年3月，国家发展改革委、外交部、商务部联合发布纲领性文件《推动共建丝绸之路经济带和21世纪海上丝绸之路的愿景与行动》，阐明了中国对"一带一路"建设的整体构想。[②]此后，全国31个省、市、自治区和新疆生产建设兵团等都制定了相关实施方案。同年12月25日，由中国倡议、57国共同参与组建的新型多边金融机构——亚洲基础设施投资银行正式成立。总之，在这一年，"一带一路"的建设形成了非常好的开局之势。

2016年，中国鼎立推进"一带一路"建设。"一带一路"追求的是沿线国家和地区的共同发展。借着中国"十三五规划"开局之东风，一批有影响力的标志性项目，诸如"六廊六路多国多港"[③]逐步落地。"一带一路"建设从无到有、由点及面，进度和成果都超出预期。

[①] 本部分参考：杨志、秦臻："'一带一路'倡议是马克思主义中国化的伟大创新"，《教学与研究》，2018年第1期，第5~14页。

[②] 《推动共建丝绸之路经济带和21世纪海上丝绸之路的愿景与行动》发布，新华网，http://news.xinhuanet.com/gangao/2015-06/08/c_127890670.htm.

[③] "六廊"指的是六大经济走廊，即中蒙俄、新亚欧大陆桥、中国—中亚—西亚、中国—中南半岛、中巴、孟中印缅六大经济走廊；"六路"是一个形象说法，包括公路、铁路、空路、水路、管路、信息路；"多国多港"指的是在海陆这两个方向上，选择一些重要国家和港口作为支撑点。

2017年,"一带一路"倡议与建设达成广泛国际共识。5月,首届"一带一路"国际合作高峰论坛在北京举行,包括29个国家的元首和政府首脑在内,140多个国家、80多个国际组织的1 600多名代表从世界各地来到北京与会。在"共商共建共享"框架下,经过长时间紧锣密鼓的交流与切磋,沿线各国、地方、企业等形成了一系列合作共识,采取了一系列重要举措,达成270多项成果。这些成果涵盖"五通",即政策沟通、设施联通、贸易畅通、资金融通、民心相通的各个方面。① 2017年10月24日,党的十九大通过关于《中国共产党章程(修正案)》的决议,推进"一带一路"建设等正式写入党章。党的十九大提出以"一带一路"为重点构建全面开放新格局。自从"一带一路"倡议提出后,国务院发展研究中心高度重视对推进落实这一重大合作倡议的研究,将"一带一路"研究定为中心的常设重大课题,第一期是研究基础设施的互联互通;第二期研究六大经济走廊建设;第三期研究的是在"一带一路"框架下,中国沿边地区沿边口岸扩大开放问题。总体来看,1992年以后,沿边地区开放的政策创新力度不大,与此同时,其他地区开放在不断地推进,在沿海和中部地区实施了很多新的开放举措,如建立保税区、保税港区、保税物流园区、出口加工区,一直到建立自由贸易试验区。沿边地区在整个开放格局中是滞后了,必须急起直追。②

2018年,"一带一路"倡议提出五周年,国际共识持续扩大。2018年是中国改革开放40周年。经过40年的改革开放,中国开放的重点和领域已经发生很大变化。在此背景下,"一带一路"进入全面实施新阶段。

2019年4月25日至27日,中国在北京主办第二届"一带一路"国际合作高峰论坛。4月22日,发布《共建"一带一路"倡议:进展、贡献与展望》。会议通过了第二届"一带一路"国际合作高峰论坛圆桌峰会联合公报。

2019年12月2日,中俄东线天然气管道投产通气。12月2日下午,来自俄罗斯的天然气通过中俄东线天然气管道正式进入中国。2015年6月开始建设(中方项目)的中俄东线天然气管道,从黑龙江省黑河市入境,终点是上海市,途经9个省(区、市),全长5 111千米,其中,新建管道3 371千米。正式供气后,首期每年50亿立方米,初步计划2023年全线投产后,每年供应量为380亿立方米。

2020年,面对新冠疫情冲击,"一带一路"合作非但没有按下"暂停键",反而展现出强大的韧性和活力。中国人民银行于2020年3月2日发布公告称,"一带一路"银行间常态化合作机制(BRBR)近日发布《支持中国等国家抗击

---

① "5大类,76大项,270多项'一带一路'高峰论坛成果清单",新华网,http://news.xinhuanet.com/mrdx/2017-05/16/c_136287150.htm。

② 隆国强:"百年大变局与'一带一路'",《中国发展观察》,2019年第10期。

新冠疫情的倡议》，呼吁"一带一路"金融机构为全球抗击疫情、保持经济稳定增长做出积极贡献。

2021年，高质量共建绿色"一带一路"的理念更加深入人心。2021年11月19日，习近平总书记在第三次"一带一路"建设座谈会上强调，要稳步拓展合作新领域、培育合作新增长点的新要求，包括加强抗疫国际合作、深化能源绿色低碳发展国际合作、深化生态环境和气候治理国际合作、深化数字领域合作、深化科技创新合作，把"一带一路"建设成为健康、绿色、数字、创新之路。习近平总书记的重要讲话精神为新时代继续推动共建"一带一路"高质量发展指明了方向。

2022年3月28日，国家发展改革委、生态环境部等四部门发布《关于推进共建"一带一路"绿色发展的意见》（以下简称《意见》），聚焦绿色基建、绿色能源、绿色金融等推进共建"一带一路"绿色发展的重点领域合作做出具体部署，《意见》还提出，加强应对气候变化合作，共同应对全球环境挑战。对"一带一路"高质量发展提出新要求，赋予人类命运共同体新内涵。2022年9月14日，中国常驻联合国代表团同联合国经社部共同举行《携手合作，共享美好未来——"一带一路"倡议支持联合国2030年可持续发展议程的进展报告》（以下简称《报告》）发布会。《报告》阐明了"一带一路"倡议对落实2030年议程的重要促进作用，同时归纳了各国和联合国机构参与"一带一路"合作的成功项目和有益经验。

2022年10月，党的二十大报告指出，坚持绿色低碳，推动建设一个清洁美丽的世界。此外，优化区域开放布局，巩固东部沿海地区开放先导地位，提高中西部和东北地区开放水平；加快建设西部陆海新通道；加快建设海南自由贸易港，实施自由贸易试验区提升战略，扩大面向全球的高标准自由贸易区网络；有序推进人民币国际化；深度参与全球产业分工和合作，维护多元稳定的国际经济格局和经贸关系；中欧班列跑出逆风加速度，中老铁路、克罗地亚佩列沙茨大桥建成通车，雅万高铁、匈塞铁路、中泰铁路等重点项目建设稳步推进。

2023年是"一带一路"倡议十周年。倡议提出以来，我国与"一带一路"沿线国家的贸易往来日益紧密。2013年至2022年，我国与沿线国家的进出口年均增长8.6%，2022年，我国与沿线国家贸易继续保持了快速增长，进出口13.83万亿元，比上年增长19.4%，高出整体增速11.7个百分点。其中，出口7.89万亿元，增长20%；进口5.94万亿元，增长18.7%。2022年，我国与沿线国家的进出口规模创历史新高，占我国外贸总值的比重达到32.9%，较上年提升了3.2个百分点，较共建"一带一路"倡议提出的2013年提升了7.9个百分点。

我国对中亚 5 国、阿联酋和沙特阿拉伯等进出口分别增长 45.4%、42.1% 和 37.2%，同期对东盟进出口 6.52 万亿元，增长 15%，占我国对沿线国家进出口总值的 47.1%。民营企业对沿线国家进出口 7.85 万亿元，增长 26.7%，占同期我国与沿线国家进出口总值的 56.8%，比重较上年提升 3.3 个百分点。

（二）"一带一路"建设助力人类命运共同体理念落地

21 世纪以来，全球进入新的发展阶段。2008 年金融危机之后，全球政治经济局势尤为错综复杂。当时，全球经济仍处在低增长甚至停滞期，贸易保护主义逐渐抬头，单边主义日趋明显，欧洲债务问题、难民问题悬而未决。面对这一形势，中国共产党提出了"人类命运共同体"概念，并积极倡导人类命运共同体意识。2012 年 11 月，胡锦涛在党的十八大报告中就提出，要"倡导人类命运共同体意识"，"建立更加平等均衡的新型全球发展伙伴关系"，以增进人类共同利益。[①] 党的十八大以后，以习近平同志为核心的党中央也全力推进这一理念的传播与落地。特别是在 2017 年 1 月的日内瓦万国宫"共商共筑人类命运共同体"高级别会议上，习近平主席更为深刻、全面、系统地对这一理念进行了阐述，得到了各国与会人员的热烈响应。2017 年 2 月和 11 月，"构建人类命运共同体"两次被写入了联合国决议。[②] 人类命运共同体是在马克思主义唯物史观的基础上提出的新的重要命题，它立足于全球语境，直接体现了唯物史观这一新世界观体系中"人本、人文、人民"的思想，是在当前全球变化浪潮下对"以人为本"理念的直接强调。[③] "一带一路"倡议是对人类命运共同体理念的响应，人类命运共同体理念有其深刻的世界观基础。

与构建人类命运共同体的目标相契合，"一带一路"倡议提倡的是国际间的开放合作与平等互惠，而非仅仅着眼于中国自身利益与全球地位的提升。"一带一路"倡议涉及区域广泛，不仅贯穿亚欧非大陆，将从东亚经济圈到欧洲经济圈的大片区域连接起来，而且从中国辐射至印度洋、南太平洋等海域。

"一带一路"建设使人类命运共同体理念落地，这其中包含了一定的内在逻辑。在"人类命运共同体"这一命题中，"人类"并非是一个抽象的"集合"。就个体而言，不同的人具有差异性；就群体而言，人是有多样性的；但就整体而言，人类社会又具有一定的稳定性。因此，"人类"具有一定的社会组织性、制

[①] 胡锦涛在中国共产党第十八次全国代表大会上的报告，新华网，http://www.xinhuanet.com/18cpcnc/2012-11/17/c_113711665_12.htm。

[②] 习近平日内瓦演讲一周年：世界为何青睐"人类命运共同体"，人民网，http://politics.people.com.cn/n1/2018/0117/c1001-29771064.html。

[③] 杨志、秦臻："全球变化与人类健康的内在关系"，《上海财经大学学报》，2017 年第 3 期，第 4~12 页。

度约束性、文化引领性、历史传承性和生态环境演化性。① 人类命运共同体也由此具有多层次的内涵，命运共同体的构建可以通过价值共同体、责任共同体和利益共同体的构建而达成。"一带一路"建设之"共商、共建、共享"的原则，与构建人类命运共同体的三个层次相契合。

中国过去10年来所布局的这一战略在世界格局大重构中赢得了战略契机。2020年至2022这三年的新冠疫情、国际地缘政治格局的重构，以及全球周期性的大转换，使"一带一路"倡议面临着一些挑战，也发生了一系列的改变。② 新冠疫情深刻改变了世界，把"一带一路"建设成为健康之路，进而在抗击疫情中推动构建"一带一路"国家命运共同体更加迫切，中国在有限时间窗口下抓住时代机遇，推进"一带一路"高质量建设，让人类命运共同体理念落地生根。高质量发展"一带一路"是打造"人类命运共同体"的路径和支撑、桥梁和纽带，而打造"人类命运共同体"则是高质量建设"一带一路"的终极目标，具有深远的意义。

(三)"一带一路"沿线国家投资排行

商务部、国家统计局和国家外汇管理局联合发布的《2021年度中国对外直接投资统计公报》显示，对"一带一路"沿线国家的投资持续增长。截至2021年底，中国在"一带一路"沿线国家设立企业超过1.1万家，约占中国境外企业总量的1/4。2021年，对"一带一路"沿线国家直接投资241.5亿美元，创历史新高，占中国全年对外投资流量总额的13.5%；年末存量2 138.4亿美元，占存量总额的7.7%。2022年1~11月，我国企业在"一带一路"沿线国家非金融类直接投资1 283.8亿元人民币，同比增长10.5%（折合191.6亿美元，同比增长6.5%），占同期总额的18.7%，较上年同期增长0.6个百分点，主要投向新加坡、印度尼西亚、马来西亚、越南、阿拉伯联合酋长国、泰国、巴基斯坦、柬埔寨、塞尔维亚和哈萨克斯坦等国家（见图8-1）。

中国企业加大对"一带一路"沿线国家的投资是中国实现"一带一路"战略的关键一环。但企业如何选取东道国，目前中国业界却缺乏系统性研究。西方国家尽管不乏相关报告，但鲜少与中国相关，与中国企业在"一带一路"沿线国家投资相关的更是少之又少。国观智库以"一带一路"沿线国为研究样本，参考了五大原创思想来源（世界性组织、地区性组织、智库、大学与知名金融咨询公司）的国际投资报告或学术文献，梳理出政治（politics）、经济（economy）、

---

① 杨志、秦臻："'一带一路'倡议是马克思主义中国化的伟大创新"，《教学与研究》，2018年第1期，第5~14页。

② 刘元春："解决全球通胀，中国给出一个重要方案"，《中国宏观经济论坛CMF》，2022年11月30日。

级别	国家	数值
第 I 级别	新加坡	100.0
	俄罗斯	96.7
第 II 级别	哈萨克斯坦	90.2
	沙特阿拉伯	89.4
	越南	88.5
	阿联酋	85.4
	马来西亚	84.9
	波兰	82.0
	黑山	81.7
	卡塔尔	81.3
	爱沙尼亚	81.2
	斯洛文尼亚	80.9
	捷克	80.8
	克罗地亚	80.2
	匈牙利	79.8
	科威特	79.7
	蒙古	79.2
	阿曼	79.2
	印度尼西亚	78.5
	保加利亚	78.5
	伊朗	78.1
	以色列	78.0
	印度尼西亚	78.0
	亚美尼亚	77.5
	阿塞拜疆	76.6
	立陶宛	76.4
	土耳其	75.9
	阿尔巴尼亚	75.8
	乌克兰	75.6
	斯洛伐克	75.5
	白俄罗斯	75.2
	泰国	74.6
	塞尔维亚	74.4
	格鲁吉亚	73.4
	文莱	73.2
	土库曼斯坦	72.8
	罗马尼亚	72.1
	埃及	71.8
	拉脱维亚	70.7
	巴林	70.4
第 III 级别	乌兹别克斯坦	68.6
	摩尔多瓦	68.1
	老挝	67.0
	吉尔吉斯斯坦	66.7
	马其顿	66.7
	菲律宾	64.2
	柬埔寨	63.8
	不丹	63.8
	斯里兰卡	63.5
	波黑	63.3
	黎巴嫩	61.4
	塔吉克斯坦	60.9
第 IV 级别	马尔代夫	58.0
	伊拉克	57.9
	约旦	57.1
	东帝汶	56.4
	缅甸	53.8
	尼泊尔	51.6
	巴基斯坦	49.6
	孟加拉国	48.5
	叙利亚	46.7
	阿富汗	44.9
第 V 级别	也门	35.3

图 8-1 "一带一路"沿线国投资排行

制度（institution）、基础设施建设（infrastructure）等四大类 34 个指标，通过实证检验分析了 2008 年至 2013 年中国企业对外直接投资的动机与限制因素对投资流量的影响，构建了中国在"一带一路"沿线国投资的评估体系（四大类 17 个因素），以甄别中国对外直接投资目的地。这 17 个指标分别是，类别一：政治因素——政治风险、领导人访问次数、腐败程度、犯罪成本；类别二：经济因素——自然资源出口、自然资源经济租金、东道国吸收 FDI 程度、汇率波动性、双边进出口总额以及 GDP 经济因素；类别三：制度因素——是否签署双边投资协定、信贷融资便利度、税务系统以及劳动监管；类别四：基础设施因素——交通运输、通信以及电力。

当时提示需注意俄罗斯、乌克兰、越南、马来西亚的政治经济形势变化，现在看来，俄罗斯和乌克兰确实释放了巨大的政治风险，中国投资者可给予更多关注。

二、丝路电商推动"一带一路"经贸合作

（一）丝路电商

"丝路电商"是按照共建"一带一路"倡议，充分发挥我国电子商务技术应用、模式创新和市场规模等优势，积极推进电子商务国际合作的重要举措。丝路电商合作拓展了经贸合作新空间，探索构建数字经济国际规则体系，推动构建新发展格局，为古丝绸之路注入了新的时代内涵。

"丝路电商"加快全球布局，截至 2021 年底，我国已与五大洲 23 个国家建立了双边电子商务合作机制，与十余个重点国家就签署双边电子商务合作备忘录达成一致，在金砖国家、上海合作组织、中国中东欧国家、中国中亚五国等框架下，建立电子商务多边合作机制，共同开展政策沟通、规划对接、产业促进、地方合作、能力建设等多领域、多层次的合作。电子商务企业加快出海，带动物流、移动支付等领域实现全球发展。积极参与世界贸易组织（WTO）、二十国集团（G20）、亚太经合组织（APEC）、金砖国家（BRICS）、上海合作组织（SCO）等多边和区域贸易机制下的电子商务议题磋商，与自贸伙伴共同构建区域高水平数字经济规则。电子商务国际规则构建取得突破，区域全面经济伙伴关系协定（RCEP）中电子商务章节成为目前覆盖区域最广、内容全面、水平较高的电子商务国际规则。

在世纪疫情肆虐及世界经济大调整的大环境下，我国电子商务发展势头依然强劲且韧性十足，成为畅通国内国际"双循环"的关键动力，为实现"十四五"良好开局做出了积极贡献。根据《中共中央关于制定国民经济和社会发展第十四

个五年规划和二〇三五年远景目标的建议》和《中华人民共和国国民经济和社会发展第十四个五年规划和 2035 年远景目标纲要》，商务部、中央网信办和发展改革委研究编制了《"十四五"电子商务发展规划》，"十四五"电子商务发展主要指标如表 8-1 所示。

表 8-1 "十四五"电子商务发展主要指标

类别	指标名称	2020 年	2025 年	备注
总规模	电子商务交易额（万亿元）	37.2	46	预期性
	全国网上零售额（万亿元）	11.8	17	预期性
	相关从业人数（万）	6 015	7 000	预期性
分领域	工业电子商务普及率（%）	63	73	预期性
	农村电子商务交易额（万亿元）	1.79	2.8	预期性
	跨境电子商务交易额（万亿元）	1.69	2.5	预期性

（二）数字丝绸之路

数字丝绸之路是指在数字经济、人工智能、纳米技术、量子计算机等前沿领域合作，推动大数据、云计算、智慧城市建设，连接成 21 世纪的数字丝绸之路。数字丝绸之路是营造一个更加开放、和平、安全和创新的网络空间，给全球发展带来新的中国机会，建设一条通向共同富裕的网上丝绸之路。

互联网与大数据赋予"一带一路"新的发展活力。当前，信息技术革新成为科技创新的突出表现，互联网、大数据、云计算等成为新一轮技术革命的支点，互联、互通、互动的方式也将引领新一轮产业变革。以大数据为例，数据流会引领技术流、物质流、资金流、人才流，这将深刻影响社会分工协作的组织模式，促进创新。大数据在推动社会生产要素的网络化共享、集约化整合、协作化开发和高效化利用等方面也将发挥重要作用，显著提升经济运行水平和效率。大数据的应用还会持续激发商业模式创新，不断催生新业态，成为互联网等新兴领域促进业务创新增值、提升企业核心价值的重要驱动力。大数据产业正在成为新的经济增长点，将影响未来的信息产业格局。

大数据已成为国家重要的基础性战略资源，网络基础设施也已成为最重要的基础设施。中国在信息技术方面出台了一系列政策，如"互联网+"、《中国制造 2025》、《促进大数据发展行动纲要》等。乌鲁木齐、重庆、西安、兰州、西宁、成都、郑州、武汉、长沙、南昌、合肥等作为"一带一路"建设节点城市，在参与"一带一路"建设中要抓住信息技术革命的契机，将互联网、大数据等技术应用到不同产业的方方面面。中国与"一带一路"沿线各国加强网络互联、信息互通，形成多领域、多层次的基于"互联网+"的信息经济带。

另外，数字丝绸之路建设过程中，中欧班列数字化转型迅速，中欧班列、"集拼转口"等新模式融合发展。2021 年，首个海外仓供需对接的海外智慧物流平台海外仓服务在线正式上线，中欧班列全年开行 1.5 万列，运送 146 万标箱。同比分别增长 22%、29%。"上合示范区—明斯克"、"义新欧"、"苏新欧"、合肥至德国汉堡、威廉港等跨境电商专列先后开通并常态化开行，实现了"中欧班列"与跨境电商模式的融合。

推进"数字丝绸之路"建设，中国具备良好的产业基础和广阔市场空间。据中国工业和信息化部数据，2017 年到 2021 年，中国数字经济规模从 27 万亿元人民币增长到超 45 万亿元人民币，稳居世界第二，年复合增长率达到 13.6%。同时，中国与"一带一路"沿线国家和地区的数字经济合作持续深化。当前，中国已与 17 个国家签署"数字丝绸之路"合作谅解备忘录，与 23 个国家建立"丝路电商"双边合作机制，与周边国家累计建设 34 条跨境陆缆和多条国际海缆。

(三) 发展"丝路电商"，打造国际合作新平台

"丝路电商"成为经贸合作新渠道和新亮点，发展"丝路电商"是我国持续推进的一项工作。2016 年以来，中国已与 23 个国家签署了双边电子商务的合作文件，建立了多边电子商务合作对话机制，并且与伙伴国共同开展了多层次、多领域的务实合作，从加强政策沟通、规划对接和经验分享等方面进一步夯实了合作基础，拓宽了合作渠道。目前，与中国建立电子商务合作的国家包括：老挝、泰国、巴基斯坦、新加坡、白俄罗斯、塞内加尔、乌兹别克斯坦、瓦努阿图、萨摩亚、哥伦比亚、意大利、巴拿马、阿根廷、冰岛、卢旺达、阿联酋、科威特、俄罗斯、哈萨克斯坦、奥地利、匈牙利、爱沙尼亚、柬埔寨、澳大利亚、巴西、越南、新西兰和智利。丝路电商推动"一带一路"经贸合作持续深入。2021 年以来，习近平主席分别在博鳌亚洲论坛 2021 年年会开幕式、第四届进口博览会开幕式、第三次"一带一路"建设座谈会、第八届中非合作论坛部长及会议开幕式等重要场合，强调发展丝路电商，为推动构建数字合作格局指明方向。

丝路电商已成为多双边经贸合作的新亮点，高质量共建"一带一路"的新引擎。2021 年，中国与丝路电商伙伴国共同应对新冠疫情来带来的全球性挑战，不断创新合作方式，丰富合作内涵，丝路电商、云上大讲堂、双品网购节、丝路国别爆款等合作亮点纷呈。

我国商务部发布的《中国电子商务报告（2021）》显示，主要合作进展包括：

一是拓展"丝路电商"朋友圈。2021年12月1日,在中非合作论坛第八届部长级会议期间,中国商务部部长王文涛与塞内加尔贸易和中小企业部部长阿米娜塔·阿索姆·迪亚塔签署了《中华人民共和国商务部和塞内加尔共和国贸易和中小企业部关于电子商务合作的谅解备忘录》。截至目前,我国的"丝路电商"伙伴国增加到23个。

二是加强"丝路电商"机制建设。与"丝路电商"伙伴国定期召开双边电子商务工作组会议,加强政策沟通,鼓励和支持产业对接,加强联合研究、能力建设等合作,在跨境电商、中小企业数字化转型、在线消费者保护、数字减贫等方面深入交流,不断创新合作思路。金砖国家、上合组织的电子商务工作组取得积极成效。积极落实中国—中东欧国家领导人峰会共识,2021年6月8日,在中国—中东欧国家"丝路电商"发展高峰论坛上,中国与阿尔巴尼亚、匈牙利、黑山、塞尔维亚、斯洛文尼亚等国共同启动了"中国—中东欧国家电子商务合作对话机制",为中国与中东欧国家加强电子商务领域互利合作搭建平台。

三是创新"丝路电商"合作模式。第三届"双品网购节"邀请约20个"丝路电商"伙伴国参与,伙伴国驻华大使亲自录制视频,宣介本国特色产品和旅游资源,共同打造国别爆款。创新举办"丝路电商"云上大讲堂,为伙伴国中小企业和电子商务从业者举办35场直播讲座和3场交流会,共同提升数字素养,"云上大讲堂"被评选为"网络空间命运共同体最佳实践案例"。

《"一带一路"蓝皮书:"一带一路"建设发展报告(2021)》指出,截至2019年底,中国的跨境电商贸易实现了对"一带一路"国家和地区的全覆盖,"丝路电商"合作蓬勃兴起。作为共建"一带一路"的新渠道,丝路电商不仅可以促进我国与"一带一路"沿线国家间的商品贸易,更能推动"一带一路"商业模式创新,带动"一带一路"相关国家物流、支付、数字、信息等多业态创新发展,为"一带一路"发展增添新动能。

四是深化"丝路电商"地方合作。支持地方广泛参与"丝路电商"合作,指导福建、广东、河南等省市"丝路电商"地方实施规划,支持西安、重庆、义乌等地依托"丝路电商"布局,丰富中欧班列货源货品。2021年,在北京、河北、陕西、浙江、广西、福建等省市共举办14场"丝路电商"高峰论坛和圆桌会,支持省市加强电子商务国际合作,强化区域产业对接,提升对外开放水平。

我国不少省市也在加大扶持丝路电商发展。比如,甘肃省不断加强兰州、天水跨境电商综试区的建设与发展,推动两个综试区"两平台六体系"进一步完善,市场主体不断壮大。河南也在不断发力丝路电商,积极建设郑州、洛阳、南阳跨境电商综合试验区和郑州航空港实验区等平台。据喀什海关数据显示，2022年1至10月，喀什地区对"一带一路"沿线国家进出口总值达355.6亿元（人民币，下同），增长114.9%。由于新疆系列稳经济政策的落地，2022年前10个月，喀什地区进出口贸易一直保持高速增长态势，外贸进出口总值实现376.9亿元，主要贸易伙伴为"一带一路"沿线国家，其次为RCEP国家和东盟，市场多元化稳步推进。喀什拥有"五口通八国一路连欧亚"的地缘优势。喀什南疆快线数字贸易有限公司看重喀什的地利之便，从事跨境电商业务，2022年以来，跨境电商业务保持较高增幅，业务额已近亿元。

与此同时，我国也在不断推进跨境电商综合试验区建设，并积极推动各个综合试验区与"一带一路"相关国家和地区开展政策、技术和贸易标准对接，探索跨境电商物流发展新模式。通过不断深化与"一带一路"相关国家和地区的合作与发展，我国跨境电商综合试验区已经在"一带一路"沿线国家建设了200多个海外仓，推动线上线下融合不断加速。

三、推动数字领域国际合作走深走实

深化共建"一带一路"沿线国家电子商务合作，积极发展"丝路电商"，推动各国中小企业参与全球贸易，支持数字产业链全球布局，促进全球电子商务供应链一体化发展；加快电子商务技术、平台、供应链及配套服务的国际合作步伐，推动电子商务经验分享及人才合作，积极开展多层次国际交流活动；促进数字经济领域贸易投资，落实《数字经济对外投资合作工作指引》，鼓励电子商务企业积极参与东道国数字惠民、数字金融、数字治理等民生项目，帮助发展中国家缩小数字鸿沟；建立开放共享、普惠高效、安全可靠、环境友好的全球电子商务发展格局。

《"十四五"电子商务发展规划》要求，支持跨境电商高水平发展，鼓励电商平台企业全球化经营，完善仓储、物流、支付、数据等全球电子商务基础设施布局，支持跨境电子商务等贸易新业态使用人民币结算；培育跨境电商配套服务企业，支撑全球产业链供应链数字化，带动品牌出海；继续推进跨境电商综试区建设，探索跨境电商交易全流程创新；加快在重点市场海外仓布局，完善全球服务网络；补足货运航空等跨境物流短板，强化快速反应能力和应急保障能力；优化跨境电商零售进口监管，丰富商品品类及来源，提升跨境电商消费者保障水平；加强跨境电商行业组织建设，完善相关标准，强化应对贸易摩擦能力，为中国电子商务企业出海提供保障和支撑措施。

四、推进数字领域国际规则构建

积极参与以电子商务为核心的数字领域国际规则制定，推动形成以货物贸易

数字化为核心、以服务贸易数字化为延伸、以数字基础设施互通和安全为保障的国际规则体系；推进多双边电子商务规则谈判和数字领域机制建设，加快跨境交付、个人隐私保护、跨境数据流动、消费者权益等领域国内国际规则衔接；积极参与电子商务国际标准体系建设，推动探索我国数据确权、交易、传输、安全保护等方面标准规范建设，提升标准适用性，探索开展数字领域开放压力测试；支持行业组织、企业等在国际规则体系建设中发挥积极作用，以双边和区域合作促规则制定，按照互利共赢、公开透明的原则，加强数字领域规则协同，积极探索全球电子商务市场新规则、新治理的形成路径和最佳实践。

"一带一路"倡议提出并付诸实践10年，是百年大变局的加速期、国际格局变换期、世界秩序调整期、全球治理重塑期。对中国经济而言，在复杂多变的外部环境下，更重要的是加快双循环新发展格局的构建，以我为主，由内促外，通过内循环带动外循环，实现内外循环相互促进。十年间，中西部地区开行的中欧班列达到44 559列，占到全国的75%，联通了欧洲24个国家。十年间，新开通到"一带一路"沿线国家航线超过130条，占到新开通国际航线的60%以上，中西部地区重点城市机场国际枢纽功能进一步提升。2021年，中西部地区外贸总额是十年前的2.5倍，占全国的比重从2013年的12%提升到17.7%。其中，郑州、重庆等城市的外向型产业年均增速达到30%左右。十年间，我国自贸区快速向内陆省份覆盖，已获批的21个自由贸易区中，超过三分之一来自内陆省份。

总之，中国借助"一带一路"国际性战略平台，实践推动共商共建共享的全球治理理念，真正从实践层面构建起"责任共同体"、"利益共同体"和"人类命运共同体"。当今世界正面临百年未有之大变局，全球治理体系和国际秩序变革加速推进，加强全球治理、完善全球治理体系是大势所趋，也是各国面临的共同任务。

第二节 "一带一路"历史：经济往来与文化交融

"丝绸之路"是指中国古代经中亚通往南亚、西亚以及欧洲、北非的陆上贸易通道，因大量中国丝绸和纺织品多经此路西运而得名。"丝绸之路"一词最早由德国地理学家李希霍芬（Richthofon）在其1887年出版的《中国》一书中提出，首次使用"丝绸之路"描述中国经西域到古希腊、古罗马的陆路贸易交通线。"海上丝绸之路"也首次在该书中提及。此后，"丝绸之路"研究远远超越了"路"的地理范畴和"丝绸"的物质范畴。"丝绸之路"是沿线亚欧不同国家、不同地区的不同民族之间进行经济和文化平等交流、合作的对话之路，也是人类新文明成长和繁盛之路。历经两千多年的历史积淀，"丝绸之路"已由一条人类经济、文化、商贸交通的实质性道路，升华成为一种人类精神理念的象征——勇于探索、平等交流、友好合作、文化融合。1990年，我国北疆铁路与苏联土西铁路在阿拉山口接轨，一条新的连接太平洋与大西洋、横贯亚欧两大洲的综合性国际运输干线全线贯通，新亚欧大陆桥由此形成，这也意味着以现代化的铁路和高速公路为标志的经由中亚通往欧洲的"新丝绸之路"的诞生。①

"古丝绸之路"东起中国古都长安，西到印度、伊朗等国及地中海东岸，可直达罗马，总长7 000多千米，在中国境内有4 000多千米。"新丝绸之路经济带"是在古丝绸之路概念基础上形成的一个新的经济发展区域，包括西北五省区（陕西、甘肃、青海、宁夏、新疆）和西南四省区市（重庆、四川、云南、广西）。新丝绸之路经济带，东边牵着亚太经济圈，西边系着发达的欧洲经济圈，被认为是"世界上最长、最具有发展潜力的经济大走廊"。陆上"丝绸之路经济带"东端连着充满活力的亚太地区，中间串着资源丰富的中亚地区，西边通往欧洲发达经济体；"海上丝绸之路"将中国和东南亚国家临海港口城市串起来，通过海上互联互通、港口城市合作机制以及海洋经济合作等途径，最终形成海上"丝绸之路经济带"，不仅造福中国与东盟，而且能够辐射南亚和中东。"新丝绸之路经济带"一体化战略的核心目标是"发展"，但这一目标不同于传统的、狭隘的发展观，即仅将"发展"定位于纯经济发展，"发展"必须要求消除贫困，同时关注人与自然的和谐相处。因此，"新丝绸之路经济带"一体化发展的目标是在畅通战略和地区开发的基础上，实现区域经济增长，并最终实现"新丝绸之路"人与自然的和谐发展。

从运输方式上，丝绸之路分为陆上丝绸之路和海上丝绸之路。

一、"陆上丝绸之路"

"陆上丝绸之路"大体经历了从雏形、开拓到繁荣，再到明清时期的衰落，每一个时期所代表的特征为总体上的一般特征，由于朝代的更迭、边疆局势的变化，在一个繁荣时期内也可能出现开拓、发展到繁荣的过程，在衰落时期内也出现过相对的繁荣景象。

文史记载，中原经由河西走廊通往西域、中亚和西亚的丝绸贸易早在西汉张骞出使西域以前就已经存在。《穆天子传》及注本记载，西周第五位君主周穆王曾经西巡经陇西、兰州、武威、张掖、居延海及巴丹吉林大漠，驱驰于阴山、蒙古高原、塔里木盆地，最远至葱岭、中亚一带。沿途赐赠各部落首领的物品主要

---

① 王保忠、何炼成、李忠民："'新丝绸之路经济带'一体化战略路径与实施对策"，《经济纵横》，2013年第11期，第60~65页。

有丝绸、黄金、白银、贝带、车子、肉桂、生姜等，而沿途各游牧部落献给周穆王之物，亦即他们同中原交换的商品，则有良马、牛、羊、骆驼、玉器和毛皮等物。20世纪以来的考古活动发现，在波斯、蒙古和额济纳河流域及古楼兰等地发现大量残绢，证实最迟在公元前5世纪中国丝绸已从陆路传入波斯，后转至罗马帝国。在公元前4世纪的西方古文献中，古希腊、罗马人称中国为"赛里斯"（Seres），其拉丁语意为"丝之国"，称中国人为"赛里斯人"。虽然这一时期中西方经贸文化并非直接往来，没有正式通使，沿途亦是山川阻隔、艰难险阻、战争不断，但仍然形成了丝绸之路雏形，开展了形式简单的物品交换与转移。

丝绸之路的开拓发生在两汉时期，西汉人张骞先后两次通使西域，开拓了从中国西北地区到今阿富汗、伊朗等地的陆路交通，使得古代东西方的交流从零星的、断续的、小规模的交流，转变为大规模的、持续的、官民结合的交流，促进了东西方经济文化的广泛交流。张骞第一次出使西域（公元前138年），是为了联合西域的大月氏等国共同抗击匈奴。当时匈奴围困西汉，控制着西域的大部分地区，汉朝通往西域的路线被匈奴控制。张骞一行一路躲避一切可疑的乱蹄踪迹，提防着随时可能发生的明攻暗袭。可是即便如此小心，他们还是一出甘肃临洮就与一队匈奴马队遭遇。在匈奴被俘十多年，却始终保持着汉朝的特使符节。后来，张骞寻机率部逃离匈奴，他们沿天山南麓，经过焉耆、龟兹、疏勒，终于越过沙漠戈壁，翻过冰冻雪封的葱岭（今帕米尔高原），来到了大宛国（今费尔干纳盆地），得知大月氏国在匈奴的压迫下已迁往别处，不再想和匈奴发生战争。归途中，张骞为避开匈奴控制地区，改道向南。他们翻过葱岭，沿昆仑山北麓而行，经莎车（今新疆莎车）、于阗（今新疆和田）、鄯善（今新疆若羌）等地，进入羌人居住地区。途中又为匈奴骑兵所获，被扣押一年多。直至公元前126年匈奴内乱，最终才乘机艰难回到长安。经过长达十二年的艰难探险，张骞第一次出使西域增进了对西域部落了解，探明了路线，对西域地理、人文、风俗习惯有了比较详细的了解，为开辟"丝绸之路"提供了宝贵资料。

到公元前119年张骞第二次出使西域时，匈奴已被汉朝打败，西域各国摆脱了匈奴的统治，开始与西汉进行经济文化交流和友好往来。从张骞"凿空"西域到汉武帝设立河西四郡，构筑以长城为主干的军事防御体系，保障丝绸之路东段沿线的安全和畅通，以及与乌孙联姻，清除匈奴对西域的奴役，移民屯田，为东西方使者和商旅提供安全和粮食保障，这条东西通路将中原、西域与阿拉伯、波斯湾紧密地联系在一起。此后，各国使者、商人沿着张骞开通的道路，来往络绎不绝。经过几个世纪的不断开拓，丝绸之路向西伸展到了地中海。

丝绸之路在隋唐开启繁荣时期。隋唐时期，中原王朝屡次对突厥用兵，一举控制西域各国，设立"安西四镇"作为中原政府管理西域的机构，兴修玉门关，再度开放沿途关隘，并打通天山北路丝路分线，将西线打通至中亚。①

元代以后，丝绸之路贸易整体上趋向于衰落。主要原因一方面是政治、经济、文化中心的东移和南移，另一方面是海上丝路贸易的繁荣，替代了陆上丝绸之路的地位。明代、清代中期以后，总体上采取闭关政策，陆上和海上丝绸之路逐渐凋敝。

二、"海上丝绸之路"

"海上丝绸之路"是中国古代与外国交通贸易和文化交往的海上通道，其出现和发展受制于海上航行技术，因此总体上晚于"陆上丝绸之路"，形成于秦汉时期，发展于隋唐时期，繁荣于宋元时期，衰落于明清时期。

有文字记载，元鼎六年（公元前111年），也是张骞两次出使西域之后不久，汉武帝平定南越国，乘势派遣黄门译长等从广东徐闻、广西合浦和越南北部日南（时属汉帝国）港出发，沿越南海岸航行，中经缅甸到南印度洋孟加拉湾，历时约1年，他们带去黄金、各种丝织物，换取明珠和其他珍奇异宝，一路受到沿途各国热情接待，正式开辟"海上丝绸之路"路线。

隋唐时期，国家的统一和当时经济重心向东南转移，为海上丝路的兴盛奠定了坚实基础；同时因陆上丝路的阻滞，也加强了海上丝路的地位和作用，促使它走向兴盛。隋唐政府对海外贸易采取保护、鼓励等开明政策，吸引外商到来。而唐政府在广州首设市舶院，征收关税，从此成为国家财政收入重要来源，海上丝路由此被置于重要地位。

宋元继承和发展了隋唐对外开放政策，同时造船和航海技术进一步提高，特别是北宋时指南针首用于航海，并且正式使用海图，因此不必沿海岸线航行。南宋政府为支付对金人的巨额赔款和庞大的军费开支，不得不扩大海外贸易来增加收入，促使海上丝路进一步发展和繁荣。

地理大发现以后，世界进入海洋时代，并逐步形成以欧洲为中心的经济格局。明王朝本可以进一步促进海上丝路的发展，提升全方位影响力，但明王朝为了遏制张士诚、方国珍等余党和防范倭寇等原因，宣布海禁，严厉制裁下海者，使在宋元形成的海上丝路大好局势发生倒退。在郑和七下西洋达到远洋发展巅峰之后，再无远航，甚至在三十年间七下西洋时，严厉禁止民间出海，一再下令"仍禁频海民不得私自出海"、"海道可以通外邦，故常禁其往来"、"禁频海民私通海外诸国"，对沿海居民的海外贸易，下令"严禁绝之"。封闭锁国导致"海上丝绸之路"的逐渐落末。

---

① 孙占鳌："丝绸之路的历史演变"，《发展·陇原春秋》，2014年第6期。

清初，沿海地区历经多次海禁，海上贸易自由度受到严重破坏。直到平定台湾，结束郑氏势力后，康熙二十三年（1684年），清政府正式取消海禁，海上丝路才踏上继续发展之路。康熙二十四年（1685年），清政府设立"四海关"——广州设立粤海关，江苏松江设立江海关，浙江宁波设立浙海关，福建厦门设立闽海关，统摄海上贸易。沿海百姓纷纷下海贸易，外商也积极来华，形成中外贸易新形势。但由于清政府限制和西方国家反限制之间的矛盾和斗争，乾隆二十三年（1758年），清政府封闭福建、浙江、江苏3个海关，独留广州一口对外通商，垄断了全部海外贸易，广州和粤海关这个地位维持到鸦片战争前夕。海上交通在明代基础上，新辟广州至北美、广州至大洋洲、广州至俄罗斯3条航线，形成全球性大循环海上交通格局，有力地促进了外贸发展。工业革命以后，强盛起来的欧洲殖民者开始向东方寻求广阔市场和廉价资源，海上丝绸之路也不断受到来自欧洲列强的摧毁和破坏，沿线许多国家成为殖民地，海上丝绸之路逐渐失去原有的光芒，古老的东方大国也因闭关锁国的政策，最终未能抵挡住欧洲殖民者的坚船利炮。自第一次鸦片战争以来，清政府沿海多个主要港口被列强控制，成为其掠夺原料、倾销商品的基地，海上贸易全然变性，持续2000年之久的海上丝路自此消亡。

三、"丝绸之路"带来的经济往来与文化交融

（一）经济往来

"丝绸之路"上的经济往来一方面来自民间商业经济交往，另一方面也来自于国与国之间外交关系的维系。自西汉张骞两次出使西域以来，中原地区与西域、中亚等地的商业往来日益密切，各地丝绸和其他商品主要集中在长安，再由各国商人把一捆捆的生丝和一匹匹的绸缎，用油漆麻布和皮革装裹，然后组成浩浩荡荡的商队，从长安出发，西行过咸阳、陕甘高原，越陇山至陇西高原，通过武威、张掖、酒泉、敦煌到达西域及欧洲。西域的核桃、葡萄、石榴、蚕豆、苜蓿等十几种植物也逐渐传入中原栽培。

东汉班固（公元32—92年）在一段时间边境动乱、丝路中断之后，重新建立起汉朝在中亚的主导地位，派甘英携带大量丝织品出使大秦（罗马帝国），甘英西经条支（今中东伊拉克）、安息等国，至安息西界（今波斯湾）。他是历史上第一个探险开辟欧亚交通的人，他最后到达的终点是汉代中国使者在"丝绸之路"上到达的最西点。据《后汉书》记载，东汉延熹九年（公元166年），大秦王安敦派使者来到中国，还带来献给东汉桓帝的象牙、犀角、玳瑁等礼品。

中国古代海上输出物品以丝绸、陶瓷为主。《汉书·地理志》所载海舶载运

出境的"杂缯",即各种丝绸。后因陶瓷易碎,陆路运输颇多困难,故其在海上输出物品中占据主要位置。自唐代以来,陶瓷已是外商采购的重要物品,从长沙窑、龙泉青瓷窑、德化窑,到景德镇青花窑、漳州窑、潮州窑等,都有外销瓷生产。宋代中国制瓷技术业已成熟,精美的瓷器成为与丝绸并驾齐驱的代表性商品,亦成为中国的文化象征之一。近数十年来,发现于东南亚苏门答腊海域的唐代大食"黑石号"沉船,中国闽粤一带的泉州宋代法石古船、阳江南海1号、潮汕南澳1号,其装载货物无不以瓷器为主。明初郑和七下西洋与沿线所在国家交易的主要物品也是瓷器,故"海上丝绸之路"亦称为"陶瓷之路"。①

古代海上输入中国的物品则以香料为主。香料是热带芬芳类植物和动物分泌的香胶,有止痒杀菌、祛腥除臭、清洁环境的作用,入于药用,则功效更多。其产地主要在东南亚、东非及阿拉伯地区。唐宋时期蕃商输入中国的香料,又称"南路货",其中主要有乳香、没药、安息香、芦荟、龙脑香、丁香、血碣、阿魏、没石子等,它们多被纳入中国的本草、方剂中。熙宁十年(1077年),仅广州、杭州、明州三地市舶司所收乳香计有354 449斤。绍兴六年(1136年),大食蕃客罗辛更是一次就于泉州市舶输入价值30万缗的乳香。由于香料在海外输入商品中位列大宗,学者遂亦将"海上丝绸之路"名曰"香料之路"。1974年泉州后渚港发掘之宋代沉船,所载商品即香料、药物和胡椒等。②

除丝绸、陶瓷、香料之外,珠宝、茶叶、纸张、白银等,以及各种动植物、经济作物等,均成为中外商贾航运买卖的物品,大大丰富并改变了东方的社会物质生活以及农业结构,商品手工业技艺的传递也大大提升了沿线国家之间的技术水平,加速了人类文明的融合与发展。显然,在古代,东西方"海上丝绸之路"贸易始终处于互利、和平的氛围中,商品的互补性始终是这一通道活跃的重要动力与支点。

(二) 文化交融

"丝绸之路"织成的陆路和海上交通网虽以贸易为主导,同时也极大促进了东西方文化之间的交融,从另外一翼推动了人类社会的进步。这个极为庞大的交通网串联起埃及、巴比伦、印度、希腊、波斯、罗马、阿拉伯和中国等世界上著名的古老文明,东西方文明凭借大通道的串联相互激荡,彼此交流,使得宗教信仰、艺术、文学、哲学等内容得到互动和发展。

就宗教文明来看,"海上丝绸之路"是古代宗教传播的重要通道。伊斯兰教、天主教、基督教皆由"海上丝绸之路"陆续传入中国,而佛教、祆教、犹

---

① 马建春:"海上丝绸之路的历史贡献",《社会科学战线》,2016年第4期。
② 马建春:"海上丝绸之路的历史贡献",《社会科学战线》,2016年第4期。

太教等亦在东南沿海历史上留下了重要的遗迹,从而见证了"海上丝绸之路"诸港埠的开放包容。佛教禅宗始祖达摩即由海上东航而来,并于广州建草庵传法。至唐代六祖惠能创立南派禅宗,对海内外佛教产生了深远影响。伊斯兰教亦自唐代由海路首先传入,中国穆斯林广为流传的阿拉伯教士宛葛素所创建的怀圣寺,成为伊斯兰教传入中国的重要标志,亦被视为"海上丝绸之路"重要的文化遗产。明万历年间,耶稣会教士利玛窦由广东上岸,北上京城,推动了中西文化交流,成为"西学东渐第一人"。西学东渐传入内地的有西方数学、西医、西药、物理、建筑、工程技术等科技,语言、音韵、哲学、论理、美术、音乐等人文社会科学;与此同时,中学西传的有中国传统儒家经典、语言文字、文学、中医药、工艺美术等。清嘉庆年间,英国伦敦传道会马礼逊进入广州传教,成为第一个来到中国传教的基督教传教士。他把《圣经》译为中文,编纂《华英字典》,开办"英华书院",培养本土教士,创造了中西文化交流的许多个第一。而中国本土的南海神、妈祖神、关帝、北帝等传统民间信仰亦随着历史上华人在海外的足迹,传播到东南亚及世界各地。①

艺术方面,隋炀帝西巡之后,展现中原深厚文化的歌舞活动繁盛起来,洛阳、长安两地万人空巷,在洛阳"天津街盛陈百戏,自海内凡有奇伎,无不总萃。崇侈器玩,盛饰衣服,皆用珠翠金银,锦罽絺绣,其营费巨亿万……金石匏革之声,闻数十里外。弹弦擫管以上,一万八千人。大列炬火,光烛天地,百戏之盛,振古无比"②。通过规模宏大、精美绝伦、喧腾欢跃的艺术活动,隋朝自豪地向周边各族及域外展示了中原文化的多彩,将自身艺术成就完全以一种开放的姿态呈现出来。

其他方面,比如清朝前期传入的文化包括西洋历法、天文、地理学、制图学、西医学、西药学、钟表、眼镜、望远镜等器物,以及西方生活方式、习俗等。例如,英语在广州经过改造成为"广东英语",流行于上层社会,后传到上海,演变为"洋泾浜英语"。中国文化也西传海外,包括中国典籍、文学、儒家思想、重农思想、中医、中药、园林艺术等。据悉,《易经》传到海外,有力地推动了欧洲数学的发展,莱布尼兹创立微积分即受《易经》启发,发明二进位数学。

2000多年前,古代中国先人开辟了一条从中原至欧洲的"丝绸之路",横跨欧亚大陆,突破远洋屏障,串联起沿线众多古老文明,人类多彩灿烂的文明也因此得以交融,进而得以发展,同时也为人类留下了一项宝贵的历史文化遗产。在21世纪全球化深入发展的今天,人类文明共融发展已达到一个全新高度,同时也出现了新的挑战和问题,基于此,中国提出"一带一路"倡议,正是充分吸

---

① 马建春:"海上丝绸之路的历史贡献",《社会科学战线》,2016年第4期。
② 引自《隋书·音乐志》。

收和发扬"丝绸之路"的历史经验，为了延续"丝绸之路"给世界各国人民带来的物质文化大交融大发展，通过多民族、多文化不间断地平等互利交流，使人类文明向着更高的程度发展。这是每一个中国人的初心，也是追求和平与发展、致力于推动人类命运共同体的每一个国家和人民的心声。

四、从地缘战略角度理解"一带一路"

地缘政治学（geopolitik）是近百年来西方政治地理学发展出来的一门学科，主要研究的是空间关系基础上的国家战略。这门学科是以地缘关系为研究对象，从地理和环境的角度去观察和处理国际关系。20世纪初，瑞典地理学家鲁道夫·谢伦提炼了拉采尔政治地理学中有关国际关系的学术思想，首创"地缘政治"概念。长期以来，东欧、中亚、西亚等地区一直是地缘政治学家们关注的重点区域。例如，新疆作为中国通向这些地区的门户，历来也是地缘政治学研究的重要地区。

大卫·哈维是美国著名马克思主义地理学家。他的理论宏观而抽象，体现出了统一性理论的抱负，包含了元理论、经验研究和对策论三个层次。哈维批判了传统马克思主义对空间问题的忽视和对历史（时间）性的偏好，提出将地理学想象作为资本主义批判工具的理论旨趣，公开倡议将历史唯物主义升级为历史—地理唯物主义，以补充马克思主义的理论"空盒"（blank box）。历史—地理唯物主义的提出首先源于对马克思主义的批判，随后他进一步指出正确把握文化变迁的趋势，提出包含乌托邦构想的新马克思主义城市社会学。① 哈维的思想肯定了空间性对补充历史唯物主义的重要性，强调世界地理形成的时间也是他研究中的重要部分。资本主义的发展是一个涉及全球的地理问题，而且资本主义国家曾经历了"空间修整"（spatialfix）的过程，将自身积累的危机与阶级矛盾转嫁到国外市场。他指出，"如果没有内在的地理扩张、空间重组和不平衡地理发展的多种可能性，资本主义很早以前就不能发挥其政治经济系统的功能了"。资本主义是以一种不断拓展空间，进行地理重组的过程存在和发展的。资本积累体现了"资本主义的生产方法与前资本主义生产方法之间的新陈代谢过程"，其中内含着全球扩张的必然趋势。交通与通信方面的创新与投资通过时间消灭空间，从这个角度来看，全球化几乎是不可阻挡的，它体现出的是资本主义对非资本主义社会和阶层的侵袭和吞噬。② 领土扩张带来了地理发展的不平衡，不平衡的地理发展则成为社会动乱、恐怖袭击频发的原因。

---

① 王明哲："浅谈大卫·哈维历史—地理唯物主义的思想起源"，《黑河学刊》，2011年第9期。
② 张小红："全球化·身体·辩证的乌托邦——大卫·哈维乌托邦思想初探"，《新疆社会科学》，2011年第1期，第19~22页。

大卫·哈维带给我们的启发是在全球化进程中，对于一个地区的研究必然要考虑到其地理发展中存在的不平衡所造成的深层问题，涉及民族、阶级等影响人类社会发展的关键。在全球化进程中，新丝绸之路经济带核心区——新疆不可避免地被纳入进来。甚至可以说，由于丝绸之路，新疆所经历的全球化过程要先于中国其他广大地区，率先见识过商贸往来、移民流动等如今看来乃是世界潮流所在的现象。例如，从世界地理的角度看新疆的地缘价值，麦金德的学说尤为值得关注。

哈尔福德·麦金德提出的"心脏地带理论"不仅提出了对"心脏地带"重要性的看法，还提出为避免一国独占而产生的地理战略构想。"心脏地带理论"的基本观点是：地球上陆地与海洋的组合，事实上有助于各帝国的成长，并最终有助于单一世界帝国的成长；在这个世界上，最具权力潜质的场所就在欧亚大陆，即"世界岛"。对位于欧亚大陆中心地带的一片广袤的内陆区域（即"心脏地带"）的控制，则又是统治整个欧亚大陆的关键。麦金德对"心脏地带"最著名的论断是："谁统治了东欧便控制了心脏地带；谁统治了心脏地带便控制了世界岛；谁统治了世界岛便控制了世界。"① 麦金德的理论是从1904年的"枢纽地区"发展到1919年的"心脏地带"，再到1943年将"心脏地带"与"陆间大洋"并重。麦金德地缘政治理论核心是根据当时英帝国面临不断变化的挑战，提出应对之策，保住其霸主地位。针对英国当时最大的竞争对手沙皇俄国，这一理论的目的在于遏制俄国的扩张。麦金德敏锐地认识到了俄国新修铁路的经济价值和战略意义，指出以铁路为平台的陆上运输比海上运输优势更大。

麦金德在1904年担任英国皇家地理学会副会长同时也是牛津大学教授期间出版了《历史的地理枢纽》一书，绘制《力量的自然位置》图，将新疆也绘入"枢纽地域"。即便是一些对麦金德理论有不同见解的地缘政治学家，也几乎都不同程度上承认新疆对于中国、亚洲乃至世界的重要性。斯皮格曼的"边缘论"认为，世界权力中心在所谓的"边缘地带"，而非海上或陆上。梅尼格提出从里海到满洲里并包括中亚的苏维埃国家、蒙古和中国西部在内的小得多的"心脏地带"，其震中就位于新疆，即拉铁摩尔所谓的"亚洲的枢纽"。② 大卫·哈维和哈尔福德·麦金德的理论以及其他地缘政治学家的研究对新疆的地缘政治经济研究具有一定的理论指导意义。认识到新疆在世界版图中的位置与地位，无疑能更好地理解新疆之于中国、新疆之于"一带一路"能产生的深远影响。因此，我们要看到俄乌冲突的中长期化所带来的地缘政治系统性变革，对我们布局"一带一路"沿

---

① 麦金德：《民主的理想与现实》，武原译，商务印书馆1965年版。
② 潘志平、耶斯尔："西域新疆的战略地位：地缘政治的视角"，《中国边疆史地研究》，2013年第3期，第12~20页。

线节点国家经济的系统性冲击不可小觑。

但是，在认识高度上，"一带一路"超越地缘博弈的旧思维，开创了国际合作新范式。我们对各方参与共建"一带一路"持开放态度，也愿考虑同有关国家的基础设施建设倡议进行对接，为世界提供更多优质的公共产品。"一带一路"超越传统经贸合作模式，开辟了通向可持续发展的新路径。健康丝绸之路、绿色丝绸之路、数字丝绸之路建设方兴未艾。正如联合国秘书长古特雷斯所说，"一带一路"同可持续发展目标本质相同，可加速落实2030年可持续发展议程，令全球受益。

第三节　丝绸之路经济带沿线城市的中心性分析

一、研究城市介绍

城市作为核心区的主体，其发达程度在一定程度上显示了整个区域的发展水平，可以用中心性来衡量。

(一)"中心性"城市

所谓"中心性"，是指城市为其以外地区提供服务的相对重要性，是衡量城市在特定区域中等级高低和功能地位的重要指标。[1] 周一星使用9项城市市区指标，从两个层次构建关于中心性测度的指标体系，并利用主成分分析法测算了中国地级市的城市中心性。[2] 下面将进一步就丝绸之路经济带沿线的新疆、陕西、甘肃、宁夏、青海、内蒙、云南、西藏、重庆市、四川、广西11个省市的省会城市及其省内重要城市[3]共27个城市为研究对象[4]。上述各省均与丝绸之路的建设有着密切联系：新疆是丝绸之路的核心区[5]；陕西是丝绸之路起点城市；甘肃是丝绸之路的黄金路段；宁夏是古丝绸之路的东段北道，丝路文化

---

[1] J. B. Parr: Frequency Distributions of Central Places in Southern Germany: A Further Analysis, *Economic Geography*, 1980, 56 (2): 141-154.

[2] 周一星、张莉、武悦："城市中心性与我国城市中心性的等级体系"，《地域研究与开发》，2001年第4期，第1~5页。

[3] 这里主要以地区生产总值为判断标准。

[4] 为了研究更具有代表性，此处将四川、广西也纳入研究范围。

[5] 2014年9月4日，新疆维吾尔自治区召开党委常委（扩大）会议，审议通过《推进新疆丝绸之路经济带核心区建设的实施意见》和《推进新疆丝绸之路经济带核心区建设行动计（2014—2020年）》，全面部署核心区建设。2015年3月28日，经国务院授权，国家发展改革委等三部委联合发布《推动共建丝绸之路经济带和21世纪海上丝绸之路愿景与行动》，明确新疆丝绸之路经济带核心区的定位。

与华夏文明在宁夏交汇；青海是丝绸之路上的重要节点和枢纽；内蒙古 2015 年被纳入丝绸之路经济带建设范围；重庆、四川、云南、广西是丝绸之路经济带西南部的重要区域；高原丝绸之路与中国传统内陆为起点的丝绸之路相连接，西藏也成为中外交流的重要组成部分。①

（二）数据来源

本书城市中心性测度的数据均来源于《中国城市统计年鉴2017》，将指标的信度检验刻度要求设为 α 大于 0.85，并提取特征值大于 1 的因子，所选数据均是市辖区范围的数据。城市中心度的指标数据侧重于提取反映城市规模、商业、公共服务、交通通信 4 个方面的 35 个指标。

二、城市中心性的测度

（一）测度方法及指标体系的构建

在借鉴周一星等的方法的基础上，本书侧重从城市规模、商业服务、公共服务、交通通信 4 个一级指标测度城市中心性，采用因子分析法，从涵盖城市中心性的 35 个指标中提取独立的综合因子作为二级指标，并通过方差累计贡献率计算出相应的权重，进而得出各省市的综合得分作为其中心性的排名。

（二）数据标准化处理

本书所选取的数据在量纲、数量级上都不相同，因此要对原始数据进行标准化处理，将采用 Z-score 标准化法，并可通过 Spass 软件自行运算出来。

（三）中心性得分

$$Z_i = \sum W_j \times y_{ij}$$

式中：Z_i 为城市中心性得分；W_j 为指标权重。

（四）城市中心性评价公因子的提取

利用 SPSS 20 软件对数据进行标准化处理，利用因子分析法对城市规模、商业服务、公共服务、交通通信 4 个指标体系进行分析，按照方差累计贡献率大于

---

① 霍巍："'高原丝绸之路'的形成、发展及其历史意义"，《社会科学家》，2017 年第 11 期，第 19~24 页。

85%的原则，提取各项指标的公因子（见表8-2）。

表8-2 城市中心性评价特征因子分析

一级指标	二级指标	主载荷因子 1	主载荷因子 2	一级指标	二级指标	主载荷因子 1	主载荷因子 2
城市规模中心性	财政支出 X_1	0.982	-0.040	交通通信中心性	移动电话 X_{34}	0.679	0.696
	工业总产值 X_2	0.822	0.006		互联网用户 X_{35}	0.849	0.317
	城市建设用地面积 X_3	0.941	0.102	方差共线性	解释方差百分比（%）	77.122	8.787
	固定资产投资 X_4	0.989	-0.015		解释方差累计百分比（%）	77.122	85.909
	人均地区生产总值 X_5	-0.016	0.991	公共服务中心性	科学研究技术服务业从业人数 X_{16}	0.746	0.552
	总人口 X_6	0.979	-0.102		高等学校学生数量 X_{17}	0.935	0.113
	行政区域土地面积 X_7	0.841	-0.181		高等学校教师数量 X_{18}	0.770	0.450
	财政收入 X_8	0.966	0.08		水利环境和公共设施管理业从业人数 X_{19}	0.746	0.461
方差共线性	解释方差百分比（%）	76.306	13.008		卫生社会保障和社会福利业从业人数 X_{20}	0.903	0.312
	解释方差累计百分比（%）	76.306	89.366		教育支出 X_{21}	0.449	0.787
交通通信中心性	邮政业务收入 X_{26}	0.496	0.849		医生数 X_{22}	0.043	0.844
	电信业务收入 X_{27}	0.619	0.759		医院卫生院床位数 X_{23}	0.433	0.815
	固定电话年末用户数 X_{28}	0.532	0.651		居民服务修理和其他服务业从业人数 X_{24}	0.524	0.813
	货运总量 X_{29}	0.084	0.946		信息传输计算机服务和软件业从业人数 X_{25}	0.501	0.822
	客运总量 X_{30}	0.878	0.424				
	交通运输仓储和邮政业从业人员 X_{31}	0.727	0.645				
	公共汽电车运营量 X_{32}	0.749	0.586				
	出租汽车运营车辆 X_{33}	0.693	0.109				

续表

一级指标	二级指标	主载荷因子		一级指标	二级指标	主载荷因子	
		1	2			1	2
方差共线性	解释方差百分比（%）	73.082	11.672	商业中心性	房地产业从业人数 X_{12}	0.984	0.156
	解释方差累计百分比（%）	73.082	84.754		金融业从业人数 X_{13}	0.933	0.299
商业中心性	住宿餐营业从业人员数 X_9	0.983	0.065		社会消费品零售总额 X_{14}	0.730	0.547
	租赁和商业服务业从业人员数 X_{10}	0.928	0.194		第三产业占GDP比重 X_{15}	0.100	0.977
	第三产业从业人数 X_{11}	0.917	0.137	方差共线性	解释方差百分比（%）	72.171	20.409
					解释方差累计百分比（%）	72.171	92.580

在城市规模中心性因子分析中提取了2个公因子，累计方差贡献率为89.366%。从主载荷因子上看，公因子1的方差贡献率为76.306%，与财政支出、工业总产值、城市建设用地面积、城市固定资产投资、总人口、行政区划面积、财政收入成高度正相关，较好地反映了城市的经济发展状况以及用地状况。公因子2的方差贡献率为13.008%，与人均地区生产总值呈明显的正相关关系，较好地反映了城市的经济水平。

在商业服务中心性因子分析中提取了2个公因子，方差累计贡献率为92.58%。从主载荷因子上看，公因子1的方差贡献率为72.171%，与住宿餐营业从业人员数、租赁和商业服务业从业人员数、第三产业从业人数、房地产业从业人数、金融业从业人数、社会消费品零售总额呈高度正相关关系，较好地反映了城市商业服务各行业的从业人数，公因子2的方差贡献率为20.409%，与第三产业占GDP比重的指标呈现正相关关系，较好地反映了第三产业的发展现状。

在公共服务中心性因子分析中提取了2个公因子，方差累计贡献率为84.754%。从主载荷因子上看，公因子1的方差贡献率为73.082%，与科学研究技术服务业从业人数、高等学校学生数量、高等学校教师数量、卫生社会保障和社会福利业从业人数、教育支出呈明显的正相关关系，较好地反映了科技、教育等方面的服务情况。公因子2的方差贡献率为11.672%，与医生数、医院卫生院床位数、居民服务修理和其他服务业从业人数呈明显的正相关关系，充分地反映了医疗以及其他方面的服务情况。

在交通通信中心性因子分析中提取 2 个公因子，方差累计贡献率为 85.909%。从主载荷因子上看，公因子 1 的方差贡献率为 77.122%，与客运总量、交通运输仓储和邮政业从业人员、交通运输仓储和邮政业从业人员、出租汽车运营车辆、互联网用户数呈明显的正相关，反映了以上方面的中心性作用；公因子 2 的方差贡献率为 8.787%，与邮政业务收入、电信业务收入、固定电话年末用户数、货运总量、移动电话呈明显正相关关系，较好地反映了邮电业、移动、固定电话业、货运总量的特征。

三、因子得分系数矩阵

在提取上述指标公因子的基础上，城市规模、商业服务、公共服务、交通通信 4 个一级指标共提取 8 个二级指标（见表 8-3）。以各公因子方差贡献率占方差累计贡献率的比例作为各公因子的权重，计算出各个城市的二级指标的权重以及得分。

$F1 = 0.161X_1 + 0.135X_2 + 0.157X_3 + 0.162X_4 + 0.02X_5 + 0.159X_6 + 0.134X_7 + 0.161X_8$

$F2 = -0.016X_1 + 0.024X_2 + 0.119X_3 + 0.008X_4 + 0.952X_5 - 0.076X_6 + 0.155X_7 + 0.099X_8$

$F3 = 0.239X_9 + 0.194X_{10} + 0.205X_{11} + 0.218X_{12} + 0.171X_{13} + 0.06X_{14} - 0.204X_{15}$

$F4 = -0.171X_9 - 0.041X_{10} - 0.09X_{11} - 0.089X_{12} + 0.053X_{13} + 0.328X_{14} + 0.87X_{15}$

$F5 = -0.052X_{16} - 0.037X_{17} - 0.082X_{18} - 0.283X_{19} - 0.064X_{20} + 0.329X_{21} + 0.198X_{22} + 0.214X_{23} + 0.416X_{24} + 0.166X_{25}$

$F6 = 0.236X_{16} + 0.222X_{17} + 0.256X_{18} + 0.411X_{19} + 0.236X_{20} - 0.167X_{21} - 0.035X_{22} - 0.049X_{23} - 0.279X_{24} + 0.011X_{25}$

$F7 = -0.124X_{26} - 0.003X_{27} - 0.002X_{28} - 0.425X_{29} + 0.324X_{30} + 0.12X_{31} + 0.163X_{32} + 0.369X_{33} + 0.065X_{34} + 0.36X_{35}$

$F8 = 0.306X_{26} + 0.185X_{27} + 0.159X_{28} + 0.577X_{29} - 0.165X_{30} + 0.056X_{31} + 0.07X_{32} - 0.278X_{33} + 0.114X_{34} - 0.22X_{35}$

表 8-3 各省市公共因子得分汇总表

	F1	F2	F3	F4	F5	F6	F7	F8
乌鲁木齐	0.03	0.51	-0.53	1.70	-0.81	1.40	0.31	-0.22
西安	0.64	0.26	0.60	1.36	-0.67	3.26	1.06	1.05
兰州	-0.18	-0.25	-0.37	1.13	-0.50	0.59	-0.07	-0.15
银川	-0.31	0.14	0.05	-0.21	-0.42	0.04	-0.39	-0.33
西宁	-0.43	-0.64	-0.43	0.33	-0.34	-0.13	-0.33	-0.28
呼和浩特	-0.08	1.39	-0.43	2.59	-0.48	0.25	-0.37	-0.09

续表

	F1	F2	F3	F4	F5	F6	F7	F8
昆明	0.41	0.05	0.07	0.88	-0.44	1.35	0.25	0.39
拉萨	-0.32	-0.12	-0.52	0.88	-0.39	-0.27	-0.67	-0.28
重庆	4.37	0.84	4.25	-0.25	4.59	-0.16	4.23	3.21
包头	0.14	2.55	-0.38	0.46	-0.14	-0.52	-0.36	-0.34
乌海	-0.61	1.08	-0.41	-0.41	-0.31	-0.66	-0.76	-0.30
曲靖	-0.13	-1.26	-0.35	-0.22	0.03	-0.65	1.06	-1.13
玉溪	-0.41	-0.46	-0.24	-0.87	-0.18	-0.61	-0.25	-0.57
铜川	-0.67	-1.09	-0.32	-0.77	-0.27	-0.66	-0.63	-0.40
宝鸡	-0.19	-0.61	-0.12	-1.18	-0.10	-0.47	0.39	-0.73
嘉峪关	-0.68	0.31	-0.45	-0.31	-0.32	-0.70	-0.67	-0.38
金昌	-0.65	-0.71	-0.35	-0.77	-0.32	-0.67	-0.73	-0.38
海东	-0.48	-1.37	-0.39	-0.56	-0.25	-0.68	-0.37	-0.58
石嘴山	-0.62	-0.25	-0.28	-0.98	-0.31	-0.62	-0.64	-0.41
吴忠	-0.51	-1.26	-0.29	-0.96	-0.26	-0.66	-0.50	-0.43
克拉玛依	-0.47	2.18	-0.19	-1.15	-0.27	-0.69	-0.14	-0.70
南宁	0.36	-0.43	-0.09	0.58	1.27	0.81	-0.12	0.38
柳州	0.22	-0.09	-0.18	-0.48	-0.17	-0.32	0.13	-0.26
桂林	0.08	-0.78	-0.50	0.86	-0.11	-0.17	0.8	-0.87
成都	1.48	0.69	2.21	0.55	1.57	2.17	-0.85	4.88
自贡	-0.48	-0.95	-0.22	-0.90	-0.18	-0.61	0.17	-0.71
攀枝花	-0.51	0.25	-0.12	-1.32	-0.22	-0.61	-0.53	-0.36

（一）各省市公共因子得分分析

F1 代表财政支出、工业总产值、城市建设用地面积、固定资产投资、总人口、行政区域土地面积、财政收入，从 F1 来看，乌鲁木齐排名第 9、克拉玛依排名第 18，在 27 个城市中排名处于中间水平；

F2 代表人均地区生产总值，从人民生活水平来看，克拉玛依排名第 2，乌鲁木齐排名第 7，均比较靠前；

F3 代表住宿餐营业从业人员、租赁和商业服务业从业人员、第三产业人员、房地产业从业人员、金融业从业人数、社会消费品零售总额。从 F3 来看，克拉玛依位居第 10，乌鲁木齐排名最末；

F4 代表第三产业占 GDP 比重，从该项指标来看，乌鲁木齐排名第 2，克拉玛依排名第 25；

F5 代表科学研究技术服务业从业人数、高等学校学生数量、高等学校教师数量、水利环境和公共设施管理业从业人数、卫生社会保障和社会福利业从业人数。从 F5 来看，克拉玛依位于第 15 位、乌鲁木齐位于最末位。

F6 代表居民服务修理和其他服务业从业人数、信息传输计算机服务和软件从业人数。从 F6 来看，乌鲁木齐排名第 3、克拉玛依排名靠后，位于第 26 位。

F7 代表客运总量、交通运输仓储、和邮政业从业人员、公共汽电车运营量、出租汽车运营车辆、互联网用户。从 F7 来看，乌鲁木齐排名第 7、克拉玛依排名第 12。

F8 代表邮政业务收入、电信业务收入、固定电话年末用户数、货运总量。从 F8 来看，乌鲁木齐位于第 8 位、克拉玛依位于第 23 位。

从上述以城市为代表的各省市的排名可以看出，重庆市处于首位，乌鲁木齐市排名第 9，克拉玛依市为第 15 位。同四川、陕西、广西、昆明、云南等省、自治区的城市相比仍存在一定的差距。上述分析中，新疆在 F3 所代表的金融等行业的服务业以及 F5 代表的科技、教育、社会保障等排名较为落后的行业仍然需要进一步提升。

（二）综合得分

将 8 个公因子各自的方差贡献率在积累贡献率中的比重作为权数进行加权汇总，便可计算出 27 个城市中心性的综合得分 F（如表 8-4 所示），其计算公式为：

$$F = \frac{0.854 \times F1 + 0.146 \times F2 + 0.78 \times F3 + 0.22 \times F4 + 0.862 \times F5 + 0.138 \times F6 + 0.898 \times F7 + 0.102 \times F8}{3.999}$$

表 8-4　各市的中心性得分及排名

城市	中心性得分	排名	城市	中心性得分	排名
重庆	3.79	1	克拉玛依	-0.25	15
成都	1.15	2	自贡	-0.27	16
西安	0.57	3	玉溪	-0.33	17
南宁	0.36	4	西宁	-0.34	18

续表

城市	中心性得分	排名	城市	中心性得分	排名
昆明	0.17	5	拉萨	-0.38	19
桂林	0.07	6	攀枝花	-0.39	20
曲靖	0.04	7	海东	-0.43	21
柳州	-0.04	8	乌海	-0.46	22
乌鲁木齐	-0.05	9	吴忠	-0.47	23
包头	-0.06	10	嘉峪关	-0.49	24
呼和浩特	-0.09	11	石嘴山	-0.49	25
宝鸡	-0.12	12	铜川	-0.52	26
兰州	-0.16	13	金昌	-0.54	27
银川	-0.25	14			

从综合得分方面看，新疆的两个城市——乌鲁木齐和克拉玛依分别位于第9位和第15位。城市综合得分中，重庆、成都、西安、南宁、昆明等丝绸之路经济带上靠近南部、东部地区的城市的中心性得分明显高于新疆的两个城市，说明新疆要真正成为丝绸之路经济带上的核心城市，还需进一步努力。

四、小结

通过吸引强度与辐射强度的计算、距离变量的计算、引力与变量的线性相关分析，并进一步通过丝绸之路主要省份主要城市的城市中心性综合得分，分析发现产业结构比经济规模更加重要，辐射强度比吸引强度更加显著，尽管二者吸引强度和相互作用的吸引力呈正相关关系，辐射强度与两省之间相互作用的吸引力呈负相关关系，但就时效性而言，更应注重通过辐射效应强度的减小来增强新疆与丝绸之路经济带沿线各省之间相互作用的吸引力。

第四节 世界经济格局对"一带一路"建设的影响

2023年是"一带一路"倡议提出第10年，虽然基于"六大经济走廊""五通"等的建设取得显著进展，但也存在投资风险大、成本高、市场参与度低等现实问题。随着贸易保护主义抬头、中美经贸摩擦起伏引发动荡、重要能源伙伴国局势动荡、新冠疫情暴发、全球经济衰退与金融风险攀升等形势的急剧变化，中国向现代化转型及国家安全都面临日趋严峻的挑战。全球化向何处去？中国向何处去？中国的国际合作向何处去？成为中国在复杂时期不得不面对的重大理论与现实问题。厘清世界经济格局演化的动因、内在机制、未来走向及深远影响，设计适应复杂环境的"一带一路"高质量建设方案，对于中国在国际政治经济新旧秩序的较量与博弈中抓住机会窗口，寻求战略突围，实现和平崛起，具有重要的理论参考和实践指导意义。

一、世界经济格局演变的动因

抓住 20 世纪 90 年代末模块网络化机制，即分工深化到生产流程内部的新型生产方式兴起这一主要矛盾，它具有自我累积强化的发展特征，使其在起步的短短十余年时间中，深切重构国际分工格局，中国也因参与加工制造环节而快速跻身第一大货物贸易国、全球第二大经济体。模块网络化一是开辟全球生产力的崭新发展方向，二是埋下新旧国际经济与政治秩序之间不可调和的矛盾隐患。由此，从世界经济格局演化的主次矛盾、矛盾的主次方面入手，分层次剖析它们对中国现代化转型及"一带一路"建设造成的影响，最终综合各方因素，提出"内策外联、网实分离、订制推进、系统协同"的"一带一路"高质量建设方案。

通过挖掘导致世界经济格局演变的动因，剖析其内在机制，并研判潜在发展趋势。

第一，模块网络化新兴生产方式的出现，是新时代引发世界经济格局变革"海啸"的"蝴蝶"。

模块网络化作为一种应对差异化、快速变化的消费需求，通过模块分解和网络联结方式，既利用模块的规模化生产效应，又利用模块组合形成差异化产品，以及各模块并行运作缩短整体生产时间的新兴生产方式，既可以高效应对市场需求变化，又产生越趋差异化、快速变化的需求，从而具有促进创新、深化分工的自我累积强化机制，代表着生产力发展方向。模块网络化在促进科技进步、公共治理创新、产业链组织形态变化等过程中，带来参与地区国际分工地位和各方力量对比的巨大变化。

第二，新旧国际政治经济秩序的矛盾和冲突，构成世界经济格局演化的内在机制。

在模块网络化生产方式兴起之前，基于同质产品规模化生产方式，形成以发达国家为主导的国际政治经济格局与秩序。生产方式的变革使中国引领的东亚区域快速崛起，并在融入新科技产业革命方面表现出可观潜力。旧秩序下占统治地位的力量与新兴力量之间，在地缘经济、地缘政治等多层面展开角逐与较量，构成新时代世界经济格局演化的矛盾机制。

第三，中国具有崛起与复兴的巨大潜力，进而重构世界经济格局，但大国较量亦带来过程的复杂性。

由于中国在庞大劳动者与消费群体、场景应用、生产制造等领域具有强大优势，并积极致力于推动公共治理创新，特别是新冠疫情期间，中央到地方的协同行动体现出对快速变化的挑战的应对效率，这使中国具备参与并可能引领新一轮科技产业革命的潜力。而强权国家美国，在产业空心化、贫富差距扩大、新型消费场景有限、助推新一轮科技产业革命的政府公共治理能力提升受限等因素影响下，面对不利的竞争态势。近年来，美国频频挑起中美在经贸、科技、金融、地缘关系等领域的摩擦并不断施压，新冠疫情期间更是步步紧逼。面对新时代国际地位的分化前景，大国博弈对世界经济格局演变趋势的影响不容忽视。

二、世界经济格局演变的影响

世界经济格局演变内在矛盾的相互作用表现在国际分工格局、全球化、社会生活方式、社会思潮等重要方面，本部分主要探究其传导机制及其影响。

第一，东亚区域生产网络迅猛崛起，重构国际分工格局。

下面选取经济总量和人口合计占比分别达到97%和90%以上的全球110个主要国家和地区，通过产业聚集、商品和服务贸易往来等的统计分析，揭示全球分工图谱变化及当前特征。以德国、美国和中国为中心的欧洲、北美和东亚构成全球三大贸易与消费区域，其中，东亚在产品内分工层面形成规模显著的区域生产网络，成为全球生产制造聚集区；通过中国和美国的紧密联结，东亚和北美的一体化水平显著提升，美国依托北美和东亚两大生产体系，成为生产性服务等先进分工环节聚集地，占据全球产业演进领先地位；欧洲以区域内一体化为主，区域外经贸往来相对较少，整体的生产分工细化程度落后于亚太，德国、英国等中心国家的先进产业演进程度相较美国滞后。

第二，世界经济格局演化的复杂性带来新型全球化波折前进。

通过剖析世界经济格局演化主次矛盾的对比情况，指出更高程度的全球化是生产力发展的必然要求与趋势，任何割裂的世界市场都会累积发展矛盾，从而加大未来爆发激烈冲突的风险；但维持国际政治经济旧秩序的力量，将主要通过打击新兴力量崛起本身及其内外条件的方式来制造阻力。这些因素共同确定了，未来一段时间的全球化将充满不确定性，新兴力量更需要在矛盾和较量加剧的复杂环境中不懈推进全球化。

第三，数字、网络、智能科技深刻变革社会生活及消费方式。

考察国内外在线生活与商贸方式的进展，由此评估线上全球化的可行性及现实路径。信息时代向数字时代的演进是模块网络化生产方式发展的必然结果，当前尚处在起始阶段。更大范围人与物的联网化变革着生活及消费方式，由此创造重构社会生产系统的条件。新冠疫情的冲击带来的额外效应，就是人员不接触带来的在线行为方式攀升，这为线上、线下分离式推进"一带一路"建设提供了机遇。

第四，全球更高水平交往互动带来多元社会思潮的碰撞与交融。

信息、数字时代的到来，不管"逆全球化"的力量多么强大，都难以改变全球更大范围、更高水平的交流与交往。由此，文化、文明、思想等领域的多元差异更趋凸显，碰撞加剧，但也为形成共识创造了条件与可能。考察世界经济格局演变过程中的多元社会思潮交汇，为"一带一路"建设中的"民心相通""促进共识"提供了决策依据。

三、世界经济格局演变给"一带一路"建设带来的机遇

本部分分析导致世界经济格局演变的动因所产生的"蝴蝶效应"，为"一带一路"建设指明可依循的方向，这是中国实现战略突围的重大机遇，也是必要选择。

第一，驱动数字化、网络化、智能化科技革命的有利形势。

联结碎片化环节并行生产及对接大量分散消费的需要，提供了数字化、网络化、智能化科技革命爆发的驱动力。中国具有全球近30%的生产制造能力，再加上本国可观的消费规模，以及尽最大能力联结广泛的"一带一路"沿线生产与消费，为即使依靠自身力量也有可能驱动新一轮科技革命奠定了重要基础。

第二，基于模块网络化的公共治理创新方案越趋清晰。

模块厂商在竞争压力下，既有必要提高专业化水平，又需要保持敏捷反应能力，由此既产生交通保障、园区服务、人力资源基础性培育等订制化公共服务需求，又无法依靠自身得以满足，从而驱使差异化、快速变化的公共服务需求大幅攀升，公共服务同样需要转向模块分解、网络联结的方式组织供给。公共治理进入全面创新时代，并且私人品生产联结公共品供给共同构成具有敏捷响应能力的全产业链，整体竞争力得到提升。中国通过各种社会试验探索国家治理现代化的方案，取得了显著进展；新冠疫情期间，扁平化的公共治理网络协同市场力量，共同做出对复杂严峻形势快速变化的敏捷反应，更加清晰地勾勒出公共治理改革的实践方向。

第三，拥有规模生产网络系统的关键优势。

大规模熟练与非熟练劳动力、大规模生产制造能力、公共治理创新所能创造的外部效应，为大量生产流程模块分解及网络联结继而形成规模化的生产网络系

统创造了关键的基础与条件，由此得以形成强劲的规模经济优势和国际竞争力。在数字革命开辟的新时代，中国的大规模生产制造竞争力不是降低，反而更趋强劲，从而产生进一步吸聚全球生产制造向国内及东亚周边布局的效应，世界上再无国家和区域有能力达到现代化生产制造如此高的规模化集聚水平，也无法产生替代性。由此，促进新科技衍生、公共治理创新、生产网络系统规模化，成为"一带一路"建设的可行方向与核心任务。

四、世界经济格局演变中的严峻挑战

本部分分析生产方式变革、新兴力量崛起过程中，主要博弈方在地缘政治、地缘经济各层面展开的冲突与较量所带来的现实风险和严峻挑战，构成"一带一路"高质量发展优化方案必须纳入的考量因素。

第一，大国博弈与地缘政治压力。

处于国际政治经济旧秩序主导地位的美国，虽然在科技、军事、国际货币、能源、文化等领域仍掌握霸权，但也表现出多层面的竞争颓势。其一，在培育新科技产业革命方面缺乏必要的规模制造基础、劳动力支撑、公共服务供给能力等，从而不具有显著竞争优势。其二，大规模扩张性货币政策埋下金融风险隐患。其三，财政状况不佳、政府债务累积，形成恶性循环。其四，财富和收入差距扩大加剧社会分化、民粹主义抬头。其五，疫情扩散，经济下滑，失业率急剧高升，社会矛盾激化，加剧"大选"、政局及政策方向的激进程度与潜在风险。大国所面对的不利形势，使其不断调整对外战略，特别是"重返亚太"，从非公开的局部施压，到表面化的经贸摩擦，再到疫情期间的多层面对立，不断制造并加大对华的地缘政治压力。

第二，复杂地缘经济形势的现实影响。

作为生产制造聚集区域，中国对能源和原材料输入、产品输出、货币稳定等具有现实需求，而在地缘政治压力加大的形势下，能源、新能源、消费市场、国际货币等本身成为地缘博弈的对象。通过对这些主要产品和要素国际供求格局及地缘经济关系的分析，研判中国"一带一路"建设可拓展的路径与必要的安全保障。

第三，重大转折中的时间窗口。

共建全球一体化大市场、人类命运共同体是生产力发展到当前阶段不可逆转的现实要求，中国作为新兴力量，具有抓住时代机遇、实现现代化转型的重要潜力。但狭隘的保护主义、民粹主义势力只要选择保护与民粹，就决定了其维护国际政治经济旧格局与旧秩序、制造阻力的必然性和长期性。在新冠疫情向全球蔓延的过程中，美国越趋表现出对华并不友善的攻势，这些迹象必须密切跟踪，并做好防卫准备。由此，中国所面对的和平崛起的时间窗口并不宽裕，争取和平、充分利用内外一切条件加速现代化转型、增强应对危机和战略威慑的能力，改变力量对比以维护自身安全和世界和平，成为中国的必要选择。

五、高质量建设"一带一路"的战略选择

本部分综合世界经济格局演变所造成影响、机遇、挑战的总体效应，提出"内策外联、网实分离、订制推进、系统协调"的高质量建设"一带一路"方案。

第一，服务于中国特色社会主义现代化的"一带一路"建设的必要性与宗旨。

复杂的内外形势决定了中国不能浪费难能可贵的既有积累与发展潜力，紧紧抓住有限的时间窗口，充分利用一切内外因素，推进国家现代化转型是首要与核心任务。没有大市场，产业转型升级也无从谈起，推进"一带一路"建设不仅必要，而且应以服务于国家的现代化转型为宗旨和原则；在复杂形势中实现战略突围，是"高质量"的内涵与要义所在。生产力发展特征、国际分工格局、大国及国际关系、地缘经济形势等从不同层面对高质量建设"一带一路"提出要求或启示。

第二，"内策外联"系统化驱动"一带一路"高质量建设的总体思路。

一是中国聚集全球最大规模的生产制造，向现代化转型有赖于公共治理创新提供创新人才培育、平台等公共服务，再加上外部环境与市场的风险，中国有必要挖掘内部潜力、由内而外驱动"一带一路"的建设。二是抓住社会生活与消费方式变革机遇，促进全球范围的商流与物流分离，通过跨境电商综合平台促进线上全球化；线下强化重点环节建设，降低大规模"出海"的系统性风险。三是聚焦北美、欧洲、东亚三大中心市场，由此提供庞大生产体系的主要需求源。四是建立"东亚区域生产网络+与中心市场流通便利或距离较近的区域生产网络"为基本构成的层级生产网络，既发挥规模经济优势，又深化区域间分工合作，还降低地缘关系风险。五是打造长江经济带、华南等生产制造聚集区为战略制造核心区域，主要承载政府与市场协同创新，促进新科技产业革命孕育和现代化转型的任务和功能。六是对投资条件较好的区域经济中心地或功能性地区作为"支点"进行重点开发，以促使集聚效应形成、规避投资于过多地区的风险、辐射引领周边地区；依据所集聚产业的属性、与所辖分工网络的关联特征、在"一带一路"建设中肩负的使命来确定差异化的功能定位和定制化建设方案，即建设差异化支点；结合公共治理创新，可以"多式联运港区城"的模式建设各类支点。七是基于"多式联运港港区域"支点建构"枢纽—干线—网络"式高速通

道体系，有助于提高"一带一路"硬件联通设施建设效率。八是由于"一带一路"各层面建设的方式、功能、目标均有差异，所需要的国际公共服务亦呈现异质化特征，因此，国际治理体系的建构也需利用模块网络化原理，通过多元组织参与并协同的方式来定制化地提供国际公共服务，形成定制化国际治理体系。

第三，优化"陆海内外联动、东西双向互济、南北耦合支撑"的全面开放新格局。

中国通过公共治理创新，驱动长江经济带和华南所构成的战略制造群落的转型升级；生产发展产生要素与产品流动需要，通过联动东西两条生产流通走廊，多元化能源原材料输入和产品输出，形成东西互济、内外联动的可持续发展生态；而北方在生产制造吸聚竞争力衰减、国家崛起面对更多复杂问题的形势下，承载着艰巨的安全保障使命，北方需要为南方转型升级提供安全保障，南方需要为北方安全功能建构提供现代化产业的支持，"南北耦合支撑"对于国家发展与开放大局而言，既构成重要组成部分，又提供重要安全保障。国外依托东亚、欧洲、北美等层级区域生产网络，敏捷服务中心市场，带动新兴国家工业化，保障能源原材料安全供应，服务于国内转型发展需要。在此过程中，中国依靠自主力量，驱动构建起世界消费市场、生产国、能源国、通道国之间命运相关、共生共荣的协同发展与开放合作格局。

总之，"一带一路"作为中国首倡的国家战略，对中国式现代化建设和全面建设小康社会、共同富裕目标具有重要的战略意义。这个战略构想的提出，契合沿线国家的共同需求，为沿线国家优势互补、开放发展提供了机遇与国际合作的新平台。我国为主动应对全球形势的变化、统筹国内国际两个大局做出的这个重大战略决策，关乎未来中国改革发展、稳定繁荣乃至中华民族伟大复兴中国梦的实现。[①]

案例

新疆多重的"亚心"，贸易集散地

新疆沿边经济带地处我国西北边陲，周边与俄罗斯、哈萨克斯坦、吉尔吉斯斯坦、塔吉克斯坦、巴基斯坦、蒙古、印度、阿富汗等8个国家接壤，自古以来就是"丝绸之路"通向中亚、西亚、南亚和欧洲的重要通道；边境线长达5 600多千米，占中国陆地边境线的四分之一，拥有国家口岸15个，省级口岸12个，

---

① 外交部党委理论学习中心组："努力推动构建人类命运共同体——深入学习贯彻习近平新时代中国特色社会主义思想"，《求是》，2018年第19期。

具有沿边依桥、外引内连、东进西出、全方位开放的地缘优势。新疆沿边经济带是一个多民族聚居的地区，哈萨克族、乌孜别克族、塔吉克族等民族跨国而居，与周边国家的民族有着天然的渊源，语言文化、宗教信仰相通，生活习俗及消费习惯相近，为新疆沿边开发开放、发展外向型经济、开展边境贸易和旅游，提供了得天独厚的人文优势。新疆自古以来就是重要的贸易集散地。

1. 新发展理念与新疆口岸的开放

在党的十八届五中全会上，习近平总书记系统论述了新发展理念的概念。新发展理念包括"创新、协调、绿色、开放、共享"五大理念，强调实现创新发展、协调发展、绿色发展、开放发展、共享发展。"十三五"乃至更长时期中国的发展思路、发展方向和发展着力点，要深入理解、准确把握其科学内涵和实践要求。创新发展注重的是解决发展动力问题；协调发展注重的是解决发展不平衡问题；绿色发展注重的是解决人与自然和谐问题；开放发展注重的是解决发展内外联动问题；共享发展注重的是解决社会公平正义问题。新发展理念是随着中国特色社会主义实践丰富与发展，对发展观进行的相应调整与变化。这五大发展理念是对中国改革开放以来国际与国内发展观演变的经验总结，继承与发展，也是契合新的历史条件下中国未来经济与社会发展对新的科学思想需求。新发展理念是在中国经济进入新常态、世界经济复苏低迷的背景下提出的治本之策，是针对中国经济发展面临的突出问题和挑战提出来的战略指引。新发展理念的提出无疑为各级政府如何进行科学发展指明了方向。

新发展理念的提出对于新疆是一次重要的发展契机。五大发展理念中的每一项都与新疆未来的发展方向息息相关。以开放理念为例，随着"一带一路"倡议的不断推进，新疆成为新丝绸之路经济带中的核心区，如何开放，开放到何种程度，如何使开放转化为发展的动力，成了非常重要的课题。新疆历来与中亚、南亚、西亚及欧洲等地有密切而频繁的经济文化往来，有许多传统的商道和口岸。随着沿边开放战略的实施，新疆已成为中国西部对外开放的前沿，截至2007年底，经国务院和新疆维吾尔自治区政府批准对外开放的一类口岸有17个，二类口岸12个。而截至2018年6月，新疆已拥有对外开放口岸18个，是全国拥有对外开放口岸数量较多的省区之一。"一带一路"倡议的提出，让新疆从过去的内陆"口袋底"一跃成为中国向西开放的门户。

新疆口岸的开放是对外开放的重要载体。开放口岸不仅数量增加，软硬件水平也在大幅提高，成为新疆对外开放新高地，在加快形成新疆对外开放新格局、把新疆打造成为中国向西开放的窗口进程中发挥了重要作用。例如，位于伊犁哈萨克自治州的霍尔果斯口岸目前是新疆口岸之首。它是中国西部历史上最长、综合运量最大、自然环境最好、功能最齐全的国家一类陆路公路口岸。霍尔果斯口岸一方面提升自身的软硬件建设水平，成为融商贸旅游、进出口贸易和中转货物为一体的综合性口岸，另一方面创造顺畅的通关环境，对外贸易发展迅速。霍尔果斯口岸的成果体现了新疆积极践行开放理念的成功。新疆正在进入发展战略的机遇期、黄金期和关键期，坚持新发展理念，坚持开放的思想，新疆必然会迎来更具潜力的发展阶段。

1986年，外经贸部批准新疆开展同周边国家的地方边境贸易，1987年启动，当年贸易额仅占进出口总额的0.5%。1992年以后，国家给予边境贸易更多的优惠政策，新疆依托特有的地缘优势大力发展，当年边境贸易占进出口总额的42.7%。自1993年起，边境贸易连续数十年占据新疆外贸的半壁江山，使新疆成为全国第二大边贸省区。

2. 新疆与周边国家的对外贸易

自实施"一带一路"计划以来，新疆借助对外贸易发挥的"利国、富民、兴边、睦邻、安邦"的作用，促进了经济腾飞。目前，国际上已经成立或提出的与新疆密切相关的地缘经济合作组织有"上海合作组织""中亚五国""缘西边境国际经济带"等。考虑到地缘因素，中国与这些区域组织进行的政治、经贸合作，无不把新疆作为重要的支点和通道，新疆已被确定为中国战略资源重要储备区和21世纪经济社会发展的重要支点。[1] 新疆与中亚五国（哈萨克斯坦、土库曼斯坦、吉尔吉斯斯坦、白俄罗斯和俄罗斯）的贸易对这几个国家的GDP增长贡献较大，同时新疆经济也较为依赖对这五国的出口。但是，近些年来，随着欧亚经济联盟的建立，新疆凭借固有的地缘和资源优势，也逐渐与欧亚经济联盟成员国保持良好的双边贸易合作关系。2014年，新疆与欧亚经济联盟成员国双边贸易总额达到了163.82亿美元，占新疆对外贸易总额的59.21%。其中，进口达29.39亿美元，出口达134.43亿美元，贸易顺差达到105亿美元。与2004年相比，2015年新疆与欧亚经济联盟的贸易规模扩大了2.83倍。[2]

新疆的对外贸易蒸蒸日上，快速发展。面对"一带一路"提供的新机遇，新疆作为欧亚大陆上重要的贸易集散地，具有极大的发展潜力。在发展对外贸易的过程中保持开放性，是新疆能够持续发展的动力来源之一。中国应大力扶持新疆边贸口岸城镇带建设，发挥新疆在本地区的枢纽作用，使新疆成为面向中亚国家经济社会发展的引擎。中国新疆与周边10个国家在能源资源、产业结构、市场需求和经济技术等诸多方面存在较强的经济互补性，为双方开展区域经济合作

---

[1] 祝宏辉、于鸿君："环新疆经济圈的构建——基于地缘结构的考察"，《俄罗斯中亚东欧市场》，2007年第2期，第37~40页。

[2] 刘倩、刘清洁、刘敏："丝绸之路经济带背景下新疆与欧亚经济联盟贸易潜力实证研究"，《经济地理》，2018年第4期，第65~72页。

奠定了坚实的基础条件。

通过以上对能源资源、产业结构、市场需求和经济技术等四个方面的分析，可以看出新疆周边国家幅员辽阔、国情不一，拓展其市场也必须结合我的国情国力、区情区力，首先筛选出一些重点国家和重点领域进行重点推进，再适时逐步扩大新疆沿边经济带对周边国家和地区的开放。

（资料来源：陈曦根据相关资料整理）

思考题

1. "一带一路"是跨境电商发展的高速路吗？
2. 丝路电商与数字丝绸之路的概念相同吗？
3. 数字丝绸之路的潜力和优势主要体现在哪里？数字丝绸之路的风险和挑战有哪些？
4. 数字丝绸之路的重点任务有哪些？
5. 数字丝绸之路的建设难点是什么？

第九章　数字营销

社会生产力的进步不断影响消费者的消费观念和购买决策，使传统的消费方式、消费场景和消费体验不断升级。近年来，以大数据和人工智能为代表的数码技术正在飞速发展，随着新兴技术在商业领域的广泛应用，依托互联网运作的电商平台型企业进入了快速发展的阶段。目前，中国已实现了网络零售规模的跃升，传统的营销方式在升级，从营销学角度主要表现为市场和营销理念的变迁。

第一节　数字营销新零售时代

数字营销是一种新兴的营销手段，是基于互联网、电脑、通信技术以及数字交互式媒体等达成营销目标。数字技术带来的人类生存方式的变革是数字营销产生的背景。

一、背景

互联网和数字技术的高速发展正催生新的人机交互模式，进而产生新的营销模式——数字营销，这给整个市场营销领域带来了巨大的冲击，甚至产生了革命性的变革。我们主要介绍以下背景。

（一）电子商务的发展为零售业开辟了广阔的发展空间

进入21世纪，随着互联网的飞速发展，网络越来越多地介入到人们生活的方方面面，网购作为新兴的购物方式之一，日益受到人们的青睐。随着移动用户规模的不断增加和移动支付的快速发展，购物网站向移动平台转移，手机购物逐渐替代电脑购物。

伴随着信息技术的迅速发展和电子计算机、互联网络的逐渐普及和进一步完善，电子商务已经成为目前零售业一种极为重要的营销工具，也将成为未来零售业的主要技术支撑。未来信息技术的高速发展和互联网的加速普及，必将从根本上改变零售的方式和业态，传统的零售业态必将全面应用电子商务、大数据、物联网、人工智能等数字经济技术手段，从而深刻改变供给端生产者和需求端消费者的行为模式，为销售新商业模式的发展开辟了空间。2021 年中国电子商务交易额达到 42.3 万亿元，同比增长 19.6%。2021 年以来，尽管面临诸多超预期因素的影响，中国电子商务仍展现出极强的韧性，全国网上零售额达 13.1 万亿元，跨境电商进出口额达 1.92 万亿元，电子商务从业人数超过 6 700 万人①（见图 9-1）。

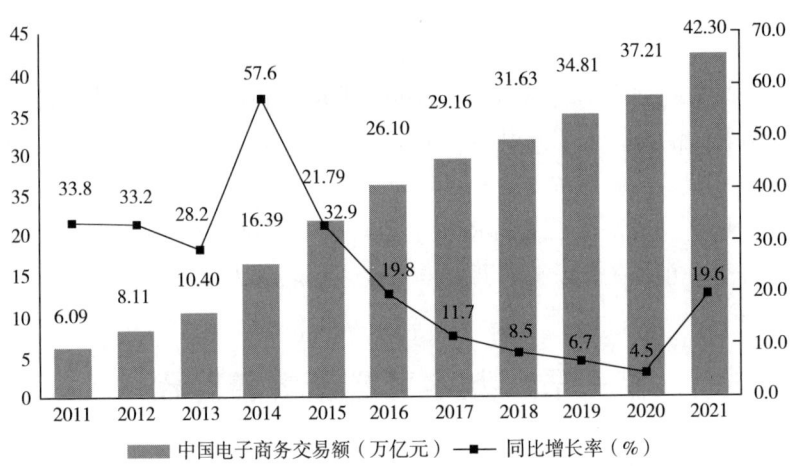

图 9-1　2011—2021 年中国电子商务交易额②

来源：国家统计局

直播带货、社区团购等新业态快速发展，电子商务与实体经济的加速融合带动更多人从事电子商务行业（见图 9-2）。

(二) 政策支持

《中华人民共和国国民经济和社会发展第十四个五年规划和 2035 年远景目标纲要》对推动数字化发展、建设数字中国做出重要部署。2015 年 3 月全国两会上，全国人大代表马化腾提交了《关于以"互联网+"为驱动，推进我国经济社会创新发展的建议》的议案，2015 年 3 月 5 日十二届全国人大三次会议上，李克强总理在政府工作报告中首次提出"互联网+"行动计划。政府对于"互联网+"项目实施的不断推进，给很多行业带来了颠覆性变化，各地也出台了相关政策，鼓励传统企业利用电子商务平台来优化整合资源，电子商务平台在经济活动中的作用和地位日渐加强。2020 年 "十三五"规划收官之后，电子商务仍保

---

① 由于统计口径调整，同比增速数据按可比口径计算。
② "2021 年全国电商市场加速向生产领域扩展"，《中国信息报》，2022 年 1 月 28 日。

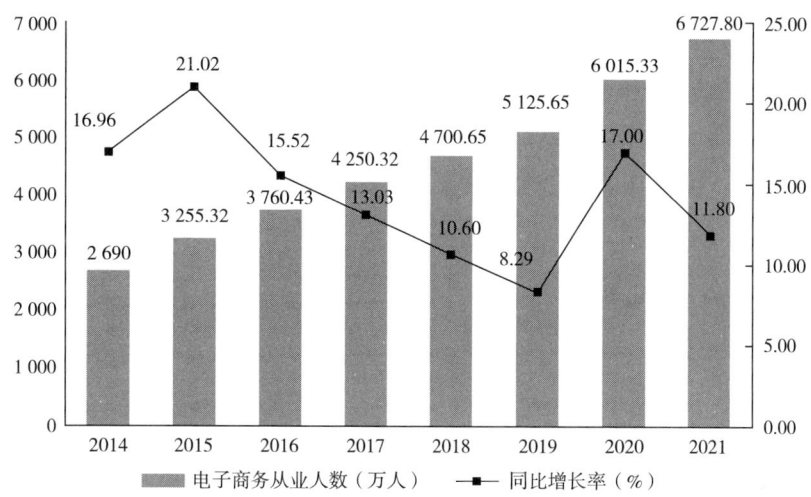

图 9-2　2014—2021 年全国电子商务就业规模

来源：电子商务交易技术国家工程实验室、中央财经大学中国互联网经济研究院测算

持了强劲的发展势头，这进一步推进了电商平台的营运与发展。在国内外形式大好的情况下，传统企业依托互联网平台转型，大量电商平台迅速崛起已是我国未来各行各业发展的大势所趋。

（三）新冠疫情影响下网络零售市场保持增长态势

世界百年未有之大变局，以及世纪疫情——新冠疫情为互联网络发展提供了新机遇，网上零售保持较快增长。中国互联网络信息中心（CNNIC）数据显示，截至 2021 年 12 月，我国网络购物用户规模达 8.42 亿，较 2020 年 12 月增长 5 968 万，占网民整体的 81.6%。[①] 国家统计局数据显示，2021 年，全国网上零售额达 13.09 万亿元，同比增长 14.1%（见图 9-3）。实物商品网上零售额 10.8 万亿元，增长 12.0%，占社会消费品零售总额的比重为 24.5%；在实物商品网上零售额中，吃类、穿类和用类商品分别增长 17.8%、8.3% 和 12.5%。[②]

（四）新零售产业链兴起

电子商务作为新零售行业模式，自诞生之日起就成了一个动力十足、覆盖面广的产业链。电商平台的产业链囊括了从生产者到消费者之间所涉及的所有销售过程，包括产品供应商、电商平台、移动支付以及物流运输等环节。随着新零售

---

① 中国互联网络信息中心：第 49 次《中国互联网络发展状况统计报告》，2022 年 2 月，第 39 页。
② 国家统计局："2021 年社会消费品零售总额增长 12.5%"，2022 年 1 月 17 日。

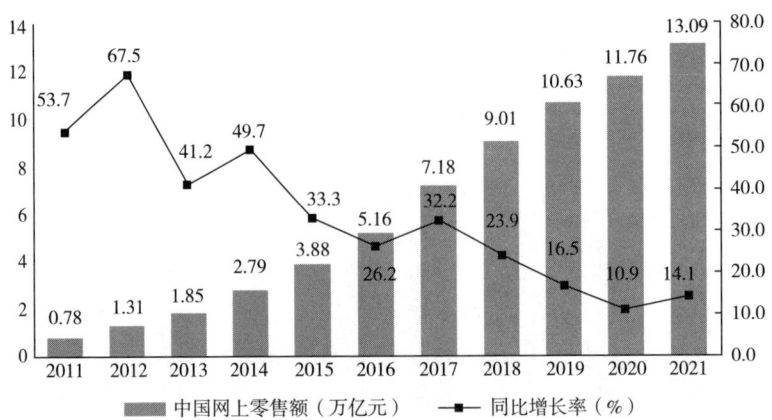

图 9-3　2011—2021 年中国网上零售交易额

来源：国家统计局

产业链的兴起，电商平台实现了消费者与供应商之间的第一手接触，大大减少了以往传统零售环节中的经销成本，进一步提升了销售效率（牛煜灵，2022）。其产业结构大致如图 9-4 所示。

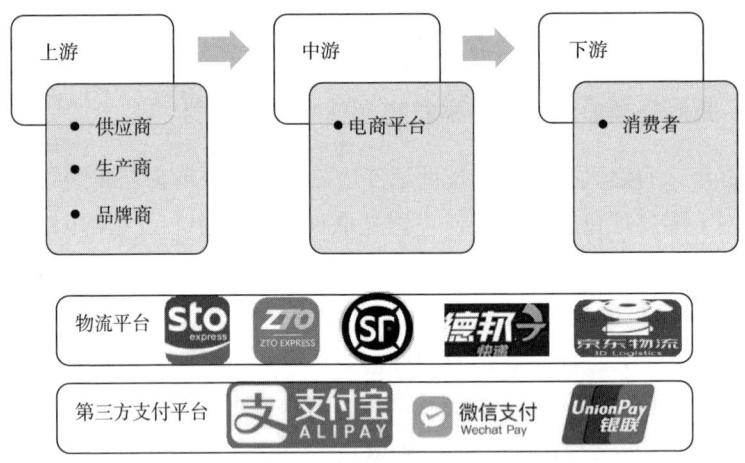

图 9-4　电商平台产业链

来源：根据网络资料整理

二、数字营销的概念

（一）数字营销的内涵

"数字营销"这一概念尚未形成统一公认的定义，专家学者对此展开了探索。"现代营销学之父"菲利普·科特勒说，65 年前，他在麻省理工从经济学转入到真实世界的营销学，从他第一版《营销管理》出版，至今已经跨越了半个世纪。战略性的营销思想在过去 50 多年发生了巨大的变化。如今，西方国家以及东亚部分国家已经进入了丰饶社会。在丰饶社会的情况下，马斯洛需求中的生理、安全、归属、尊重这四层需求相对容易被满足，于是自我实现对于客户变成了一个很大的诉求，营销 4.0 正是要解决这一问题。当然，很有趣的一个问题是人工智能的兴起，机器未来是否有灵魂，万物互联的世界中营销是否无处不在，市场在推动市场营销前进。

(二) 数字营销的外延

数字营销不仅仅是一种技术手段的革命，而且包含了更深层的观念革命，它是目标营销、直接营销、分散营销、客户导向营销、双向互动营销、远程或全球营销、虚拟营销、无纸化交易、客户参与式营销的综合。数字营销赋予了营销组合以新的内涵，其功能主要有信息交换、网上购买、网上出版、电子货币、网上广告、企业公关等，是数字经济时代企业的主要营销方式和发展趋势。我们认为，数字营销（digital marketing）是使用数字传播渠道来推广产品和服务的实践活动，从而以一种及时、相关、定制化和节省成本的方式与消费者进行沟通。[①] 数字营销包含了很多互联网营销（网络营销）中的技术与实践，但它的范围要更加广泛，还包括了很多其他不需要互联网的沟通渠道。数字营销的领域涵盖了一整套元素（a whole host of elements），如手机、短信/彩信、显示/横幅广告以及数字户外广告等。

三、数字营销的发展阶段

《营销 4.0：从传统到数字》指出，营销 1.0 就是工业化时代以产品为中心的营销；营销 2.0 是以消费者为导向的营销，其核心技术是信息科技，企业向消费者传递情感与形象，正如宝洁、联合利华等快速消费品企业开发出几千种不同档次的日化产品来满足不同人的需求；营销 3.0 则是合作性、文化性和精神性的营销，也是价值驱动的营销。营销 4.0 不是对营销 3.0 的否定，正如营销 3.0 不是对营销 2.0 的否定。菲利普·科特勒认为，营销是科学和艺术的融合。营销 3.0 要让你的营销触及消费者与利益相关者的心灵，营销 4.0 要让这种数字冲击的轨迹可利用、可追溯，甚至实现营销自动化。今天，我们面临"双倍速"的世界，一个是实体世界，一个是虚拟的数字世界。所有的理论都是在渐进中形成

---

① 陈徐彬："数字营销行业是数字经济的实践者与先行者——数字化营销对数字经济国家战略的价值与意义"，《国际品牌观察》，2022 年第 8 期，第 27~29 页。

的革命,但是需要将理论的背景放入不同的环境中解读,以"使用的成果"而非"理论的先进"来判断。

(一) 数字营销的发端

肇兴于20世纪90年代的信息革命是数字营销最初始的源头。信息技术的快速发展不仅是人类信息的传输与储存方式的革命,也对人类的经济和社会的组织方式提出了创新的要求,电子商务、信息高速公路,这些信息时代的产物正在全方位地影响着人类的生产和生活。1994年,热线公司为美国电话电报公司刊出了可点击的横幅广告,标志着广告网络的诞生,互联网技术引发了媒体和营销市场的变革,标志着传统营销时代向数字营销时代的过渡。①

移动互联网时代下移动化、碎片化、互动化的消费体验成为主流趋势。传统营销方式已经越来越不能满足企业和消费者的需求,比如效果差,监控转化率低,单点发力,非精准营销,投放效率低等,企业需要新的营销方式来打破这种局面,数字营销便应运而生。

(二) 数字营销的发展

从2005年第一家医药B2C药房网上线,随着网上消费习惯的形成和网络平台及配套服务商的涌现,中国网上药店迎来了一波爆炸式增长。在互联网广泛应用和普及的推动下,电子商务作为新的商业模式,突破了时间、空间、场地、货架等因素的限制,具有市场全球性、资源集约性、成本低廉性等优势,更大地满足了人们需求,显示了强大的生命力。2005年,互联网的普及率已经高于50%,社交媒体逐渐成为主流媒体,许多社交网站开始成立并抢占市场。2009年,中国大陆发放了3G运营牌照,我们进化到如今,被移动设备围绕,移动技术和设备的大发展推动了数字营销的演变。

1999年中国第一支展示广告出现,随后搜索引擎也开始售卖广告。自1998年以来,谷歌在美国搜索市场上的份额占比达85%,2009年,谷歌公司销售额为240亿美元,利润为65亿美元。2019年,谷歌母公司Alphabeet报告的收入为1 620亿美元,净利润为340亿美元。其中仅搜索业务一项就带来近1 000亿美元的销售额。2019年6月,当时数字营销公司Jumpshot的数据显示,超过半数的搜索结果会将用户直接留在谷歌上,而不再通过免费的网站或广告链接将人们导流至其他站点。

---

① 马述忠、濮方清、潘钢健、熊立春:《数字贸易学》,高等教育出版社2022年版。

（三）数字营销的成熟

5G 通信技术、人工智能、大数据、云计算等数字技术在营销领域的应用，标志着数字营逐渐进入成熟阶段。目前我国已建成全球规模最大、技术领先的网络基础设施。截至 2021 年底，建成 142.5 万个 5G 基站，总量占全球 60% 以上，5G 用户数达到 3.55 亿户，行政村通宽带率达 100%。

基于大数据分析制定营销策略，使用数据分析实施自动化营销或智能营销、内容营销和新型营销体验等。未来随着大数据、物联网、人工智能和可穿戴设备等技术的应用，将产生新一代的人机互动模式，催生新一代营销模式的发展并不断更新。[①]

数字营销的范围更加广泛，还包括很多其他不需要互联网的沟通渠道，比如非网络渠道，如电视、广播、短信等，或网络渠道，如社区媒体、电子广告、横幅广告等。许多行业，如汽车、奢侈品、人工智能等都运用了数字营销手段。

2010 年上半年，网络视频用户规模达到 2.65 亿，新增用户 2 500 万，增幅达 10.4%，使用率从 2009 年末的 62.6% 上升到 63.2%。虽增幅不大，却结束了 2009 年的下滑趋势。截至 2010 年 12 月底，我国网民规模达到 4.57 亿，手机网民规模达 3.03 亿。

2010—2017 年，互联网在线普及率已经达到 80% 以上。Facebook 每天有 2.5 亿用户登录，相当于地球上每 13 个人中就有 1 人登录。在智能手机普及之后，很多消费者都处在"及时连接"和"永远在线"状态，社交媒体使用户同时成为某一品牌的消费者、传播者及广告受众，消费者变得越来越有"权"，随时可以通过社交媒体发出自己的声音。随着个人社交网络变得越来越密集，社交媒体平台从以前社会关系积累转移到互动和内容生成。消费者不仅是口碑营销流的贡献者，还能破坏或加强营销行为。正是社交媒介的普及和媒体的实时在线，使消费者的社会影响力更加突出。用户已将社交媒体作为他们社交联系、构筑身份、寻找信息、认识世界和实现目标的工具。[②]

根据中国电子信息产业发展研究院发布的《2021 年中国家电市场报告》，2014 年，国内家电行业线上渠道销售额占比仅为 11% 左右，2021 年，这一数据攀升到了 52.9%。2021 年，新冠疫情持续深刻影响并重塑生活模式，家电线上市场登上新的高点。家电零售开始形成线上市场主导、线下市场辅助的崭新格局。即使是电热水器这类需要上门安装的大家电，线上渠道的比重也已占到 50% 以上。2021 年，主要家电销售渠道涨跌不均。京东、天猫的份额进一步提升；

---

① 马述忠、濮方清、潘钢健、熊立春：《数字贸易学》，高等教育出版社 2022 年版。
② 陈华："数字营销的发展和变革"，《淮海工学院学报（人文社会科学版）》，2018 年第 10 期。

苏宁易购遭遇了最艰难的时期，市场份额有所下滑；主要收入来自线下的国美电器，份额保持相对稳定。具体来看，京东以 32.5%的份额位居第一；苏宁易购位列第二，份额为 16.3%；天猫紧随其后，份额为 14.8%；国美电器份额为 5.0%。

又如，农产品运用数字营销可以更加及时、全面地捕捉市场变化和用户需求变化，数字营销融入农产品电商对于推广农产品具有重要作用。农村电商 B2B 成为发展热点。近年来，随着电子商务进农村、电商扶贫等工作的推进，我国农村电商 B2C 发展速度较快，在脱贫攻坚中起到了巨大作用。当前，我国已步入巩固脱贫攻坚成果与乡村振兴协同发展的新阶段。

四、传统营销、网络营销与数字营销

（一）传统营销与网络营销的对比

传统营销与网络营销的对比如表 9-1 所示。以农产品为例，传统的营销方式以广告作为主要宣传方式，部分农民还会选择最传统的方式来推广农产品，但这种过于传统的农产品推广方式已经不能满足数字化时代的市场需求。互联网为新时代农产品推广带来新机遇，农产品电商与数字营销融合的推广方式更加多元化，农产品电商在数字化营销背景下获得更多的推广渠道，让农产品的推广具备全球性、延续性，数字营销背景下的农产品电商获得了新的发展动力与生机。

表 9-1 网络营销与传统营销模式的比较分析

比较项	传统营销	网络营销
广告投入成本	大量人力和广告	网络宣传、低成本投入
产品类型	标准化产品居多	个性化产品普及
营销渠道	借助中间商	直接面对客户
营销范围	受地域和资金限制	空间无限扩张
营销方式	大众化	个性化
竞争形态	常出现削价竞争	透明的、网上信息分析

同时，农产品电商的数字营销形式更加多元，使农产品生产者与消费者之间形成有机互动，实现信息的双向交流，以农产品电商直播最为显著。农产品电商直播将农产品生产者与消费者直接联系起来，消除二者之间的信息屏障，在信息双向互动的基础上，消费者可以直接将消费需求、意向传递给农产品生产者，使消费者不再被动选择商品而农产品生产者也可以更好地满足消费者需求。可以说，数字营销融入农产品电商开辟了农产品销售模式新时代。

1. 网络营销的优势。

(1) 网络营销有利于企业取得未来的竞争优势,因为网络的便捷性可以让消费者及时知晓公司推出的一些新产品,并及时反馈使用后对产品的认知和评价,这样企业就率先占领了的一些消费者市场。

(2) 网络营销使消费的决策更具有便利性和自主性。因为网络浏览不受时间和地点的限制,完全由自己做主,只需操纵鼠标就可以找到自己的目标产品,这样灵活、快捷、方便的购物是商场所无法比拟的。

2. 网络营销的劣势。

(1) 缺乏信任感。人们仍然信奉眼见为实,网上购物要更好的发展,保证质量是一个相当重要的方面。

(2) 缺乏身体力行的感受。网上购物还存在试用不便,消费者没有实地感受,也没法从推销者的表情上判断真假,实物总是比图像来得真实和生动。对许多人来说,网上购物缺乏足够的吸引力和亲临商场的感受。

(3) 价格问题愈加敏感。网上信息的充分使消费者不必再走东串西地比较价格,对商家而言,则易引起价格战,使行业利润率降低,对一些价格相对灵活的产品,在网上不便于讨价还价,可能贻误商机。

作为一种全新的营销方式和沟通方式,网络营销还有待完善和发展,相信随着网络技术的发展,网络营销将会发挥出更大的优势。

(二) 传统营销与网络营销的信息传播方式

1. 传统营销的信息传播方式。传统营销的信息传播方式主要有:
(1) 利用各种新闻媒体。
(2) 利用广告手段促销。
(3) 利用口头和行为举止传播。
(4) 利用其他形式的传播(如信函传播、展览会、展销会、组织形象材料散发等)

2. 网络营销的信息传播方式。网络营销的信息传播方式主要有:
(1) 网络广告(如旗帜广告、赞助式广告、按钮广告、关键字广告、插入式广告、文字广告等)。
(2) 网络公关。
(3) 网上促销(包括有奖促销、免费促销、网上折价促销、网上赠品促销、网上抽奖促销、积分促销、拍卖促销等)。
(4) 网络营销站点的促销。

(三) 网络营销对传统营销策略的冲击

1. 对标准化产品的冲击。网络营销借助于互联网可以在全球范围内进行市场调研,通过互联网厂商可以迅速获得关于产品概念和广告效果测试的反馈信息,也可以测试顾客对产品的认同和评价,从而更加容易地了解消费者的行为方式和偏好。

2. 对品牌全球化管理的冲击。与现实企业的单一品牌与多品牌的决策相同,开展网络营销的公司主要的挑战是如何对全球品牌和共同名称或标志识别进行管理。在实际执行时,对公司的品牌管理采取不同的方法会产生不同的效果。

3. 对定价策略的冲击。互联网先进的网络浏览功能会使变化不定且存在差异的价格水平趋于一致,这将对有分销商分布在海外并在各地采取不同价格的公司产生巨大冲击。

4. 对营销渠道的冲击。在网络环境下,生产商可以通过互联网与最终用户直接联系,这样不但缩短了营销渠道,也降低了成本。

(四) 网络营销对传统营销方式的影响

1. 重新营造顾客关系。网络营销的企业竞争是一种以顾客为焦点的竞争形态,争取新顾客,留住老顾客,扩大顾客群,建立亲密的顾客关系,分析顾客需求,创造顾客需求等,都是关键的营销课题。

2. 对营销战略的影响。由于互联网所具有的平等性、自由性和开放性等特征,使得网络时代企业的市场竞争是透明的,人人都能掌握竞争对手的产品信息与营销行为。因此,网络营销将降低传统营销环境下跨国公司所拥有的规模经济的竞争优势。

3. 对跨国经营的影响。互联网所具有的跨越时空性和全球性,使得进行全球营销的成本低于地区营销,因此企业将不得不进入跨国经营时代。互联网为现存的跨国公司和新兴公司提供了许多利益。

(五) 数字营销

1. 数字营销与网络营销的关联性。广义上,数字营销包含网络营销中的技术与实践。①

数字营销是指利用数字化科技(比如,互联网、社交媒体、直播等)进行营销,目的是把潜在客户(lead)转化为真正的客户(customer)。数字营销是网

---

① "数字营销的特征及其兴起的背景", https://www.docin.com/p-266191631.html, 访问日期: 2022 年 12 月 1 日。

络营销的一种方式。网络营销包含的营销方式更加广泛，网络营销应该理解为以网络为平台的一切与营销相关的营销方式。

网络营销是企业整体营销战略的一个组成部分，是为实现企业总体经营目标所进行的、以互联网为基本手段营造网上经营环境的各种活动。网络营销概念的同义词包括：网上营销、互联网营销、在线营销、网络行销等。这些词汇说的都是同一个意思，笼统地说，网络营销就是以互联网为主要手段开展的营销活动。

网络营销的主要侧重点是在互联网上，比如，搭建网络平台，然后进行营销或者制作网络应用程序，另外还有可能通过网络社交媒体来进行营销，主要强调的是在互联网上开展营销活动。但是数字营销的侧重点就不一样，数字营销更多的是强调数字技术，强调后台我们看不见的一些处理模式，比如大数据、云计算、消费者画像或者潜在目标客户的筛选等，也就是说，数字营销更强调紧紧地抓住客户，对客户的数据进行分析处理。

2. 数字营销优缺点。

（1）复制：数字平台上的内容对所有人开放。其他企业或竞争对手总是存在复制您的内容的风险。应该小心设计数字营销活动，以避免此类问题。专注于品牌形象是避免这个问题的最好方法。

（2）竞争：数字营销既便宜又有效，推广产品的竞争非常激烈。

（3）需要熟练的资源：数字营销是一项依赖技术的交易。

（4）投诉和反馈：每个人都可以看到客户的任何投诉和反馈，应该尽快处理这些投诉，否则，负面信息很可能会传播很远。

3. "电商+直播"。2005年，菲利普·科特勒提出了精准营销这一营销理念，他认为："精准营销，就是公司需要更精准、可衡量和高投资回报的营销沟通，需要更注重结果和行动的营销传播计划，还有更注重对直接销售沟通的投资。"[①]生活中，我们常见的数字营销之一的直播营销，吸引到的就是较为精准的"目标用户"。

直播营销为消费者提供了一种参与感。现如今提倡粉丝文化，直播作为一个可以和消费者面对面的平台，在直播营销的过程中拉近与消费者之间的距离，让消费者自身充满参与感，增强了消费者对企业品牌的黏性。同时，直播营销运用群众的从众心理，让用户参与到品牌的整个建设过程之中，增加消费者对品牌后期的一种认同感。直播营销刚兴起时，企业可以用较低的成本获取用户、销售产品，但随着搜索引擎广告以及电商首页广告的营销成本都开始变高，部分自媒体"大号"的软文广告甚至超过50万元。直播营销对场地、物料等需求较少，是目

---

① 李维胜、蒋绪军："电子商务精准营销对策研究"，《开发研究》，2013年第3期。

前成本较低的数字营销形式之一。我们知道，所有的直播都具有即时性，所以用户观看直播时，需要在一个特定的时间进入到直播页面。而这与互联网用户日常获取信息的"碎片化时间"相冲突，由于时间的限制，能够在特定时间里进入到直播页面的大多都是对品牌或者对主播具有较高忠诚度的用户。因此，在电子商务领域里应用精准营销，利用有限的营销费用精准地把产品和服务信息传播给目标消费者，满足消费者个性化需求，为消费者提供增值服务，提高消费者忠诚度，减少企业和消费者的交易成本，增加企业利润，有利于实现消费者与企业互利共赢，促进电子商务繁荣发展。

例如，广州探索实践"跨境电商+直播"新模式，拓宽跨境电商商品销售渠道。近年来，广州跨境电商以多项全国首创举措引领行业发展，全市跨境电商进出口规模7年增长50倍，零售进口规模连续8年全国第一，在商务部"2021年跨境电子商务综合试验区评估"中位列全国第一档"成效明显"。白云机场口岸跨境电商进出口交易额连续8年居全国空港首位，2021年突破千亿元；南沙口岸跨境电商网购保税进口业务规模占全国1/5。

当然，对于"直播带货"新模式，我们应该肯定其鼓励自主创业、拉动居民消费的积极影响，但是对于存在的问题，例如，新媒体电商行业标准缺失、市场监管缺位、数据虚假繁荣、主播身份与行为性质界定模糊、消费者维权难、直播平台监管不力等，需要逐步完善相关监管，加强行业自律，建立信用评价体系与黑名单制度，推动"直播带货"行业的可持续发展，开启中国数字营销新零售时代。①

📚 案例

网红直播孵化基地，助力精准扶贫

2020年4月20日，习近平总书记在陕西考察时指出，电商作为新兴业态，既可以推销农副产品、帮助群众脱贫致富，又可以推动乡村振兴，是大有可为的。例如，云南打造正能量网红直播孵化基地，助力精准扶贫。2020云南·昆明网络文化节已于5月29日正式启动，聚焦"民族团结进步示范区、生态文明建设排头兵、面向南亚东南亚辐射中心"、"精准扶贫送温暖网络直播助经济"及"网络公益同行动网络文明共践行"等主题，借助互联网主流宣传阵地和网络带货助力经济发展的优势，通过活动讲好云南故事，传播云南好声音，提升活动传播力、引导力、影响力，为加快经济社会建设营造良好的舆论氛围。

---

① 夏令蓝、宋姣："后疫情时代'直播带货'规范化研究"，《传媒》，2020年第13期。

其中,"精准扶贫送温暖网络直播助经济"及"网络公益同行动网络文明共践行"主题围绕网络扶贫、助力复工复产等主题,联合昆明市扶贫办、东川区、禄劝县、寻甸县开展了"顺城昆明网红扶贫集市"、"昆明爱心助农"、"携手电商、优选云货"、"红土地助农直播"等10多场线下集市+线上网络直播活动。线下吸引40余万人参加,线上800多万人观看直播,直接带动38家挂钩扶贫点企业(农户)增收。

主要的做法:一是强化直播带货技能培训,打造致富带头人网红IP。通过深入开展培训和直播带货实操,培训致富带头人,探索创建贫困村致富带头人实训基地;并通过开展直播带货活动,扩大影响力,打造致富带头人网红IP。二是成立网络直播人才培育孵化基地。2020年7月10日,云南·昆明正能量网红孵化基地成立,从企业开发、平台运营、直播人才引育、储备等各方面提供专业精准的服务,为企业销售产品和服务打通渠道。用好互联网思维,充分整合传统媒体及新媒体等多种资源,探索多元化直播电商应用场景,鼓励直播电商企业运用5G技术,促进直播与VR、AR技术融合,提高消费者体验感,并培育一批优质网红商品,为消费者出行购物提供精准导购服务,打造一批网红夜间街区、夜间旅游打卡点,全面助力昆明产业向数字化、网络化、智能化、服务化发展。三是构建直播行业产学研基地、全媒体传播矩阵;建设昆明市的全媒体矩阵、数字城市建设产、学、研基地,基地将加强与云南各大高校的连接与合作,在新媒体发展研究、人才培养等方面为直播基地注入新的能量与活力。建设区域领先的城市营销、城市推广传播矩阵和社群,通过腾讯微视、抖音、快手、虎牙直播等平台,形成围绕达人个人IP形象传播矩阵,通过公众号、短视频、直播等全媒体手段,为城市传播提供渠道和传播平台。

(资料来源:云南省委网信办)

专栏

零售业数字化进程在不断加快

受新冠疫情反复的影响,我国社会消费品零售总额恢复速度较为缓慢,传统零售企业的数字化转型已经迫在眉睫。随着大数据、云服务等技术的发展,使数字化得到了进一步发展,政府也加大了对中小企业数字化转型的支持,零售企业要如何乘着这股"东风",成功转型呢?

近年来,随着生活水平的不断提升,人们的消费理念和需求逐渐变化。与此同时,人工智能、云计算、大数据等新兴技术的不断成熟,正在加快零售行业数字化转型的步伐。

商务部研究院电子商务研究所副研究员洪勇表示，在数字技术和新冠疫情的双重作用下，我国零售业数字化进程不断加快，成为促进内需的重要抓手。

数据显示，2022 年，我国上半年全国网上零售额 6.3 万亿元，同比增长 3.1%；其中，实物商品网上零售额 5.45 万亿元，增长 5.6%，占社会消费品零售总额的比重为 25.9%。

在这种情况下，企业必须要以最大的热情拥抱数字化转型。零售行业数字化转型能获得什么？实际上，除了消除传统技术的限制，数字化转型使零售行业能够更灵活地适应当前的市场趋势和要求，确保更多的连接，数字化转型使零售商和顾客更容易通过社交媒体账户、网站、聊天机器人、移动应用程序等进行联系和沟通。同时，销售更加便捷，通过人工智能工具，顾客可以在没有收银员的情况下购物。一些流程的人工智能自动化将提升客户体验。

中国连锁经营协会秘书长彭建真认为，数字化转型是零售企业至关重要的一步，它可以解决企业数据孤岛的状态，帮助企业真正实现智能化的决策。

（资料来源：中国经济时报　王丽娟）

第二节　数字营销的理论基础

研究数字营销离不开市场营销学。市场营销学是系统地研究市场营销活动规律的一门学科。市场营销是指企业通过向顾客提供能满足顾客需要的产品和服务，促使顾客消费企业提供的产品和服务，进而实现企业目标的经营理念和战略管理活动。

一、市场细分理论和目标市场理论

STP 理论体系的构建和施行是当代市场营销的中心环节，其主要流程是企业通过一定的标准将市场划分为多个子市场，随后挑选部分作为企业的目标，并且在该市场中确立企业产品或服务的地位。围绕目标市场开展的营销理论体系就是 STP 论体系，其中，S 是指市场细分（segmentation）环节、T 是指目标市场（targeting）环节、P 指市场定位（positioning）环节。

（一）市场细分理论

市场细分（market segmentation）就是指企业按照固定标准将目标市场的顾客群进行细分，每一个细分市场的需求都有所不同。企业根据自身条件与市场行情来设计相应的产品、价格、服务和促销手段，满足细分市场中顾客的需求，已达到企业利益的最大化。市场细分是对顾客需求进行划分而不是划分产品类别。通过市场细分，企业可以有针对性地面对顾客群，生产有针对性的产品，把握不同市场间的相同点和不同点，使企业能够更加合理的确定目标市场。

对市场进行划分的环节，应当充分考虑企业、行业的特质，合理选择划分标准，通常情况下，人口、心理、地理、行为、社会文化等因素是划分市场时可选择的核心因素。

- 地理细分：地形、气候、交通、城乡、行政区等；
- 人口细分：年龄、性别、家庭人口、收入、教育程度、社会阶层、宗教信仰或种族等；
- 行为细分：对消费者行为进行评估，然后进行细分；
- 社会文化细分：按社会文化特征细分市场，以民族和宗教为主进行细分；
- 使用者行为细分：按个人特征细分市场，职业、文化、家庭、个性；
- 心理细分：根据个性或生活方式等变量对客户加以细分。

在差异化营销环节中，市场细分的作用是不可忽视的，它能帮助企业合理确定目标市场，规划营销策略。差异化营销是对市场细分思想的继承和发展。细分市场显著地反映了消费者的需求，企业可依据自身的战略规划、生产水平以及资金力量来确定细分市场，再针对自己的目标市场规划营销方案。市场细分之后，信息量减少，企业能够更加准确地把握消费者的需求动向，当需求有所变化时，企业可以迅速改变营销策略，规划合理科学的营销方案，从而满足市场需求，不仅扩大了企业的竞争优势，还提升了企业应对突发状况的处理水平。而且，企业的财力、人力、物力都不可能是无穷无尽的，市场细分之后，选定合理的目标市场，集中企业力量，增强企业竞争力，在目标市场确立有利地位，有助于企业把握市场机会，扩大市场规模。进行市场细分之后，企业对每个细分市场中消费者满意程度、消费潜能、行业竞争状况等方面都有所把握，通过比较分析，发现并把握有利于企业发展的市场机遇，有利于企业制定销售方案，提升工艺水平，获得产品更新的主动权，率先研发新产品，进军新市场，得到消费者的青睐，推动企业经济效益的提高。进行市场细分之后，企业可以从目标市场的角度出发制定合理的产品生产、研发计划，在满足消费者需求的同时使企业收获可观的报酬，产品销量的提高可以加快商品流通，提高生产量的同时降低单一产品的成本，增强员工的专业技能，提升产品质量，创造更高的经济效益。

最后应注意的是，细分市场时的标准并不是固定、唯一的，企业应树立动态观念，根据市场变化进行合理调整，一定情况下可综合运用各细分因素对市场加以细分。

(二) 目标市场理论

目标市场是指进行市场细分之后,企业选择适合本企业产品的最优的一个或几个市场。随着生产水平的大幅提高,科技的不断进步,产品种类更加丰富多样,现有营销体制无法解决企业所面对的市场问题,迫使企业将原有的资源集中于最有潜力的目标市场,确立涵盖一个或多个消费群体的市场作为企业发展目标,使资源优势得到有效发挥,谋求最大化利益。

目标市场选择共有五大策略可供选用,即市场集中化、产品专门化、市场专门化、有选择的专门化以及完全市场覆盖。表 9-2 简要概述了确定目标市场的五大策略。

表 9-2 目标市场的选择策略

市场集中化	企业可将部分市场空间作为目标,集中力量提供产品或服务,进行目标市场管理,促使企业准确把握需求动向,选定特定的产品、价格、渠道等,使企业在目标市场中占据有利位置,同时树立良好的品牌形象。该策略适合中小型企业,但经营风险比较大
产品专门化	与市场集中化策略相同,企业也可选定部分市场空间作为目标,集中力量提供产品或服务,进行目标市场管理并向顾客销售产品。例如,小型体育用品生产厂商向青年、中老年购买者销售球类体育用品,企业根据年龄层次的不同,仅通过生产不同种类的球类产品满足消费者,抛开其他体育产品的干扰,有助于企业在球类产品市场中树立威望,假如其他企业的替代产品受到市场青睐,企业必将卷入激烈的竞争之中
市场专门化	企业选择某一特定市场满足该市场的顾客需要。比如,企业仅提供各种类型的骑行产品,满足骑行爱好者的需求。企业致力于为这个顾客群服务,有利于品牌形象的树立,但如果这个目标市场的特点发生变化,企业将面临较大的竞争风险
有选择的专门化	企业选择数个企业资源能够满足需求的市场以分散经营风险,这样一来,即便其中某个市场的产品不具备竞争优势,企业仍旧能够保证在其他市场中的收入
完全市场覆盖	企业生产的产品满足目标市场的所有需求,就是将整个市场作为目标市场。比如,运动器材生产商为所有年龄段的骑行爱好者提供全品类的骑行设备。通常情况下,这种方式仅适用于规模巨大的企业

二、4P、4C、4R 营销原理

20 世纪 60 年代,麦卡锡将营销组合中的众多因素概括为 "4P"(product、price、place、promotion),这一思想构筑了现代营销理论的基本框架。麦卡锡教授提出的 4P 组合即产品、价格、渠道和促销,该理论的出发点是企业的利润,并没有将顾客的需求放到与企业利润同等重要的地位上来。

(一) 以产品销售为导向的 4P 营销理论

4P 营销理论是随着营销组合理论的提出而出现的。1953 年,美国营销学者尼尔·博登在美国市场营销学会的就职演说中创造了"市场营销组合"这一术语,其意是指市场需求或多或少地在某种程度上受到所谓"营销变量"或"营销要素"的影响。1960 年,杰罗姆·麦卡锡在《基础营销》一书中首次将企业营销变量或营销要素归纳为四个基本策略的组合,形成"4Ps 理论"。1967 年,被誉为"现代营销学之父"的菲利普·科特勒在其著名的《营销管理:分析、规划与控制》首版中确认了以"4Ps"为核心的营销组合方法。4P,即产品(product)、定价(price)、渠道(place)、促销(promotion)四要素。

4P 营销理论要素包括可控因素和不可控因素,可控因素主要是产品、价格、分销、促销;不可控因素主要是社会、人口、技术、经济、环境/自然、政治、法律、道德、地理。产品(product)策略是指企业以向目标市场提供各种适合消费者需求的有形和无形产品的方式来实现其营销目标。定价(price)策略是指企业以按照市场规律制定价格和变动价格等方式来实现其营销目标。渠道(place)策略是指企业以合理地选择分销渠道和组织商品实体流通的方式来实现其营销目标。促销(promotion)策略是指企业利用各种信息传播手段刺激消费者的购买欲望,以促进产品销售的方式来实现其营销目标。

4P 营销理论的局限性主要包括:4P 营销理论只从卖方的角度来考虑问题,没有从顾客或整个社会利益的角度来考虑问题;4P 营销理论主要关注的是生产,而不是消费;4P 营销理论没有明确包含协调整合的成分,忽略了交换关系中大量因素的影响作用等。

(二) 以消费者需求为导向的 4C 营销理论

1. 从 4P 到 4C 的演变。

20 世纪 90 年代,美国学者罗伯特·劳特朋(Robert Lauterborn)教授提出了与传统营销的 4P 相对应的 4C 营销理论,即 customer、cost、convenience、communication,提出现代企业应该从"以企业为中心"转变为"以消费者为中心",从顾客需求、顾客成本、顾客便利和顾客沟通的角度开展营销活动。4P 营销组合向 4C 营销组合的转变具体表现为产品(product)向顾客(consumer)转变,价格(price)向成本(cost)转变,分销渠道(place)向方便(convenience)转变,促销(promotion)向沟通(communication)转变。4C 营销理论强调以顾客为中心,企业首先应该把追求顾客满意度放在第一位。

4P 营销理论思考的出发点是企业中心,是企业经营者要生产什么产品,期望获得怎样的利润而制定相应的价格，要将产品以怎样的卖点传播和促销，并以怎样的路径选择来销售。它忽略了顾客作为购买者的利益特征，忽略了顾客是整个营销服务的真正对象。

2. 4C 营销理论要素。

4C 营销理论的核心是顾客战略，其基本原则是以顾客为中心进行企业营销活动规划设计，主要包含以下 4 个基本要素。

（1）顾客需求（customer）。企业必须首先了解和研究顾客，根据顾客的需求来提供产品。

（2）顾客成本（cost）。顾客成本不单是企业的生产成本，还包括顾客的购买成本，同时也意味着产品定价的理想情况应该是既低于顾客的心理价格亦能够让企业有所盈利。

（3）顾客便利（convenience）。顾客便利，即所谓为顾客提供最大的购物和使用便利。

（4）顾客沟通（communication）。企业应通过同顾客进行积极有效的双向沟通，建立基于共同利益的新型企业顾客关系。

4C 营销理论的局限性在于，4C 营销理论是顾客导向，而市场经济要求的是竞争导向。4C 营销理论以顾客需求为导向，但顾客需求存在合理性问题，4C 营销理论没有体现既赢得客户又长期地拥有客户关系的营销思想。4C 营销理论总体上虽是 4P 营销理论的转化和发展，但被动适应顾客需求的色彩较浓。

（三）以关系营销为导向的 4R 营销理论

1. 从 4C 到 4R 的演变。

21 世纪伊始，《4R 营销》的作者艾略特·艾登伯格提出 4R 营销理论。4R 理论以关系营销为核心，重在建立顾客忠诚。它阐述了四个全新的营销组合要素，即关联（relativity）、反应（reaction）、关系（relation）和回报（retribution）。

随着时代的发展，以顾客战略为核心的 4C 营销理论也显现出其局限性。当顾客需求与社会原则相冲突时，顾客战略不能很好地适应，4R 营销理论便应运而生。

2. 4R 营销理论的基本要素。

（1）关联，即认为企业与顾客是一个命运共同体，建立并发展与顾客之间的长期关系是企业经营的核心理念和最重要的内容。

（2）反应，即在相互影响的市场中，对经营者来说最难实现的问题不在于如何控制、制定和实施计划，而在于如何站在顾客的角度及时地倾听和从推测性商业模式转移到高度回应需求的商业模式。

(3) 关系，即在企业与客户的关系发生了本质性变化的市场环境中，抢占市场的关键已转变为与顾客建立长期而稳固的关系。

(4) 回报，即一定的合理回报既是正确处理营销活动中各种矛盾的出发点，也是营销的落脚点。

关系营销是1990年以来倍受重视的营销理论，它的基本点是认识到企业与顾客关系的不断变化，市场营销的核心应从过去简单的一次性交易关系转变到注重保持长期的关系上来。

关系营销的核心是保持顾客，为顾客提供高度满意的产品和服务价值，通过加强与顾客的联系，提供有效地顾客服务，保持与顾客的长期关系，并在与顾客保持长期关系的基础上开展营销活动，实现企业的营销目标，实现双赢发展。

案例

大数据助力电信企业实现精准营销

一、大数据概述

什么是大数据？"大数据"概念自1997年第一次被正式提出后，开始进入人们的视线，进入2012年后，"大数据"一词越来越多地被提及，主要用来定义信息爆炸时代所产生的海量数据以及与之相关的一系列的技术发展和创新。随着科技的进步，大数据的内涵变得更加丰富。维基百科将其定义为"无法在一定时间内用常规软件工具对其内容进行抓取、管理和处理的大量而复杂的数据集合"，而美国高德纳公司将其描述为"大体量、快速和多样化的信息资产，需要用高效率和创新型的信息技术加以处理，以提高发现洞察、做出决策和优化流程的能力"。业界通常用4个V（volume、variety、value、velocity）来总结大数据的特征，分别为数据体量巨大（volume），现在数据动辄就是上千T或者上亿T；数据类型繁多（variety），包括音频、视频、GPS信息、网络浏览日志等非标准化的数据；价值密度低（value），现在信息的来源越来越丰富，随之而来的是数据也变得越来越多，如何在海量的数据中挖掘洞察有用的信息，是目前大数据背景下亟待解决的问题；处理速度快（velocity），它凸显大数据的特性，区别于以往传统的数据挖掘分析。

二、大数据在国内外企业的应用

在国内，腾讯、百度、阿里巴巴等大型互联网企业最早认识到大数据所带来的商机与机遇。腾讯公司在2003年就开始做手机QQ，现在几乎每个拥有手机的网民都是手机QQ、微信的用户；百度公司的新一代搜索引擎借助大数据将医疗、交通、天气、教育、金融等相结合，为用户提供更加便捷的服务。以医疗为例，

现在人们可以通过百度搜索便捷地查询到有关病症的发病原因、症状、治疗方式等信息，还可以通过网络在线咨询医生、在线挂号、在线预约等，方便了日常生活。此外，阿里巴巴的云信息技术与信息化研究与探讨计算、360 的商业模式、各家应用商城等，它们的成功无一不跟"大数据"有着紧密联系。

国外，作为云计算之后的另一个巨大商机，大数据也被微软、谷歌、亚马逊在内的互联网巨头企业所看重，纷纷掘金这一市场。谷歌在搜索数据基础上成功建立了盈利模式，亚马逊通过云技术、大数据构建了电商帝国……大数据已在不知不觉中悄悄改变了互联网企业的发展方式。

三、大数据帮助电信企业实现精准化营销

1. 电信企业具有精准营销的优势

随着移动互联网的发展，电信企业在大数据时代也迎来了新的机遇，电信企业在大数据领域拥有自己独特的天然管道优势。电信企业依靠多年积累的网络运营数据和用户业务数据，成功拥有社会互联网企业难以比拟的庞大的用户数据源，具备精准营销必备的基本要素。首先，电信企业通过用户办理业务时提供的信息掌握用户诸如姓名、性别、年龄、单位、住址等详细数据内容。其次，电信企业能够掌握用户的电信业务类型、业务资费、通话信息、消费行为等内容信息；再次，电信企业可以根据用户给予位置的电信服务，准确获取用户的地理位置信息内容。最后，电信企业拥有巨大的用户互联网访问信息数据。如果电信企业能够将拥有的客户数据、业务数据及其他的数据结合起来，在企业内部建立了一个共享的数据库，通过大数据分析挖掘技术深入洞察客户需求，就可以制定精准化的营销方案，创造更大的商业价值。

2. 电信企业实现精准营销的方式

面对用户越来越多样化、层次化及个性化的需求，电信企业们已经意识到精准营销的重要性，但什么是精准营销？怎么样才能实现精准营销呢？

精准营销简单地来说就是利用现代化的信息技术手段来实现个性化营销的活动，它需要建立在精准定位和分析基础之上。精准营销的特点有：第一，精准营销不同于传统营销定位只能定性的特点，它可以实现可量化的精准市场定位；第二，精准营销通过先进的数据库、网络通信等丰富的技术手段，保证与顾客进行长期、有效且个性化的沟通，使营销满足可度量、可调控等精准化的要求；第三，精准营销所使用的技术手段在企业与客户之间建立了良好的互动沟通，通过满足顾客个性化的需求来建立及维护忠实而稳定的客户群，在降低企业营销成本的同时，促进企业长期稳定的发展。

在大数据时代竞争更加激烈的背景下，通过对客户资源进行价值评估，寻找合理化的分析方法，制定精准化的营销政策，降低营销成本，提高利润率，是目

前各大电信企业亟待解决的问题。在这种情况下，客户关系管理（customer relationship management，CRM）在营销策略中的应用更体现出价值和意义。首先，对用户市场进行细分；其次，要以客户为导向重组市场营销流程，对市场营销全过程实施跟踪管理；再次，运营商要提高企业在产品和服务设计管理方面的水平；最后，大数据精准营销缩短了企业与顾客沟通的距离，实现一对一的精准营销。

（资料来源：施巍巍：《信息技术与信息化》，2015年第1期）

思考题

1. "互联网+"过时了吗？
2. 2020年在抗击新冠疫情冲击打赢脱贫攻坚战中，电子商务进农村试点发挥了怎样的作用？举例说明电商扶贫。
3. 直播电商的概念和特点是什么？
4. 数字营销与网络营销、传统营销的区别和联系？
5. 平台及平台治理问题日益凸显，如何防止滥用垄断地位或者进行不正当竞争？
6. 数字营销的理论基础是什么？

第十章　数字经济与可持续发展

当今世界正处于大发展大变革大调整时期，国际形势正发生着极为深刻和复杂的变化。当前，单边主义、霸权主义抬头，局部冲突不断，逆全球化趋势蔓延，国际贸易合作环境日渐复杂，全球分工合作体系受到严峻挑战。世界正处于十字路口，如果不能正确处理好数字化的绿色经济和稳定、公平、开放的数字化社会，世界将陷入僵局，而不是进一步发展可持续性转型。数字经济不仅是解决可持续发展的"工具"，也是推动全球颠覆性变革的根本，是社会变革的关键驱动力。[1]

第一节　数字时代的可持续发展转型

人类是一个整体，地球是一个家园。任何人、任何国家都无法独善其身。2020 年 9 月 22 日，习近平主席在第 75 届联合国大会上提出中国 2030 年前碳达峰、2060 年前碳中和目标，即二氧化碳排放力争于 2030 年前达到峰值，努力争取 2060 年前实现碳中和。在全球应对气候变化进程中，这是里程碑事件，是对人类命运共同体的一个巨大贡献。

我们应该携手推动构建人类命运共同体，共同建设持久和平、普遍安全、共同繁荣、开放包容、清洁美丽的世界。2015 年安塔利亚峰会上，各国领导人达成共识：我们生活在互联网经济时代，全球增长面临的机遇和挑战并存。2016 年 9 月，中国作为 G20 峰会主席国，首次将数字经济列为峰会的一项重要议题，主持起草了《G20 数字经济发展与合作倡议》（简称《合作倡议》），多国领导人共同签署了《合作倡议》，G20 国家对数字经济的重视度也在日渐提升，数字经济方案正助力全球可持续发展。

---

[1] 中国科协创新战略研究院：" 创新研究报告"，《数字革命与可持续发展》，2020 年第 31 期（总第 363 期）。

一、数字化与可持续发展的关系

(一) 数字化推动可持续发展

数字经济与数字化转型二者相互依存，相互促进，相互影响。尽管数字经济已逐步渗透到我国经济生活、社会生活中的方方面面，但依然有一些需要考虑和研究的重要问题。近年一些国家强调培育的新兴战略性产业，与当今数字化产业和产业数字化有着密切的互动关系。例如，碳达峰、碳中和事关中华民族的永续发展和构建人类命运共同体；能源发展既要保障安全，也要推进转型，在新发展理念的引领下，我国能源绿色低碳转型的步伐不断加快，发展的质量和效益大幅提升。近十年，以年均3%的能源消费增速支撑了年均6.6%的经济增长，能源的消耗强度累计下降了26.4%。我们探索走出了一条生态优先、绿色低碳的高质量发展道路。

近几十年来，数字化作为经济进程的加速器，发挥了更大的作用，但经济进程仍然主要以化石能源和资源开采为基础。数字化可以促进能源和交通系统实现脱碳、循环经济、能源最大利用、可持续城市转型、生态系统保护监测等。

2018年，国际应用系统分析研究所（International Institute for Applied Systems Analysis，IIASA）的全球研究项目组《2050年的世界》（*The World in 2050*，TWI 2050）提出实现联合国可持续发展目标的6种关键变革途径，涵盖了推动社会变革的主要驱动因素，包括人的能力、消费与生产、脱碳与数字变革等。为了充分抓住数字革命带来的机遇，降低数字化风险，实现全球未来可持续发展。2019年7月，TWI 2050发布《数字革命与可持续发展报告》，该报告聚焦实现可持续发展目标所需6种关键变革中的数字革命，阐述了数字革命和可持续发展之间存在的积极和消极影响，并提出实现可持续发展所需的政策、机构和管理手段等政府治理层面的思考。

(二) 全球2030年可持续发展议程

2015年联合国大会第七十届会议通过了《2030年可持续发展议程》，并于2016年1月1日正式启动。新议程呼吁各国采取行动，为今后15年实现17项可持续发展目标而努力。日渐稀缺的淡水资源、变化不定的粮食供给和日益旺盛的能源需求，这三者的相互冲突正扰乱着世界经济格局、政府运作以及环境健康。水资源、粮食、能源三者之间的关系非常复杂。从经济的角度看，能源、粮食和水等三大要素之间有着高度的共同性和内在关联性，三者都从属于公共部门，为社会提供不可或缺的公共产品。从国际发展治理的角度，能源安全、资源安全关注政治领域,如国际政治、国家安全或者军事等方面。具体操作层面的问题则主要是国家能力建设方面。资源短缺或者资源安全核心更多的是发展阶段的问题。不同国家发展阶段不一样,国情不一样,能源、粮食或者水的问题本质也不一样。从国际制度建设的角度,应对能源、粮食、水的危机多边机制应该放在全球 2030 年可持续发展议程治理框架中,建立多边机制,应对国际社会突发的风险。

为指导和推动有关落实工作,中国制定发布了《中国落实 2030 年可持续发展议程国别方案》,其中提出的创新、协调、绿色、开放、共享五大发展理念顺应了可持续发展的时代潮流,与 2030 年可持续发展议程提出的人类、地球、繁荣、和平、伙伴的五大理念相融相通。这是中国立足本国国情和发展经验,对经济社会发展普遍规律的进一步拓展和深化,将有力指导中国落实 2030 年可持续发展议程的整体进程。自 2019 年以来,中国已连续 4 年发布《地球大数据支撑可持续发展目标报告》,为服务联合国 2030 年可持续发展议程提供了科技支撑。

如果数字化与 2030 年可持续发展议程提出的可持续发展目标违背,会放大社会中已经存在的许多问题,使人类面临四大挑战:①社会不平等(劳动力市场、教育体系和国际劳动分工)和社会内部的消耗力量进一步增加;②某些企业数字转型造成经济垄断(亚马逊、苹果、Facebook、谷歌、微软);③数据主权和公民权利受到进一步限制;④公共组织的治理能力削弱。数字化可以帮助解决这四个难题。如果没有新的治理和政策,目前的数字化是否能够接受"社会引导",否则加速发展的数字科技将对公民、机构和政府产生威胁。①

二、可持续发展的概念和理论基础

(一) 可持续发展的概念及其理论依据

20 世纪五六十年代,人们在经济增长、城市化、人口、资源等所形成的环境压力下,对"增长 = 发展的模式"产生怀疑并展开讨论。1962 年,美国生物学家莱切尔·卡逊(Rachel Carson)发表了一部引起很大轰动的环境科普著作——《寂静的春天》。作者描绘了一幅由于农药污染所带来的可怕景象,惊呼人们将会失去"春光明媚的春天",在世界范围内引发了人类关于发展观念上的争论。10 年后,两位著名美国学者巴巴拉·沃德(Barbara Ward)和雷内·杜博斯(Rene Dubos)享誉世界的作品《只有一个地球》问世,他们把人类生存与环境的认识拨向一个新境界——可持续发展的境界。同年,一个非正式国际著名学

---

① 中国科协创新战略研究院:"创新研究报告",《数字革命与可持续发展》,2020 年第 31 期(总第 363 期)。

术团体罗马俱乐部发表了有名的研究报告——《增长的极限》，明确提出"持续增长"和"合理的持久的均衡发展"的概念。[①]

可持续发展理论发端于可持续发展（sustainable development）概念的提出。1987年，以挪威首相布伦特兰为主席的联合国世界与环境发展委员会发表了一份报告——《我们共同的未来》，正式提出可持续发展概念，并以此为主题对人类共同关心的环境与发展问题进行了全面论述，受到世界各国政府组织和舆论的极大重视，在1992年联合国环境与发展大会上，可持续发展要领得到与会者的共识与承认，这标志着可持续发展理论的产生。《我们共同的未来》报告中第一次阐述了可持续发展的概念："可持续发展是指既满足现代人的需求以不损害后代人满足需求的能力"，具体来说，就是谋求经济、社会与自然环境的协调发展，维持新的平衡，制衡出现的环境恶化和环境污染，控制重大自然灾害的发生。这一观点得到了国际社会的广泛共识。此时的研究重点是人类社会在经济增长的同时如何适应并满足生态环境的承载能力，以及人口、环境、生态和资源与经济的协调发展方面。经过十年的发展，可持续发展领域无时无刻不发生重大变化，并形成了自己的研究内容和研究途径。

联合国环境规划署理事会认为，可持续发展涉及国内合作和跨越国界的合作。可持续发展意味着国家内和国际间的公平，意味着要有一种支援性的国际经济环境，从而导致各国，特别是发展中国家的持续经济增长与发展，这对环境的良好管理也具有很重要的意义。可持续发展还意味着维护、合理使用并且加强自然资源基础，这种基础支撑着生态环境的良性循环及经济增长。

此外，可持续发展表明，在发展计划和政策中纳入对环境的关注与考虑，而不代表在援助或发展资助方面的一种新形式的附加条件。以上论述包括两个重要概念，首先是人类要发展，要满足人类的发展需求；其次是不能损害自然界支持当代人和后代人的生存能力。

当前社会各界公认的事实是，各国经济增长与全球范围内的资源短缺、环境污染、生态恶化之间的矛盾，已成为当前国际性的重大问题之一。[②] 这种矛盾一方面说明实践中大力发展循环经济、低碳经济势在必行，另一方面说明从经济学理论上阐释低碳经济、寻求应对气候变化的有力措施更加势在必行。这些事实在市场竞争中的反应就是企业要改变经济增长方式，把环境因素纳入企业发展之中。全球气候变化、低碳经济的到来与环境问题的凸显，使企业的可持续发展又

[①] 参见MBA智库百科，http：//wiki.mbalib.com/wiki/%E5%8F%AF%E6%8C%81%E7%BB%AD%E5%8F%91%E5%B1%95。

[②] 杨志："对循环经济研究的理论思考——基于马克思主义经济学视角"，《教学与研究》，2007年第11期。

多了一条硬约束——环境达标,环境从而也成为影响企业竞争力与可持续发展的关键。

环境因素不仅迫使企业实现发展上的转型,而且整体上的中观经济乃至宏观经济都在向低碳方向变迁。面对日益严峻的能源和环境约束,围绕低能耗、低排放、低污染目标,企业发展低碳经济将成为一个不可逆转的潮流,而低碳乃至非碳消耗的新兴产业是低碳经济发展模式的产业基础,宏观经济的竞争也将被低碳企业和低碳产业之间的竞争所替代,企业在低碳与赢利之中寻求经济和环境平衡以及其自身的可持续发展。

(二) 国际社会碳中和愿景

近年来,越来越多的国家将碳中和列为国家发展目标。2019 年,美国《纽约时报》载文称,已经有 60 多个国家宣布要实现碳中和,但"他们都不是碳排放大户"。

2020 年 12 月 9 日,联合国环境署发布的《排放差距报告 2020》,照例对"2030 年温室气体预测排放量"与"为避免气候变化最严重影响所规定的排放量"之间的差异进行审查,宣称包括中国在内,"有 126 个国家正式通过了、宣布了或者在考虑实现净零排放目标,这些国家温室气体排放量占全球的 51%;如果新上任的美国总统拜登也让美国加入其中,那么这些国家的排放量将占到全球 63%"。[①]

2018 年 11 月,欧盟委员会公布了要在 2050 年实现碳中和的愿景,希望在减少排放的同时创造经济繁荣,提高人们的生活质量。

2019 年 12 月,新一届欧委会公布《欧洲绿色协议》,提出在 2050 年前建成全球首个碳中和大洲,协议涉及的变革涵盖能源、工业、生产和消费、大规模基础设施、交通、粮食和农业、建筑、税收和社会福利等方面。

2020 年 3 月,欧委会公布《欧洲气候法》草案,决定以立法的形式明确到 2050 年实现碳中和的目标。

在 2020 年 12 月的欧盟峰会上,27 个欧盟成员国的领导人就更高减排目标达成一致:到 2030 年,其温室气体净排放量将从此前设立的目标——比 1990 年的水平减排 40%,提升到至少 55%。为推动能源转型,欧洲在 7 个战略性领域开展联合行动:提高能源效率;发展可再生能源;发展清洁、安全、互联的交通;发展竞争性产业和循环经济;推动基础设施建设和互联互通;发展生物经济和天然碳汇;发展碳捕获和储存技术以解决剩余排放问题。此外,欧洲还积极推动产业

---

① 联合国环境规划署,https://www.huanbao-world.com/foreign/172898.html。

技术革命，如推动汽车电动化进程，在钢铁行业开启技术革命，推进可持续智能交通战略等。

三、低碳经济与绿色经济等概念辨析

既然我们把气候问题当成经济问题处理，首先我们需要明确经济学框架中的碳金融问题涉及的概念，以下列出经常使用的一些主要概念，有些概念之间既有联系又有区别。

（一）低碳经济、绿色经济、环境金融与绿色金融

"低碳经济"（low-carbon economy，LCE）的理念起源于英国。英国环境学家鲁宾斯德指出，低碳经济强调在市场机制的基础上创新制度框架。广义的低碳经济不局限于低碳产业、新能源和技术，涵盖面宽，包括低碳生产、低碳消费和生活方式、低碳能源、低碳交通、低碳建筑、低碳技术和低碳城市等。[①] 它的基本特征是低能耗、低排放和低污染，是低碳产业、低碳发展、低碳生活和低碳技术等经济形态的统称，是一种正在兴起的经济模式。它是社会再生产全过程的经济活动低碳化，涉及生产、交换、分配、消费。从宏观角度来讲，低碳经济包括两个方面的内容：实体经济和虚拟经济。实体经济就是与低碳相关的产业体系，虚拟经济主要就是低碳金融。

目前，中国政府提的比较多还有绿色经济，也是美国比较提倡推广的一种经济形态，1989年由英国经济学家皮尔斯出版的《绿色经济蓝皮书》首次提出。近年来，国外和国内学者对此都有进一步研究，绿色经济是以维护人类生存环境为目标，合理使用能源和资源作为手段的平衡式经济形式，依赖绿色技术革命，是可持续发展经济与生态经济的实现形态与形象概括。广义的绿色经济，不仅包括绿色产业，还包括循环经济、低碳经济、清洁能源与碳汇经济、可再生能源经济等。绿色经济是一种相对复杂的经济形态。复杂是指发生在"秩序与混沌之边缘"的状态，这是米歇尔·沃尔德普罗的观点。一方面表现在对气候变化之人为因素的研究上，全球正积极努力采取措施保护我们的地球；另一方面表现在对工业化及其高碳效应的根源资本主义生产方式的研究上，这也是当代资本主义面临的新课题，反映了生产方式的全球性转变正在进行中。

坚持绿色发展，绿水青山就是金山银山，保护生态环境就是保护生产力，改善生态环境就是发展生产力，这是朴素的真理。我们要摒弃损害甚至破坏生态环境的发展模式，摒弃以牺牲环境换取一时发展的短视做法；要顺应当代科技革命

---

① 薛进军主编：《中国低碳经济发展报告》（2011），社会科学文献出版社2011年版。

和产业变革大方向，抓住绿色转型带来的巨大发展机遇，以创新为驱动，大力推进经济、能源、产业结构转型升级，让良好生态环境成为全球经济社会可持续发展的支撑。①

环境金融（environmental financing）就是绿色金融，或者称可持续金融，是20世纪90年代末兴起的概念。环境金融是借助金融市场来促进环境问题的解决。环境金融的产生源于人类社会对环境风险的识别，而且通过金融创新来规避、减少环境风险的行为。②

(二) 碳金融与碳市场

碳金融是指应对气候变化的金融解决方案。目前，碳金融尚没有形成统一的概念，其主要法律依据是《联合国气候变化框架公约》和《京都议定书》。《京都议定书》规定了各缔约国所应达到的减排目标，由此而兴起的低碳经济投融资活动，即直接投资融资、银行贷款和碳权交易等，这些金融活动是服务于限制温室气体排放等技术及项目的。③ 笔者目前看到的第一本比较系统深入研究碳金融的著作是索尼娅·拉巴特（Sonia Labatt）与罗德尼·怀特（R. R. White）的《碳金融：气候变化的金融对策》。

碳市场，即碳交易市场，是国家或企业间通过强制或自愿减排规定排放上限而建立的排放权交易市场。按照其法理，基本可分为强制市场和自愿市场；按照其交易内容，碳交易市场可分为以欧盟排放交易体系为代表的基于碳排放配额进行许可权交易的配额市场，和以项目为基础"碳减排"交易的市场，其交易基础是清洁发展机制、联合履行等。

(三) 排放权交易与欧盟排放交易体系

排放权交易通常也称为"限额—交易"制度，是在排放限额的基础上进行的直接管制和经济激励相结合的减排手段。排放权交易市场有欧盟排放交易体系（EU ETS）和芝加哥气候交易所（CCX）。

欧盟排放交易体系（EU ETS）于2005年1月1日建立，是实现欧盟京都承诺和后续协议气候政策的基石，第一期规定的排放设施的排放量上限平均水平比2005年低6%，成员国可通过内部减排，或通过购买欧盟配额、核证减排量和减排单位来达到目标。2012年以后，EU ETS不断改进，排放量进一步削减，部分配额可进行拍卖。

---

① 习近平主席2021年4月22日在"领导人气候峰会"上的讲话。
② 参见林伯强、黄光晓：《能源金融》，清华大学出版社2011年版，第285页。
③ 杨涛："碳金融：中国尚未进入角色"，《上海证券报》，2009年11月2日。

芝加哥气候交易所成立于 2003 年，是全球第一个具有法律约束力、基于国际规则的温室气体排放登记和交易平台，是北美地区唯一的自愿减排交易平台，也是世界首个将 6 种温室气体的注册和交易体系包括在内的交易平台。交易所实行会员制，参与者分别来自航空、汽车、电力、环境、交通等数十个不同行业。开展的减排交易项目涉及二氧化碳、甲烷、氧化亚氮、氢氟碳化物、全氟化物和六氟化硫 6 种温室气体。

（四）欧盟配额与核证减排量

欧盟配额（EUAs）是欧盟排放交易体系框架下使用的配额，一单位 EUA 等于一吨二氧化碳当量。核证减排量（certified emission reduction，CERs）是按照《京都议定书》的 CDM 机制签发的允许发达国家与发展中国家联合开展的温室气体核证减排量的单位。这些项目产生的减排数额可以被发达国家作为履行他们所承诺的限排或减排量。

（五）碳足迹

碳足迹是指人类在生产生活中直接或间接排放二氧化碳和其他温室气体的总量，其源于生态足迹概念，计算的是一件产品在原料、制造、运输、销售、使用、废弃和回收等全生命周期中所产生的碳排放，不仅包括产品本身，也包括其产业链、供应链等关联范围的碳排放。

四、碳税与欧盟碳边境调节机制

（一）碳税

碳税（carbon tax）是针对二氧化碳排放所征收的税，主要是对那些燃烧时排放二氧化碳的能源品种征收的税。经济理论认为，污染有负外部性，碳税是一种庇古税。英国经济学家庇古（Pigou）最早提出"庇古税"（Pigovian taxes），他建议，政府应该根据污染所造成的危害对排污者收税，让产品的价格体现污染的成本。本质上，碳税亦是应对气候变化的制度性安排，却和总量控制以及碳排放量指标贸易等温室气体市场化减排机制不同，碳税征收的管理成本很小，技术与政策成本较少。

丹麦是世界上最早征收碳税的国家，于 1991 年通过征收碳税议案，其税率由高至低分别为：交通事业、住商用电、轻工业、重工业。目前，在应对全球气候变化上尚不存在全球和谐碳税应用的经验，但欧洲许多国家都开征了各种各样的碳税或能源税，美国也在消耗臭氧层物质（ODS）上使用过 ODS 环境税。我国正在研究推出环境税、能源税和碳税。

(二) 碳边境税

为应对气候变化,2020年1月15日,欧盟通过《欧洲绿色协议》(European Green Deal),就更高的减排目标达成一致,共同承诺2030年温室气体排放要比1990年减少50%~55%,到2050年实现碳中和。发达国家对于碳边境税(carbon border tax)的提出,与其功能是分不开的。一般认为,碳边境税措施具有防止国内产业竞争力因碳减排而降低、防止碳泄露的功能。

(三) 碳边境调节机制

2021年3月10日,欧洲议会在全体会议上投票通过了"碳边境调节机制(CBAM)"议案,对欧盟进口的部分商品征收碳税。2022年2月爆发的俄乌冲突在一定程度上打乱了欧盟绿色转型的步调,即使在这样的形势下,欧洲议会仍于2022年6月通过了CBAM法案修正案,CBAM距离正式实施更近了一步。

碳边境调节机制的四个关键目标是:①限制碳泄漏;②防止国内产业竞争力下降;③鼓励外国贸易伙伴和外国生产者采取与欧盟相当/等同的措施;④其收益可用于资助清洁技术创新和基础设施现代化,或用做国际气候融资。

五、绿色贸易与低碳贸易

当前对于绿色贸易的理解,不同的文件有不同的侧重。有的将绿色贸易理解为绿色产品的贸易,属于贸易的一部分;有的将绿色贸易理解为贸易绿色化,侧重于环境政策与贸易政策协调发展;还有的将绿色贸易理解为产品供应链的绿色化。①

联合国机构政策文件中绿色贸易主要是指环境与贸易协调。《21世纪议程》《里约宣言》《可持续发展问题世界首脑会议的报告——政治宣言》《联合国可持续发展大会报告》等文件,均强调贸易与环境相辅相成、相互协调、相互促进,但没有专门提及绿色贸易。2021年联合国环境规划署发布的《绿色国际贸易:前进道路》报告多次提及绿色贸易,但没有就其内涵进行定义。欧盟出台的政策文件中,绿色贸易主要是指绿色贸易措施和绿色产品贸易。

中国《"十四五"对外贸易高质量发展规划》中明确提出要发展绿色贸易。一是建立绿色贸易标准和认证体系;完善绿色标准、认证、标识体系,促进国际合作和互认;推动国内国际绿色低碳贸易规则、机制对接;探索建立外贸产品全

---

① 李丽平、张彬、赵嘉、田春秀:"绿色贸易概念和内涵初探",《中国环境报》,2022年3月。

生命周期碳足迹追踪体系，鼓励引导外贸企业推进产品绿色环保转型。

二是打造绿色贸易发展平台；持续推进"绿色展会"标准化建设，进一步发挥进博会、广交会等重要展会绿色低碳示范引领作用；支持举办碳达峰、碳中和主题展会，打造高水平、高标准、高层次的绿色贸易促进平台。

三是营造良好政策环境；大力发展高质量、高技术、高附加值的绿色低碳产品贸易；严格管理高耗能、高排放产品出口；强化国际环境公约受控物质进出口许可管理；指导地方培育低碳贸易双循环企业和骨干外贸企业，支持绿色低碳贸易主体成长发展。

四是开展绿色贸易国际合作，加强与重点市场和共建"一带一路"国家绿色贸易合作；积极参与绿色贸易国际规则和标准制定；深化节能环保、清洁能源等领域技术装备和服务合作；参与多边和区域绿色贸易议题交流合作。

相比之下，低碳贸易是以低碳经济为背景的贸易。赵晋平在《低碳贸易：节能目标约束下的贸易结构调整》一书中对出口增长对能源消费的影响、贸易结构调整与经济和就业增长的相互关系、能源强度目标约束下的贸易政策选择等进行了分析。中国一些省市积极研究国际贸易低碳规则，应对绿色贸易壁垒，提升国际贸易竞争力。

总之，面对世界之变、时代之变、历史之变，面对我国发展新的战略机遇、新的战略任务、新的战略阶段、新的战略要求、新的战略环境，我们更加充满信心。数字是最有说服力的，从2012年到2021年，我国国内生产总值从53.9万亿元增长到114.4万亿元，我国经济占世界经济的比重从11.3%增长到18.5%，提高了7.2个百分点，我国人均国内生产总值从39 800元增长到81 000元。未来，我们将认真落实全球发展倡议，积极参与应对气候变化的全球治理，不断推进全球清洁能源伙伴关系，全面助力构建人类命运共同体。按照党的二十大要求，立足我国能源资源禀赋，坚持先立后破，深入推进能源革命，加快规划建设新型能源体系，坚定不移地推动能源绿色低碳发展。

专栏

欧盟碳边境调节机制法规提案的修正案

2021年7月14日，欧盟委员会提出了建立碳边境调节机制的立法草案，同时提交给欧盟议会和欧盟理事会进行审议。2022年6月22日，欧盟议会通过了建立碳边境调节机制条例提案的修正案。下面对本次修正案及碳边境调节机制（以下简称"CBAM"）进行解读。

一、背景

2020年9月,欧盟气候与可持续转型圆桌会议(ERCST)发布报告并总结了CBAM的四项核心目标:

1. 限制碳泄漏,即采取二氧化碳减排措施的国家生产的高耗能产品可能转移到其他未采取减排措施的国家,这样一来,单个国家达到了碳减排目标,但全球的碳排放总量却可能增加。

2. 保护欧盟内部由于高排放强度而竞争力减弱的行业,为低碳或零碳技术的投资提供一个稳定和安全的政策框架。

3. 激励其他国家采取与欧盟等同或类似的减排政策,鼓励向欧盟出口的第三国生产商采用低碳技术。

4. 将收益用于清洁技术创新投资、基础设施更新以及国际气候融资,促使企业和公共当局共同承担措施实施责任。

二、适用范围

1. 产品

适用于从第三国进口到欧盟关税区的货物(具体货物清单见附录),及这些货物的内部加工货物。内部加工货物是指进口货物在欧盟关税区内经过一项或多项加工作业的加工货物,也需要缴纳相应的CBAM费用。但不适用于以下的进口货物:

a. 外部加工货物,即暂时从欧盟关税区出口,以在欧盟外进行加工再回到欧盟的货物;

b. 符合退货资格的进口货物,即原欧盟货物从欧盟关税区出口,在三年内退回关税区的货物。

2. 国家和地区范围

不适用于原产于以下国家和地区的货物:

冰岛、列支敦士登、挪威、瑞士、布辛根(德国)、赫里戈兰(德国岛屿)、利维尼奥(意大利)、休达(西班牙)、梅利利亚(西班牙)

以上国家和地区必须同时满足以下条件:

a. EU ETS适用于该国家或地区,或该国家或地区与欧盟之间签订协议,将EU ETS与该国家或地区排放交易体系完全联系起来;

b. 在货物原产国对货物有效收取碳排放费用,除了在EU ETS中也适用的折扣外,没有任何回扣。

如果第三国或地区与欧盟内部进行电力市场整合,并且无法应用CBAM从该第三国或地区向欧盟进口电力,且满足相应法规,则从该国家或地区进口的电力应免除CBAM申请。

3. 排放计算范围

排放范围为货物的内含排放量，即在货物生产过程中释放的直接和间接排放。直接排放是指货物生产过程的排放，包括生产过程中加热和冷却的排放。间接排放是指在货物生产过程中电力生产的温室气体排放。

货物分为简单货物和复杂货物，简单货物是指在生产过程仅输入零内含排放材料和燃料的货物。复杂货物是指在其生产过程中需要输入其他简单货物的货物。

4. 排放量的验证

CBAM 申报人提交的 CBAM 申报中的总内含排放量，以及计算方法和支持数据等文件，由该法规认可的第三方验证者根据相应规定的原则进行验证。CBAM 管理局有权核实 CBAM 声明中提供信息的准确性。

三、时间节点

欧盟议会于 2022 年 6 月 22 日通过的《关于欧盟议会和理事会建立碳边境调节机制的法规提案的修正案》所述，碳边境调节机制计划延期至 2027 年 1 月 1 日起全面实施。

2023 年 1 月 1 日至 2026 年 12 月 31 日期间为过渡期，免费配额全部发放，进口商仅需履行排放报告义务，每季度报告其上一季度进口所含碳排放量，并详细说明直接排放量、中间产品排放量以及已付出的碳减排成本，并且不需要购买相应进口许可。2027 年至 2031 年免费配额逐渐减少，至 2032 年免费配额下降为 0。

（资料来源：碳中和专委会）

 案例

英国"零碳"小镇

在英国伦敦南郊的贝丁顿小镇，有一个外观独特的社区格外引人注目，这里的建筑物上竖立着一排排五颜六色的烟囱状装置，屋顶南侧铺设了大片太阳能光伏板，北侧则种植着各色植物。这个社区全称为"贝丁顿零化石能源发展"社区，由世界著名低碳建筑设计师比尔·邓斯特设计，2002 年完工并吸引了约百户居民入住，是英国最大的低碳可持续发展社区，如今已成为世界低碳建筑领域的标杆式先驱。"零碳社区"并不是完全没有碳排放，而是通过利用太阳能、节能建筑等手段来实现不使用煤和石油等传统化石能源。社区所使用的能源主要来自两个方面：一是在建筑的楼顶和南面大面积安装的太阳能光伏板，二是社区里建有一个利用废木头等物质发电并提供热水的小型热电厂。

社区楼顶五颜六色的烟囱状装置称作"风帽"，它是一种自然通风装置，具有特殊的开口设计，能随风旋转，从而将室外的新鲜空气通过管道引入室内。通常室

内温度较高，为了减少换气过程中的热量流失，设计者对进气和出气管道做了特殊处理，使室外冷空气进入和室内热空气排出时在管道中发生热交换，从而节省保暖所需的能源。社区内的小型热电厂使用的原材料是废旧木头等物质，不会造成额外的环境负担。它在发电过程中散发出的热能也被用来制造热水，热水通过管道送入社区内的每家每户。每户家中都装有一个一米多高的热水筒，除了因生活需要取用热水外，热水筒还可以在室温较低时自动释放热量，辅助取暖。采取这些措施后，只要没有特殊需求，居民家中就不必再安装暖气，整个社区也没有安装中央供暖系统，这就减少了一大块能源消耗。

英国"零碳"小镇的实现突出两点，一是零碳建筑的设计，利用清洁能源替代传统化石能源；二是实现建筑的智能化模型设计，减少热量损耗，最大限度利用能量。

（资料来源：贾点点根据资料整理）

第二节 主要国家的相关政策

新冠疫情给全球发展蒙上了阴影，推进联合国《2030 年可持续发展议程》面临更大的挑战。地球是一个大家庭，人类是一个共同体，气候变化是全人类面临的共同挑战，人类要合作应对，尤其是发展中国家，面对恢复经济和保护环境的双重任务，更需要继续打好污染防治攻坚战，把碳达峰、碳中和纳入经济社会发展和生态文明建设整体布局，建立健全绿色低碳循环发展的经济体系，推动经济社会发展全面绿色转型。[1] 数字经济、绿色经济、可持续发展意义重大，是把握新一轮科技革命和产业变革新机遇的战略选择。

一、欧洲国家对低碳经济的倡导

在进行了两次工业革命后，欧洲已经具有十分完善的工业体系，但第二次世界大战后，欧洲经济出现了衰退，并且受到新冠疫情这只"黑天鹅"的巨大影响。在欧洲兴起的工业革命的经济模式主要使用化石燃料，是一种高碳经济模式，这导致了欧洲经济依赖能源的问题。为了改变这一问题并创造新的增长点，欧洲开始大力推进低碳经济建设。2020 年，欧盟能源消耗 58% 依赖进口，自给率仅为 42%。从能源结构来看，石油、天然气、可再生能源、核能和固体化石燃料占比分别为 35%、24%、17%、13% 和 11%。同时，气候问题也已经迫在眉

---

[1] 习近平主席 2021 年 10 月 12 日在《生物多样性公约》第十五次缔约方大会领导人峰会上的主旨讲话。

睫。欧盟低碳政策见表10-1。

表10-1 欧盟低碳措施汇总

颁布时间	政策名称	政策内容
1995年	欧盟能源政策白皮书	对欧盟能源政策的实施进行了计划与规划，要求大力发展可再生能源并提出可再生能源的具体目标
1997年	未来能源：可再生能源——共同体战略与行动计划	
1998年	能源行动框架计划	
2000年	第一个欧洲气候变化计划	要求通过碳排放交易、热电联产、可再生能源等方面开展应对气候变化的行动
2005年至今	欧盟碳排放交易体系	优化市场资源配置，推动欧盟低碳发展
2006年	可持续、竞争和安全的欧洲能源战略绿皮书	要求欧盟内部统一电力市场和天然气市场；要求通过能源调整应对气候变化
2007年	2020年气候和能源一揽子计划	将"20-20-20计划"作为减碳目标，提出提高可再生能源的利用、减少各部门碳排放、扩展欧盟碳排放交易体系、发展碳捕获及封存技术
2011年	2050年迈向具有竞争力的低碳经济路线图 2050年能源路线图	提出对比1990年，再2050年将碳排放量减少80%~95%
2012年	第七个环境行动计划	提出展开气候变化政策立法、提高能源利用效率、投资绿色资源创新等，要求将减碳融入各部门中
2014年	2030气候与能源政策框架	提出减少碳排放、提高可再生能源占比、提高能源效率的相关目标；要求推动欧盟能源结构的转变、各部门节能减排
2018年	欧盟2050战略性长期愿景	要求欧盟从能源、建筑、交通、土地利用与农业、工业、循环经济等多方面入手，推动欧盟全面低碳化发展
2019年	欧洲绿色新政	设置2030年碳减排目标和2050年碳中和目标；以调整能源结构等方面为主线，要求从能源、工业、金融等领域提出政策，构建欧盟可持续发展模式
2020年	欧洲气候法	对碳中和立法，以法律的形式来推动欧盟碳中和目标的实现
2020年	欧洲氢能战略	以提高氢能源技术和产量为主线，将未来欧盟氢能源发展分为三个阶段
2020年	生物多样性战略2030 欧盟森林战略2030	制定了30亿棵树的植树目标，恢复生物多样性的同时增强碳吸收

续表

颁布时间	政策名称	政策内容
2021年	欧盟适应气候变化战略	旨在为欧盟提高气候变化适应能力、降低面对气候变化的脆弱性、实现碳中和等目标,提出实施措施与路径,主要通过技术创新、提高新兴技术投资等方式来实现碳中和
2021年	Fit for 55 计划	要求欧盟推进产业转型、谈定价、发展可再生能源、能源税
2021—2030年	碳排放交易体系第四阶段	创新发展阶段,对欧盟内部的减排率、配额方式等进行改革,推动欧盟碳减排

数据来源：中大咨询等网站收集整理

可以看出,前期欧盟是采取以碳税和补贴激励的方式来促进减碳,利用碳交易来促进减碳行为。在后期提出碳中和目标后,欧盟开始进一步加大减碳的力度,从法律层面推动欧盟实现碳中和,这使得推出的政策需要围绕着绿色、可持续发展、保护环境等方面出发,不能违背这个大前提,并且开始在各个行业开始有针对性地推动减碳,重点降低能源、交通、建筑行业的碳排放。

二、英国的低碳政策

英国是工业革命的发源地。第一次工业革命发生在英国,从18世纪60年代开始到19世纪40年代基本完成。1840年前后,英国的大机器生产已基本取代了工场手工业生产,工业革命基本完成,英国成为世界第一个工业国家,成为当时最富强的国家。1850年,英国在世界工业总产值中占39%,在世界贸易中占21%,均居垄断地位。

英国的低碳政策及碳预算见表10-2和表10-3。

表10-2 英国低碳政策汇总

颁布时间	低碳政策	政策内容
2003年	能源白皮书	(1) 到2050年,将英国二氧化碳的排放量削减60%,并于2020年取得实质性的进展（在2007年3月发布的《气候变化法案》中,2020年的目标被确定为26%~32%）; (2) 保持能源供应的稳定性和可靠性; (3) 促进国内外竞争性市场的形成,协助提高可持续的经济增长率和提高劳动生产率; (4) 确保每个家庭以合理的价格获得充分的能源服务

续表

颁布时间	低碳政策	政策内容
2006年	斯特恩报告	提高能源效率；对电力等能源部门"去碳"；建立强有力的价格机制，如对碳排放征税和进行碳排放交易；全球联合对去碳高新技术进行研发和部署等
2007年	气候变化法案	承诺到2020年，削减26%~32%的温室气体排放，到2050年，实现温室气体的排量降低60%的长远目标。法案提出，要成立气候变化委员会，专门负责就英国在碳减排方面的投入、政策机制等具体问题向政府提出建议。法案还制订了未来15年的计划，为促成碳减排这一重要目标的实现，确保企业和个人向低碳科技领域投资，提供了一个明确的框架
2009年	英国低碳转换计划	到2020年，碳排放量在1990年基础上减少34%；40%的电力来自低碳领域，其中大部分为核电、风电等清洁能源；拨款32亿英镑用于住房的节能改造，并补偿那些主动在房屋中安装清洁能源设备的家庭；交通方面，新生产汽车的二氧化碳排放标准在2007年基础上平均降低40%
2010年	2010年能源法	(1) 碳捕获与储存（CCS）：引入了新的CCS激励规定，支持在英国建设4个商业CCS示范项目，并要求政府定期发布有关英国CCS进展报告； (2) 引入强制性的社会性价格补贴：通过要求能源企业在2013—2014财政年度前每年至少提供3亿英镑用于社会补贴，使大部分能源贫困的弱势群体家庭有资格获得该项社会补贴； (3) 能源市场的公平性：①明确规定天然气与电力市场办公室（Ofgem）职责，以保护现有及未来的消费者利益为主要目标；②赋予Ofgem新的权力，应对配电问题；③延长Ofgem对违反许可证条件的罚款期限，从12个月延到5年；④政府设定一定期限，要求能源企业告知消费者有关天然气和电力价格的变化；⑤授权大臣解决有可能对消费者造成不公平影响的天然气和电力企业之间的交叉补贴
2013年	2013年能源法	新法案为保障燃煤发电站退出电力供应系统后的能源供应，规定了建设核电的便利化举措。新法案预计到2020年，在英国的能源结构中可再生能源所占比例将提高到30%
2019年	气候变化法案（2050目标修订案）	该法案修订了2008年《气候变化法案》确定的"2050年温室气体排放量比1990年减少80%"的目标，改为减少100%排放，这也被称为"净零"碳排放目标，即碳中和

数据来源：中大咨询、低碳网、易碳网等网站收集整理

表 10-3 英国制定的碳预算

碳预算期	时间	减排量（亿吨二氧化碳当量）	比 1990 年排放量降低	是否实现
第一期	2008—2012 年	30.18	25%	是
第二期	2013—2017 年	27.82	31%	是
第三期	2018—2022 年	25.44	37%（2020 年前）	正在执行
第四期	2023—2027 年	19.50	51%（2025 年前）	未实施
第五期	2028—2032 年	17.25	57%（2030 年前）	未实施
第六期	2033—2037 年	9.65	78%（2035 年前）	等待政府通过

数据来源：英国气候变化委员会（CCC）网站

三、美国不确定的政策方向

目前，美国碳中和主体框架为"3550"计划，即以 2035 年和 2050 年为重要的时间节点，承诺到 2035 年，通过向可再生能源过渡，实现无碳发电，实现电力行业碳中和；到 2050 年，实现全面碳中和。美国并没有形成统一的碳交易市场，主要是各个州组织形成区域性小的碳交易市场，其中有三个最重要的碳交易市场，分别为芝加哥气候交易所、加州碳市场、区域温室气体倡议。

因美国政府的双党竞争制度，其执政党和总统的变化导致美国政府的环保政策受到影响，具有不连贯和不稳定性（见表 10-4）。

表 10-4 美国历任总统在位期间相关低碳政策

总统	时间	相关政策	政策内容
小布什	2001—2009 年	拒绝签署《京都议定书》	第二任任期内承诺美国在 2025 年前停止温室气体排放的增长，但并未就此做出任何具体的实质性措施
奥巴马	2009—2017 年	加入《巴黎协定》《清洁电力计划》	主张以市场机制为基础的"总量管制和排放交易"，承诺到 2025 年将温室气体排放量相比 2005 年减少 26% 至 28%。《清洁电力计划》要求电力行业到 2030 年时电力行业相比 2005 年要减少 32% 的温室气体排放
特朗普	2017—2020 年	退出《巴黎协定》	主张宽松的碳排放政策
拜登	2021 年至今	重返《巴黎协定》	2030 年碳排放较 2005 年相比至少减半，2035 年实现无碳发电，2050 年全面实现碳中和

因美国总统的思想不统一，以及美国执政党的更迭，导致相关低碳政策难以持续发展，虽推出计划或法案，基本上都难以为继，即使一些力度较大的法案提出后，更换下任总统也不一定能延续这个力度，或者政策完全不同。美国低碳政策实施的难点在于政策主要以总统的想法和决策来决定，没有一个拥有强大力度的部门来执行或提出环境政策。

四、日本的低碳政策

日本的低碳政策可以分为三个时期：萌芽时期、完善时期、全面发展时期。萌芽时期的日本，经济处于飞速增长状态，同时也受到工业发展所带来的环境污染的影响，民众感到不适，政府认识到环保的重要性，自此开始进行环境治理。日本主要采取财政手段来调节能源结构，并对民众进行教育（见表10-5）。

表10-5　日本低碳政策萌芽时期主要政策

时间	政策	政策内容
1970年	《公害对策基本法》	推动污染治理，使日本向可持续发展方向转变
1972年	《自然环境保全法》	
1973年	《公害被害健康补偿法》	
1973年	《石油紧急对策纲要》	促进能源的开发利用，能源使用效率提高，调整产业结构
1979年	《节约能源法》	
	《再生资源利用促进法》	
	《合理利用能源法》	

数据来源：中大咨询等网站收集整理

完善时期，世界各国对气候问题逐渐重视，日本国内的环境污染也得到了有效控制，日本政府的政策重点从能源结构的调整转为开发新能源，创新减排技术，发展绿色产业；其方法也从单一的以财政手段调节转变为法律法规、行政命令、税收、政府补贴等手段（见表10-6）。

表10-6　日本低碳政策完善时期主要政策

时间	政策	政策内容
1993年	《环境基本法》	倡导可持续发展模式，推动构建环境负担小、能源可持续发展的社会
1994年	第一个《环境基本计划》	以提高能源效率、改进生产技术、降低交通排放、明确各社会主体职责等途径推动可持续发展战略

续表

时间	政策	政策内容
1997 年	《新能源法》	推动新能源发展
1998 年	《全球气候变暖对策推进法》	对日本社会各主体的职责进行明确,将应对气候变暖作为国家基本对策
2002 年	《地球温室化对策推进大纲》	要求从节能、新能源、交通、建筑、居民生活方式、碳交易等途径应对气候变化
2003 年	《环境教育法》	利用法律法规帮助企业、居民树立环保意识
2005 年	资源排放交易计划	搭建排放权交易系统,利用财政补贴等手段推动企业参与减排项目中
2006 年	《新国家能源战略报告》	制订了核电、节能、新能源和能源运输计划,从能源供给与需求两端推动日本的能源结构调整
2008 年	核证减排计划	构建碳信用交易系统,鼓励企业参与碳汇、减排项目
2010 年	《气候变暖对策基本法案》	2020 年碳排放相比 1990 年下降 25%
2010 年	《2010 新成长战略》	利用可再生能源、技术开发、国际合作等方面的措施推进碳减排
2012 年	《低碳城市法》	推动地方政府制定城市低碳发展规划,从交通、能源、建筑、碳汇等方面推动城市低碳发展
2012 年	《绿色增长战略》	推动环保产业发展,推动蓄电池、环保汽车、海上风能发电发展,推动能源从核能转向绿色能源
2014 年	《战略能源计划》	发展新能源,使能源供给结构多元化
2016 年	《全球变暖对策计划》	规定了温室气体的减少和消除目标,以及企业和民众、国家以及地方自治团体的义务与责任

数据来源:中大咨询等网站收集整理

全面发展时期,《巴黎协定》后全世界开始推动碳中和建设,日本的减碳政策在能源转型的基础上推进绿色产业的发展,从而实现碳中和目标(见表 10-7)。

表 10-7 日本低碳政策全面发展时期的主要政策

年份	政策	政策内容
2018 年	第五期《能源基本计划》	降低化石能源的使用,推动新能源技术、储能技术的发展与应用

续表

年份	政策	政策内容
2019 年	《氢能及燃料电池的战略发展路线图》	注重燃料电池技术、氢供应链与电解技术三大领域，确定 10 个项目作为优先领域中的优先项目，促进研究与开发，推动日本氢能发展，实现氢能社会
2020 年	《革新环境技术创新战略》	提高绿色技术的应用，促进绿色技术发展
2020 年	《2050 年碳中和绿色增长战略》	提出能源、运输与制造、家庭与办公三个类目下共 14 个产业进行战略规划

资料来源：中大咨询等网站收集整理

五、中国的低碳政策

自改革开放以来，中国经济一直处于飞速增长状态，截至 2021 年，中国 GDP 占全世界 GDP 的份额达 18%，是全球第二大经济体。面对新冠疫情，中国率先从疫情中脱离出来，承担全球的出口任务，在 2020 年全球经济衰弱的情况下，中国却逆势而起，并在 2020 年完成了全民脱贫，中国以大量的碳排放换取了经济的飞速发展，截至 2020 年，中国二氧化碳排放量达 98.94 亿吨，排放量全球第一，占据全球二氧化碳排放量 30.7%。2020 年 9 月，我国在联合国大会上首次提出 2030 年实现"碳达峰"，2060 年实现"碳中和"的目标。为此，中国政府出台了一系列低碳政策，具体见表 10-8。

表 10-8 中国颁布的低碳政策

颁布时间	低碳政策	政策内容
2020 年 10 月	《中共中央关于制定国民经济和社会发展第十四个五年规划和二〇三五年远景目标的建议》	制定 2030 年前碳排放达峰行动方案。全面实行排污许可制，推进排污权、用能权、用水权、碳排放权市场化交易。2035 年远景目标：广泛形成绿色生产生活方式，碳排放达峰后稳中有降
2021 年 2 月	《国务院关于加快建立健全绿色低碳循环发展经济体系的指导意见》	建立健全绿色低碳循环发展的经济体系，确保实现碳达峰、碳中和目标，推动我国绿色发展迈上新台阶
2021 年 3 月	《中华人民共和国国民经济和社会发展第十四个五年规划和 2035 年远景目标纲要》	"十四五"发展目标：单位国内生产总值能源消耗和二氧化碳排放分别降低 13.5%、18%。落实 2030 年应对气候变化国家自主贡献目标，制定 2030 年前碳排放达峰行动方案。锚定努力争取 2060 年前实现碳中和，采取更加有力的政策和措施

续表

颁布时间	低碳政策	政策内容
2021年4月	《关于建立健全生态产品价值实现机制的意见》	健全碳排放权交易机制，探索碳汇权益交易试点
2021年9月	《关于深化生态保护补偿制度改革的意见》	加快建设全国用能权、碳排放权交易市场。健全以国家温室气体自愿减排交易机制为基础的碳排放权抵消机制，将具有生态、社会等多种效益的林业、可再生能源、甲烷利用等领域温室气体自愿减排项目纳入全国碳排放权交易市场
2021年10月	《中共中央、国务院关于完整准确全面贯彻新发展理念做好碳达峰碳中和工作的意见》	作为碳达峰碳中和"1+N"政策体系中的"1"，《意见》为碳达峰碳中和这项重大工作进行系统谋划、总体部署。到2025年，单位国内生产总值能耗比2020年下降13.5%；单位国内生产总值二氧化碳排放比2020年下降18%；非化石能源消费比重达到20%左右；森林覆盖率达到24.1%，森林蓄积量达到180亿立方米，为实现碳达峰、碳中和目标奠定坚实基础。到2030年，经济社会发展全面绿色转型取得显著成效，重点耗能行业能源利用效率达到国际先进水平。单位国内生产总值能耗大幅下降；单位国内生产总值二氧化碳排放比2005年下降65%以上；非化石能源消费比重达到25%左右，风电、太阳能发电总装机容量达到12亿千瓦以上；森林覆盖率达到25%左右，森林蓄积量达到190亿立方米。到2060年，非化石能源消费比重达到80%以上，碳中和目标顺利实现
2021年10月	《国务院关于印发2030年前碳达峰行动方案的通知》	到2025年，非化石能源消费比重达到20%左右，单位国内生产总值能源消耗比2020年下降13.5%，单位国内生产总值二氧化碳排放比2020年下降18%，到2030年，非化石能源消费比重达到25%左右，单位国内生产总值二氧化碳排放比2005年下降65%以上，顺利实现2030年前碳达峰目标
2021年11月	《中共中央、国务院关于深入打好污染防治攻坚战的意见》	提出到2025年单位国内生产总值二氧化碳排放量比2020年下降18%

续表

颁布时间	低碳政策	政策内容
2021年12月	《国务院关于印发"十四五"节能减排综合工作方案的通知》	提出到2025年,全国单位国内生产总值能源消耗比2020年下降13.5%
2022年3月	《中共中央、国务院关于加快全国统一大市场的意见》	从打造统一的要素和资源市场等六方面提出建设全国统一的能源市场、培育发展全国统一的生态环境市场等23项要求,其中包括建设全国统一的碳排放权交易市场;推进排污权、用能权市场化交易;推动绿色产品认证与标识体系建设,促进绿色生产和绿色消费等内容

资料来源:新华国智研究所

2020年9月,我国明确了"碳达峰、碳中和"目标,标志着中国对促进经济高质量发展,社会繁荣和生态环境保护的决心。中国积极实施应对气候变化国家战略,采取调整产业结构、优化能源结构、节能提高能效、推进碳市场建设、增加森林碳汇等一系列措施。"十三五"期间,中国应对气候变化工作取得显著成效。

六、主要国家的数字经济政策

(一)美国、欧盟等的数字经济和数字贸易相关战略

美国、欧盟、英国均在基础设施、创新技术和人力资本方面推出了一系列顶层设计和具体举措,支持数字经济的发展(见表10-9)。

美国、欧盟、英国均通过顶层设计支持引导政府购买和私人投资,加强数字经济基础设施建设。2018年,美国发布的《国家网络战略》指出,要扩大政府购买,增加研发投入,并对私人部门减税,加快发展5G等新一代通信技术。美国总统拜登明确将5G、人工智能、量子计算等数字经济产业列入重点支持领域。

欧盟方面,欧委会在2015年提出推动数字经济发展的"单一数字市场"战略,并于2019年底将扩大数字基础设施投资,并以此促进数字经济发展作为欧盟重新崛起的核心战略之一,已获准的7 500亿欧元"欧洲复兴基金"中将有约20%的资金专门用于数字化。同时,欧盟还启动"欧洲云计划"和欧洲数据基础设施等倡议,计划在2021—2027年投资约7 000亿欧元,以支持成员国数字基础设施建设,包括开发可供科研机构和政府部门使用的数据共享平台等。

英国2017年推出的《英国数字战略》对脱欧后打造全球领先的数字经济及

全面推进数字转型做出部署，包括通过政府统一采购平台增加政府采购规模及效率；设立4亿英镑数字基础设施投资基金，与地方公共基金共建境内全光纤宽带网络；增加4G网络覆盖并拨款推动5G技术开发应用；此外，还通过有效监管，促进电信业竞争，为基础设施建设创造良好条件，如减少规划要求、提高新设施的5G兼容性等。

除了上述国家，日本和澳大利亚均推出了各自的行动计划。日本希望将数字技术融入生活，于2009年制定了《2015年I-Japan战略》。该战略着力于3个领域的重点应用，即通过电子政务，推进政府透明、廉洁、高效；通过电子医疗保健，建立居民个人电子健康档案；通过教育和人力资源领域建设，提高学生学习的积极性，培养信息技术人才。

表10-9 近年来主要经济体数字经济和数字贸易相关战略

国家与地区	主要战略
美国	数字经济议程、美国主导未来产业（2019）
欧盟	数字红利战略、欧盟数字议程、数字单一市场、迈向数字贸易战略
法国	数字法国2012、数字法国2020、国际数字战略
德国	数字议程2014—2017、数字德国2015、数字战略2025
英国	数字经济法案2010、英国信息经济战略2013、英国数字战略2015—2018
加拿大	数字加拿大150计划
日本	E-Japan、U-Japan、I-Japan、ICT成长战略、智能日本ICT战略
东盟	东盟ICT2020
APEC	《促进互联网经济合作倡议》、《APEC互联网和数字经济路线图》（2020年11月）

资料来源：梅冠群："全球数字服务贸易发展现状及趋势展望"，《全球化》，2020年第4期。

（二）欧盟和美国的数字市场竞争制度创新

为应对数字市场衍生的垄断与不正当竞争问题，欧美等主要经济体作为全球主要竞争监管辖区，纷纷加快竞争制度革新步伐，力图通过制度建设，有效遏制大型数字企业限制竞争行为，维护公平竞争的数字市场秩序，欧盟和美国推进数字市场竞争制度建设情况如表10-10和表10-11所示。[1]

---

[1] 马骏、袁东明、马源、高太山、马淑萍、马晓白等：《数字经济制度创新》，中国发展出版社2022年版。

表 10-10 近年来欧盟范围内数字市场竞争监管规则建设情况

法案名称	立法主体	立法目标及侧重点	通过时间
《关于促进在线中介服务业务用户的公平性和透明度条例》（欧盟监管 2019/1150 条例）	欧盟	旨在规范电子商务市场、软件应用商店、社交媒体和搜索引擎等在线平台的行为，禁止其某些不公平行为，提升平台规则的公平性、透明度，促进市场良性竞争，增加消费者对平台的信任和选择	2019 年 6 月 20 日
《数据治理法》	欧盟	旨在打破大型科技公司对数据的垄断，释放数据和人工智能等技术的经济和社会潜力，通过建立一个增强信任的保障体系来鼓励数据共享，形成以欧盟价值观为基础和原则的新型数据治理方式	2020 年 11 月 25 日提出
《数字服务法》	欧盟	对《电子商务指令》进行更新，规定了作为消费者与商品、服务和内容中介的数字服务商应承担的义务，为在线平台创设了更高的透明度要求和强有力的问责机制，从而构建更加公平、开放的欧洲数字市场。适用于传输或存储第三方内容的中介服务，包括提供网络基础设施的服务（如网络接入供应商、域名注册商）、云服务和网络托管服务、在线平台（如社交网络、内容共享平台、应用商店、在线市场、在线旅游和住宿平台等）等	2020 年 12 月 15 日提出，2022 年 1 月 2 日正式通过
《数字市场法》	欧盟	引入"守门人"概念，明确"守门人"判定标准和责任，旨在通过加强"守门人"平台进行规制与监管，防止科技巨头对企业和消费者施加不公平条件，促进欧洲数字市场的创新、增长和竞争，帮助中小企业和初创企业发展和扩张，从而确保重要数字服务市场的公平性和开放性	2020 年 12 月 15 日提出，2022 年 11 月 1 日正式生效
《数据法案》	欧盟	旨在厘清企业、公共机构、个人用户等主体在数据流转中的权责关系，细化补充了数据可携权、企业到政府、企业与企业之间等数据流转和共享的具体规则，促进欧盟数据的访问和使用，激活数据价值	2022 年 2 月 23 日公布草案

续表

法案名称	立法主体	立法目标及侧重点	通过时间
《反对限制竞争法》（ARC）第 10 修正案，即《数字竞争法》	德国	大幅提高德国合并制度的申报门槛，防止扼杀式并购；引入针对"数字守门人"的监管新工具，强化事前监管；贯彻《欧盟指令（EU）2019/1》（ECN+指令）的要求，以便更有效地调查限制竞争行为；修改垄断行为的处罚规则，引入滥用相对优势地位的概念；增加数据竞争监管的规则条款	2021 年 1 月 14 日通过

资料来源：本表由王磊[①]和马源[②]整理。

表 10-11　近年来美国数字市场监管规则建设进展

法案编号	法案名称	法案提出主体	立法目标及侧重点	所处流程
S.25	《2021 年竞争与反垄断执法改革法》	参议院	改革反垄断法，以更好地保护美国经济中的竞争，修改《克莱顿法案》，以调整非法并购标准，阻止损害竞争和消费者的限制竞争行为，提高司法部和联邦贸易委员会执行反垄断法的能力	2021 年 2 月 4 日提出
HR3843	《2021 年合并申请费现代化法》	众议院司法委员会	调整并购申报费用，提高大型交易的申报费用，同时降低较小交易的申请费，为反垄断执法提供更多资源。同时，批准了在 2022 年财政年度的预算拨款中，向司法部反垄断署和联邦贸易委员会分别提供 2.52 亿美元和 4.18 亿美元的资金	2021 年 6 月 23 日：29 票赞成和 12 票反对
HR3460	《2021 年州反垄断执法场所法案》		确保各州将被赋予更大管辖权，在州检察长向联邦法院提起反垄断案件时，不会因案件转移到不同地点而面临延误或更高的费用	2021 年 6 月 23 日：34 票赞成和 7 票反对

---

① 王磊，中国宏观经济研究院市场与价格研究所。
② 马源，国务院发展研究中心企业所副所长、研究员。

续表

法案编号	法案名称	法案提出主体	立法目标及侧重点	所处流程	
HR3849	《2021年通过启用服务交换法增强兼容性和竞争性法》	众议院司法委员会	增强平台兼容性和竞争性，赋予消费者将数据从一家平台转移到另一家平台的权利，并要求处于支配地位的平台与第三方平台间具有互操作性	2021年6月23日：25票赞成和19票反对	
HR3826	《2021年平台竞争和机会法案》		降低平台并购行为审查门槛，将合并审查举证责任转移至并购方，确定占市场支配地位的平台的某些并购是非法的	2021年6月23日：23票赞成、18票反对、1票弃权	
HR3816	《2021年美国创新与选择在线法案》		针对大型平台的歧视性行为，约束大型平台更新默认设置、限制用户卸载预装程序等方式来进行自我优待，确保市场公平竞争	2021年6月23日：24票赞成和20票反对	2022年1月20日：参议院司法委员会批准，将进入投票程序
HR3825	《2021年终止平台垄断法案》		要求处于市场支配地位的在线平台剥离与竞争对手业务产生利益冲突的业务线，促进数字市场的竞争和经济机会	2021年6月24日：21票赞成和20票反对	
S.2710	《开放应用市场法案》	参议院	促进应用商店平台市场发展，降低谷歌、苹果等应用商店"看门人"的市场势力，增强应用程序开发者、消费者的选择权和公平交易权，提高质量并降低成本	2021年8月11日提出	2022年2月3日：参议院司法委员会批准，将进入投票程序

资料来源：本表由王磊和马源整理

注：按照美国立法程序，这些法案成为正式法律还要经过多道程序

(三) 中国数字经济政策

G20杭州峰会上，"数字经济"成为热词。习近平主席在讲话中提出促进世界发展的"四个药方"，其中一个就是创新增长方式。我们应该从创新中寻求动

力，从改革中寻求活力。我们应该通过创新、新科技革命和产业转型，抓住数字经济的历史机遇，提升世界经济中长期增长潜力。这一"中国方案"指明了世界经济的新方向。中国推动制定《二十国集团数字经济发展与合作倡议》，释放数字经济潜力。

近年来，我国中央政府层面关于发展数字经济的政策如表10-12所示。根据国务院印发的《"十四五"数字经济发展规划》，数字经济是以数据资源为关键要素，以现代信息网络为主要载体，以信息通信技术融合应用、全要素数字化转型为重要推动力，促进公平与效率更加统一的新经济形态。随着数字经济的快速发展，数据已经成为关键生产要素，数字技术正在不断赋能经济发展新动能，壮大数字经济生产力，构建数字经济新型生产关系，重塑经济社会治理新模式。我们要科学认识数字经济的全新形态，加快构建数字经济产业链、价值链和生态系统，提升数字经济协同治理能力，着力推动数字经济持续健康发展。

表10-12 我国中央政府层面关于发展数字经济的政策文本

序号	文件名称	发文机构	发文字号	成文日期
1	《国务院关于印发"十三五"国家信息化规划的通知》	国务院	国发〔2016〕73号	2016年12月15日
2	《文化部关于推动数字文化产业创新发展的指导意见》	文化部	文产发〔2017〕8号	2017年4月11日
3	《关于发展数字经济稳定并扩大就业的指导意见》	国家发展改革委、教育部科技部等	发改就业〔2018〕1363号	2018年9月18日
4	《数字乡村发展战略纲要》	中共中央办公厅、国务院办公厅	国务院公报2019年第15号	2019年5月16日
5	《国务院办公厅关于促进平台经济规范健康发展的指导意见》	国务院办公厅	国办发〔2019〕38号	2019年8月1日
6	农业农村部 中央网络安全和信息化委员会办公室关于印发《数字农业农村发展规划（2019—2025年）》的通知	农业农村部、中央网络安全和信息化委员会办公室	农规发〔2019〕33号	2019年12月25日
7	工业和信息化部办公厅关于印发《中小企业数字化赋能专项行动方案》的通知	工业和信息化部办公厅	工信厅企业〔2020〕10号	2020年3月18日
8	国家发展改革委 中央网信办印发《关于推进"上云用数赋智"行动 培育新经济发展实施方案》的通知	国家发展改革委、中央网信办	发改高技〔2020〕552号	2020年4月7日

续表

序号	文件名称	发文机构	发文字号	成文日期
9	《关于支持新业态新模式健康发展 激活消费市场带动扩大就业的意见》	国家发展改革委、中央网信办、工业和信息化部等	发改高技〔2020〕1157号	2020年7月14日
10	《"十四五"数字经济发展规划》	国务院	国发〔2021〕29号	2022年1月12日
11	《关于构建数据基础制度 更好发挥数据要素作用的意见》	中共中央、国务院		2022年12月2日

近年来,中国各个省市陆续出台有关数字经济的相关政策,目的是支持数字经济的发展。例如,云南、杭州、成都、上海等各大省市都陆续出台推动本地数字经济发展的政策计划,重点区域数字经济协调发展。各种数据也表明,近年来,我国数字经济占总生产值的比重不断加大,虽然上升趋势较为缓慢,但总体可看出稳步上升,反映了近几年来我国重点区域数字经济的协调发展取得了良好的成果。

第三节 构建世界数字经济共同体

党的二十大报告强调促进世界和平与发展,推动构建人类命运共同体。中国始终坚持维护世界和平、促进共同发展的外交政策宗旨,致力于推动构建人类命运共同体。构建人类命运共同体是世界各国人民前途所在。"万物并育而不相害,道并行而不相悖。"只有各国行天下之大道,和睦相处、合作共赢,繁荣才能持久,安全才有保障。中国提出了全球发展倡议、全球安全倡议,愿同国际社会一道努力落实。中国坚持对话协商,推动建设一个持久和平的世界;坚持共建共享,推动建设一个普遍安全的世界;坚持合作共赢,推动建设一个共同繁荣的世界;坚持交流互鉴,推动建设一个开放包容的世界;坚持绿色低碳,推动建设一个清洁美丽的世界。

一、命运共同体

(一)命运共同体的概念

共同体是一个有多层次内涵的概念。第一层次的共同体是基于共同利益形成的,所以称为利益共同体。第二层次的共同体强调权责对等,在实现利益的同时承担相应的责任,所以称为责任共同体。第三层次的共同体是强调政治上讲信修睦、经济上合作共赢、安全上守望相助、文化上心心相印、对外关系上开放包容,这就是人类命运共同体。①

(二) 构建命运共同体的原因

人类命运共同体理念鲜明地回答了"建设一个什么样的世界、如何建设这个世界"这一关乎人类前途命运的重大问题。当今世界,人类正处在大发展大变革大调整时期,世界多极化、经济全球化深入发展,社会信息化、文化多样化持续推进,新一轮科技革命正在孕育成长,各国相互联系、相互依存,全球命运与共、休戚相关,和平力量的上升远远超过战争因素的增长。与此同时,人类正处在一个挑战层出不穷、风险日益增多的时代。冷战思维和强权政治阴魂不散,恐怖主义、网络安全、重大传染疾病、气候变化等非传统安全威胁持续蔓延。习近平主席提出的推动构建人类命运共同体这一中国理念、中国方案是对单边主义、冷战思维、强权政治的回应,契合了国际社会求和平、谋发展、促合作、要进步的迫切愿望和不懈追求,为破解当下安全与发展难题、推动国际关系健康发展提供了正确指引。我们要把中国人民的利益同各国人民的共同利益结合起来,不断扩大同各国的互利合作,以更加积极的姿态参与国际事务,共同应对全球性挑战,努力为全球发展做出新贡献,最终实现命运共同体的目标。②

(三) 以人类命运共同体理念引领数字化和全球化

一段时间以来,经济全球化遭遇"逆风逆流",一些国家想实行"脱钩断链",构筑所谓的"小院高墙",但世界决不会退回到相互封闭、彼此分割的状态,开放合作仍是历史潮流,互利共赢依然是人心所向。

能否引导经济全球化健康发展,关乎各国特别是新兴市场国家和发展中国家的发展空间,关乎全世界的繁荣稳定。我们要以人类命运共同体理念引领经济全球化走向,旗帜鲜明地反对单边主义和保护主义,促进贸易和投资自由化、便利化,坚定建设开放型世界经济,共同引导经济全球化朝着更加开放、包容、普惠、平衡、共赢的方向发展,让经济全球化的正面效应更多释放出来,帮助新兴市场国家和发展中国家特别是非洲国家和最不发达国家有效参与国际产业分工,共享经济全球化红利。③

---

① 李国强:"'一带一路'倡议最终目标:打造人类命运共同体",《环球杂志》,2017年第16期。
② 外交部党委理论学习中心组:"努力推动构建人类命运共同体——深入学习贯彻习近平新时代中国特色社会主义思想",《求是》,2018年第19期。
③ 隆国强:"经济全球化的新特点新趋势",《人民日报》,2019年02月22日09版。

历史经验证明，每一次全球化浪潮都是由技术变革推动社会经济的变革而实现的。特别是在"逆全球化"趋势的情况下，数字技术、数字贸易、数字金融、数字政务和数字安全在丰富经济业态、提升贸易福利、优化资本配置、促进跨国协作、增强信息防护等方面，极大地维护了全球产业链供应链稳定，促进各国利益更加紧密相连，成为抗击"逆全球化"的强大力量。

"青山遮不住，毕竟东流去。"我们要在准确判断经济全球化走势的基础上，有针对性地调整对外开放战略，抓住新机遇，应对新挑战，在经济全球化进程中趋利避害；不断提高对外开放水平，服务高质量发展。中国经济从高速增长阶段转向高质量发展阶段，对新时代的对外开放提出了新要求，应与时俱进调整对外开放战略，充分用好"两个市场、两种资源"，服务于高质量发展；着力构建全面开放新格局，在开放内容上做到贸易与投资并重、制造与服务并重、引资与引技引智并重，在开放对象上做到对发达经济体开放与对发展中经济体开放并重，在开放方式上实现"引进来"与"走出去"有机结合，在开放布局上实现沿海、沿边、内陆地区优势互补、协同共进；积极打造参与国际竞争新优势，加快传统劳动密集型产业转型升级，提升我国在全球价值链分工中的地位，以服务业开放为重点，切实改变服务领域"对外开放不足，对内管制过度"的局面；加快建立开放型经济新体制，对标高水平国际经贸规则，赋予自贸试验区先行先试的更大自主权，商签高质量区域合作协定，以开放促改革。

我们要积极参与全球经济治理体系改革，推动共建人类命运共同体。① 全球经济治理体系加速调整，将对经济全球化产生深远影响。作为负责任大国，中国应从多个层面积极参与全球经济治理体系改革，以人类命运共同体理念为引领，贡献中国智慧、中国方案、中国力量。在双边层面上，要充分认识到新兴大国与守成大国合作竞争的长期性、全面性和复杂性，从和平发展大局出发处理好大国关系。在区域合作层面上，加快推进中日韩自贸区、区域全面经济伙伴关系协定（RCEP）等进程，稳步扎实推进"一带一路"建设。在多边层面上，世界贸易组织改革将是未来全球经济治理体系改革的重点领域，中国要积极参与改革，成为改革的核心成员；应加强相关研究工作，寻找各个成员利益的"最大公约数"，提出能够兼顾不同国家利益的改革方案。

二、世界数字经济共同体

世界数字经济共同体是指世界各国在现代化新型网络体系构建中，通过使用数字化知识和信息作为关键生产要素，以信息通信技术精准高效的投入和使用作

---

① 隆国强："经济全球化的新特点新趋势"，《人民日报》，2019 年 02 月 22 日 09 版。

为世界各国经济效能提升和经济结构升级优化的有效推动力，并达到有效维护广大发展中国家网络主权、数字经济权益的目的，这一过程使各国形成了命运与共的共同体。践行绿色发展的新理念，通过倡导绿色、低碳、循环、可持续的生产生活方式，加强生态环保合作，建设生态文明，共同实现2030年可持续发展目标，要走绿色的发展道路。

坚持创新驱动发展，加强在数字经济、人工智能、纳米技术等前沿领域的合作，推动大数据、云计算、智慧城市建设，连接成21世纪的数字丝绸之路；要促进科技同产业、科技同金融深度融合，优化创新环境，集聚资源走创新的发展道路。电子商务领域将贯彻双碳目标，不断提升节能减排和集约发展水平。一方面，数字技术推动绿色产品销售与绿色品牌建设，借助区块链、大数据、云计算、人工智能等数字技术，充分释放数字技术和数据资源对绿色产品销售的赋能效应，促进电子商务平台的对接服务，扩大绿色产品线上与线下销售，挖掘绿色消费需求，与品牌商合作打造绿色品牌。另一方面，商业模式创新助力电商物流企业绿色发展，建设资源节约型、环境友好型的电商物流企业，优化绿色供应链管理水平。

从全球电子商务销售的国别结构看，美国、日本、中国、韩国、英国分别列电子商务销售额前五名，从电子商务销售额占GDP比重看，韩国、日本、美国较高。在全球电子商务销售额排名前十的国家中，我国B2B电子商务销售占比相对较低（见表10-13）。

表10-13 电子商务销售：2018年前十大经济体

排序	经济体	电子商务销售总额（10亿美元）	总电子商务销售额占GDP比重（%）	B2B电子商务销售（10亿美元）	B2B电子商务销售额占电子商务销售总额比重（%）	B2C电子商务销售（10亿美元）
1	美国	8 640	42	7 542	87	1 098
2	日本	3 280	66	3 117	95	163
3	中国	2 304	17	943	41	1 361
4	韩国	1 364	84	1 263	93	102
5	英国	918	32	652	71	266
6	法国	807	29	687	85	121
7	德国	722	18	620	86	101
8	意大利	394	19	362	92	32

续表

排序	经济体	电子商务销售总额（10亿美元）	总电子商务销售额占GDP比重（%）	B2B电子商务销售（10亿美元）	B2B电子商务销售额占电子商务销售总额比重（%）	B2C电子商务销售（10亿美元）
9	澳大利亚	348	24	326	94	21
10	西班牙	333	23	261	78	72
	前十	19 110	35	15 772	83	3 338
	世界	*25 648*	*30*	*21 258*		4 390

数据来源：联合国贸发会议（UNCTAD），基于各国数据整理

注：斜体为 UNCTAD 预测值

推动构建人类命运共同体是我国"五位一体"总体布局的"国际版"，是国内经济、政治、文化、社会、生态建设在全球层面的延伸，反映了人类社会共同的价值追求，汇聚了世界各国人民对美好生活向往的最大公约数，为人类社会实现共同发展、持续繁荣、长治久安绘制了蓝图，指明了前进方向，对中国和平发展、世界繁荣进步具有重大而深远的影响。①

三、数字化减排

当下，我国正全面迈向数字经济时代，各种新技术、新产品、新业态不断涌现，推动数字经济与实体经济深度融合，不仅进一步提高了资源配置效率，也加快推进绿色低碳发展。数字经济已成为我国实现碳达峰与碳中和目标的重要抓手，数字化转型有利于数字化减排。

第一，加快企业绿色化、数字化转型，协同创新，推进国际合作。例如，我国中小企业具有"五六七八九"的典型特征，即贡献了50%以上的税收，60%以上的GDP，70%以上的技术创新，80%以上的城镇劳动就业，90%以上的企业数量。2022年12月21日，2022年亚太经合组织（APEC）中小企业工商论坛上发布的《APEC中小企业合作发展报告（2022）》（以下简称《报告》）指出，要提升数字化服务供给水平，加快中小企业数字化转型步伐；要推广适用性绿色低碳技术，降低中小企业绿色化转型成本。《报告》从聚焦产业合作优势领域、构建产业协同创新体系、支持企业数字化绿色化升级、强化政府引导扶持作用等四个方面提出了建议。

---

① 外交部党委理论学习中心组："努力推动构建人类命运共同体——深入学习贯彻习近平新时代中国特色社会主义思想"，《求是》，2018年第19期。

发展数字经济需要企业充分融入。对企业而言，数字化转型整体驱动生产方式变革。智能协同不仅能改进生产工艺流程，提高设备运转效率，提升生产过程管理的精准性，也能加速工业互联网等数字基础设施布局，进一步推动产业数字生态的完善。

政府应充分考虑城市作为减排单元与产业链之间的关系，形成政策合力，引导社会资源从传统技术向数字技术转移。同时，产业链内企业之间也应形成行动共同体，从能源供给端和产业需求端着手加快数字化转型，积极推动产业技术升级，互惠互利，合作共赢。

第二，更多生活场景需要通过数字化手段实现节能减排。如今，数字经济方兴未艾，要使其在低碳减排方面发挥更大作用，还需多方携手共同努力。发展数字经济需要强大的数字基础设施和更多的应用场景。5G 网络、大数据中心、工业互联网等是数字经济发展的基础，在夯实的过程中需要强化绿色低碳导向。随着智慧城市建设不断深化，在环保、交通、工业、能源、城市治理等场景之外，更多生活场景需要通过数字化手段实现节能减排。

2020 年全球气候行动峰会发布的《指数气候行动路线图》指出，数字技术在能源、制造业、农业、土地、建筑、服务、交通和交通管理等领域的解决方案，可以帮全球减少 15% 的碳排放。数字经济深刻改变着生产者、消费者、投资者的习惯和动机，对数字经济企业自身实现减排降耗，以及为非数字部门减排提供了技术支撑。

可以说，发挥数字经济新优势，全方位推动数字化转型，已成为我国经济实现高质量发展、创造高品质生活、实现高效能治理的必由之路。仅以北京为例，2022 年上半年，全市数字经济实现增加值 8 381.3 亿元，按现价计算，同比增长 4.1%，占地区生产总值比重为 43.3%。其中，数字经济核心产业增加值增长 6.9%，占地区生产总值比重为 25.3%。

第三，推动数字技术与传统产业深度融合，助力传统产业提质增效、降耗减碳。以"上云用数赋智"行动为牵引，深入探索数字技术的创新应用场景。一是推进企业数字化转型。深化"智能+"技改工程，面向不同类型的企业，分阶段推进数字化制造普及、网络化制造推广和示范。推动重点行业大中型企业的业务流程再造和组织方式变革，支持企业建立、优化智能生产管理系统，加强管理系统与生产线设备的深度集成，加快实现生产过程的全数字驱动。以数字化为支撑，提升企业资源配置优化、生产管理精细化、管理决策科学化水平。运用数字技术分析、优化关键设备运行与能耗排放，切实推进企业能源管控平台、污染物管控平台、资源回收平台建设。二是支持生活服务业数字化转型。推动人工智能、虚拟现实等新一代数字技术与生活服务业深度融合；鼓励商贸流通、文化旅游、演艺会展、健康医疗、教育培训、休闲健身等产业的远程化、虚拟化服务供给，利用数字技术打破时空阻隔，提高有限资源的普惠化水平，促进生活服务业绿色低碳发展；运用传感器、人工智能等技术改造商场、宾馆、电影院、图书馆等生活服务场所，实现照明、通风、空调等系统的智能化运行，提升公共服务场所能源利用效率。三是促进农业数字化发展。推动物联网、大数据、机器视觉等新技术在种植业、畜牧业、渔业、农产品加工业等领域的深度应用；加快整合各类农业物联网管理服务平台，强化农业数据的采集监测与挖掘分析，推动农业环境调控、动植物本体感知、畜禽定量饲喂、水肥一体化喷滴灌等解决方案的推广应用。

第四，顺应可持续发展的时代潮流，坚持创新、绿色等五大发展理念。实践没有止境，理论创新也没有止境。坚持创新、协调、绿色、开放、共享的新发展理念，亟须学界从全球治理创新与资源可持续发展模式、可持续发展目标与三位一体纽带安全、地缘政治变革与区域非传统安全战略以及命运共同体建设与可持续发展外交四个维度将2030可持续发展目标的实现同能源—粮食—水纽带安全构建全面融合在一起，推动基于可持续发展理念的人类命运共同体建设。

中国在应对气候变化和低碳发展方面做了很多尝试和实践，开展了有关低碳发展的宏观战略和试点示范的有益探索，中国向联合国提交了国家自主贡献，通过努力，有可能实现比发达国家发展阶段更早、排放水平更低的排放峰值，为减缓全球气候变化做出重大贡献，为发展中国家低碳发展探索新的路径，彰显中国在应对气候变化和全球低碳转型中的大国责任和领导力。中国绿色新发展理念主要思想是"三个转型"，即通过技术和机制创新实现经济增长的低碳转型，通过能源生产和消费革命实现能源系统的低碳转型，通过观念转变和政策激励实现消费模式的低碳转型，最终实现人类经济社会的绿色低碳、气候适应型和可持续发展。

中国人自古就懂得可持续发展的智慧。《礼记·中庸》中说："凡事预则立，不预则废。"《孟子》中举例道："不违农时，谷不可胜食也；数罟不入洿池，鱼鳖不可胜食也；斧斤以时入山林，木材不可胜用也。"一个国家的发展想要行稳致远，就要摒弃涸泽而渔式的短视与急功近利，而应该用更长远的目光来进行规划。可持续发展战略正是这样一种理念。

思考题

1. 简述数字经济共同体的内涵和外延。
2. 数字经济与可持续发展的关系是什么？
3. 绿色贸易与低碳贸易的区别和联系有哪些？
4. 简述数字化减排的现状、问题和对策。

参考文献

[1] 刘西友. 新治理：数字经济的制度建设与发展未来［M］. 北京：中国科学技术出版社，2022：03.

[2] 马克思恩格斯文集［M］. 8卷. 北京：人民出版社，2009：55.

[3] 奥斯特罗姆. 公共事物的治理之道［M］. 余逊达、陈旭东，译. 上海：上海三联书店，2000：82.

[4] 诺斯. 经济史中的结构与变迁［M］. 上海：上海三联书店、上海人民出版社，1994：225-226.

[5] 诺斯. 制度、制度变迁与经济绩效［M］. 上海：上海三联书店，1994：3.

[6] 拉坦. 诱致性制度创新理论科斯财产权利与制度变迁［M］. 上海：上海三联书店，1991：335.

[7] 林毅夫. 关于制度变迁的经济学理论：诱致性变迁与强制性变迁财产权利与制度变迁［M］. 上海：上海三联书店，1994：435.

[8] 北京大学平台经济创新与治理课题组. 平台经济：创新、治理与繁荣［M］. 北京：中信出版社，2022.

[9] 林伯强，黄光晓. 能源金融［M］. 北京：清华大学出版社，2011（07）.

[10] 马述忠，濮方清，潘钢健，熊立春. 数字贸易学［M］. 北京：高等教育出版社. 2022.

[11] 麦金德. 民主的理想与现实［M］. 武原，译，北京：商务印书馆，1965.

[12] 宁吉喆. 经济稳定恢复 发展呈现新机［J］. 求是，2021（2020-15）：55-60.

[13] 马玉荣. 百年大变局与"一带一路"：专访国务院发展研究中心副主任隆国强［J］. 中国发展观察，2019，214（10）：5-9，23.

[14] 陈晓红，李杨扬，宋丽洁，汪阳洁. 数字经济理论体系与研究展望［J］. 管理世界，2022，38（02）.

[15] 陈丹丹，任保平. 制度变迁与经济增长质量：理论分析与计量检验［J］. 当代财经，2010（1）：17-23.

[16] 韩晶，朱洪泉. 经济增长的制度因素分析［J］. 南开经济研究，2000（4）：53-58.

[17] 潘向东, 廖进中, 赖明勇. 进口国制度安排与高技术产品出口: 基于引力模型的研究 [J]. 世界经济, 2005 (9): 15.

[18] 杨瑞龙. 我国制度变迁方式转换的三阶段论: 兼论地方政府的制度创新行为 [J]. 经济研究, 1998 (1): 5-12.

[19] 李路. 数字经济条件下的经济运行及其规律 [J]. 中国电子科学研究院学报, 2018, 13 (2): 4.

[20] 陈力丹, 霍仟. 互联网传播中的长尾理论与小众传播 [J]. 西南民族大学学报 (人文社科版), 2013, 34 (004): 148-152.

[21] 易宪荣. 平台经济的基本特征, 运作方式及有效治理机制 [J]. 中国党政干部论坛.

[22] 马骏, 袁东明, 马源, 等. 数字经济制度创新 [M]. 北京: 中国发展出版社, 2022.

[23] 国务院反垄断委员会. 关于平台经济领域反垄断的指南 [S/OL]. (2021-02-08) [2022-12-06]. http://www.cac.gov.cn/2021-02/08/c_1614355697016097.htm?from=groupmessage.

[24] 陈昌盛. 把握数字时代趋势 创新宏观治理模式 [N]. 经济日报, 2020-09-02 (001). DOI: 10.28425/n.cnki.njjrb.2020.008543.

[25] 何玉长. 数据要素定价的困难和探索 [J]. 团结, 2021 (3): 16-18.

[26] 金丹凤. 网络经济下的数字产品定价策略 [J]. 市场周刊·理论研究, 2006 (8): 54-55.

[27] 刘枂, 郝雪镜, 陈俞宏. 大数据定价方法的国内外研究综述及对比分析 [J]. 大数据, 2021 (6).

[28] 梅冠群. 全球数字服务贸易发展现状及趋势展望 [J]. 全球化, 2020, No.105 (04): 62-77, 134. DOI: 10.16845/j.cnki.ccieeqqh.2020.04.005.

[29] 马玉荣. 数字贸易推动全球服务贸易深刻变革: 专访国务院发展研究中心对外经济研究部部长、研究员张琦 [J]. 中国发展观察, 2021, No.269 (17): 11-14.

[30] 衣保中, 等. 东北沿边地区开发开放战略研究 [M]. 北京: 社会科学文献出版社, 2017.

[31] 姜毅, 等. 中俄边境口岸研究 [M]. 北京: 中国社会科学出版社, 2018.

[32] 戴慧. 跨境数字贸易的发展与国际治理 [J]. 中国发展观察, 2021, 261, 262 (Z2): 63-69.

[33] 戴艺晗. WTO数字贸易政策与区域主义多边化进程 [J]. 国际贸易, 2021, 479 (11): 15-22, 43.

[34] 刘典. 全球数字贸易的格局演进、发展趋势与中国应对：基于跨境数据流动规制的视角［J］. 学术论坛，2021，44（01）：95-104. DOI：10.16524/j.45-1002.2021.01.008.

[35] 马述忠，陈奥杰. 跨境电商：B2B 抑或 B2C：基于销售渠道视角［J］. 国际贸易问题，2017，411（03）：75-86. DOI：10.13510/j.cnki.jit.2017.03.007.

[36] 张夏恒，李豆豆. 数字经济、跨境电商与数字贸易耦合发展研究：兼论区块链技术在三者中的应用［J］. 理论探讨，2020，212（01）：115-121. DOI：10.16354/j.cnki.23-1013/d.2020.01.018.

[37] 梁其钰. 我国跨境电子商务支付面临的风险与防范机制［J］. 对外经贸实务，2018（11）.

[38] 袁静，李锋. 我国跨境电子商务支付及风险研究［J］. 内蒙古煤炭经济，2017（23）.

[39] 张宏博. 论第三方支付对于跨境电商 B2C 回款的适用性［J］. 国际商务财会，2018（9）.

[40] 米岩. 我国跨境电商发展模式优化机制研究：基于供应链视角［J］. 商业经济研究，2022，844（09）：136-140.

[41] 曹莉，王乾筝. 中国—东盟跨境电商合作：机遇与挑战［J］. 中国远洋海运，2022（09）：56-58，10.

[42] 马文彦. 数字经济 2.0［M］. 天津：民主与建设出版社，2021：106-107.

[43] 杨志，秦臻. 全球变化与人类健康的内在关系［J］. 上海财经大学学报，2017，19（03）：4-12.

[44] 杨志，秦臻. "一带一路"倡议是马克思主义中国化的伟大创新［J］. 教学与研究，2018（01）：5-14.

[45] 王保忠，何炼成，李忠民. "新丝绸之路经济带"一体化战略路径与实施对策［J］. 经济纵横，2013（11）：60-65.

[46] 孙占鳌. 丝绸之路的历史演变［J］. 发展·陇原春秋，2014（6）.

[47] 马建春. 海上丝绸之路的历史贡献［J］. 社会科学战线，2016（4）.

[48] 王明哲. 浅谈大卫·哈维历史-地理唯物主义的思想起源［J］. 黑河学刊，2011（9）.

[49] 张小红. 全球化·身体·辩证的乌托邦：大卫·哈维乌托邦思想初探［J］. 新疆社会科学，2011（1）：19-22.

[50] 潘志平，耶斯尔. 西域新疆的战略地位：地缘政治的视角［J］. 中国边疆史地研究，2013（3）：12-20.

[51] PARR J B. Frequency Distributions of Central Places in Southern Germany：A

Further Analysis [J]. Economic Geography, 1980, 56 (2): 141-154.

[52] 周一星, 张莉, 武悦. 城市中心性与我国城市中心性的等级体系 [J]. 地域研究与开发, 2001 (04): 1-5.

[53] 霍巍. "高原丝绸之路"的形成、发展及其历史意义 [J]. 社会科学家, 2017 (11): 19-24.

[54] 陈徐彬. 数字营销行业是数字经济的实践者与先行者: 数字化营销对数字经济国家战略的价值与意义 [J]. 国际品牌观察, 2022 (08): 27-29.

[55] 陈华. 数字营销的发展和变革 [J]. 淮海工学院学报 (人文社会科学版), 2018, 16 (10).

[56] 李维胜, 蒋绪军. 电子商务精准营销对策研究 [J]. 开发研究, 2013 (3).

[57] 夏令蓝, 宋姣. 后疫情时代"直播带货"规范化研究 [J]. 传媒, 2020, 330 (13): 94-96.

[58] 李江敏, 刘承良, 王苑. 网络营销与传统营销在旅行社业的整合: 以中青旅为例 [J]. 全国商情 (经济理论研究), 2008, 1713-9 (03): 53-54, 66.

[59] 王茂. 浅析网络营销和传统营销的整合 [J]. 南昌教育学院学报, 2013 (08): 193-194.

[60] 王洪玉. 浅析网络营销与传统营销的整合 [J]. 现代商业, 2014 (27): 39-4.

[61] 杨志. 对循环经济研究的理论思考: 基于马克思主义经济学视角 [J]. 教学与研究, 2007, 349 (11): 22-31.

[62] 外交部党委理论学习中心组. 努力推动构建人类命运共同体: 深入学习贯彻习近平新时代中国特色社会主义思想 [J]. 求是, 2018 (19).

[63] 薛进军. 中国低碳经济发展报告 (2011) [M]. 北京: 社会科学文献出版社, 2011 (3).

[64] 杨涛. 碳金融: 中国尚未进入角色 [N]. 上海证券报, 2009-11-02 (004).

[65] 隆国强. 经济全球化的新特点新趋势 [N]. 人民日报 2019-02-22 (09).

[66] 张志伟, 张博. 大数据白皮书最新发布 我国数据要素市场将进入新一轮高质量发展期 [N]. 证券日报, 2021-12-22.

[67] 华昊. 如何理解"加快推进数字产业化、产业数字化" [N]. 解放军报, 2018-9-22.

[68] 常河山. 紧抓RCEP机遇 小步快跑布局跨境电商: 专访张周平 [N]. 现代物流报, 2022-9-7.

［69］陈红娜．为数字贸易发展提供良好制度环境［N］．经济日报，2019-05-15．

［70］张琦，陈红娜，罗雨泽．关注数字贸易国际规则构建与走向［N］．经济日报，2022-1-20．

［71］辛行．2021年全国电商市场加速向生产领域扩展［N］．中国信息报，2022-01-28．

［72］习近平主持中共中央政治局第二次集体学习［Z/OL］．（2017-12-09）［2022-12-06］．http://www.gov.cn/guowuyuan/2017-12/09/content_5245520.htm．

［73］习近平在"领导人气候峰会"上的讲话［Z/OL］．（2021-04-22）［2022-12-06］．http://www.gov.cn/xinwen/2021-04/22/content_5601526.htm．

［74］习近平在《生物多样性公约》第十五次缔约方大会领导人峰会上的主旨讲话［Z/OL］．（2021-10-12）［2023-01-06］．http://www.gov.cn/xinwen/2021-10/12/content_5642048.htm．

［75］隆国强在2022世界工业互联网大会上的致辞［Z/OL］．（2022-09-14）［2022-12-06］．https://mp.pdnews.cn/Pc/ArtInfoApi/article?id=31211005．

［76］国务院发展研究中心对外经济研究部，中国信息通信研究院．数字贸易发展与合作报告2022［R］．北京：中国发展出版社，2022（8）．

［77］中国网络空间研究院．中国互联网发展报告2019［EB/OL］．（2019-10-20）［2022-11-20］．http://www.cac.gov.cn/2019-10/20/c_1573104612829741.htm．

［78］中国信息通信研究院．全球数字经济新图景（2019）［EB/OL］．（2019-10）［2022-11-20］．http://www.caict.ac.cn/kxyj/qwfb/bps/201910/t20191011_214714.htm．

［79］中国信息通信研究院．数字贸易发展与影响白皮书（2019年）［EB/OL］．（2019-12）［2022-11-20］．http://www.caict.ac.cn/kxyj/qwfb/bps/201912/t20191226_272659.htm．

［80］中国信息通信研究院．中国数字经济发展白皮书（2020年）［EB/OL］．（2020-07）［2022-11-20］．http://www.caict.ac.cn/kxyj/qwfb/bps/202007/t20200702_285535.htm．

［81］中国信息通信研究院．中国数字经济发展报告（2022年）［EB/OL］．（2022-07）［2022-11-20］．http://www.caict.ac.cn/kxyj/qwfb/bps/202207/t20220708_405627.htm．

［82］中国信息通信研究院．全球数字经济白皮书（2022年）［EB/OL］．（2022-

12-10）［2022-12-20］. http://www.caict.ac.cn/kxyj/qwfb/bps/202212/t20221207_412453.htm.

［83］国家互联网信息办公室. 数字中国发展报告（2021年）［EB/OL］.（2022-08-02）［2022-11-20］. http://www.cac.gov.cn/2022-08/02/c_1661066515613920.htm.

［84］中国互联网络信息中心. 第49次中国互联网络发展状况统计报告［R/OL］.（2022-02-25）［2022-11-20］. https://www.cnnic.cn/n4/2022/0401/c88-1131.html.

［85］商务部. 中国电子商务报告2021［R］. 北京：中国商务出版社，2022.（2022-11-16）［2022-11-20］. http://www.mofcom.gov.cn/article/bnjg/202211/20221103368045.shtml.

［86］隆国强. 数字贸易发展与合作报告2022［R］. 北京：中国发展出版社，2022.8.

［87］二十国集团数字经济发展与合作倡议［EB/OL］.（2016-09-29）［2022-11-20］. http://www.cac.gov.cn/2016-09/29/c_1119648520.htm.

［88］国务院."十四五"数字经济发展规划［EB/OL］.（2021-12-12）.［2022-11-20］. http://www.gov.cn/zhengce/content/2022-01/12/content_5667817.htm.

［89］OECD. The impact of digitalization on trade［EB/OL］.［2022-11-20］. https://www.oecd.org/trade/topics/digital-trade.

［90］"数字经济"大爆发，6大"数字贸易"龙头有望翻倍［EB/OL］.（2022-02-11）［2022-11-20］. https://baijiahao.baidu.com/s?id=1724435430716986200&wfr=spider&for=pc.

［91］聚焦数字贸易新发展 共享数字经济新机遇［EB/OL］.（2020-10-29）［2022-11-20］. http://szzg.gov.cn/2020/xwzx/mtbd/202010/t20201029_5425174.htm.

［92］数字经济的发展：数字经济与数字贸易［EB/OL］.（2021-09-26）［2022-11-20］. https://zhuanlan.zhihu.com/p/414144021.

［93］刘元春. 解决全球通胀，中国给出一个重要方案［EB/OL］.（2022-11-30）［2022-11-20］. https://baijiahao.baidu.com/s?id=1751114964722671203&wfr=spider&for=pc.

［94］国家统计局. 2021年社会消费品零售总额增长12.5%［EB/OL］,（2022-01-17）［2022-11-20］. http://www.gov.cn/xinwen/2022-01/17/content_5668745.htm.

[95] 国家发展改革委,外交部,商务部. 推动共建丝绸之路经济带和 21 世纪海上丝绸之路的愿景与行动 [EB/OL]. (2015-04-07) [2022-11-20]. http://lb.mofcom.gov.cn/article/jmxw/201504/20150400941645.shtml.

[96] 新疆开启"智慧交通"高铁融入多语音系统和人工智能 [EB/OL]. (2017-2-23) [2022-11-20]. http://news.gaotie.cn/keji/2017-02-23/380848.html.

[97] 《推动共建丝绸之路经济带和 21 世纪海上丝绸之路的愿景与行动》发布 [EB/OL]. (2015-03-28) [2022-11-20]. http://www.scio.gov.cn/31773/35507/35519/Document/1535279/1535279.htm.

[98] "一带一路"国际合作高峰论坛闭幕 270 多项成果开启"一带一路"新时代 [EB/OL]. (2017-05-16) [2022-11-20]. https://www.yidaiyilu.gov.cn/xwzx/roll/13697.htm.

[99] 胡锦涛在中国共产党第十八次全国代表大会上的报告 [EB/OL]. (2012-11-18) [2022-11-20]. http://politics.people.com.cn/n/2012/1118/c1001-19612670.html.

[100] 习近平日内瓦演讲一周年:世界为何青睐"人类命运共同体" [EB/OL]. (2018-01-17) [2022-11-20]. http://politics.people.com.cn/n1/2018/0117/c1001-29771064.html.

[101] 国家邮政局. 国家邮政局公布 2021 年邮政行业运行情况 [EB/OL]. (2022-01-14) [2022-11-20]. https://www.mot.gov.cn/tongjishuju/youzheng/202202/t20220203_3639645.html.

[102] 马玉荣. "一带一路"引领新一轮对外开放:专访国务院发展研究中心副主任、研究员隆国强 [J]. 中国发展观察, 2018 (12).

[103] 张莉, 卞靖. 数据要素定价问题探析 [J]. 中国物价, 2022 (04): 116-118+125.

[104] 何玉长. 数据要素定价的困难和探索 [J]. 团结, 2021 (3): 16-18.

[105] 刘枬, 郝雪镜, 陈俞宏. 大数据定价方法的国内外研究综述及对比分析 [J]. 大数据, 2021 (6).

[106] 金丹凤. 网络经济下的数字产品定价策略 [J]. 市场周刊. 理论研究, 2006 (8): 54-55.

[107] 张铭洪, 陈蓉. 数字产品定价策略 [J]. 商业时代, 2002 (7): 88-89.

[108] 曹萍, 张剑. 数字产品定价中传统经济学方法失灵原因及定价策略 [J]. 经济与管理, 2008 (10): 68-72.

[109] 徐清源, 单志广, 马潮江. 国内外数字经济测度指标体系研究综述 [J]. 调研世界, 2018 (11).

后记 / Postscript

读万卷书，行万里路。

我和数字经济有着不解之缘。2009年我在中国人民大学读博时的专业是网络经济学，后在国务院发展研究中心直属单位工作近10年，曾经参加轰轰烈烈的高端智库行活动，足迹遍布中国的东南西北。见证过山东自贸区、江苏自贸区、辽宁自贸区、粤港澳大湾区等发展的辉煌岁月，参与调研园区和企业，例如在济南浪潮集团调研数字化转型，在与朝鲜隔着鸭绿江相望的丹东沿边经济合作区调研口岸开放。

从理论到实践，再从实践到理论。我在北京科技大学天津学院开设的"数字经济与贸易"课程基础上，编著教材《数字经济与贸易概论》，该教材也是2022年度天津市教委科研计划课题"加快数字经济发展的高等教育发展战略目标研究"（项目编号：2022SK105）的阶段性成果，是我2016年出版的《中国经济大变局》的延续，是对高校应用型人才培养的一次探索。

感谢国务院发展研究中心副主任隆国强研究员对我的悉心指导，让我豁然开朗，一次又一次修改完善大纲，经济学院段文斌院长的启发让我提高了理论认识水平；感谢师弟、国家审计署刘西友和兖州区融媒体中心孔剑平主任的参与，还有北京科技大学王斌教授、宋存义老师的帮助。对给予支持的丁煦生院长、叶振楠书记、赵志南书记、舒敬荣老师、王军处长、王宾容教授、汪群慧老师等表示诚挚的感谢，同样也要感谢北京科技大学天津学院经济学院的米岩、胡洪强、张娜、徐乐萍、张名素等老师。

我和朱蓉蓉负责全书稿的审稿。前言由胡洪强撰写。

各章节的编写者分别是：

第一章：马玉荣 刘西友

第二章：马玉荣 庆东瑞 刘西友 张洪国

第三章：朱蓉蓉

第四章：马玉荣 刘西友 杨道玲 张诗雨 高宏

第五章：马玉荣 高庆鹏

第六章：马玉荣 戴慧 陈红娜 马媛

第七章：马玉荣 龚洁 何一鸣

第八章：马玉荣 杨志 马莉莉 赵秀丽 贾点点 秦臻

第九章：马玉荣 孔剑平

第十章：马玉荣 胡洪强 韦蓝宇

在本书即将付梓印刷之际，感谢国研智库的支持，感谢国务院发展研究中心对外经济研究部张琦部长、高庆鹏、陈红娜，宏观经济研究部戴慧、孟春（原副部长），企业所副所长马源研究员和国家发展改革委宏观院王磊；国研智库总裁张诗雨和高宏、包月阳、王忠宏、梁仰椿、车海刚、杨良敏等领导和同事。在此，对我中国人民大学的导师杨志和涂永红教授，以及团队的程会强、孟春、马莉莉、刘西友、朱蓉蓉、张晓东、张剑荆、马宏、孙竹、赵秀丽、庆东瑞、陈博、张新潮、张婵、秦臻、贾点点、郭兆晖、马晓飞、陈硕颖、徐岭、张洪国、陈曦、肖春梅、汪琴兰、管瑞龙、陈波、戴铁军、饶淑玲、司江伟、侯书森、胡玉坤、刘典、胡安俊、任群罗、郑波、龚方、门耕、许婷婷、马媛、杨剑锋、马江平等一一表示感谢。特别感谢北京城乡社区基层治理促进会会长王峰。

衷心感谢首都经济贸易大学出版社杨玲社长和彭伽佳编辑，一起跋涉的焦万铭、项晓宇、杨丽、彭鹏、黄昊、韦蓝宇、龚洁、何一鸣、杨宝平、陆雨晴、张梦斐、马源宏、李明雨、耿晋梅、邓伟康、于雪瑶等。